KB218181

상담의 과정과 대화 기법

┃ 신경진 저 ┃

학지사

머리말

　이 책은 한 명의 상담자로 성장해 나가면서 부딪힌 필자 자신의 어려움과 이를 극복하기 위한 노력의 과정에서 터득한 내용들, 그리고 지도감독자로서 필자의 슈퍼비전 경험들을 토대로 하여 서술되었다. 상담과 슈퍼비전을 하면서 필자가 터득한 지혜들을 나누고 초보상담자들이 겪는 어려움들을 극복하는 데 도움이 되기를 바라는 마음에서 이 책을 집필하게 되었다.

　초보상담자들을 슈퍼비전하면서 필자는 상담자들이 책에서 얻은 내용을 상담 실제에 적용하는 데 상당한 어려움을 지니고 있다는 것을 알게 되었다. 그래서 이 책은 상담 실제에서 벌어지는 상황들을 상세하게 다룸으로써 이론과 실제의 간극을 메우는 데 도움이 되도록 하였다.

　이 책은 심리상담의 구조, 한 명의 내담자의 사례를 이해하기까지 상담자가 하는 작업들, 그리고 변화를 가져오는 치료적인 대화 기법들에 대해 자세히 소개하고 있다. 이 책을 한 장 한 장 정독해 나가면 상담이 어떻게 진행되며 심리상담을 어떻게 하는 것인지에 대한 기본 원리와 개념, 대화를 통해 내담자를 어떻게 치유해 나가는지, 그리고 어떤 원리로 내담자에게 치유가 일어나게 되는지의 기본 원리들을 터득하는 데 도움이 될 것이다.

　이 책은 상담 실제 또는 상담 실습 과목의 주 교재 또는 보조 교재로 사용할 만한 범위의 내용과 깊이를 갖추고 있다. 초보상담자들이 내담자를 만나서 실제 상담을 할 때 안내서로 사용하기 편리하도록 배려하였다. 상담 관련 자격증을 준비하는 예비상담자들이 사례발표 자료를 준비하는 과정에서도 안내받을 수 있도록 내용을 구성하였다. 그리고 사례발표 자료를 준비하는 과정에서 초보상담자들이 종종 겪게 되는 개념상의 혼란을 줄일 수 있도록 각별히 신경을 썼다. 이 책은 상담을 공부하는 초보상담자들이라면 누구나 자신의 상담 경험을 검토해 보는 데, 그리고 상담에서 부딪히는 어려움들을 헤쳐 나가는 데 도움이 될 만한 생각들을 많이 담고 있다. 아울러, 혼란스럽고 모순된 상담 실제의 지식들을 정리하고 소화하여 상담에 대한 나름의 체계를 세워 가는 데도 도움이 될 것으로 기대된다.

이 책에서 제시하는 상담의 기본 원리들은 그렇게 하는 것이 상대적으로 효율적인 방법이기 때문에 제시한 것이며, 반드시 그렇게 해야만 하는 절대적인 진리는 아니다. 상담이란 끝없는 문제해결 과정이며, 상담자에게 새로운 내담자는 곧 해결해야 할 새로운 문제이자 도전이다. 한 권의 책 속에 상담자들이 겪게 되는 모든 상황을 다 포괄하여 담는다는 것은 어려운 일이다. 상담자들은 언제나 새로운 내담자, 새로운 문제, 새로운 상황에 부딪치며, 그 누구도 각각의 경우 모두에 대한 해답을 제시해 줄 수 없다. 이 책 역시 그러하다. 그러나 필자는 그에 대처하는 기본 원리와 대안들을 제시함에 있어 왜 그렇게 해야 하는지 또는 왜 그렇게 해서는 안 되는지에 대해 납득이 되도록 그 원리와 근거를 설명하려 노력하였다. 그리고 초보상담자들이 상담 실제에서 부딪히는 여러 상황과 문제들에 대해서 나름의 대안을 제시하고자 하였다. 그 안에 흐르는 판단의 원리를 터득한다면, 앞으로 내담자를 만나면서 부딪히는 문제들을 보다 지혜롭게 헤쳐 나가는 데 필요한 귀중한 도구를 하나 마련한 것이라고 할 수 있다.

상담자가 한 명의 내담자를 만나서 그 내담자에 대한 사례를 이해하기까지의 과정에서 해야 할 작업들에 대해서는 제7장 '구조화', 제8장 '상담의 동기와 협조적 상담관계', 제9장 '정보의 탐색과 사례개념화', 제10장 '상담의 목표', 제11장 '치료 계획과 상담 계약'에 이르는 많은 지면을 할애하였다.

필자는 상담이 상담자와 내담자 간의 일종의 계약관계임을 일깨워 주려고 시도하였다. 상담의 계약 관계적 속성은 우리나라 상담학계에서는 비교적 간과되어 왔던 부분이다. 그러나 상담은 시간과 비용과 장소에서뿐 아니라 상담에서 다루는 문제와 목표와 치료 계획까지도 상담자와 내담자 간에 합의와 조율의 과정을 거쳐야 하는 명백한 계약관계임을 부인할 수 없다. 그리고 이 계약관계의 토대 위에 전문상담자의 입지가 마련될 수 있으며 상담자의 전문적 역할이 보다 큰 힘을 발휘할 수 있다. 상담의 계약 관계적 속성은 제2장 '상담의 조건', 제8장 '상담의 동기와 협조적 상담관계', 제10장 '상담의 목표', 제11장 '치료 계획과 상담 계약'을 정독하면 보다 잘 이해할 수 있을 것이다.

제4부 '변화를 위한 대화 기법'에서 다루고 있는 대화 기법들은 초보적이고 단순하며 쉬운 것에서부터 보다 복잡하고 복합적인 것의 순서로 기술되어 있다. 많은 초보상담자들은 내담자의 문제와 목표에 대해 합의를 한 다음 상담을 어떻게 이끌어 가야 할지 힘겨워한다. 이 책은 초보상담자들로 하여금 그 과정을 잘 헤쳐 나갈 수 있도록 특별히 배려하였다. 제12장 '치료적 대화의 특성', 제13장 '대화의 주제 정하기', 제14장 '이야기 풀어가기', 제15장 '구체화 작업과 탐색', 제16장 '자기탐색적 질문'에서 그 과정을 어떻게 임해야 하는지 풍부한 실례를 들어 자세하게 설명하였다. 공감과 해석에 대해서도 각각 독립된 장을 할애하여 다루고 있으나 공감과 해석은 제12장에서 제16장까지의 기초적인 치료 작업이 선행되지 않고서는 실천하기 어려운 기법이다. 대화 기법 각각을 구분하여 독립된 장으로 나누어 다루고 있지만 제4부에서 다루는 대화 기법들은 상담의 최종적인 목표를 이루기 위해 초보적인 것에서부터 복잡한 것에 이르기까지 모두가 상호 연결되어 통합적으로 구사되어야 한다.

이 책은 일반적으로 잘 다루지 않는 주제인 침묵에 대해서 마지막 장을 할애하였다. 침묵은 필자가 특별히 관심을 갖는 주제다. 사례회의에 참석하면서 필자는 상담자들이 침묵을 허용하지 못하며 견디기 힘들어하는 것을 종종 발견하였다. 침묵을 하는 것보다 말로 채우는 것이 더 생산적이고 가치 있다고 잘못 생각하는 경우도 많다는 것을 알았다. 그러나 침묵은 치료적으로 의미 있게 활용될 수 있다. 내담자가 침묵하는 데는 여러 가지 의미가 있다. 상담자는 침묵에 대해 인내할 수 있어야 하며, 내담자가 자신을 탐색하고 작업을 할 수 있도록 충분한 침묵 시간을 허용하여야 한다.

이 책에는 많은 사례가 인용되어 있다. 필자는 인용된 사례의 상담자와 내담자의 인적 사항과 사생활을 최대한 보호하려고 애썼다. 사례 이해에 필요한 최소한의 정보만을 제시하였고, 원안을 근거로 많은 내용을 축소 변경하여 해당 내담자와 상담자가 누구인지 제3자가 알아볼 수 없도록 하였다.

이 책이 초보상담자들의 실력 향상에 조금이나마 도움이 되기를 바라며, 상담자가 되려는 후진의 양성을 위해서 기꺼이 사례를 제시해 준 여러 상담자들과 내담자들께 깊은 감사의 마음을 전한다.

책을 쓰면서 돌이켜 보니, 서울대 대학원 시절 필자의 지도교수이신 원호택 교수님께서 슈퍼비전을 해 주시며 하신 말씀들이 나의 내면 깊숙이 흡수되어 나의 피가 되고 살이 되었으며, 정신분석가이신 윤순임 선생님과 7년여에 걸쳐 정신분석 세미나에서 나눈 이야기들도 모두 살아서 나의 일부가 되었다가 글이 되어 나오고 있음을 느낀다. 서적에서 만난 스승들인 프로이트와 로저스를 비롯한 여러 대가들의 가르침들도 내 안에 용해되어 살아 움직이고 있다. 그분들 없이는 상담자로서 오늘의 필자가 있을 수 없었음을 다시 한번 깨달으면서 그분들께 고개 숙여 감사를 드린다. 기꺼이 시간을 내어 교정 작업을 도와준 장안대의 정선영 교수와 서울디지털대학의 초보상담자 여현심, 박승이 선생의 도움도 컸다. 바쁜 가운데서도 상담심리사 배출에 관한 통계치를 찾아서 친절하게 알려 준 한국상담심리학회의 양은영 선생에게도 고마움을 전한다. 필자에게 용기를 북돋워 준 서울대 권석만 교수, 서울 디지털대 김진숙, 유성진 교수에게도 고마움을 느낀다. 힘들 때 마음의 의지처가 되었던 김정애 언니의 고마움도 잊을 수 없다. 그리고 출판을 허락해 주신 김진환 사장님과 편집을 도와준 이지혜 차장님께도 깊이 감사드린다.

2009년 12월
저자 신경진

차 례

제1부 상담자 현황과 상담의 조건

제2부 상담의 과정

제3부 초기 상담에서 하는 일

제4부 변화를 위한 대화 기법

차 례

PART 03 초기 상담에서 하는 일

PART 04 변화를 위한 대화 기법

표 차례

그림 차례

사례 차례

PART 1

상담의 현황과
상담 조건

제1장
상담자격증 현황과 효율적 상담자

이 장에서는 상담 분야의 밝은 미래와 전망, 우리나라에서 최고의 공신력을 갖추고 있는 상담 분야의 자격증인 '상담심리사'와 '청소년상담사' 제도의 역사와 현황 및 그 자격증 취득 요건과 절차를 소개한다. 그리고 효율적인 상담자가 되기 위해서 필요한 심리적 자질과 소양, 습득해야 할 지식과 훈련, 전문상담자로서의 역할과 자세에 대해 기술한다.

1. 상담자격증 제도의 역사와 현황

1) 상담 분야의 밝은 전망

1990년대 초반까지만 해도 심리상담에 대한 사회적 인식이 매우 저조하였고, 대학의 상담심리 관련 전공자들은 졸업 후 주로 대학에 취업하여 강의를 하는 경우가 대부분이었다. 그러나 1990대 후반부터 시작하여 상담전공자들의 취업 분야는 다양해지기 시작하였다. 심리상담의 필요성에 대한 일반인들의 인식이 커지면서 사설 상담소를 운영하는 사람들도 하나둘 생겨났으며, 일반인을 대상으로 상담 프로그램을 운영하거나 심리교육적인 강연을 하기도 한다. 기업체 내에서도 심리상담이 효율적 기업경영과 생산성 증대에 도움이 된다는 인식이 확대되면서 상담기관을 두는 곳이 늘어나고 있으며, 상담자들이 기업체의 인력관리에 대한 자문이나 컨설팅을 하기도 한다.

정부 차원에서도 청소년 문제의 예방과 대처에 심리상담의 필요성이 크게 대두되었다. 1991년도에는 청소년기본법이 제정되고 정책적으로 상담 분야에 대한 지원을 하기에 이르렀다. 이러한 추세 속에서 2000년대에 들어서면서부터는 중앙 정부와 지자체들의 지원하에 상담기관이 급격히 증가하였다. 정부의 지원을 받는 상담기관의 대표격인 한국청소년상담원을 비롯하여 전국의 시·도에 청소년상담지원센터, 시·군·구청소년지원센터가 생겼다. 서울청소년육성회는 1997년에 서울시청소년종합상담실로, 그리고 2006년에는 서울특별시청소년상담지원센터로 바뀌면서 질적·양적인 성장을 거듭하였다.

해를 거듭할수록 상담 분야가 비약적인 발전을 이루고 있으며, 상담자들이 담당할 수 있는 영역이 나날이 확대되고 있다.

한국상담심리학회에서는 상담심리사가 하는 일을 다음과 같이 포괄적으로 규정하고 있다.

(1) 개인 또는 집단의 심리적 성숙과 사회적 적응능력 향상을 위한 조력 및 지도
(2) 심리적 부적응을 겪는 개인 또는 집단에 대한 심리 평가 및 상담
(3) 지역사회 상담교육, 사회 병리적 문제에 대한 예방활동 및 재난 후유증에 대한 심리상담
(4) 기업체 내의 인간관계 자문 및 심리교육
(5) 상담 및 심리치료에 관한 연구

공신력 있는 상담자격증을 소지한 상담자들이 가질 수 있는 일자리는 다음과 같다.

(1) 사설 상담소: 상담소의 운영, 또는 상담소 내에서의 개인상담, 집단상담, 상담 관련 프로그램 실시, 심리교육적 강연, 심리검사, 진로지도 등
(2) 교육 분야: 전국 시·군·구 초·중·고교의 상담교사, 대학교에서의 학생상담, 상담전공

강의와 연구

(3) 기업체: 인력관리, 인력교육, 사원들의 정신건강 관련 업무, 효율적 작업 방식에 대한 조언, 인력의 선발 및 배치 등의 업무

(4) 정부기관: 경찰청이나 법무부의 상담 관련 업무(교정직 공무원), 청소년 업무 지원부서에서의 상담 관련 업무

(5) 지자체의 지원을 받는 상담 관련 기관: 청소년수련관, 청소년문화관, 청소년쉼터, 청소년 관련 복지시설, 사회복지관, 청소년상담실, 아동 · 청소년 대상 병원, 일반청소년 관련 사업체, 근로청소년 관련 사업체 등

대졸 청년들의 최근의 심각한 구직난과 청년 실업 속에서도 상담자가 담당할 수 있는 영역이 확대 개발되고 있으며 상담 분야의 취업 기회는 꾸준한 증가 추세를 보이고 있다.

2) 상담자격증의 역사와 배출 현황

국내 최초의 상담자격증은 한국심리학회 산하 한국상담심리학회의 전신인 임상및상담심리분과회에서 시작되었다. 학회에서는 1971년에 상담심리전문가 자격규정을 마련하여 '상담심리전문가'(현재의 상담심리사 1급)와 '상담심리사'(현재의 상담심리사 2급) 자격증제도를 도입하였다. 그리고 1973년에는 국내 최초로 6명에게 상담심리전문가 자격증을 수여하였다. 당시는 상담이라는 직업에 대한 인식도 없었고 자격증 취득에 따른 혜택이 전무하였던 만큼, 상담심리학 관련 전공자들은 자격증을 취득할 필요성을 인식하지 못하였다. 그래서 1990년까지 상담심리전문가 31명, 상담심리사 1명만이 배출되었을 뿐이다.

한국상담심리학회 내에서 상담자격증 취득의 중요성에 대한 인식이 점차 자리를 잡아가면서 1990년부터는 자격증 취득자의 수가 조금씩 늘어나기 시작하였다. 그리고 2000년에 들어서는 그 수가 급격히 증가하였다. 이는 상담 영역에서의 취업 기회의 증가 및 상담에 대한 수요의 증가와 무관하지 않을 것이다.

한편, 1991년에 '청소년기본법'이 제정되면서 정부의 지원을 받는 상담기관들이 질

적·양적으로 팽창하였다. 그리고 1990년대 후반으로 가면서 대학의 상담 관련 전공학과와 상담을 전문으로 하는 대학원의 수도 급격하게 증가하였다. 이러한 흐름 속에서 새로운 명칭으로 상담자격증을 수여하는 단체와 학회도 생겨났다. 2000년에는 교육학 전공자를 중심으로 한국상담학회가 설립되어 2001년부터 '전문상담사'라는 명칭으로 자격증을 발급하기 시작하였다. 그리고 정부의 지원을 받는 상담기관인 한국청소년상담원에서도 2003년부터 '청소년상담사'라는 명칭으로 자격증을 발급하고 있다.

지금까지 배출된 상담자격증 취득자 수는 〈표 1-1〉과 같다. '상담심리사'는 1990년부터 완만한 증가세를 보이다가 2000년부터는 증가 속도가 빨라졌다. 2003년부터 배출되기 시작한 '청소년상담사'는 시작 첫해를 제외하고는 안정된 증가세를 보이고 있다. '청소년상담사'가 '상담심리사'에 비해 수적인 우세를 보이고 있는데, 이는 '상담심리사'가 대학원 과정의 학력을 요구하는 데 반해 '청소년상담사'에는 3급을 두어 전문학사나 고졸자에게도 문호를 개방한 때문으로 보인다. 지금까지 배출된 '청소년상담사'의 과반수가 넘는 57.5%가 청소년상담사 3급이다.

〈표 1-1〉 연도별 상담자격증 발급 현황

자격증	취득 연도	1973	1975	1976	1977	1978	1979	1985	1988	1989	1990	1991	1992	1993	1994	1995	1996	1997	1998	1999	2000	2001	2002	2003	2004	2005	2006	2007	2008	2009	2010	2011	계
상담심리사	1급	6	2	2	4	1	1	2	6	3	6	13	5	15	13	4	7	16	16	18	30	23	19	38	44	56	57	46	72	69	62	93	749
	2급	-	-	-	-	-	-	-	1	-	-	8	17	34	39	40	43	56	47	92	105	113	103	104	100	115	176	139	160	198	202	276	2,168
	계	6	2	2	4	1	1	2	7	3	6	21	22	49	52	44	50	72	63	110	135	136	122	142	144	171	233	185	232	267	264	369	2,917
청소년상담사	1급	-	-	-	-	-	-	-	-	-	-	-	-	-	-	-	-	-	-	-	-	-	-	107	21	21	30	1	47	15	14	-	256
	2급	-	-	-	-	-	-	-	-	-	-	-	-	-	-	-	-	-	-	-	-	-	-	293	90	171	171	177	194	239	140	-	1,475
	3급	-	-	-	-	-	-	-	-	-	-	-	-	-	-	-	-	-	-	-	-	-	-	284	103	151	206	296	450	517	332	-	2,339
	계	-	-	-	-	-	-	-	-	-	-	-	-	-	-	-	-	-	-	-	-	-	-	684	214	343	407	474	691	771	486	-	4,070

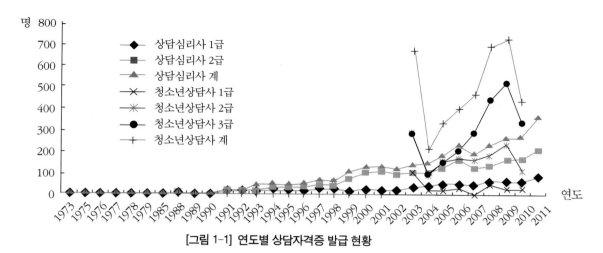

[그림 1-1] 연도별 상담자격증 발급 현황

* 상담심리사는 한국상담심리학회에, 청소년상담사는 한국청소년상담원에 문의하여 자료를 구하였다.

3) 상담자격증의 종류와 발급기관

(1) 한국상담심리학회의 상담심리전문가 및 상담심리사

　한국상담심리학회는 1964년 한국임상심리학회와 함께 임상및상담심리분과회라는 이름으로 한국심리학회 산하의 통합분과로 그 최초의 씨앗이 뿌려졌다. 한국심리학회에서는 1971년 상담심리전문가와 임상심리전문가 자격규정을 공표하였고, 1973년 국내 최초로 상담자격증을 발급하여 6인의 상담심리전문가가 배출되었다.

　임상및상담심리분과회는 1987년에 학회로 승격되면서 한국임상심리학회와 한국상담심리및심리치료학회로 분리되었다. 그리고 한국상담심리및심리치료학회는 2004년 한국상담심리학회로 개칭되었다. 한국상담심리학회와 한국임상심리학회가 분리되면서, 한국상담심리학회에서는 상담과 심리치료에 역점을 두고 한국임상심리학회에서는 진단에 역점을 두어 역할 분담을 하기로 합의하였다.[1] 그리고 한국상담심리학회에서는 상담심리전문가 자격제도를, 한국임상심리학회에서는 임상심리전문가 자격제도를 시행하여 오늘에 이르고 있다.

---

1) 한국심리학회, 한국상담심리학회 및 한국임상심리학회 홈페이지의 연혁 참고.

한국상담심리학회는 상담자격증의 국가 공인화를 추진하는 과정에서 2003년 11월 상담심리전문가를 상담심리사 1급으로, 상담심리사를 상담심리사 2급으로 그 명칭을 변경하였다. 그후 우후죽순처럼 상담 관련 민간자격증이 생겨나면서 상담심리사의 국가 공인화 작업은 아직까지 이루어지지 않고 있다. 〈표 1-2〉에 한국상담심리학회 연혁이 정리되어 있다.

〈표 1-2〉 **한국상담심리학회 연혁**

	한국심리학회	→	임상및상담심리 분과회	→	한국임상심리학회		
				＼	한국상담심리 및 심리치료학회	→	한국상담심리학회
연도			1964~		1987~		2004~

−1971년 상담심리전문가와 임상심리전문가 자격규정 공표
−1973년 국내 최초로 상담자격증 발급: 6명의 상담심리전문가가 배출됨
−1988년 국내 최초의 상담심리사 배출: 1명
−2003년 자격증 명칭 변경: 상담심리전문가 → 상담심리사 1급, 상담심리사 → 상담심리사 2급
−2011년 현재 총 2,917명(1급 749명, 2급 2,168명)의 상담심리사 배출

(2) 한국청소년상담원과 청소년상담사

한국청소년상담원은 1991년 '청소년기본법'이 제정되면서 설립 근거가 마련되었다. 이에 따라 1990년에 설립한 체육부 산하 청소년종합상담실을 1991년에는 재단법인 '청소년대화의 광장'으로 확대 개편하여 개원하였고, 1999년에는 질적·양적으로 확장하

〈표 1-3〉 **한국청소년상담원 연혁**

소속	체육부		체육청소년부		문화체육부 → 문화관광부(1998~) → 국무총리 국가청소년위원회(2005~) → 보건복지가족부(2008~)		
명칭	청소년종합상담실	→	청소년대화의 광장	→	재단법인 청소년대화의 광장	→	한국청소년상담원 출범
연도	1990~		1991~		1993~		1999~

−1991년 청소년기본법 제정
−2003년 청소년상담사자격증 발급 시작
−2005년 학교청소년상담사제도 실시
−2003년 684명을 시작으로 2010년 현재 총 4,070명 배출

여 한국청소년상담원으로 개칭·개원하였다. 그리고 2003년부터 '청소년상담사' 자격 검정 및 자격연수를 실시하기 시작하였다. 2005년부터는 학교청소년상담사제도를 실시하기 시작하였고, 2008년에는 보건복지가족부 산하기관으로 편입되었다. 〈표 1-3〉에 한국청소년상담원 연혁이 정리되어 있다.

4) 상담자격증의 취득 요건

(1) 상담심리사

상담심리사는 그 역사성과 학문적 정통성으로 인해 현재 국내에서 가장 널리 인정받고 있는 상담자격증이다. 상담기관에 따라서는 구인광고 응시자격 사항에 상담심리사 자격증 소지자를 명시하기도 한다. 국내의 어떤 상담기관에서든 기본적으로 이 자격증을 소지한 자가 취업 시 우대를 받고 있다.

상담심리사란 한국심리학회에서 인정한 상담심리사 자격을 취득한 자를 말한다. 그리고 그 자격검정은 한국심리학회 산하 한국상담심리학회에서 담당한다. 상담심리사 자격을 취득하려면 학회에서 정한 자격규정의 제반 요건을 충족해야 한다. 다음은 2010년 3월 18일에 개정된 한국상담심리학회의 상담심리사 자격규정 및 자격검정규칙 내용이다.

1. 상담심리사의 등급
상담심리사 1급(상담심리전문가)과 상담심리사 2급(상담심리사)의 두 가지 등급이 있다.

2. 상담심리사 자격 취득과정
- 1단계: 상담심리사 1급은 한국심리학회와 한국상담심리학회에 각각 정회원으로 가입하고, 상담심리사 2급은 한국상담심리학회 준회원으로 가입한다.
- 2단계: 학회에서 정한 수련 요건을 충족한다.
- 3단계: 학회에서 실시하는 자격시험에 합격한다.
- 4단계: 자격심사를 거쳐 취득한다.

3. 자격시험(이론시험) 응시자격

• 상담심리사 1급(상담심리전문가)

한국상담심리학회 정회원 자격 취득 후 1년 이상 경과된 자로서 (1) 상담 관련 분야의 석사학위 취득 후, 또는 상담 비관련 분야 석사학위를 취득하고 상담 관련 분야 박사과정에 입학한 후 본 학회가 인정하는 수련감독자의 감독하에 3년 이상의 상담경력을 가진 자, (2) 상담심리사 2급 자격증을 취득한 후 본 학회가 인정하는 수련감독자의 감독하에 4년 이상의 상담경력을 가진 자, (3) 한국연구재단에서 인정하는 외국 대학의 상담 관련 분야 박사학위 소지자로서 자격검정위원회의 심의를 거쳐 상담심리사 1급의 자격 수준에 상응하는 것으로 인정할 수 있는 외국의 상담 및 심리치료 분야의 전문가 자격증을 취득한 후 본 학회 정회원으로서 국내에서 1년 이상의 상담경력을 가진 자.

• 상담심리사 2급(상담심리사)

한국상담심리학회 준회원 이상의 자격 취득 후 1년 이상 경과된 자로서 (1) 상담 관련 분야의 석사과정에 재학 중이거나 그 이상의 학력을 소지하고 본 학회가 인정하는 수련감독자의 감독하에 1년 이상의 상담경력을 가진 자, (2) 상담 관련 분야의 학사학위를 취득하고 본 학회가 인정하는 수련감독자의 감독하에 2년 이상의 상담경력을 가진 자, (3) 학사학위를 취득하고 본 학회가 인정하는 수련감독자의 감독하에 3년 이상의 상담경력을 가진 자, (4) 자격검정위원회의 심의를 거쳐 상담심리사 2급의 자격수준에 상응하는 것으로 인정할 수 있는 외국의 상담 및 심리치료 분야의 자격증을 취득한 후 본 학회의 준회원으로서 국내에서 1년 이상의 상담경력을 가진 자

4. 시험과목
(1) 상담심리사 1급: 상담 및 심리치료이론, 집단상담 및 가족치료, 심리진단 및 평가, 성격심리 및 정신병리, 심리통계 및 연구방법론(총 5과목)
(2) 상담심리사 2급: 상담심리학, 발달심리학, 이상심리학, 학습심리학, 심리검사(총 5과목)

5. 최소 수련내용

2011년 3월 18일자로 상담심리사 수련과정 시행세칙이 대폭 개정되었다. 변경된 내용은 2012년도부터 시행된다.

상담심리사 1급은 개인상담실습과 지도감독자의 지도 부분을 강화하였다. 상담심리사 2급의 수련내용은 변경되지 않았으나, 그간 학회에서 시행해 온 상담심리사 2급 하계수련회 이수자에게 면제해 주던 수련 내용을 대폭 축소하였다. 수련회를 이수하면 상담 및 심리검사 접수면접 10회, 개인면접상담 1사례 10회기, 집단상담 1개 참여(실습시간만큼 인정), 개인면접상담 지도감독 3회 등을 완수한 것으로 인정한다.

• 상담심리사 1급

〈표 1-4〉 상담심리사 1급 최소 수련내용

		2011년까지	2012년 이후
개인 상담	면접상담	20사례 총 200회기 이상	20사례 총 300회기 이상
	지도감독	30회 이상(공개 사례발표 4회 포함)	40회 이상(공개 사례발표 4회 포함)
집단 상담	참여경험	2개 집단 이상(집단별 15시간 이상) 총 30시간 이상 참여	
	리더 또는 보조리더	2개 집단 이상(집단별 15시간 이상) 총 30시간 이상 진행	
	지도감독	2개 집단 이상(총 30시간 이상)	
심리 평가	검사실시	20사례 이상(1사례당 2개 이상, 그중 진단용 검사 1개 이상 포함)	
	검사해석상담	20사례 이상	
	지도감독	10사례 이상(1사례당 2개 이상, 그중 진단용 검사 1개 이상 포함)	
	* 학회에서 인정하는 검사 종류의 예시 참조		
공개 사례발표		분회, 상담사례 토의모임에서 개인상담 4사례 이상, 총 40회기 이상. 단, 상담심리사 2급자격으로 응시할 경우 개인상담 3사례 이상, 총 30회기 이상	
상담사례 연구활동		학회 월례회 6회 이상을 포함하여 분회, 상담사례 토의모임에 총 30회 이상 참여	
학술 및 연구활동		학회 또는 유관 학술지에 발표한 1편 이상의 연구 논문 제출	

* 기타 자세한 사항은 한국상담심리학회 홈페이지를 참고하기 바란다.

• 상담심리사 2급

〈표 1-5〉 상담심리사 2급 최소 수련내용

		일반수련자	수련회 수료자		
			~2009년	2010~2011년	2012년 이후
접수면접		상담 및 심리검사 접수 면접 20회 이상	면제	10회 이상	20회 이상
개인상담	면접상담	면접상담 5사례, 총 50회기 이상	2사례, 총 20회기 이상	3사례, 총 30회기 이상	4사례, 총 40회기 이상
	지도감독	10회 이상(공개 사례발표 2회 포함)	5회 이상(공개 사례발표 2회 포함)	7회 이상(공개 사례발표 2회 포함)	7회 이상(공개 사례발표 2회 포함)
집단상담		참여 또는 보조리더 2개 집단 이상(집단별 15시간 이상)	면제	면제	1개 집단 이상(총 30시간 중 수련회에서 실습한 시간을 제외한 나머지 시간)
심리평가	검사실시	10사례 이상(1사례당 2개 이상, 그중 진단용 검사 1개 이상 포함)	5사례 이상(1사례당 2개 이상, 그중 진단용 검사 1개 이상 포함)	10사례 이상(1사례당 2개 이상, 그중 진단용 검사 1개 이상 포함)	10사례 이상(1사례당 2개 이상, 그중 진단용 검사 1개 이상 포함)
	검사해석상담	10사례 이상	10사례 이상	10사례 이상	10사례 이상
	지도감독	5사례 이상(1사례당 2개 이상, 그중 진단용 검사 1개 이상 포함)	2사례 이상(1사례당 2개 이상, 그중 진단용 검사 1개 이상 포함)	5사례 이상(1사례당 2개 이상, 그중 진단용 검사 1개 이상 포함)	5사례 이상(1사례당 2개 이상, 그중 진단용 검사 1개 이상 포함)
		* 학회에서 인정하는 검사 종류의 예시 참조			
공개 사례발표		분회, 상담사례 토의모임에서 개인상담 2사례 이상, 총 10회기 이상			
상담사례 연구활동		학회 월례회 2회 이상을 포함하여 분회, 상담사례 토의모임에 총 10회 이상 참여			

* 기타 자세한 사항은 한국상담심리학회 홈페이지를 참고하기 바란다.

• 참고사항

* 개인면접상담에는 부부 · 가족 · 아동상담도 포함된다.

* 집단상담에는 가족 및 부부 상담도 포함된다.

* 심리검사의 종류 예시(상담심리사 1, 2급 공통)

(1) 자격관리위원회에서 인정하는 진단용 검사: MMPI, HTP, BGT, TAT, DAP, Rorschach, SCT, KFD, 성인 및 아동용 개인지능검사(예: K-WAIS, K-WPPSI, K-WISC, KEDI-WISC, K-ABC) 등. (단, 한 검사가 전체 사례의 1/2을 초과할 수 없음)

(2) 자격관리위원회에서 인정하는 표준화 검사(진단용 이외의 검사): 검사의 실시, 채점, 해석 등 전 과정이 표준화되어 있고, 공인된 출판사에서 제작, 판매하는 검사(예: 성격진단검사, 적성진단검사, MBTI 등). (단, 한 검사가 전체 사례의 1/2을 초과할 수 없음)

(2) 청소년상담사

청소년기본법에 근거하며 한국청소년상담원에서 위탁 실시한다. 역사는 짧으나 국가에서 실시한다는 이점이 있으며, 3등급을 두어 전문학사와 고졸자에게도 문호를 개방함으로써 상담심리사에 비해 응시자격의 범위를 넓혔다.

1. 청소년상담사의 등급

1급, 2급, 3급의 세 등급이 있다.

2. 청소년상담사 자격증 취득과정

(1) 등급별 응시자격 요건을 갖춘 자로서 (2) 규정에 명시한 실무경력을 갖추고 (3) 자격시험에 합격하여 (4) 소정의 연수를 받는다.

3. 자격시험(이론시험) 응시자격

청소년상담사 1급

(1) 대학원에서 청소년(지도)학, 교육학, 심리학, 사회사업(복지)학, 정신의학, 아동(복지)학 분야 또는 그 밖의 보건복지가족부령이 정하는 상담 관련 분야(이하 '상담 관련 분야' 라 한다)를 전공하고 박사학위를 취득한 자

(2) 상담 관련 분야 전공 석사학위를 취득한 후 상담실무 경력이 4년 이상인 자

(3) 2급 청소년상담사로서 상담실무 경력이 3년 이상인 자

청소년상담사 2급

(1) 상담 관련 분야를 전공하여 석사학위를 취득한 자

(2) 상담 관련 분야를 전공하고 학사학위를 취득한 후 상담실무 경력이 3년 이상인 자

(3) 3급 청소년상담사로서 상담실무 경력이 2년 이상인 자

청소년상담사 3급

(1) 학력이 인정되는 평생교육시설의 상담 관련 분야 졸업(예정)자

(2) 전문대학(또는 그에 준하는 기관)에서 상담 관련 분야 전공 전문학사를 취득한 후 상담실무 경력 2년 이상인 자

(3) 대학에서 비상담 관련 분야 전공의 학사학위를 취득한 후 상담 실무 경력 2년 이
상인 자

(4) 전문대학에서 비상담 관련 분야 전문학사를 취득한 후 상담 실무 경력 4년 이상인 자

(5) 고등학교를 졸업하고 상담 실무 경력 5년 이상인 자

(6) 평생교육시설에서 학점을 취득한 후 관련 분야 학사학위를 받은 자

4. 상담실무 경력
• 1, 2급
 −개인상담: 대면상담 50회 이상 실시
 −집단상담: 24시간 이상 실시(구조화 집단상담 혹은 비구조화 집단상담)
 −심리검사: 10사례 이상 실시(전국 표준화 검사와 투사검사만 인정)

• 3급
 −개인상담: 대면상담 20회 이상 실시
 −집단상담: 6시간 이상 참가(집단상담의 참가경험으로 비구조화 집단상담, 구조화 집단상
 담, 워크숍의 참가경험 인정)
 −심리검사: 3사례 이상 실시(특정한 제한을 두지 않는다)

5. 응시과목과 검정방법
검정방법은 필기시험과 면접이 있다.
• 1급 필수: 상담자 교육 및 사례지도, 청소년 관련 법과 행정, 상담연구방법론의 실제
    선택: 비행상담, 성상담, 약물상담, 위기상담 중 2과목
• 2급 필수: 청소년상담의 이론과 실제, 상담연구방법론의 기초, 심리측정 평가의 활
    용, 이상심리
    선택: 진로상담, 집단상담, 가족상담, 학업상담 중 2과목
• 3급 필수: 발달심리, 집단상담의 기초, 심리측정 및 평가, 상담이론, 학습이론
    선택: 청소년이해론, 청소년수련활동론 중 1과목
 응시자격과 상담실무 경력이 인정되는 기관에 관한 보다 상세한 사항은 한국청소년상
담원의 홈페이지를 참고하라.

5) 우리나라 상담 관련 자격증의 문제점

(1) 예비상담자의 어려움

첫째, 하나의 분야임에도 불구하고 통합된 자격증제도가 없이 여러 단체에서 비슷한 이름의 민간자격증을 발급하고 있다. 상담 관련 전공생들은 어느 자격증을 따야 할지 혼란스러워하며, 입시를 치르듯 여러 개의 자격증을 취득하기 위해 이중 삼중의 노고를 하고 있다. 예컨대, 한국상담심리학회의 상담심리사 자격을 이미 취득한 상담자가 청소년상담사 자격제도가 생기자 청소년상담사도 따며, 심지어는 한국임상심리학회의 임상심리사 자격까지 따는 사례가 생기고 있다.

둘째, 학문적 정통성과 권위를 지니지 않은 민간자격증이 남발되고 있다. 상담 분야의 인기에 편승하여 몇 시간의 약식교육 후에 제공하는 수료증을 민간자격증인 것처럼 포장하여 제공하거나 학문적 정통성이 없는 비전문가들이 허위 학회나 단체를 만들어 취업난 속에서 상담 관련 자격증이라도 따고자 하는 사람들의 욕구를 이용하여 돈벌이를 하는 식으로 미래의 상담자들을 현혹시키며 혼란에 빠뜨리고 있다.

셋째, 인턴 및 레지던트 수련을 받을 수 있는 공신력 있고 안정된 상담전문가 양성기관이나 수련기관이 없다. 대학의 학생상담소가 이를 대체하고 있는 실정이며, 예비상담자들은 자격증 취득에 필수 요건인 수련을 쌓기 위해서 적잖은 비용을 지불하며 여러 기관을 전전해야 하는 입장에 처해 있다.

(2) 상담 지도교수의 어려움

유사 분야임에도 불구하고 학회의 배타적 규정에 의해 대학의 상담전공 지도교수의 슈퍼비전이 수련으로 인정되지 않는 사태가 종종 발생하고 있다. 임상심리전문가 자격을 갖고 있는 대학 지도교수의 지도감독이 상담심리사 자격심사에서 인정되지 않거나, 반대로 상담심리전문가의 지도감독이 임상심리전문가 자격심사에서 수련으로 인정되지 않는 일이 벌어지고 있다. 이로 인해 자격증을 따려는 학생들이 자격심사 과정에서 곤경에 처하는 일이 종종 발생하기도 한다. 이러한 이유로 해당 전공의 교수들은 제자를 지도하기 위해서 뒤늦게 여러 개의 자격증을 취득해야 하는 고초를 겪고 있다.

(3) 상담자격증 제도의 문제

첫째, 자격증들이 법적 구속력이 없어 자격증 없는 사람이 상담소를 설립해도 법에 저촉되지 않으며 제재할 방법도 없다. 예컨대, 필자는 상담심리전문가, 임상심리전문가, 정신보건임상심리사의 세 가지 자격증을 갖고 있지만, 자격증이 하나도 없다 해도 개인 상담소를 차리는 데 법적인 제재를 받지 않는다.

둘째, 상담소의 명칭이 통일되어 있지 않은 것도 문제가 될 수 있다. 의사나 병원처럼 자격증 명칭이나 간판으로 내거는 이름이 통일되어 있으면 일반인들이 믿고 이용하기가 용이할 것이다. 그러나 현재와 같이 자격증의 명칭이나 개설 상담소의 명칭이 통일되어 있지 않은 상태에서는 일반인이 상담을 받고자 할 때 어떤 명칭의 상담자격증을 가진 사람에게 상담을 받아야 할지 판단하기가 어렵다.

(4) 대처

여기서는 이상적인 정책이나 제도에 대한 논의는 하지 않을 것이다. 다만 상담자격증과 관련된 현재의 상황을 고려하여 예비 상담자가 어떻게 임하는 것이 좋을지에 대해서만 기술할 것이다.

심리상담은 결코 쉬운 작업이 아니다. 몇 시간의 강의와 훈련으로 단기간에 상담자격증을 딸 수 있다는 생각으로 이 분야를 시작했다면 크게 잘못 생각한 것이다. 상담자가 되기 위해서는 상담과 심리학 분야의 필요한 지식을 습득하고 충분한 훈련을 쌓아야 한다. 상담자격증은 결코 몇 시간의 강의나 훈련으로 쉽게 딸 수 있는 성질의 것이 아니다. 만일 몇 시간의 강의와 시험으로 단기간 내에 상담자격증을 발급하는 곳이 있다면 그 단체나 기관은 신뢰할 만한 곳이 아니며 거기서 발급받은 자격증은 사회적으로 인정받기 어렵다고 할 수 있다. 자격증을 따는 과정이 어렵고 힘들며 오래 걸리더라도 역사가 깊고 학문적인 정통성을 지닌 학회나 단체에서 주는 자격증을 취득하여야 한다.

여러 상담자격증 중에서 어느 자격증을 따는 것이 좋은지에 대한 판단을 하려면 우선 정통성 있는 학회나 공신력 있는 단체에서 인정하는 자격증인지를 확인하여야 한다. 그런 다음 자신이 원하는 상담 분야나 직장에서 어느 자격증을 우대하는지에 대한 정보를 미리 점검하는 것이 좋을 것이다. 상담자격증들은 같은 분야의 자격증이니만치 요구하는 과목과 훈련이 상당 부분 중복되어 있으므로 보다 폭넓게 직장을 구하고 싶다면 힘이 들더라도 여러 개의 자격증을 따는 것도 하나의 방법이다.

아울러 상담 관련 훈련과 지도를 받을 때는 그 훈련자나 지도감독자가 자신이 따려는 자격증의 지도감독자로서 자격이 있는지를 미리 확인하고 지도를 받는 것이 중요하다. 힘들게 지도감독을 받은 훈련경력이 자격증 취득 심사과정에서 인정받지 못하게 되는 일이 있어서는 안 될 것이다.

2. 효율적인 상담자에게 필요한 역량과 자질

상담자격증을 취득하는 것 이외에도 효율적인 상담자가 되기 위해 필요한 역량과 자질들이 있다. 효율적인 상담자가 되기 위해서는 상식적인 판단능력과 건강한 정신이 밑바탕에 깔려 있어야 할 것이다. 그러나 상담자가 되기 위해서는 이런 인격적 요소 이외에도 상담을 하는 데 요구되는 중요하고도 독특한 상담자의 심리적 자질과 특성이 있다. 이러한 자질과 특성에 더하여 상담자는 상담과 관련된 풍부한 심리학적 지식과 전문가적인 훈련을 체계적으로 쌓아야 하며, 그러는 가운데 상담자로서의 정체성을 확립해 나가야 한다.

1) 심리적 자질과 소양

(1) 인간에 대한 관심

인간에 대한 관심은 심리학을 전공하고 상담자로서의 길을 택하게 한 기본 동기가 될 수 있다. 상담자는 다른 사람의 안녕과 행복, 고통과 불행, 희망과 비전 그리고 변화와 치유에 대해서 깊은 관심을 가져야 한다. 인간의 변화에 대한 희망과 긍정적인 사고방식을 지니며, 현재 이 순간에 만나는 인간에게 집중하고 진실되며 충실하게 임하는 자세가 필요하다.

인간에 대한 관심을 가져야 한다고 해서 상담자가 사교적이거나 외향적일 필요는 없다. 상담은 내성introspection하는 능력을 활용하는 작업이다. 그래서 대부분의 상담자는 외향적이라기보다는 오히려 내성적인 편이다.

(2) 우수한 언어 이해력

상담자가 되려는 사람은 언어 이해력이 뛰어나야 한다. 상담은 그 어느 전문 분야보다도 뛰어난 언어 이해력을 필요로 하는 분야다. 상담은 내담자에 대한 이해의 바탕 위에서 치료적인 작업을 하는 것인 만큼 내담자가 말하는 내용을 이해하지 못한다면 상담이 유지될 수 없다. 상담자가 내담자의 말을 이해하지 못하면 내담자는 더 이상 이야기를 하지 않거나 상담자를 이해시키기 위해서 불필요한 더 많은 이야기를 해야 한다. 내담자의 말을 이해하지 못한다면 같은 공간에서 마주하고 있어도 진정한 만남이 이루어졌다고 할 수 없다.

(3) 섬세한 감수성과 직관력

내담자와의 의사소통은 말로만 이루어지는 것이 아니다. 상담자는 내담자가 이야기하는 내용의 핵심 메시지를 이해하는 역량뿐 아니라 비언어적인 메시지도 함께 감지할 수 있는 섬세한 감수성을 지녀야 한다. 불안해하는지, 당황해하는지, 충격을 받았는지, 기쁜지, 슬픈지 등 내담자의 감정 상태와 감정 색조의 변화를 감지할 수 있어야 한다. 아울러 상담자의 공감이나 해석 등의 개입에 대한 내담자의 감정 변화를 인식할 수 있어야 한다. 이런 기본 능력을 갖추고 있다면 내담자의 문제의 본질을 더욱 깊이 공감적으로 이해할 수 있으며 밀착된 상담을 하는 것이 가능하다.

상담자는 또한 다른 사람에 대한 감수성뿐 아니라 자신의 감정에 대한 관찰과 이해력도 우수해야 한다. 자신의 감정을 섬세하게 감지하고 민감하게 이해할 수 있을 때 역전이를 줄이고 내담자에 대해 객관성을 유지할 수 있어 내담자를 더 잘 도울 수 있다.

(4) 인내심과 자제력

상담에서 이루어지는 작업은 상담자의 탁월한 인내심을 요구한다. 상담자는 불확실하고 모호한 것에 대해서도 불안을 이기고 담담히 버틸 수 있어야 한다. 상담은 내담자의 마음의 문제를 다루는 것이며, 그것은 내담자의 삶에서 비롯된 것인 만큼 상담은 그의 삶을 다루는 것이라 할 수 있다. 그래서 상담은 미래를 알 수 없는 인생과도 같다. 내담자를 마주하고 있는 50분에 지나지 않는 시간 동안 무엇이 어떻게 전개되며 내담자가 무슨 말을 할지 알 수 없다. 내담자의 침묵이 이어지고 길어지면 초보상담자는 더욱 막막하고 불안해질 수 있다. 그러나 상담자는 침묵하는 내담자를 기다려 줄 수 있어야 한다. 내담자가 침묵 속에서 작업하는 것을 방해하지 않고 곁에 함께 있을 수 있어야 한다.

상담자는 또한 내담자와의 만남에서 자신의 욕구와 가치관을 유보하고 내담자에게 집중할 수 있어야 한다. 상담자는 내담자를 만나서 자신의 욕구를 충족하거나 자신의 가치관을 주입해서도 안 된다. 내담자를 설득하거나 충고하여 상담자 자신의 삶의 방식을 채택하도록 요구하거나 유도해서도 안 된다. 상담자는 내담자로 하여금 내담자 자신의 삶을 살도록 허용하고 자신의 세계를 개척하도록 이끌어야 한다.

더 나아가 상담자는 자신에게 보이는 내담자의 왜곡된 생각과 정신병리를 수용하고 참고 견디며 가슴속에 보유할 수 있는 인내심도 지녀야 한다. 자신에게 보인다고 하여 그것을 간직하지 못하고서 내담자에게 빨리 가르쳐 주고 고쳐 주려 하면 내담자는 달아나기 마련이다. 이런 상담자의 행위는 어찌 보면 상담자 자신의 욕구를 충족하는 것이며 자신의 가치관을 내담자에게 주입하는 것이라고 할 수도 있다. 상담자는 내담자의 문제를 가슴에 담아 두고 자신의 한 부분을 쪼개어 내담자 내면으로 들어가 내담자를 따라가도록 하며, 내담자가 수용하는 정도를 봐 가면서 조심스럽게 조금씩 나아가야 한다.

(5) 풍부하고 다양한 경험

내담자가 내놓는 매우 충격적인 사건이나 경험, 또는 내담자의 정신병리 현상에 대해서 상담자가 충격을 받아 휘청거리면 그 상담자는 그러한 문제들을 다룰 수가 없다. 충격받는 상담자의 모습을 접하면 내담자는 마파람에 게눈 감추듯 자신을 거두어 들일 것이다. 상담자는 아무리 충격적인 내용을 접하게 되더라도 차분하고 담담히 수용할 수 있어야 한다. 더 나아가 상담자는 내담자가 소화하지 못하는 경험을 내담자와 함께 들여다보면서 내담자의 소화를 도와주어야 한다. 이러한 역량은 폭넓은 많은 경험을 쌓고 각각의 경험을 자신의 것으로 만드는 꾸준한 작업 속에서 터득된다.

내담자들이 가져오는 문제는 매우 다양하다. 내담자는 여러 양상의 대인관계 문제를 가져올 수도 있으며, 강간, 외도, 이혼, 별거, 외상trauma, 중독, 범죄, 자살, 자해 등 평소 주변에서 쉽게 접하기 어려운 경험의 문제들을 가져올 수도 있다. 이런 강도 높은 내담자의 경험들을 접한 상담자가 속으로 큰 충격을 받고서 그것을 애써 감춘다고 한들 그것은 감춰지는 것도 아니며 상담자의 충격이 내담자에게 전달되지 않는 것도 아니다. 경험이 부족한 초심자로서 감당하기 어려운 내담자의 경험을 듣고 충격을 받았다면 그것을 감추기보다는 차라리 솔직하게 시인하고 함께 의논해 나가는 것이 더 나을 수 있다. 초보상담자로서 감당하기 어려운 내담자의 정신병리를 접하게 되었을 경우에는 상담 직후 동료나 선생님과 의논하여 그에 대한 소화력을 키워 나가도록 한다.

2) 지식의 습득과 훈련

상담자가 되기 위해서는 관련 교과목의 서적을 읽고 강의를 들으면서 지식을 습득할 뿐 아니라 지도감독supervision하에 상담을 훈련받아야 한다. 이와 함께 사례회의와 상담 관련 주제의 세미나에 참석하여 동료와 선생님들과의 토론을 통해 지식을 보충하고 자신의 지식을 점검해야 한다. 전문상담자가 되기 위해서는 이에 더하여 상담 분야의 발전을 위해 연구하는 자세와 역량도 키워 나가야 한다.

(1) 심리학 지식의 습득

상담자가 되려면 성격이론, 상담 및 심리치료에 관한 이론, 이상심리와 정신병리, 심리평가와 심리검사, 상담의 실제와 상담 기법 등 상담과 직접적으로 관련되는 심리학 지식뿐 아니라 발달심리학, 학습심리학, 사회심리학, 생리심리학 및 심리학연구방법론 등 제반 기초적인 심리학적 지식들도 습득해야 한다. 상담심리사와 청소년상담자 등 상담 관련 자격증을 따기 위해서 거쳐야 하는 시험 과목들은 상담을 하는 데 가장 필수적인 최소한의 과목들이다. 상담자는 이들 과목 이외에도 기초적인 여러 과목으로부터 풍부한 지식과 상식을 습득하는 것이 좋다. 그와 같은 지식들은 내담자를 이해하고 내담자의 문제를 풀어 나가는 데 직·간접적으로 도움이 된다.

내담자의 문제와 증상은 다양하다. 내담자는 때로는 교과서에서 접해 보지 못한 참으로 특이한 증상을 가져오기도 한다. 내담자는 가벼운 증상을 가져올 수도 있지만, 불면증, 거식증·폭식증 등의 섭식장애, 건강염려증, 기괴한 성적 환상 등 가정생활과 직장생활을 영위하기 어려운 정도의 심각한 증상을 가져올 수도 있다. 상담자는 가벼운 문제와 증상뿐 아니라 내담자의 특이하고도 심각한 문제와 증상도 감당하고 다룰 수 있어야 한다. 그러기 위해서 상담자는 풍부한 경험과 함께 정신병리의 제반 현상에 대한 지식도 충분히 숙지하고 있어야 한다.

(2) 상담 실제의 수련과 지도감독

상담자는 심리학적 지식의 내용을 이론적으로나 문헌적으로 이해하는 것만으로는 부족하다. 상담은 내담자를 보는 작업이니만치 실제 상담을 하면서 이론으로 배운 내용들을 실습하고 경험해야 한다. 그리고 자신이 실시한 실제 상담들이 제대로 효과적으로 수행되고 있는지 그 실습과정에 대한 지도감독supervision을 받아야 한다.

초보상담자는 자신이 상담한 내용을 녹음하고 자료화하여 지도감독자의 점검을 받는 과정에서 내담자의 문제와 고통을 더 잘 이해하게 되고 사례를 종합적으로 파악하는 눈을 키울 수 있다. 그리고 상담자와 내담자 간의 관계, 상담자 자신의 개입의 적절성과 효율성 등을 점검하고 평가받을 수 있다.

그런데 슈퍼비전을 받다 보면 상담자가 내담자와 관계를 형성하고 내담자의 문제를 탐색하며 치료적 개입을 하는 과정에서 효과적인 치료를 막는 상담자 자신의 선입견이나 편견, 또는 습관적인 반응 방식 등이 드러나게 된다. 그리고 상담자의 어떤 취약한 부분들이 특정 내담자와의 관계에서 상담을 반복적으로 난국으로 이끌어 가는 경우도 종종 지적받게 된다. 상담자는 슈퍼비전 과정에서 자신의 문제점들이 지적될 때 상당한 고통을 경험하게 된다. 자신의 문제를 외면하거나 지도감독자에 대한 불만이 쌓이면서 슈퍼비전을 회피하게 될 수도 있다. 그러나 내담자와의 관계에서 드러나는 상담자 자신의 문제점들이 극복되지 않는다면 상담관계에서 이들 문제들은 반복해서 발생할 수밖에 없으며 전문상담자로서의 성장이 제약을 받게 된다. 따라서 상담자 자신도 개인상담이나 집단상담 등을 통해서 자신의 심리적 모습과 문제들을 점검하고 해결하는 과정을 밟는 것이 필요하다.

(3) 끊임없는 자기 발전

관련 지식을 터득하고 필요한 훈련을 받는 것은 상담자가 되기 위한 최소한의 기본 요건일 뿐이다. 상담자는 그것만으로는 부족하다. 상담자가 아무리 지식과 경험을 쌓는다 해도 새로이 만나는 내담자는 이제까지 접하지 못한 전혀 다른 세계를 상담자에게 펼쳐보인다. 상담은 일회적이며 결코 반복되는 일이 없다. 이 세상에는 결코 같은 내담자도 없다. 내담자와의 만남은 매 순간 새롭게 창조된다. 상담자는 내담자와 만나는 그 순간에 깨어 있어야 하고 자신의 역량을 응집시켜 발휘할 수 있어야 한다.

상담자는 자신을 발전시키기 위해 끊임없이 노력하여야 한다. 자신의 역량들을 더욱 발전시키기 위해서 늘 자신을 점검하고 보완하며 교류해야 한다. 그리고 자신이 터득한 지식과 경험을 소화하여 자기 것으로 만드는 혼자만의 작업을 다른 어떤 직업에서보다도 더 열심히 해내야 한다. 학회에 참석하고 동료들과 세미나를 하면서 새로 밝혀진 지식과 치료 기법들을 보충할 뿐 아니라 스스로도 늘 공부하여야 한다. 모든 내담자와의 만남에 정성을 쏟고 내담자를 더 잘 이해하고 돕기 위해서 상담을 기록하고 때로는 녹음하면서 자신의 상담을 점검하고 상담 후에 남는 감정 찌꺼기를 작업해야 한다. 상담이 진척이 없거나 난국에 빠졌을 때, 또는 이해가 안 되거나 감당이 안 되는 내담자를 만났을 때는 동료와 토론을 하거나 개별적인 슈퍼비전을 받으면서 문제를 풀어 나가야 한다.

3) 전문상담자로 바로 서기

전문상담자로 바로 선다는 것은 상담자로서의 자신의 정체성을 확립하는 일이다. 특히 인접 분야의 여러 자격증이 난립하고 있는 지금, 초보상담자들이 상담자로서의 자신의 정체성을 확립해 가는 것은 매우 중요한 일이다.

(1) 상담에 대한 분명한 개념의 확립

우선 상담자는 상담이 무엇인지에 대한 분명한 나름의 개념을 형성하고 있어야 한다.

너무나도 당연한 말이라고 생각될 수 있지만, 자신의 언어로 상담이 무엇인지를 말하는 것은 그리 쉬운 일이 아니다. 알고 있는 것 같아도 자신의 언어로 직접 글을 써 보면 자신의 맹점이 그대로 드러난다. 상담자는 책과 실습을 통해서 얻은 지식을 토대로 자신의 생각을 정리하고 발전시켜서 상담이 무엇인지에 대한 자신의 생각들을 발전시켜야 한다. 상담에 대한 개념이 확고하게 서 있으면 기본적인 자신감을 갖고 상담에 임할 수 있다. 상담자는 어떤 내담자를 상담하게 될지 알 수 없으며, 접하게 될 내담자는 다양하고 늘 새롭고 예측하기 어렵다. 교과서에 제시되지 않은 문제나 특성을 지닌 내담자를 만나거나 상담 중에 예기치 않은 사태가 벌어지기도 한다. 상담자에게 상담에 대한 개념이 확고하게 서 있다면, 그리고 상담자로서의 정체성이 확립되어 있다면, 어려운 내담자를 만나거나 내담자와의 사이에 예기치 못한 일이 발생하여도 상담자는 자신이 확립한 개념과 기본 원리를 토대로 합당하게 문제를 풀어 나갈 수 있다.

(2) 이상적인 상담자의 역할 모델

상담자로서 가장 이상적인 역할 모델은 연구하는 상담자다. 상담자는 내담자를 만나서 실제로 상담을 행하는 전문가practitioner인 동시에 상담 현상을 연구하는 학자다. 그리고 상담은 내담자를 치료하는 과정인 동시에 자연 상태에서 이루어지는 연구과정이다. 상담자는 내담자를 만나서 문제를 극복하도록 돕는 조력자일 뿐 아니라 그 과정에서 터득한 지식들을 통해 상담이라는 학문의 발전에 기여할 책임이 있는 과학자이기도 하다.

연구가 뒷받침되지 않는 분야는 학문으로서의 발전을 기대하기 어렵다. 상담심리학이 학문으로 우뚝 서기 위해서는 상담 현상과 상담의 진행과정이 연구되어야 한다. 오늘날 상담이 이처럼 눈부신 발전을 이룩한 것은 모두가 선배 상담자의 연구 업적의 덕이라 할 수 있다. 상담자가 전문가로서의 정체성을 갖는 일은 새로운 이론과 지식을 습득하여 치료에 활용하는 것에서 더 나아가 전문가로서의 자신의 활동을 연구로 연결시키는 것까지를 포함한다. 즉, 상담과정에 참여·관찰하는 전문가인 상담자는 동시에 연구하는 과학자가 되어야 할 것이다. 그 모범을 가장 잘 보여 준 사람은 바로 정신분석의 창시자인 프로이트(Freud, 1856~1939)와 상담과정 연구의 효시가 된 인간중심치료의 창시자인 칼 로저스(Carl Rogers, 1902~1987)다.

그런데 상담 연구, 특히 상담과정 연구는 협조를 얻는 과정에서부터 내담자에게 수많은 심리검사와 설문조사 및 평정을 하도록 부담을 주며, 상담을 녹음하여 축어록을 풀고, 주요 변인들을 평정하고, 평정자 간 일치도를 구하는 등 그 과정이 대단히 복잡하고도 힘들다. 그래서 상담 분야, 특히 상담과정에 대한 연구논문의 수는 타 분야보다 적을 수밖에 없는 실정이다.

게다가 그 어려운 과정을 거쳐서 얻어진 연구 결과에 대해서도 그 신뢰성을 보장하기가 대단히 어렵다. 상담을 녹음하거나 연구에 상담 자료를 활용하기로 내담자의 동의를 얻게 되면 그렇지 않을 때에 비해 내담자가 자신도 모르게 방어 수준을 높이게 마련이므로, 진실을 추구하기 위한 연구가 진실에 도달하기 어려운 불가피한 상황에 놓이게 된다. 더 나아가 심리검사를 포함해서 많은 회기별 질문지와 평정을 하는 과정에서 작용할 수 있는 수많은 가외변인(예: 방어, 요구적 성격demanding character, 반응 세트response set 등)의 효과를 배제하는 것도 현실적으로 불가능하다. 이러한 이유로 정신분석가들은 녹음을 선호하지 않으며 양적 연구와 실험적 연구에 대해서도 비판적인 입장을 취한다.

연구하는 상담자로서의 역할 모델이 현실적으로 가능한 방안은 사례연구다. 연구하는 학자의 길을 걷지 않더라도 상담자는 항상 연구하는 자세로 상담에 임해야 한다. 상담이 곧 연구이기 때문이다. 그리고 상담자는 공감적이면서도 연구하는 과학자로서의 객관성을 잃지 않아야 한다. 내담자의 문제를 극복하도록 돕기 위해서 상담자는 모든 내담자의 문제에 대해 사례개념화를 형성하고 치료 계획을 세우며 이를 실행에 옮겨야 한다. 사례개념화는 해당 내담자에 대해 상담자가 추정한 연구 가설이며, 치료 계획은 연구 계획이다. 그리고 치료적 개입을 하는 과정은 사례개념화라는 가설을 치료 계획이라는 연구 계획에 따라 검증하는 과정이다. 모든 내담자에 대한 상담자의 치료적 행위는 사례개념화라는 가설의 적절성과 치료 계획의 효과를 검증하는 과정으로 연결되어 통합적으로 평가되어야 할 것이다. 그리고 그 연구결과는 상담심리학이라는 학문의 발전에 기여하는 것으로, 그리고 개인상담자에게는 자신의 상담 역량을 발전시키고 다음 내담자를 효율적으로 상담하는 자료로 활용될 수 있다. 따라서 슈퍼비전을 받거나 발표를 하는 사례뿐만 아니라 모든 상담사례는 단일 사례연구를 지향하여야 할 것이다.

제2장

상담의 조건

상담은 상담비, 상담시간 그리고 상담실이라는 공간의 세 가지 기본 구조 속에서 상담자와 내담자 간의 만남으로 구성된다. 이 세 가지 조건의 차원에서 상담자와 내담자가 어느 하나라도 합의할 수 없으면 상담은 성립될 수 없다. 개업 상담전문가에게 무료로 상담을 해 달라고 떼를 쓰거나, 상담비를 무리하게 깎으려 하거나, 자신의 집 또는 자신이 원하는 다른 장소에 와서 상담을 해 달라는 식으로 세 가지 조건을 위배하려 하는 내담자의 경우에는 계약 조건이 맞지 않아 상담이 성립되기 어렵다. 설령 상담자가 마지못해 이를 허용한다 하더라도, 기본 조건과 구조를 파기하면서 성립된 상담은 향후 상담을 진행해 나가는데 지속적인 제약을 받게 되며 합의한 상담의 목적을 달성하는 데 걸림돌로 작용할 수 있다.

이들 상담의 세 가지 조건은 현실검증력의 기초가 된다. 현실검증력(또는 지남력)이란 개인이 얼마나 현실에 닻을 내리고 사는가, 즉 개인이 현실 속에 내리고 있는 뿌리가 얼마나 건강한가를 나타내는 지표다. 정신과에서는 환자의 현실검증력 수준을 진단하기 위해서 시간time, 공간place, 인간person에 대한 질문을 한다. 시간을 질문할 때는 오늘이 몇 년 몇 월 몇 일인지를 묻는다. 시간이라는 현실에 내린 닻이 취약하면 할수록 현 시점에 대한 지각은 부정확하다. 공간이라는 것은 그 사람이 지금 존재하는 공간상의 좌표를 말한다. 그가 있는 곳이 병원인지 상담실인지를 분명하게 인식하고 있다면 공간 내에 확실하게 닻을 내리고 산다고 할 수 있겠다. 자신이 누구인지에 대한 정체성의 인식은 현실검증력 중에서 가장 마지막까지 존재하는 능력이다.

상담에 오는 사람들이 시간, 공간, 사람에 대한 세 좌표상에서 현실검증력에 심각한 손상을 지닌 경우는 거의 없다. 단지 상담을 진행하다 보면 시간과 공간에 대한 판단이 다소간 흐려지는 일이 가끔 발생한다. 상담을 직접 신청한 내담자의 경우 자신의 정체성에 대한 현실검증력은 내담자의 행동 자체에서 이미 어느 정도 검증된 것이므로 추가적인 검증 절차를 거칠 필요는 없다. 대신 상담을 받는 것에 대해 책임을 지는 것, 즉 상담비를 내는 것으로 대체해서 보면 될 것이다. 내담자는 한 인간으로서 상담을 받는 것에 대한 대가를 지불함으로써 자신의 몫, 자신의 책임을 지는 것인데, 이러한 책임을 질 수 없는 사람은 상담자와 상담의 조건을 협의하기가 어렵기 때문에 외래상담에 적합한 내담자라고 볼 수 없다.

1. 상담비와 계약

상담비는 내담자가 상담을 받는 대가로 지불하는 금액이다. 상담비를 지불함으로써 내담자는 상담 서비스를 이용할 자격이 주어지며 상담자와 내담자의 관계는 대등해진다고 할 수 있다. 상담비는 내기에 상당히 아까울 정도의 수준은 되어야 적절한 치료 효과를 볼 수 있다고 생각하여, 프로이트(Freud)는 한 달 상담비로 통상 월수입의 1/5이 적절하다고 보았다. 프로이트처럼 주 4~5회 상담을 하는 것과 주 1~2회 하는 경우의 상담비를 같은 기준으로 받는 것은 무리일 것이다. 그러나 상담비가 저렴하여 별로 아까운 느낌이 들지 않으면 내담자가 상담에 두는 비중이나 상담에의 개입commitment 정도가 떨어지게 되므로 상담비가 저렴한 것이 치료 효과 면에서는 그리 바람직한 것이 아니다.

상담비가 아까운 느낌이 드는 것은 개인의 수입과 상관이 있다. 월수 50만 원인 사람의 1회 2만 원은 월수 500만 원인 사람의 1회 10만 원보다 상대적으로 더 큰 금액으로 느껴질 수 있다. 그러므로 상담비의 책정과 협의는 내담자의 경제 사정을 고려해야 한다. 어디까지나 생계가 우선이고 상담은 이차적인 것이다. 상담이 절대적으로 필요한 사람이 돈이 없어서 상담을 중단해야 하는 사태도 생길 수 있으므로 상담자는 상담비에 대해 내담자의 입장을 십분 고려한 융통성을 발휘할 수 있어야 한다. 그러나 아무리 경제적으로 어렵다 하여도 상담을 무료로 하는 것은 상담자나 내담자 모두에게 그리 권장할 만하지는 않다. 상담의 동기와 치료 효과를 고려한다면 최소한의 상징적인 비용이라도 지불하는 것이 바람직하다.

상담비는 어느 정도 일반적으로 통용되는 액수에 근거해서 상담자마다 또는 상담기관마다 조금씩 차이가 날 수 있다. 그러나 모든 내담자에게 통상적으로 알려지거나 정해진 금액을 그대로 다 받는 것은 아니다. 공공성이 적은 개인상담소의 경우 상담자가 한 회분의 상담비가 얼마인지를 내담자에게 알려 주면 그대로 따르는 내담자도 있지만, 상담비가 고가이고 아까운 금액인 만큼 대개는 내담자가 상담비에 대한 사전 지식과 경제력 등에 대한 자신의 입장을 상담자에게 이야기하게 되고, 이에 대해 다소간의 토론과 흥정의 과정을 거쳐 최종적인 상담비를 합의하게 된다.

모든 경우에 내담자가 비용을 내는 것은 아니다. 그러나 내담자가 직접 비용을 내고 상담을 할 때는 비용과 관련하여 상담자와 내담자 사이에 여러 가지 역동과 상황들이 발생할 수 있다. 내담자가 매회 상담자에게 직접 상담비를 낼 경우 내담자는 상담에 대한 동기가 향상되어 상담에 열심히 임할 수 있으며 상담비와 관련된 역동도 생생한 현장에서 다룰 수 있는 이점이 있다.

사설 상담소에서 일하는 상담자는 내담자로부터 직접 상담비를 받지만, 중·고등학교나 대학 상담소 또는 공공기관에서 운영하는 상담실에서 일하는 상담자들은 상담에 대한 대가를 월급으로 받게 되며 내담자에게서 직접 받지 않는다. 그러므로 상담비와 관련된 역동이 일어날 가능성은 거의 없고 시간과 공간과 관련해서만 역동이 일어나게 된다. 이러한 경우 내담자는 자신이 상담을 받는 대가를 지불할 책임을 직접적으로 지지 않기 때문에 상담에 대한 동기와 상담에의 몰입이나 개입 정도가 낮을 수 있다. 상담비는 중요한 유인가로도 작용하므로, 상담과정에서 동기가 낮아지는 내담자에게 상담비를 올리거나 선불로 내게 하여 상담의 동기를 조절하기도 한다. 그러나 무료상담의 경우에는 상담비를 통하여 동기를 조절할 수 있는 여지가 제한된다.

1) 상담비 지불 방식

내담자는 대개 한 회분의 현금을 봉투에 넣어서 상담시간이 끝난 후 상담자에게 건넨다. 어떤 내담자는 상담이 끝난 다음에 지갑에서 주섬주섬 돈을 꺼내어 세어서 책상 위에 얹어 놓기도 하는데, 이런 방식은 우리나라의 예법에 비추어 볼 때 다소 드물다. 그리고 이와 같은 돈을 내는 방식은 내담자의 특성을 이해하는 하나의 단서가 되기도 한다.

초창기에 필자는 매번 현금을 내는 것이 내담자에게 불편할 것이라고 미루어 짐작하고는 내담자의 편리를 위해 한 달분의 상담비를 월말에 통장에 입금하는 방식을 제안하기도 하였다. 가장 편리한 방법이라고 생각된 방법을 알려 주었음에도 불구하고 예상 밖으로 많은 내담자들이 이 방식을 따르지 않았다. 필자가 제안한 이 방식은 사실 내담자를 위한 방식이 아니라 필자의 편리함과 편안함을 위해 제안한 이기적인 방법이었다는 것을 얼마 지나지 않아 깨닫게 되었다. 즉, 초보상담자로서 비용을 받고 상담을 하는 것이 불편하여 이를 외면하려 했던 것이다. 그래서 필자는 필자의 방식을 버리기로 결심하였고 돈 받는 심경의 불편함을 극복하였다. 그리고 상담 금액만을 합의하고 지불 방식은 차츰 내담자의 재량에 맡기게 되었다.

매번 현금으로 상담비를 지불하다 보면 내담자들은 현금을 미처 준비하지 못했다거나 한 달에 한 번씩 내겠다거나 계좌에 입금하겠다거나 하는 등으로 상담비를 내는 나름의 편리한 방식을 제안하게 된다. 그 방법이 별 무리가 없으면 상담자는 내담자의 의견을 존중하고 따르는 것도 괜찮다고 생각한다. 신세대 내담자는 월말에 한 달치를 통장에 입금하는 것을 선호하는 편이다. 장사나 자영업을 하는 사람들은 그때그때 현금으로 지불하기를 선호한다. 이런 식으로 내담자마다 자신에게 편리한 방식이 자연스럽게 정착되게 된다.

각각의 상담비 지불 방식은 그 나름대로의 장단점이 있다. 필자는 상담이 끝나고 현금으로 비용을 지불하는 것이 상담 동기와 몰입 및 효과 면에서 가장 좋다고 생각한다. 매번의 현금 지불은 내담자로 하여금 상담에 대한 동기를 강력하게 자극하는 효과가 있는 것 같다. 상담비는 적잖은 돈이므로 매번 현금을 준비해 와서 상담에 임하게 되면 내담자는 더 생생하고 적극적이며 열심히 상담에 참여하도록 동기화될 수 있다. 상담자의 입장에서도 동기가 유발될 뿐 아니라 상담비를 낸 것을 그 즉시 확인할 수 있고, 상담비가 밀리는 경우 이를 신속하게 상담시간에서 다룰 수 있으며, 내담자로 하여금 상담에 더 역동적이고도 생생하게 임하도록 자극을 가하는 측면이 있어서 좋다.

상담비를 통장에 입금하는 방법은 매번 입금하기보다는 한 달에 한 번씩 입금하게 되는 것이 일반적이다. 지금은 인터넷 뱅킹 덕분에 즉시 입금 여부를 확인하는 것이 가능해졌지만 얼마 전까지도 그렇지 못했다. 인터넷으로 즉시 확인할 수 있다 하여도 통장 입금은 현금 지불보다는 그 생생함이 덜하고, 비용 지불의 확인도 현금만큼 즉시적이지 않다. 통장 입금은 돈을 지불하는 절차 자체는 편리하지만 현금보다는 상담에 임하는 동기와 생생함이 현저히 절감되게 마련이다. 인터넷 뱅킹이 아직 보편화되지 않던 시절에 필자는 은행에 가는 것을 싫어해서 이따금씩 가서 한꺼번에 일을 처리하곤 했는데, 나중에 자세히 살펴보면 월말에 입금해야 할 상담비를 몇 주 동안 넣지 않고 있는 것을 발견하는 경우가 종종 있었다. 내담자는 상담비를 입금하지 않았는데도 상담자가 여러 주 동안 상담비에 대한 언급을 하지 않으니까 상담비를 늦게 내는 것을 처음에는 미안해했다가도 차츰 대수롭지 않게 생각하면서 그에 대한 감정이 희석되면서 늦게 내는 것에 타성이 생기기도 하는 것 같았다. 뒤늦게 내담자에게 확인하고 상담비를 지연한 이유를 다루게 되니 상담비 지연과 관련된 역동을 다루는 데 있어서 그 생생함이 떨어지는 측면이 있음을 무시할 수 없다. 그리고 두어 주 늦게 입금한 것을 가지고 뒤늦게 끄집어내어 상담시간에 다루는 것도 썩 내키는 일은 아니다.

2) 늦거나 빠진 시간의 상담비

내담자가 상담에 늦거나 빠져도 내담자에게 상담전문가의 50분 시간이 예약되어 있는 것이므로 내담자가 50분 상담을 한 것과 동일한 상담비를 받는 것이 원칙이다. 내담자가 늦거나 빠지는 시간에도 상담비를 받는 가장 중요한 이유는 상담에 빠지는 방식으로 드러나는 내담자의 회피 방어와 저항을 미연에 방지하여 내담자의 때 이른 종결을 줄이기 위함이다.

상담의 발생지인 구미의 경우에는 이를 철저히 지킬 뿐 아니라 내담자가 사전에 정해진 휴가로 인해 못 오는 경우에도 상담비를 청구한다. 그러나 우리나라의 경우에는 말로 하는 상담에 비용을 지불하는 것을 어색해하는 분위기가 아직도 많이 남아 있다. 그래서 상담자와 내담자의 휴가는커녕 그 이외의 이유로 내담자가 빠지는 경우까지도 내담자가 그 이유를 사전에 말하여 양해를 구한다면 상담비를 청구하는 것이 아직은 낯설고 어색하게 받아들여진다. 이 경우 상담비를 청구한다면 내담자는 상담자에 대해 돈밖에 모르는 상담자라는 나쁜 이미지를 갖고서 상담을 때 이르게 종결하게 될 수도 있다.

우리나라의 문화적인 특성을 고려하여 필자가 최종적으로 취하는 방식은 다음과 같다. 일단 내담자가 처음 펑크를 냈을 때는 상담비를 받지 않고 대신 그와 관련하여 구조화를 해 준다. "미처 설명을 드리지 않았는데, 연락 없이 펑크를 낸 경우나 사전에 조절하지 않고 전화를 통해 못 온다고 알리는 경우에는 상담비를 내야 합니다."라고 설명해 준다. 그러면 대개 내담자는 수긍을 하며, 안 오고 돈을 내는 억울한 일을 겪지 않기 위해서, 그리고 상담비를 낸 만큼 충실하게 상담 서비스를 받기 위해서 더 열심히 상담에 오게끔 자극되는 것 같다.

초심자 시절, 필자는 내담자가 안 온 상담시간에 비용을 받는다는 것이 쑥스럽고 미안해서 이를 구조화하지 못하였다. 당시에는 개업 상담자가 거의 없었고, 비용을 내고 상담을 하는 것에 대한 인식이 거의 없었던 시절이었다. 그러므로 상담 비용을 말하거나 그것을 받는 행위 자체를 어색해하였다. 전문가의 상담 서비스에 대해 비용을 지불하는 것이 우리나라에 정착된 것은 비교적 최근의 일이다.

그런데 상담을 하다 보니 내담자가 펑크를 내면 내담자가 잘못한 것인데도 그 피해를 고스란히 상담자인 필자가 지게 되는 것이 불편했다. 내담자가 안 오면 상담자인 필자는 내담자가 언제 올지 모르므로 상담실을 떠나기도 어렵고, 기다리는 동안 마음이 그리 편치는 못하므로 그 시간을 제대로 활용할 수도 없다. 그 내담자가 약속한 시간에 안 오는 것을 며칠 전에 미리 알았다면 다른 일정을 정하거나 다른 내담자를 예약할 수 있었을 텐데 그러지 못하고 놓친 것에 대해 아쉽게 느껴지는 경우도 있었다. 다른 내담자를 예약하지도 못하면서 헛되이 보내게 된 한 시간이 아깝기도 하고 속도 상한다. 비용을 내지 않는 대학 상담소에서는 약속시간 펑크와 관련하여 내담자의 행동을 통제할 수단이 없으므로 더욱 불편하다. 정해진 상담시간에 오지 않을 때 그에 대한 책임을 지지 않아도 된다면 내담자는 반복해서 별 미안함 없이 펑크를 낼 뿐 아니라 차츰 상담에 가치와 비중을 적게 두게 된다. 그래서 치료 효과를 위해서도 내담자가 빠지는 시간에 비용 청구를 해야 한다. 이러한 숙고 끝에 필자는 용기를 내어 내담자에게 안 오는 시간에도 상담비를 받겠다는 말을 하게 되었다. 그러자 내담자들은 자신이 낸 비용만큼 얻기 위해서 더 열심히 상담에 임하였고, 약속에서도 상담에 우선순위를 두고서 가급적 빠지지 않으려고 애쓰는 모습을 보였다.

3) 상담비 올리기

상담을 하다 보면 한 내담자에 대해 몇 년씩 장기간 상담을 하게 되기도 한다. 그럴 경우 상담비용 인상과 관련된 문제가 발생하게 된다. 예컨대, 3년 전의 상담 비용 5만 원은 그때를 기준으로 꽤 비싼 가격이었으나 현재의 상담 비용 8만 원과 비교해서는 적기 때문에 상담자는 상담비를 올리고 싶은 마음이 들기 시작한다. 그러면 조심스레 비용 인상에 대한 이야기를 할 기회를 엿보게 된다.

비용 인상에 대한 이야기를 꺼내기 전에 상담자로 하여금 비용을 올려야겠다는 결심을 하게끔 만드는 내담자의 행동이나 태도가 나타나는 경우도 종종 있다. 상담을 한 지 수년이 지나 이제 내담자에게 상담비가 저렴하게 체감되면 내담자는 상담에 대한 동기도 줄고 타성이 붙게 되면서 상담에 불성실하게 임할 수 있다. 그리고 상담에 대한 비중을 적게 두면서 전보다 펑크를 내는 일도 잦아질 수 있다. 이는 빠져도 그리 아깝지 않다는 느낌이 들만큼 상담비가 저렴하게 느껴진다는 의미이기도 하다. 내담자만이 아니다. 상담자 역시 자신의 전문상담 행위에 대해 정당한 대가를 받지 못하는 것으로 인해 알게 모르게 상담에 대한 집중도가 줄어들 수 있다. 이때 상담자는 상담비를 올릴 결심을 한다. 그리고 기회를 봐서 상담비 인상에 대한 이야기를 꺼낸다. 보통 연말에 이야기를 꺼내서 새해부터 상담비를 올리는 것이 무리가 없는 듯하다.

4) 상담비를 내지 않는 경우

내담자마다 자연스럽게 합의되어 정착된 상담비 지불 방식을 내담자가 지키지 않는 경우 상담자는 심적으로 불편해진다. 내담자가 상담비를 순순히 내지 않게 되는 심리적 흐름 속에는 경제적인 어려움도 있을 수 있겠지만, 상담비를 내고 싶지 않은 마음, 상담자에게 상담비를 주기 싫은 마음, 상담이 그만한 가치가 없다는 느낌 등과 같이 상담이나 상담자에 대한 저항이 들어 있는 경우가 있으므로 반드시 다루고 넘어가야 한다. 이 경우 어느 정도까지 두고 보다가 다루는 것이 좋은지에 관해 정답이 있는 것은 아니다. 그러나 다루는 데 큰 무리가 없는 적절한 시점은 있으며, 그 시기를 넘기거나 다루지 않고 방치하는 것은 상담자로서 상담의 중요한 흐름을 놓치는 무책임한 일이기도 하다.

예컨대, 매번 현금으로 내는 상담비를 한두 번 안 내고 가는 경우는 상담 현장에서 바로 다루어 줄 수 있는 이점이 있다. 그런데 첫 경우부터 그것을 지적하는 것은 상담자가 너무 곽곽하다거나 인색하다거나 돈만 아는 것 같다는 인상을 심어 줄 수 있다. 그리고 상담이나 상담자에 대한 저항이 아니고 단순히 상담비를 미처 준비하지 못해서 그런 것일 수 있으므로 한 번 안 냈을 때는 다루지 않고 기다려 주는 것이 좋은 것 같다. 물론 이런 경우 상담자가 말하기 전에 내담자가 자발적으로 자신의 사정을 먼저 이야기하는 것이 일반적이다. 그러나 두 번 연속 안 냈을 경우에는 회기 중에 짬을 내어 이를 다룸으로써 내담자에게 자라고 있을 불필요한 저항을 다루는 기회로 삼도록 한다.

매번 내는 상담비를 통장에 입금하지 않은 경우는 통장을 확인하고 나서야 비로소 발견하게 된다. 필자는 두 회기까지는 내담자에게 어떤 사정이 있음을 감안하고서 지켜 본다. 그러나 세 번째 시간이 되어도 입금이 안 되었거나 내담자가 먼저 자신의 사정을 이야기하지 않는다면 상담자가 그 이야기를 꺼내어 다루는 것이 적절하다고 생각한다. 매달 내기로 한 상담비를 다음 달 첫째 주에 입금하지 않았을 경우 둘째 주까지 기다려 주다가 셋째 주 상담시간에 다루는 것이 적당한 듯하다.

내담자가 이 핑계 저 핑계를 대면서 상담에 잘 빠지는 경우는 상담비를 한 회분 또는 한 달분을 선불로 내게 하고 빠진 상담시간에도 비용을 지불하는 것으로 구조화한다. 그러면 상담에 빠지는 횟수가 줄어들면서 상담에 대한 저항이나 회피하는 내담자의 방식들을 다룰 수 있다.

드물지만 상담비를 떼이는 경우도 있다. 상담비를 월말에 몰아서 지불하는 경우는 최대 4회분까지의 상담비를 떼일 가능성이 있다. 상담은 진실을 다루는 것인 만큼 상담비를 떼이는 경우가 그리 많지는 않다. 그러나 그런 경우가 발생한다면 상담자는 그 내담자와의 상담관계를 사후에라도 잘 검토해 보아야 할 것이다.

2. 시 간

성인 대상의 개인 심리상담의 한 회기는 통상 50분을 원칙으로 한다. 이는 프로이트 이후 거의 관례화되어 때로는 '50분 상담'이라고 불리기도 한다. 그러나 경우에 따라서는 45분을 하기도 하며 미성년자나 아동의 경우에는 더 짧게 하기도 한다. 최근에는 성인에게도 45분 상담을 하는 경우가 드물지 않은데, 필자의 경험에 의하면 45분으로는 이야기를 충분히 깊이 있게 다루기가 어려웠다.

상담시간은 합의된 계약사항이므로 잘 지켜야 한다. 시작시간만 잘 지키는 것이 아니라 끝나는 시간도 잘 지켜야 한다. 예컨대, 50분 상담을 하기로 2시에 약속을 했다면 상담을 끝내는 시간은 2시 50분이므로 그 시간에는 상담을 끝내야 한다.

1) 내담자가 늦는 경우

상담을 하다 보면 내담자가 일찍 올 수도 있고 늦게 올 수도 있으며, 시간을 바꿀 수도 있고 상담에 빠지는 수도 있다. 물론 상담자도 지각을 하거나 시간을 바꾸거나 상담에 올 수 없는 경우가 생기게 된다.

내담자가 상담에 늦었을 경우, 상담자는 남은 시간까지만 상담을 함으로써 내담자가 끝내는 시간만큼은 잘 지킬 수 있도록 안내하는 것이 좋다. 내담자가 처음으로 지각했을 때 상담자는 내담자로 하여금 끝내는 시간을 잘 지켜서 향후 다시 늦을 경우에도 당연히 제시간에 상담을 끝내는 것으로 인식하고 있도록 구조화하여 준다.

상담비를 받고 상담을 하든 무료 상담을 하든 상담은 정시에 끝내야 한다. 다음 시간에 다른 내담자와의 상담 예약이 되어 있건 아니건 남은 시간까지만 상담을 해 준다. 이는 학생이 수업에 늦었다고 해서 수업시간을 연장해 주지 않는 것과 같다.

내담자가 늦더라도 끝내는 시간을 정확하게 지켜야 하는 데는 여러 가지 중요한 이유가 있다. 우선 끝내는 시간을 지키지 않으면 상담 일정을 포함해서 상담자의 이후 일정이 꼬이게 된다. 또한 내담자의 잘못을 상담자가 벌충해 주는 것은 그 자체가 준엄한 삶의 법칙과도 맞지 않다. 자신이 저지른 잘못은 스스로 책임을 지도록 하는 것을 행동으로 보여 주고, 필요하다면 최소한의 설명을 해 주도록 한다. 더 나아가 내담자가 늦는 것은 방어나 저항 또는 내담자의 문제 행동 때문일 가능성이 농후한데, 늦은 만큼의 시간을 상담자가 벌충해 주면 내담자의 그러한 문제들을 제대로 다룰 기회를 놓치게 된다. 자신이 저지른 잘못에 대해 오랫동안 책임이 면제되어 왔던 내담자라면 상담에 지각했을 때 정시에 상담을 끝내지 않는 것이 내담자의 문제 행동을 더욱 고착시키는 결과를 가져올 수도 있다.

내담자가 지각했을 때 상담을 정시에 끝내게 되면 내담자는 자신이 늦은 것에 대해 보다 심각하게 받아들이게 되고, 앞으로 시간을 잘 지키려 하는 동기가 발동되면서 시간 조절능력도 키우게 될 뿐 아니라 늦은 것과 관련된 자신의 내면의 흐름들을 관찰하도록 자극받게 된다.

필자의 내담자 중에 10~15분씩 늦는 내담자가 있었다. 그는 상담실을 들어오면서 "전철을 놓쳐서 늦었어요."라든가 "눈앞에서 전철이 떠나잖아요." 하고 변명을 하면서도 겉으로 드러난 태도에서는 미안해하는 기색이 전혀 없이 '10분쯤이야.' 하고 대수롭지 않게 생각하는 듯했다. 내담자는 35~40분만 상담하고 정시에 상담이 끝나자 자신의 이야기를 충분히 할 수 없다는 것을 느꼈다. 그 시간 동안만 상담을 하다 보니 이야기를 하다 말고 상담이 끝나 버리는 것 같은 느낌이 들면서 아쉬웠다. 그럼에도 불구하고 그 내담자는 시간을 지킬 수가 없었다. 필자는 시간을 잘 지키라거나 좀 더 일찍 준비해서 나오라거나 하는 등의 조언을 하지 않았다. 그러고는 3회에 내담자가 또 10분을 지각했을 때 필자는 "한 10분쯤은 늦어야 뭔가 직성이 풀리는 모양이지?"라고 시간을 어기는 것과 관련된 무의식을 자극하는 한마디를 툭 던졌다. 이 '늦어야 직성이 풀린다.'는 말은 내담자 속에 잠복되어 있으면서 조금씩 효력을 발휘하는 것처럼 보였다. 내담자는 '시간을 지키겠다고 결심하고 또 노력하는 데도 이상하게 자꾸 10분씩 늦게 된다.' 며 '자신도 자기 행동을 이해할 수 없노라.' 고 말했다. 이후 내담자는 간간이 시간을 지키기도 했지만 보통은 "또 늦었어요." 하면서 헐레벌떡 뛰어 들어왔다. 10회쯤에 가서 내담자는 자신도 이해할 수 없는 이상한 내면의 흐름을 보고했다. 그날은 기필코 지각을 안 하리라고 대대적인 결심을 하고서 미리 준비해서 충분한 시간적 여유를 갖고 문을 나섰다고 한다. 그런데 갑자기 뭔가 찜찜하면서 괜히 이유도 없이, 그리고 빠진 것 없이 모든 것을 완벽히 챙겼다는 것을 마음 한켠에서는 이미 알고 있는데도, 집으로 다시 들어가서 이 물건 저 물건 만지작거리며 방을 한 바퀴 돌아서 쓸데없이 시간을 낭비하여 결국은 또 늦고 말았다는 것이다. 이런 말을 하면서 내담자는 자신도 이해할 수 없는 자신의 행동과 심적 흐름에 어이없어 했다. 필자도 웃음이 났다. "10분쯤 늦어야(어겨야) 뭔가 심리적인 균형이 맞게 되나 보군!" 하고 필자는 내담자의 심적 상태를 반영해 주었다. 이렇게 해서 내담자는 뭔가 '권위에 의해서 주어지고 의무로 지켜야 하는 것' 에 대해서 반항하고 싶은 심정을 갖게 만드는 핵심 역동으로 자신의 아버지와의 권력 갈등을 심도 있게 다루는 계기를 마련할 수 있었다.

　그런데 초보상담자들은 내담자가 늦으면 늦은 만큼의 시간을 더 해 주는 경우가 흔히 있다. 대학의 학생 상담소같이 상담비가 없는 경우는 '어차피 무료인데 조금 더 해 주는 게 뭐 어떠랴.' 하는 생각에서, 또는 자신에게 50분의 상담 실습 기회를 더 주기 위해서 자신의 시간을 할애해서 50분 상담을 해 줄 수 있다. 비용을 받고 상담하는 경우, 가령 30분 늦은 내담자에게 20분만 상담해 주고 매정하게 끝내는 것은 우리 문화에는 맞지 않는 이해타산적인 서양식 사고방식인 것같이 느껴지면서, 내담자가 어떻게 받아들일지 염려가 되어 실천하기 어려운 것 같기도 하다. 덤이나 공짜를 좋아하는 우리나라의 사고방식 때문에 매정하게 끊지 못하고 5~10분을 더 해 주는 경우도 종종 있다.

　초보상담자들은 내담자가 늦더라도 상담을 정시에 끝내라고 배웠으므로 정시에 그 회기를 끝내기는 해야겠는데 그럼에도 정시에 끝내는 것에 마음이 불편해져서 흔히들 정시에 끝내는 것에 대해서 나름의 근거가 될 만한 다른 핑계를 끌어 댄다. "다음 시간에 상담이 있어서 오늘은 여기서 그만 끝내야겠군요." 라든가 "다음 시간에 상담이 없으니까 오늘은 ○○씨가 늦었어도 50분 동안 상담을 하도록 하지요."라며 상담자의 다음 시간 일정을 알려 준다. 필자도 초창기에 그렇게 했다. 다음 시간의 상담 일정은 정시에 상담을 끝내거나 시간을 초과해서 상담을 하는 것에 대한 정당성을 부여하는 근거로 상담자들이 가장 흔하게 사용하는 핑계거리일 것이다. 그러나 핑계를 대면서 상담자 자신의 상담 일정을 알려 주는 것은 또 다른 문제를 야기할 빌미를 제공할 수 있다.

많은 내담자들은 상담자의 이런 말을 역으로 이용한다. 그리고 눈치를 살펴 다음 상담 약속이 있는지의 여부를 재빨리 알아차리고는 "선생님, 다음 시간 상담 없는데(없으면) 조금 더 하면 안 돼요?"라든가, 상담을 끝내려는 상담자에게 "선생님, 다음 시간엔 상담 없잖아요."라며 마치 다음 시간에 상담 예약이 없으면 그 시간을 자신의 상담시간으로 마음대로 활용해도 괜찮은 것처럼 권리를 행사하려 들기도 한다. 이른바 상담자의 일정과 시간, 상담자의 사생활에 내담자가 자신의 통제력을 행사하려는 일이 벌어진다. 다음 시간에 마침 상담이 없어 발표 준비를 하려 했는데 못하고서 그 시간을 내담자에게 할애하게 되면, 초보상담자의 마음속에는 '왜 내담자의 잘못으로 늦었는데 내가 손해를 봐야 하나?' 하는 생각이 들며 속상한 마음과 내담자에 대한 얄미운 마음이 피어오를 수도 있다.

내담자의 이런 행동은 내담자의 지각에 대해 상담자가 구조화를 잘못해 준 것이고 내담자의 잘못된 행동을 방치한 결과다. 마치 버릇없는 애로 만들어 가는 엄마와 같은 행동을 한 셈이다. 가급적 상담 초기에 바른 태도와 습관을 만드는 것이 좋다. 그리고 처음 한계를 깨는 행동을 했을 때 즉시 바로잡는 것이 제일 좋다. 상담 초기에 한계를 허용했다가 상담 도중에 바로잡으려면 더 힘이 들고, 내담자를 실망시키거나 내담자의 감정을 상하게 할 수도 있다. 이런 일이 누적되면 상담자는 자신도 모르게 내담자에게 짜증이 나거나 속으로 화가 누적되는 등의 역전이 반응이 일어날 수 있다. 다음 시간에 상담 예약이 있건 없건, 상담자는 자신의 시간을 자신이 원하는 방식으로 쓸 자유와 권리가 있는 것이다. 상담자는 자신의 권리와 시간을 스스로 적극 보호할 수 있어야 하고, 자신의 정신건강을 위해서도 불필요한 부정적 감정이 누적될 소지를 가급적 만들지 않는 것이 좋다.

상담을 정시에 끝내는 것은 합의된 약속이며 다음 시간에 상담이 있고 없는 것과는 전혀 무관한 일이다. 내담자는 자신의 사정으로 늦었으니 그것에 대해 스스로 책임을 져야 하며, 상담자가 대신 책임을 져 줄 필요는 없다. 자기 행동으로 인한 결과는 스스로 책임지는 것이 바로 삶의 법칙이다. 내담자는 상담에서 자신의 행동에 스스로 책임을 질 수밖에 없으며 또 그래야만 한다는 것을 아깝고 괴롭겠지만 받아들이도록 안내되어야 한다. 규칙을 지키는 상담자의 단호함 속에서 내담자는 이러한 필수적인 삶의 덕목들을 터득해 가면서 일관되게 자립심을 키워 나가야 한다. 이 덕목은 동시에 내담자의 치유와도 직결되는 문제다. 이는 내담자의 늦은 사정이 현실적으로 충분히 납득이 가는 경우에도 어쩔 수 없다. 따라서 상담자는 내담자와 사전에 합의한 상담시간을 철저히 지키는 것이 중요하다.

상담을 정시에 끝내고 다음 시간을 어떤 식으로 사용하든 그것은 상담자의 사생활이자 정당한 권리다. 그러니 정당성을 갖기 위해 설명을 하거나 여타의 핑계거리를 댈 필요가 없다. 상담자는 스스로 정당성을 지니고 당당하게 자신의 권리와 시간, 자신의 사생활을 보호할 수 있어야 한다. 상담자가 그렇게 한다면 상담자의 언행과 태도를 보고 내담자도 삶 속에서 자신의 것들을 보호하고 방어하는 역량을 터득해 나갈 수 있을 것이다. 반대로 상담자가 자신의 영역을 지키지 못하면 내담자와의 불필요한 파워 게임에 휘말리면서 상담이 난국에 빠질 수도 있다.

2) 내담자가 오지 않는 경우

내담자가 연락 없이 오지 않는 경우는 상담이나 상담자에 대한 저항이나 불만이 있을 가능성이 높다. 그러므로 다음 시간에 반드시 그 이유를 다루어야 한다. 내담자는 자신의 사정을 그럴듯하게 설명할 수도 있고, 상담자는 그 말을 그대로 믿고 그냥 넘어갈 수도 있다. 상담자는 어쩌면 자신의 부족한 상담 역량이 드러날까 염려되어 내담자의 설명을 액면 그대로 받아들이고 싶을 수도 있다. 그러나 내담자의 설명이 아무리 그럴듯하여도 상담에 오고 싶지 않은 마음이 전혀 없었는지, 아주 조금이라도 있다면 그것이 뭔지 질문하여 내담자의 저항이 불필요하게 커지는 것을 사전에 방지하는 기회로 삼도록 한다.

내담자가 연락을 하고 빠지더라도 상담에 와서 미리 그 내용을 말하지 않고 중간에 전화로 연락하는 경우에는 그 내용이 상담시간을 빠지기에 얼마나 합당한지, 달리 조절할 방법은 없었는지 다음 상담시간에 확인하고 점검하여야 할 것이다. 합당하게 들리는 사정이 있는 경우라도 상담에 오기 싫은 마음이 한켠에 조금이라도 자리 잡고 있었는지, 그리고 있었다면 그것이 무엇인지를 잘 탐색하고 다루어야 한다. 그러면 내담자에게 상담에 대한 저항이 전혀 없는 경우라 하여도 내담자의 일정을 조절하는 방식 속에 들어 있는 내담자의 삶의 태도나 문제해결 방식 등을 다루는 계기가 될 수 있다.

연락 없이 오지 않는 내담자를 기다리는 것은 공허하고 무료하다. 내담자를 기다리는 동안, 상담자는 마음이 잡히지 않아 다른 것에 집중이 잘 안 되고 서성이게 된다. 이 경우 일단 내담자에게 연락을 취해 본다. 그러나 연락이 안 될 때는 내담자가 오지 않는 가능한 이유를 점검해 보아야 한다. 내담자에게 뜻밖의 사고가 났을 가능성을 배제할 수는 없지만, 상담자는 내담자가 안 오는 원인을 기본적으로 자신에게 돌려서 상담과정을 점검해 들어가도록 한다. 제일 먼저 점검할 것이 바로 직전의 상담시간이다. 기록을 읽어 보고 녹음되었다면 녹음을 들어본다. 그리고 내담자의 입장에서 곰곰이 생각해 본다. 그리고 내담자가 안 오는 데 상담자로서의 자신이 기여한 잘못은 없었는지 신중하게 검토한다.

말없이 펑크를 낸 내담자들은 대개 당일이나 수일 내로 연락을 취해서 빠진 사정을 알린다. 그러나 연락이 없는 내담자에게는 상담자가 연락을 취하여 상황을 알아볼 도리밖에 없다. 내담자에게 영향력을 미쳐서 변화를 유도해 내려면 내담자가 상담에 와야 한다. 상담자가 아무리 도움을 주고 싶어도 내담자가 오지 않는 한 도와줄 수 없는 것이다.

요즘은 누구나 휴대전화를 갖고 있어 내담자가 약속시간에 나타나지 않으면 그 자리에서 내담자에게 연락을 취할 수 있는 편리한 세상이 되었다. 5~10분쯤 기다렸는데도 내담자가 오지 않으면 무슨 일인지 휴대전화로 연락을 해 본다. 오는 중일 수도 있고 연락이 안 될 수도 있다. 때로 내담자가 상담을 잊었다거나 다른 중요한 일로 못 가게 되었노라고 말할 수도 있는데, 이 경우는 다음 상담시간을 확인하고 "그럼 다음 시간에 보지요." 하고 끊는다. 전화나 휴대전화로는 용건만 간단히 하고 상담적인 대화나 토론은 하지 않는 것이 좋다. 연락이 안 되는 내담자의 경우는 내담자 쪽에서 연락하기를 기다리거나, 휴대전화로 연락을 부탁하는 문자를 보내거나, 다음 시간에 나타나기를 기대하고 기다릴 수밖에 없다. 그리고 다음 시간에도 10분쯤 기다리다가 여전히 내담자가 오지 않으면 휴대전화를 해 보고 그 결과에 따라 합당하게 대처한다.

3) 시간을 바꾸는 경우

상담을 여러 시간 하다 보면 피치 못하게 시간을 바꾸는 경우도 생기게 된다. 내담자가 상담에 와서 다음 상담시간을 변경하고자 하면 상담자가 자신의 일정을 조절할 수 있는 폭이 비교적 크다. 그러나 내담자가 상담이 있는 전날이나 상담 당일 또는 상담 직전에 상담시간을 변경하는 경우 상담자는 일정의 조절에 제약을 받게 된다. 내담자가 상담을 약속한 당일에 날짜와 시간을 변경하거나 취소하게 되면 상담자는 그 시간을 자유롭게 활용할 여지가 없어 불편하다. 초보상담자의 경우는 한두 명의 내담자를 상담하기 위해서 먼 길을 오는 경우도 있는데, 미리 연락을 받지 못하고 상담실에 오는 중이거나 이미 온 다음에야 약속 취소 전화를 받게 되면 허탕치고 되돌아가야 한다. 그렇게 되면 상담자의 마음에 내담자에 대한 부정적인 감정이 은연중에 쌓일 수도 있다.

내담자가 임박하게 또는 충동적으로 시간을 바꾸는 경우가 생기면 상담자는 내담자가 왜 그렇게 충동적으로 시간을 변경하게 되는지 그 흐름을 잘 살펴보아야 한다. 내담자는 자기조절이 안 되거나 충동적이거나 사회기술이 부족하고 남에 대한 배려가 부족해서 그럴 수도 있다. 상담에 대한 동기와 인식이 부족하여 자주 시간을 바꾸는 경우라면 상담에 대한 내담자의 동기와 개입commit의 정도를 점검해 보아야 한다.

내담자의 충동적인 시간 변경은 상담자에게 불편을 주는 것일 뿐 아니라 사회생활을 하면서 상대편에게 불편을 끼치는 행동이다. 그러므로 상담자는 이런 불편으로부터 자신을 보호할 수 있어야 한다. 그리고 내담자에게 상담자 자신의 시간 일정을 보호할 수 있도록 충분한 여유를 두고 시간을 조절하도록 권고한다. 이런 일이 자주 발생하면 이후에 재발하지 않도록 상담자의 입장과 의사를 보다 분명하게 밝혀야 하며, 내담자의 문제 및 성격과 관련이 있다면 상담비를 선불로 받는 등 보다 단호한 조처를 취할 필요도 있다.

개중에는 시간을 너무 자주 바꾸는 내담자도 있다. 경우에 따라서는 피치 못할 사정이 연달아 일어나는 경우도 있지만 대개는 내담자의 조절능력의 문제거나, 상담이 우선순위에서 밀리는 경우거나, 내담자가 다른 사람에게 휘둘려서 자기 주장과 보호를 하지 못하는 경우일 수 있다. 상담자는 내담자가 시간을 바꾸게 되는 경위를 잘 탐색하여 어느 경우에 해당되는지를 알아보고 각 경우에 맞게 다루어 나간다. 상담보다 다른 것에 우선 순위를 두는 경우는 상담에 대한 인식과 불만사항 등을 잘 점검한다. 다른 사람에게 휘 말려 상담시간을 변경하는 경우에는 그 내담자의 대인관계를 맺는 방식들을 세밀하게 점검해서 내담자로 하여금 스스로를 보호할 수 있는 역량을 키워 나가도록 돕는다.

4) 상담자의 시간 변경

상담자는 가급적 시간을 바꾸지 말아야겠지만 피치 못하게 지각하거나 시간을 바꾸게 되는 일이 생기기도 한다. 자신에게 위급한 사정이 생기거나 한 내담자에게 위급한 사정 이 생겨 시간을 조절하느라 다른 내담자의 시간을 바꿔야 할 수도 있으며, 차가 심하게 막혀서 제시간에 도착하지 못할 수도 있다.

상담자가 시간을 지키지 못할 사정이 생기는 경우, 상담자는 가급적 빨리 내담자에게 알려서 내담자와 함께 시간을 조정해야 한다. 함께 시간 조정을 할 만큼의 시간적 여유 가 없다면 내담자에게 연락을 취해서 내담자에게 가해질 피해를 최소화하려는 노력을 게을리하지 말아야 할 것이다. 상담자로 인해 상담을 하지 못한 경우에는 보강 상담을 해 주어야 하며, 상담자가 지각을 한 경우에는 내담자에게 50분 상담이 확보되도록 최선 을 다해 시간을 조절해 주어야 한다.

3. 공간과 시설

상담실에 시계를 비치하는 것은 매우 중요하다. 시계는 내담자와 상담자가 모두 자연 스럽게 볼 수 있는 위치에 놓아서 상담시간을 쉽게 확인할 수 있도록 하는 것이 좋다. 고 개를 돌려서 보아야 하는 위치에 시계를 두면 상담자든 내담자든 불필요한 오해를 받을 소지가 있고, 그로 인해 불필요한 감정이 생기게 될 수 있다. 가령 상담자가 회기의 끝마 무리를 지을 시간인지 확인하려고 고개를 돌려 시간을 확인한다면 그것이 내담자에게는 상담에 대한 싫증이나 자신에 대한 거부로 비쳐질 수도 있다.

또 시계를 상담자의 위치에서만 보기 좋은 곳에 놓아서 내담자가 시간을 확인하기 어렵게 만드는 것도 바람직하지 않다. 내담자가 시간을 확인하기 위해서 자신의 손목을 보거나 고개를 돌려야 한다면 이런 동작 역시 상담자에게 내담자가 상담을 그만하고 싶어 한다는 등의 오해를 불러일으킬 수 있다. 내담자가 보기 편한 위치에 시계를 놓아두면 불필요한 오해를 불식시킬 수 있을 뿐 아니라 한 회기의 상담을 진행하면서 내담자가 스스로 끝마무리를 조절하는 데 도움이 되어 좋다. 내담자가 시계를 보면서 "시간이 얼마 안 남아 ○○ 이야기는 다음에 해야겠네요."와 같이 시간을 의식하고서 대화를 조절하는 발언을 하는 것은 내담자가 현실감을 갖고 자신의 행동을 조절하는 역량을 키워 가는 하나의 행위라고 볼 수 있다. 자기조절을 어려워하는 충동적인 성향을 지닌 내담자라면 이런 행위는 자기조절 능력이 진일보되었다는 하나의 단서로 받아들일 만하다.

상담 중에 전화와 휴대전화 벨이 울리면 상담이 중단되고 방해받게 되므로 가급적 사용을 자제하는 것이 좋다. 그러나 혼자 운영하는 상담실에서는 전화와 휴대전화를 사용하지 않을 수 없는 상황들이 종종 발생한다. 요즘은 휴대전화 사용이 대중화되었을 뿐 아니라 휴대전화의 기능도 많이 개선되었다. 부재중 통화나 문자 메시지 기능 등을 활용하여 상담에 방해를 적게 주면서도 부분적으로 휴대전화의 조작을 할 수도 있으므로 상담자는 개인적인 사정에 맞춰 운영의 묘를 살리는 것이 필요하다.

상담실의 위치는 번잡하지 않으며 조용하고 외진 곳이 좋다. 상담실에 들어오는 문과 나가는 문이 다르도록 배치하면 다른 사람과 부딪히지 않을 수 있어 내담자의 사생활도 보호되고 다른 내담자가 상담에 미치는 영향을 최소화할 수 있어 좋다. 공간상의 구조로 인해 입구와 출구를 분리시킬 수 없다면 그 대안으로 상담시간 간격을 넉넉히 해서 내담자들끼리 부딪치지 않도록 배려하도록 한다.

내담자가 일찍 왔을 때 기다릴 수 있는 장소를 상담실 밖 적당한 곳에 마련해 놓고 내담자가 마음대로 마실 수 있도록 차를 준비해 놓으면 기다리면서 내담자가 편안한 마음으로 생각을 정리하는 데 도움이 된다. 상담자가 내담자에게 손님 접대하듯 차를 타 주거나 대접하면서 차를 함께 마시는 것은 상담이라는 중요한 작업을 하러 온 내담자의 시간과 에너지를 의례적인 행위에 빼앗기는 것이므로 바람직하지 않다.

상담실 내부의 장식은 번잡하지 않고 은은하고 차분한 색조의 간결한 것이 좋다. 내담자의 주의를 끄는 자극적인 장식품은 삼가도록 한다.

좌석의 배치는 내담자가 자신의 내면을 들여다보는 작업을 하기에 적절한 배치가 좋다. 상담자와 정면으로 눈이 마주치게 되는 좌석 배치는 그리 바람직하지 않다. 눈을 맞추는 데 신경이 가게 되어 내담자의 자기 내면을 관찰하는 데 방해를 받기 때문이다. 이 점은 일반적인 사교적 관계에서의 좌석 배치와는 상당히 다르다. 상담자와 내담자의 좌석 배치는 90°가 적절한 것 같다. 내담자가 자신의 내면의 관찰에 몰두할 수 있으면서도 원한다면 고개를 들어 상담자를 적절히 볼 수 있기 때문이다.

프로이트는 1896년 카우치에 누워 있는 환자의 머리 뒤쪽에 앉아 환자와 눈 맞춤을 할 수 없는 기발한 구조를 고안해 내었다. 그는 이러한 공간적인 좌석 배치가 '분석가와 피분석자 사이에 눈 맞춤을 포함한 모든 신체 접촉이 차단된 상태에서 자신에 대해 알려주지 않는 중립적인 분석가에 대해 환자가 상상한 모든 내용은 전이일 수밖에 없다는 것을 확신할 수 있게 해 준다.'고 믿었다. 달리 말해서, 환자에게 가해지는 분석가의 영향력을 배제한 이러한 좌석 배치는 환자가 분석가에 대해 상상한 모든 내용이 환자의 중요한 과거 인물과의 관계에서 온 감정 반응이라고 확신할 수 있기 위한 구조인 것이다(Mertens, 1990). 그러나 상담은 정신분석과는 차이가 있으며, 정신분석에서 하는 것과 같은 좌석 배치를 해야 할 필요는 없다.

상담에서는 비언어적 의사소통이 중요하다. 그래서 가급적이면 상담자가 내담자의 몸 전체를 볼 수 있도록 가구 배치를 하는 것이 좋다. 상담자와 내담자 사이에 책상을 두고 앉는 것은 비언어적 의사소통이 차단되므로 좋지 않다. 내담자는 책상 밑에서 손장난이나 발장난을 하거나 몸을 꼼지락거리는 등의 신체 동작으로 자신의 감정을 회피할 수 있다. 내담자의 몸이 책상에 가려서 보이지 않으면 상담자는 내담자가 방어적인 행동을 통해 책상 밑으로 감정을 피하는 것을 볼 수 없기 때문에 좋지 않다.

상담자와 내담자는 대등한 관계를 전제하므로 의자는 가급적 비슷한 형태이면서 높이가 같도록 꾸미는 것이 좋다. 상담자의 의자가 내담자의 의자보다 더 좋거나 더 높으면 내담자에게 권위의 불균형을 느끼게 하거나 위압감을 주게 되어 별로 바람직하지 않다. 상담자와 내담자가 앉는 의자는 높이가 그리 높지 않으면서 부드럽고 편안한 소파가 좋다.

제3장
상담에서 다루는 문제

1. 문제의 종류

　상담은 내담자의 심리적인 문제를 대화로 다루어 나가는 작업이다. 따라서 상담에서 다루는 문제는 상담을 받는 당사자인 내담자 자신의 심리적인 문제이어야 한다. 내담자의 문제가 아니거나 심리적인 문제가 아닌 문제는 상담에서 다루지 않는다. 상담실을 찾는 대부분의 내담자들은 자신의 심리적인 어려움을 가지고 온다. 대부분의 사람들은 자신의 어려움이 심리적인 영역의 것인지, 신체적인 영역의 것인지, 혹은 그 외 영역의 것인지를 상식적으로 판단할 수 있다. 그러나 영역의 경계가 모호한 문제도 있을 수 있다. 개중에는 자신의 심리적인 문제를 수용하지 못하여 신체 증상을 포함한 다른 문제로 전환하여 가져오기도 하며, 때로는 자신의 문제를 다른 사람이나 환경의 탓으로 돌리는 내담자도 있다.

　상담은 심리적인 문제를 대화로 풀어 나가는 작업이므로 문제의 소재가 개인 내면에 있어야 하며, 문제의 성질과 영역은 심리적인 것이어야 한다. 자신의 문제에 대해 잘 통찰하고 있는 내담자나 심리적인 영역의 내용을 호소하는 내담자들은 문제를 규명해 가기가 비교적 수월하다. 그러나 다른 사람이나 상황에 대한 불평과 불만을 호소하거나 신체 증상을 가져오는 경우는 문제가 심리적인 영역에 속하는 것이 아닐 뿐 아니라 문제의 소재를 자신에게 두고 있지 않으므로 내담자 자신의 심리적인 문제로 내담자와 합의해 나가기가 보다 힘들다. 내담자 자신의 심리적인 문제라는 이 기본 원칙을 넘어서는 문제를 내담자가 가져왔을 경우, 상담자는 내담자와의 대화를 통하여 기본 원칙에 맞는 문제로 재정의하는 과정이 필요하다. 상담자는 내담자의 호소 내용을 토대로 상담에서 다룰 수 있는 범위의 문제인 '내담자가 소유한 심리적인 문제'를 이끌어 내야 한다.

드물게는 심리적인 영역과 동떨어진 문제를 가져와서 상담을 해 달라고 우기는 경우도 있다. 예컨대, 논문에 관한 상담이나 법률상담도 상담이므로 해 줘야 한다고 억지를 쓰는 경우다. 이런 일은 주로 무료 상담기관에서 발생하는데, 이 경우 말로 하는 상담이기는 하나 심리적 문제가 아니므로 해당 기관이나 전문가에게 도움을 받도록 안내해 준다. 그렇지만 논문이나 법률과 같은 문제의 양상을 띠고 있으나 그 내면에는 심리적인 문제가 들어 있는 경우도 있다. 이런 때는 논문이나 법률적인 내용을 매개로 하여 심리적인 문제로 접근해 나가도록 한다.

내담자가 상담에 와서 도움을 청하는 주요 문제들은 심리적인 문제, 신체적인 문제, 인간관계의 문제, 환경적인 문제의 네 가지로 분류해 볼 수 있다.

1) 심리적인 문제

내담자가 가져오는 심리적인 문제란 인간의 제반 심리적 기능과 관련된 영역의 문제들로 정서, 인지, 행동상의 어려움과 관련이 있다. 대부분의 내담자들은 인지적인 문제보다는 정서적인 고통이나 성격 또는 자아 관련 고민을 가지고 상담에 온다. 내담자가 가져오는 심리적인 문제들은 관련 심리 영역에 따라 대략 다음의 다섯 가지로 분류할 수 있다.

(1) 정서적 특성을 지닌 문제: 우울, 불안, 공포, 걱정과 죄책감, 강박증, 악몽, 정서적 억제, 위축, 무기력, 의욕 저하, 좌절감, 절망감, 정서적 기복, 정서 조절의 어려

움, 불안정, 분노 폭발 등이 있다.

(2) 인지적 특성을 지닌 문제: 문제 해결의 어려움, 선택과 결정의 어려움, 갈등, 학업 과 진로의 문제, 지각적·인지적 왜곡, 잦은 오해, 인지적 결함과 결손, 잦은 착각 등이 있다.

(3) 행동상의 문제: 폭력, 여러 가지의 부적응적인 문제 행동들, 적응적 행동의 결핍, 인내심의 부족과 충동 조절의 어려움, 도벽, 도박, 중독, 주의집중의 어려움과 산만함 등이 있다.

(4) 성격적 문제: 분리불안, 의존적, 소극적, 유아적, 회피적, 폐쇄적, 강박적, 편집증적, 자애적, 연극적, 충동적 성향, 우유부단, 이기적, 자기중심적 성향 등이 해당된다.

(5) 자아개념과 관련된 문제: 자신감 부족, 자존감의 손상, 자기비하, 패배의식, 무능감, 열등감, 미래에 대한 무망감, 성정체감의 문제(이성교제의 어려움, 전치된 성정체감, 동성애 경향 등) 등이 포함된다.

위의 심리 영역들은 상호 긴밀하게 연관되어 있으며, 상담의 이론적 입장에 따라 문제의 진단과 평가, 원인의 분석, 치료 기법 및 심리 영역 간의 관련성을 보는 시각과 방식에 큰 차이가 있다.

내담자가 어떤 영역의 심리적 문제를 가져오든지, 그 문제를 다루려면 내담자가 호소하는 심리적 어려움이 발생한 상황을 파악해 내야 한다. 언제, 누구와, 어디서, 어떤 일이, 어떤 상황(자극)에 대해서, 어떤 강도와 빈도로 발생하는지, 그리고 그에 대한 내담자의 감정과 생각은 어떤지를 밝혀내는 구체화 작업을 해야 한다.

유전적이고 기질적인 요소가 강한 주의력결핍 과잉행동장애(ADHD)나 뚜렛증후군, 정신증과 조울증 등의 심리장애들은 그 증상이 심리적 영역에 국한되는 것이라 하여도 약물치료가 일차적이므로 정신과 의사와 협력해야 하며, 심리상담만 단독으로 하는 것은 위험 부담이 크고 상담 성과도 미약하다.

2) 신체적인 문제

내담자가 심리상담에 가져오는 신체적인 문제들은 심리적인 원인과의 관련 정도에 따라 다음의 여섯 가지로 구분할 수 있다.

(1) 신체화 증상의 경우다. 이는 신체적 원인이 없이 심리적인 문제를 신체 증상으로 표현하는 경우로, 불면증, 악몽, 소화불량, 피곤 등의 각종 신체화 증상들과 두통, 치통, 통증, 마비 등의 전환장애, 그리고 건강염려증 등이 여기에 해당된다. 불면증, 악몽, 가위눌림과 같은 증상도 심리적인 문제를 회피하는 증상으로 사용되므로 신체화 증상으로 분류하는 것이 적절하다.

(2) 신체적 원인이 있는 신체 증상과 질병의 경우다. 내담자가 근육마비, 치통과 두통을 비롯한 다양한 통증, 피곤, 소화불량 등의 신체 증상을 호소할 때, 상담자는 이들 신체 증상이 신체적 원인에 기인한 증상인지 혹은 심리적 문제에 의한 신체화 증상인지를 구분하는 것이 일차적으로 필요하다. 신체적 원인이 분명한 것으로 판명된 신체 증상은 병원에서 치료해야 하며, 상담에서 다룰 문제 영역이 아니다.

(3) 실제로 신체적 질병이나 장애를 갖고 있으나 그로 인해 심리적인 어려움을 겪는 경우(신체장애로 인한 우울·좌절·절망, 말기암 환자, 임종 환자의 호스피스 등)다. 상담자는 신체장애(질병)를 어떻게 대처하고 장애(질병)와 함께 어떻게 살아갈 것인지에 대해 상담할 수 있다.

(4) 실제로 신체적 질병이나 장애를 갖고 있으나 그것을 방어로 사용하는 경우다. 내담자는 질병을 핑계로 책임, 기능, 역할의 수행을 회피하여 가정, 학교, 직장 생활에서의 적절한 수행과 적응이 방해를 받게 된다.

(5) 분명한 신체적 원인(뇌의 이상)이 있으나 그에 상응하는 증상이 심리적인 영역에서 주로 작용하는 경우다. 주의력결핍 과잉행동장애, 학습장애learning disability, 간질 등이 여기에 해당된다.

(6) 실제로 신체적인 원인과 질병을 가지고 있으나 그 발생 기원에 성격과 생활 습관 등의 심리적 요소나 스트레스가 관련되어 있는 경우다. 본태성 고혈압이나 만성피

로증후군 등이 여기에 해당된다.

신체 증상은 상담에서 다룰 수 없는 대표적인 문제다. 내담자가 신체 증상을 호소하는 경우는 크게 두 가지로 나눌 수 있다. 첫째는 실제로 신체적인 문제가 있는 경우이고 (2)(3)(4)(5)(6), 둘째는 신체적인 문제가 없는데 신체 증상을 호소하며 신체 증상에 매달리는 경우다(1). 신체적인 문제가 있기는 하나 그것을 심리적인 방어막으로 과하게 사용하는 경우도 있다(4). 내담자가 신체 증상을 호소할 때는 이러한 각 경우 중 어느 경우에 해당되는지를 알기 위해서 반드시 병원에서 관련 검진을 받도록 해야 한다. 어떤 내담자는 신체적 문제를 치료하러 병원에 갔다가 정신과 상담을 받아 보라는 의사의 권고를 받고 상담에 오기도 한다. 어찌되었건 신체 증상을 가지고 오는 내담자는 일차적으로 신체적인 원인의 존재 여부를 진단하고 확인하는 것이 우선적이다. 신체적 원인이 있는 신체질환은 병원의 해당 과에서 진료를 받으면 된다.

신체 증상에 대한 신체적 원인이 없는 내담자들, 즉 심리적인 문제를 신체 증상으로 표출하는 내담자는 자신의 심리적인 문제에 대한 인식이 부족하다. 그들은 자발적으로 상담에 오기보다는 의사의 권고나 다른 사람들의 의뢰로 마지못해 오게 된다. 이런 내담자가 상담에 오면 상담자는 우선 그들의 신체 증상에 신체적 원인이 없다는 것을 확인하는 절차를 밟는다. 그래야만 내담자의 문제를 상담에서 다룰 수 있는 심리적인 영역으로 한정시킬 수 있다. 내담자가 자신의 신체 증상의 신체적 원인에 대한 의학적 검사를 아직 받지 않았다면 관련 검사를 받아 신체적 원인이 없다는 것을 분명히 하도록 권고하고, 신체적 원인이 없는 조건하에서만 상담을 받을 수 있다는 사실을 확실히 해야 한다.

상담 초반에 신체적 원인의 유무를 분명히 밝히는 일차적인 이유는 증상에 합당한 치료를 받도록 하기 위함이다. 두 번째 이유는 심리적인 문제에 대해 신체 증상으로 회피하고 신체 증상에 집착하는 방어적 방식을 제거하기 위함이다. 병원 진단을 통해서 신체적 원인이 없는 것이 분명해졌음에도 상담에서 자신의 마음을 들여다보기보다 신체 증상에 집착하는 내담자에게는 "신체 증상은 병원에서 치료를 받으시고 저와는 심리적인 어려움을 중점적으로 다루도록 하지요."라고 하여 내담자로 하여금 신체 증상을 끊어내고 자신의 내면으로 마음을 돌리도록 한다.

신체적 질병이 분명한 경우에도 상담을 할 수 있는데(3)(4)(5)(6), 그런 경우는 신체적 질병을 치료하는 것이 아니다. 신체적 질병은 병원에서 의사가 치료한다. 그리고 상담에서는 신체적 질병과 관련된 심리적 문제를 다루며 내담자와도 그렇게 합의한다. 상담에서 신체 증상이나 신체적 질병을 치료할 수는 없지만, 질병과 관련된 생각, 질병에 대한 대처, 질병과 관련된 우울과 적응 등의 내용은 심리상담을 통해서 적절한 도움을 받을 수 있다.

다음 사례에서 내담자는 신체 증상을 포함한 여러 가지 증상을 호소하며 수동적인 태도로 상담에 임하고 있다. 상담자는 신체 증상과 같은 몸의 병은 상담에서 도와줄 수 없다고 하였다. 그러자 내담자는 '마음이 편해지면 신체 증상이 없다.'고 말한다. 그래서 상담자와 내담자는 신체 증상 대신에 '스트레스를 잘 다루고 공포와 불안이 줄어 마음이 편해지게 되는 것'을 다루기로 합의한다.

이 내담자는 수년간 여러 정신과 의사 및 심리학자와 상담하였으나 성과가 없었다. 이 축어록은 첫 만남(1회)의 중후반의 것이며, 초반부에는 의뢰와 관계된 내담자의 불편한 심경들을 다루었다.

 사 례 〈3-1〉 신체 증상을 심리적 문제로 전환하여 합의

상21: 자신의 문제를 뭐라고 생각하나요?

내21: 그걸 알면 나 혼자 하지 이런데 오지 않았겠죠. 내 문제가 어떻게 생겼는지 모르겠어요.

상22: 생활하기에 어려운 점이나 상담에서 도움받고 싶은 점은?

내22: 공포감. 목 졸리는 느낌. 하나님이 날 욕하는 환상. 어쩌면 사탄 같기도 하고.

상23: 언제부터 시작?

내23: 대2 초 중간고사 지나고부터 시작. 고 1, 2때도 어느 정도 그런 게 있었어요.

상24: 대2 때의 이야기를 해 보세요.

내24: 별일 없었어요.

상25: 대학 들어와 어떻게 생활했나요?

내25: 기숙사에서 살았고 학교 갔다 오고, 외로웠어요. 1학년 2학기 가을, 내가 외로워 서클 선배에게 의지. 외롭고 괴로워 함께 술 마시고.

상26: 이 상담을 통해서 뭘 기대하는지요?

내26: 그냥 내 노이로제나 낫길 바래요.

상27: ○○씨가 말하는 노이로제란 뭘 말하나요?

내27: 관념이 너무 많아요. 욕구 충족을 하지 못하고.

상28: 그게 무슨 얘긴지?

내28: (깜짝 놀라며) 무슨 얘긴지 모르세요? (음) 선생님 교류분석이란 거 아세요?

(음) 저는 FA가 강하고 〈중략〉(한참 동안 교류분석을 설명함)

상31: 잠깐, 그런 이론은 접어두고 ○○씨가 욕구 충족을 못해서 노이로제라는 건가요?

내31: 아니요. 그것도 K선생님이 말한 것.

상32: 그럼 ○○씨가 말하는 노이로제라는 것은 어떤 것을 말하나요?

내32: 몰라요, 없어요.

상33: 모르면 모르는 대로, 없으면 없는 대로 ○○씨 자신의 얘기를 하는 게 좋겠는데.

내33: 제가 말하는 노이로제는 아까 그거예요. 공포, 적개심, 분노, 신체 증상, 현기증, 두통, 허약, 주의집중 안 되는 것, 기억력도 나빠지고 그러니까 이해력도 떨어지고. 공부 욕심은 많은데, 성적 충동, 틱이 돌아가는 것. 매일 오전 내내 공포심에 휩싸이고, 감정이 격렬해지면 틱이 돌아가요.

상34: 그런 것 하나하나 짚어 가면서 다루어 가지요. 그런데 신체적인 것과 몸이 약한 것은, 내가 말로만 상담을 하는 사람이라 그런 몸에 대한 내용은 다루기가 어렵겠는데.

내34: 아, 아니요. 신체적인 것은 제가 스트레스 안 받을 때는 안 그래요.

상35: 아, 맘이 편해지면 몸도 안 아프다는 건가요?

내35: 네.

상36: 그럼 스트레스를 잘 다루고 공포, 불안 등이 줄어들고 마음이 편해지게 되면 신체적인 게 저절로 다루어지는 거네요.

내36: 네. 이런 것 나을 수 있죠?

상37: 음. 그런데 ○○씨가 자신의 몫을 하면 나을 수 있지요. ○○씨가 협력해서 함께 해야 낫는 것. ○○씨는 솔직하게 자발적으로 자신의 이야기를 하고 자신의 마음을 잘 음미하고 들여다보고.

이 사례에서 상담자는 대화로 다룰 수 없는 문제인 신체 증상은 배제하는 동시에 내담자의 신체 증상이 심리적인 것임을 못박고(상34, 상36) 상담을 시작하여 내담자가 힘들 때 신체 증상으로 회피할 가능성을 원천적으로 차단하였다.

심리상담자는 심리학의 배경을 지닌 만큼 심리적 원인을 중시하는 측면이 있으며, 실제로 신체질환이 있는 내담자의 경우도 자칫 심리적인 문제로 몰고 가려는 경향이 있다. 그러나 이는 대단히 위험한 일이다. 필자가 대학병원에서 실습하던 시절, 한쪽 다리가 마비되어 걷지를 못하는 한 환자가 임상심리실에 의뢰되었다. 3년차 임상심리 레지던트가 심리검사를 하였는데, 이 환자는 MMPI 검사상 전형적인 1-3 타입으로 심리적인 문제를 신체 증상으로 전환하는 심리적 경향성을 강하게 드러냈다. 레지던트 1년차인 정신과 주치의는 심리검사 보고서를 믿고서 다른 신경과적 검사를 하지 않고 그 환자를 전환장애로 진단하였고, 그에 맞추어 약물치료와 심리치료를 하였다. 그러나 환자가 약물에 반응을 보일 만한 충분한 시간이 지나도 차도가 없자 주치의는 뒤늦게 신경과적 검사를 하였다. 그러나 이때는 이미 척수에 염증이 심하게 퍼져서 돌이킬 수 없는 신경 손상을 입은 상태였다. 결국 그 환자는 척추신경 손상으로 평생 걸을 수 없는 상태가 된 것이다. 이 사실을 알게 된 환자의 보호자는 주치의의 멱살을 잡으며 통분했다. 환자가 20대 초반의 꽃다운 나이였던 만큼 더욱더 안타까운 일이었다. 조금만 더 일찍 원인을 파악하여 염증을 초기에 치료하였으면 평생 한쪽 다리를 못 쓰는 일은 없었을 것이다. 이 사건을 계기로 필자 자신도 신체 증상을 심리적인 문제로 보려는 경향성이 있었고 그에 대해 그리 심각하게 생각지 않고 있었다는 사실을 깨닫게 되었다. 그리하여 이 사건은 내담자의 신체 증상을 심리적인 것으로 가볍게 넘겨 버리려는 필자 자신의 심리적 경향성을 크게 경계해야겠다고 마음을 다지는 계기가 되었다.

개중에는 신체적 이상이 전혀 없는데도 신경과적 증상을 똑같이 모방하는 내담자도 있다. 필자의 내담자 중에 야단을 맞거나 소외될 때면 간질발작을 하는 사람이 있었다. 눈이 돌아가고 입에는 거품을 물고 기절하여 쓰러져 몸이 뒤틀리는 증상을 보였다. 그러나 수차례에 걸친 모든 신경과적 검사에서 아무런 이상 소견이 발견되지 않았다. 필자와 상담을 하면서 내담자는 간질을 앓고 있는 오빠의 증상을 그대로 모방했다는 것이 밝혀졌다. 내담자는 어려서 먼발치로 간질발작을 하는 오빠에게 모든 사람의 관심이 쏠리는 것을 보면서 자신도 오빠처럼 사랑을 받고 싶은 강렬한 욕구를 삭이며 살아왔다. 그런 내담자가 고향을 떠나 자취를 하며 대학생활을 하다가 인간관계에 어려움을 겪으면서 간질발작을 시작하였다. 상담을 하면서 내담자는 자신도 오빠처럼 간질발작을 하면 사람들이 자신에게 사랑을 줄 줄 알았다고 하였다. 내담자의 간질발작 증상은 주변 사람들로부터 사랑과 관심을 얻고 싶은 무의식적 소망의 표현이었던 것이다.

3) 인간관계의 문제

내담자의 인간관계에서의 문제는 내담자가 지닌 심리적 문제의 비중에 따라 다음과 같이 세 가지로 구분 지을 수 있다.

(1) 관계에서의 적응 문제: 관계에서의 어려움이지만 내담자 개인의 심리적인 문제가 일차적 원인인 경우다. 예를 들면, 다른 사람들과 어울리지 못함(공감능력, 관계형성 능력의 부족), 관계에서의 부적절감, 외톨이, 고립, 외로움, 소외, 위축, 의존, 휘말림, 마음을 열지 못함, 폐쇄성, 예민, 과민, 의심, 적대감, 공격성, 권위적 존재(인물)와의 갈등, 반항적이고 도전적인 행동 및 태도 등이 포함된다.

(2) 바꿀 수 없는 개인적 조건에 기인한 관계의 문제: 장애, 기형적 외모, 혼혈 등. 그에 대한 적응과 대처 및 자존감의 조절에 초점을 두어 상담한다.

(3) 인적 환경의 문제: 내담자가 속하고 있는 가족이나 집단의 구성원들 또는 집단 구조의 병리성에 기인한 인간관계의 문제로, 내담자의 심리적인 문제보다 집단의 문제가 더 큰 경우다. 집단에 대처하는 내담자의 역량을 키우는 데 비중을 두어 상담한다.

　내담자의 동일한 호소 내용에 대해서도 심리학자와 사회복지사가 내담자의 문제에 접근하는 방식은 상이하다. 심리학자는 내담자의 문제의 소재를 개인 내부에 두고 개인을 바꿈으로써 문제를 극복하려 한다. 심지어 개인의 인적 환경에 문제가 있는 경우일지라도, 심리상담에서는 환경을 변화시키는 데 초점을 맞추기보다는 내담자로 하여금 문제 환경으로부터 벗어나 거리를 유지하거나 환경자극을 활용하거나 환경에 대처하는 개인의 역량을 키우는 데 초점을 둔다. 반면, 사회복지사들은 문제의 소재를 개인에게 두기보다는 환경이나 시스템에 두고 접근한다. 그래서 개인의 변화보다는 환경 자체를 변화시키려 하며, 그럼으로써 개인에게 현실적이고 실질적인 도움을 제공하는 데 초점을 둔다.
　왕따의 문제를 예로 들어보자. 내담자가 왕따를 당하는 원인은 내담자에게 있을 수도 있고 집단에 있을 수도 있다. 심리상담에서는 내담자가 왕따당할 만한 조건을 갖추고 있을 때(예: 더럽다거나, 눈치가 없다거나 등) 내담자의 심리적 변화에 역점을 두면서 집단에 대처하는 역량을 키운다. 통찰력 없는 가족원의 심리적 문제로 인해 괴로움을 겪는 내담자의 경우(내담자가 그 문제를 대신 느끼고 감당하는 경우)에도 가족을 변화시키기보다는 그들을 어떻게 대할지 내담자의 대처 역량에 초점을 맞춘다. 피할 수 있는 집단이면 피할 것인지의 여부를 선택·결정하고, 피할 수 없는 집단이면 적응하고 대처하는 개인의 역량을 키우도록 돕는다.

병리적인 가족관계가 문제라면 가족상담을 하는 것이 더 효과적일 수 있으며, 상담자는 그 과정에서 사회복지사와 협력하여 내담자를 도울 수도 있다. 치료에서 가족 성원의 도움을 구할 수 없다면 상담자는 내담자로 하여금 가족들에게 휘둘리지 않고 그들을 대하거나 거리를 유지하는 등 내담자 개인의 여건 내에서 대처하는 지혜를 끌어내도록 돕는다.

4) 환경적인 문제

내담자가 통제할 수 없는 외부에서 주어진 여러 가지 상황들, 즉 환경적 결핍, 편부나 편모, 부모의 부재, 문화 실조, 자신 및 가족의 질병, 가난, 외부 스트레스 등이 환경적인 문제에 해당된다.

내담자의 심리적인 문제보다 환경적이고 상황적인 문제가 일차적일 때는 사실 심리상담에서 해 줄 수 있는 여지가 상대적으로 적으며, 심리상담보다는 사회복지사의 현실적인 도움을 받는 것이 더 좋을 수 있다. 앞서 언급했듯이, 심리상담은 문제의 소재를 개인 내면에 두고 개인의 심리적인 부분을 변화시키고 심리적 역량을 키워 나감으로써 목표를 달성하는 방법을 취한다. 따라서 개인상담을 위주로 하며 개인 내면의 변화를 꾀하는 기법을 개발하고 사용한다. 반면에 사회복지학에서는 문제의 소재를 개인을 둘러싸고 있는 환경에 두므로 환경을 변화시킴으로써 개인의 욕구를 직·간접적으로 충족시켜 주어 보다 나은 삶을 영위할 수 있는 사회적 여건을 추구해 나가는 데 역점을 둔다. 따라서 개인의 변화보다는 사회와 환경을 변화시키는 정치와 정책에 관심을 갖는다. 상담을 하더라도 개인의 변화보다는 병리적인 가족체제의 변화에 초점을 두므로 개인상담보다는 가족상담을 선호하며, 개인상담을 하더라도 개인의 변화보다는 개인이 처한 상황적 어려움에 대한 직접적인 지원 및 관련 정보를 제공하는 데 더 역점을 둔다.

예를 들어, 가난한 개인을 상담할 때 심리상담은 가난에 이르게 된 개인의 심리적 특성을 파악해 내고 돈을 벌 수 있는 개인의 능력을 키우기 위해 개인이 무엇을 할 수 있으며 어떤 노력을 할 것인지를 다루지만, 사회복지 상담은 개인에게 생계를 위한 보조금과 학자금을 지원하거나 관련 정보를 제공해 주는 등 실질적인 도움을 주는 방식을 취한다.

『마의상서麻衣相書』의 첫 구절인 "관상觀相이 불여심상不如心相"이라는 말이나 불교의 일체유심조一切唯心造라는 말은 마음의 위력을 가리킨다. 문제의 성질이 어떤 것이든 그것을 받아들이고 대하는 인간의 마음이 중요하며, 모든 종류의 문제에 대해 그것을 대하는 개인의 마음에 초점을 두어 마음의 문제로 재정의해 낸다면 상담에서 다루지 못할 문제는 없다고 할 수 있다. 예컨대, 아무리 혹독한 환경이라 하여도 그에 대처하는 인간의 마음을 다루는 방식으로 내담자와 합의할 수 있다면 심리상담이 가능하다. 그러나 그렇게 하다 보면 모든 문제에 대해서 심리 지상주의 내지는 심리상담 만능주의에 치닫게 될 수 있다. 현실적이고 실질적인 도움(예: 생계 보조나 자원봉사의 도움 등)이 더 필요하고 절박하다면 사회복지 쪽의 상담을 받는 것이 보다 적절하고 효율적일 것이다. 더 나아가 사회복지 이외의 다른 영역에서 심리상담에서보다 더 적절한 도움을 받을 수 있다면 다른 영역의 해당 전문가의 도움을 받도록 안내하는 것이 옳을 것이다.

2. 내담자의 심리적인 문제 이끌어 내기

심리상담에서 다룰 수 없는 문제는 상담의 대상이 아니다. 환경적인 문제, 신체 증상, 다른 사람의 문제 행동과 같이 문제의 소재가 내담자에게 속해 있지 않은 것은 상담에서 다룰 수 없다. 우리는 오직 자신만을 변화시킬 수 있다. 상담자도 내담자를 변화시킬 수 없다. 상담자가 내담자를 변화시킬 수 있는 것은 오직 내담자가 변화하고자 하는 의지를 지녔을 때뿐이다. 그러니까 상담이란 결국 변화에의 의지를 지닌 사람으로 하여금 자신이 원하는 방향으로 스스로를 변화시키도록 돕는 과정이다. 그렇기 때문에 상담에서 다룰 수 있는 문제는 오직 '내담자가 소유한 내담자의 심리적인 문제'뿐이다. 내담자가 자신의 심리적인 문제를 내어놓지 않고 환경적인 어려움이나 신체 증상을 호소한다면, 또는 다른 사람에 대한 불평불만을 늘어놓는다면, 상담자는 내담자의 호소 내용을 토대로 내담자가 자신의 마음의 모습을 보고 자신의 심리적인 문제를 이끌어 내도록 안내해야 할 것이다. 그 결과로 환경적인 문제나 신체 증상 아래 가려진 내담자의 심리적인 문제가 드러나게 되면 비로소 본격적인 심리상담이 가능해질 것이다.

한 내담자가 집안에 돈이 없는 문제로 상담을 신청하였다. 이 경우 상담자는 내담자에게 직장을 구해 줄 수도 없고 생활비나 학자금을 빌려 줄 수도 없다. 즉, '집안에 돈이 없는 문제' 또는 '가난'과 같은 문제는 상담에서 다룰 수 없다. 그런데 돈이 없는데 어떻게 생계를 유지하고 있는지 알아보니, 내담자의 부모는 사업에 망해 아버지는 놀고 있으며 가게 하는 엄마는 종종 적자 상태라서 내담자가 돈을 벌어 생활비를 대고 적자를 메우느라 하고 싶은 공부를 할 시간이 없었다. 더 나아가 결혼한 오빠도 같은 집에 살면서 내담자에게서 생활비를 타 쓰는 처지였다. 가족의 생활비를 벌고 엄마의 적자를 메워 주며 오빠의 생활비를 대 주는 것을 어떻게 받아들이냐고 물으니, 내담자는 자신도 그렇게 살기 싫지만 어쩔 수 없다고 한다. 내담자의 가정에는 내담자뿐 아니라 신체 건강한 아버지와 오빠가 있는데도 내담자만이 집안의 경제적 책임을 짊어지고 힘들게 돈을 벌고 있다. 돈(가난)과 관련하여 드러난 내담자의 심리적인 문제는 '놀고 있는 신체 건장한 다른 가족원들이 있음에도 혼자서 가족 경제를 떠맡도록 휘말리게 되는 내담자의 심리적인 흐름'일 것이다. 거기서 벗어나는 데 있어서 가족 환경적인 걸림돌은 무엇이고 내담자 자신의 내면의 심리적 걸림돌은 무엇인지를 심리상담을 통해서 규명하고 다루어 나가야 한다. 그리고 내담자가 혼자서 모든 책임을 다 짊어지게 되는 심리적인 흐름, 가족으로부터 벗어나지 못하고 휘말리는 자신의 내면의 심리적인 흐름을 들여다보면서 차츰 그것들을 자신이 원하는 방향으로 조절해 나갈 수 있게 되어야 할 것이다.

그러나 상황적인 문제나 신체적인 문제 또는 다른 사람의 문제를 가져온 내담자에게서 너무 성급하게 심리적인 문제를 이끌어 내려고 하면 준비되지 않은 내담자는 미처 받아들이지 못하고 저항하거나 상담을 거부하는 등의 역효과가 날 수 있다. 따라서 상담자는 속도를 늦추어 내담자가 자신의 문제를 받아들이는 태도를 봐 가면서 그에 맞추어 내담자를 준비시키면서 점진적으로 진행해 나가야 한다.

또 다른 예를 살펴보자. 부모님이 통제가 심하다는 문제로 상담을 신청하였을 때, 이 문제 자체는 상담에서 다룰 수가 없다. 아무리 뛰어난 상담자일지라도 상담을 통해서 상담에 오지도 않은 다른 사람을 바꾸는 것, 즉 이 경우에서처럼 '통제가 심한 부모님을 변화시키는 것'은 불가능하다. 그렇다면 이 문제를 상담에서 다룰 수 있는 내담자의 심리적인 문제로 어떻게 바꿀 수 있는가? 부모의 통제가 심하다는 내담자의 호소 내용을 토대로 내담자의 심리적인 문제를 이끌어 내기 위해서는 우선 부모님이라면 어머니를 말하는지 아버지를 말하는지, 그리고 내담자의 어떤 부분에 대해서 어떤 식으로 통제를 하시는지, 실제로 어머니(아버지)의 통제가 과한 것인지 혹은 내담자의 지각이 왜곡된 것인지 파악해야 한다. 즉, 부모님의 통제와 관련하여 부모님과 내담자 간 상호 내용의 정체가 상세하게 규명되어야 한다. 어머니(아버지)의 통제에 내담자가 기여하는 부분은 없는지, 어머니(아버지)가 통제할 때 내담자는 어떻게 반응하고 대처하는지, 그리고 그 결과는 어떤지를 잘 탐색해 내야 한다. 그리고 내담자가 어떻게 하는 것이 보다 만족스러운 결과를 가져올 수 있는지 점검해 볼 수 있다. 가령 탐색의 결과 부모님의 통제라는 것이 부모님께서 내담자의 잦은 실수를 꾸짖는 것을 의미하는 것으로 드러났을 때, 상담자는 내담자의 잦은 실수가 어떤 것인지를 확인하고 어떻게 해서 그런 실수를 자주 하게 되는지를 알아내야 한다. 내담자가 어떤 실수를 얼마나 하였고 어머니(아버지)는 그 실수에 대해 어떻게 꾸짖으셨는지 실제로 일어난 사건들을 탐색해서 알아내야 한다. 그래야 상황에 대한 정확한 지각이 가능하며 동시에 그로부터 내담자의 어떤 부분이 변해야 하며 어떻게 상황에 대처하는 것이 효과적일지의 방안을 이끌어 낼 수 있다.

3. 문제의 소유자

내담자의 이야기를 듣다 보면 누가 내담자인지, 누구의 문제를 탐색해야 하는지가 혼동되는 경우가 생기기도 한다. 문제를 탐색하는 데 있어서 중요한 사실 중의 하나는 내담자의 불평과 불만을 내담자의 문제로 착각해서는 안 된다는 점이다. 사실 불평과 불만은 다른 사람이 잘못했으니 다른 사람이 고쳐야 한다는 입장을 기본으로 깔고서 말하는 것이기 때문에 문제를 자신의 것으로 받아들이려 하지 않는 것이며, 문제 해결에 대한 책임을 다른 사람에게 전가하는 태도다. 따라서 상담자는 내담자가 자신의 힘든 이야기를 불평과 불만식으로 토로할 때 그로부터 상담에서 다룰 수 있는 해결 가능한 문제, 즉 내담자 자신의 심리적인 문제를 이끌어 낼 수 있어야 한다.

학교에서 따돌림을 당하는 은철이의 예를 들어 보자. 은철이는 자신을 따돌리는 아이들을 열거하며 아이들이 자기를 이러저러하게 따돌린다며 괴로워하고 속상해하고 분개한다. 여기서 은철이의 문제는 '아이들이 자신을 따돌리는 것'이 아니다. 만약 그것이 문제라면 은철이를 따돌리는 철수와 영희가 문제이고 그들의 따돌리는 행동을 고쳐야할 것이다. 그러므로 상담은 철수와 영희가 받아야 할 것이며, 은철이는 단지 따돌림을 받아 괴로울 뿐인 것이다. 상담자는 일단 속상하고 화가 나 있고 억울한 은철이의 이야기를 충분히 듣는 것이 중요하다. 그리고 은철이가 이해받는 느낌 속에서 어느 정도 감정이 진정되면 어떻게 따돌림을 받게 되었는지 그 원인을 함께 검토해 보고, 따돌림을 받게 되는 과정에서 은철이가 기여한 바가 있는지를 검토한다. 욕을 잘해서 또는 더러워서 애들이 따돌린다면 은철이가 할 일은 말을 바르게 하거나 자신을 깨끗이 관리하여 따돌림 받을 여지를 줄이는 것이다. 따라서 은철이의 문제는 욕을 하는 것 또는 더러운 것이 문제인 것이다. 그것이 따돌림을 받는 상황으로 은철이를 몰고 간 것이기 때문이다.

한편, 재호는 따돌림을 받을 만한 행동을 하지 않았는데도 따돌림을 받았다. 그 원인을 점검해 보니 재호가 공부를 잘하고 선생님의 관심을 많이 받는 것에 대해 아이들이 질투를 해서 따돌린 것이었다. 이런 경우에도 심리상담자는 재호를 따돌리는 아이들의 문제 행동을 바꾸려고 하지 않는다. 내담자는 재호이며, '따돌림 받는 상황에 대처하는 것'이 재호가 풀어야 할 문제가 될 것이다. 따라서 재호가 상담자와 함께 효과적인 대처 방법을 찾아서 실천해 보고 그 효과를 점검해 보는 식으로 상담이 진행될 수 있다.

상담에서 문제 파악은 내담자의 문제를 파악하는 것이다. 이는 매우 당연하고도 상식적인 이야기이지만 상담자들이 항상 그렇게 하는 것은 아니다. 사람들은 때때로 다른 사람의 문제를 가지고 상담에 오기도 한다. 공부 안 하는 아들의 문제를 가지고 오는 어머니가 있는가 하면, 남편의 문제를 들고 오는 아내, 시어머니의 문제를 들고 오는 며느리도 있다. 이럴 경우 누가 내담자인지를 구분하는 것이 그리 쉬운 일은 아니다. 내담한 한쪽 사람의 말만 듣고서 누구에게 문제가 있는지 정확한 사태를 파악한다는 것도 쉬운 일이 아니다. 내담한 어머니나 며느리의 말처럼 실제로 아들, 남편, 시어머니에게 문제가 있다면 그들을 상담해야 할 것이다. 그리고 아들, 남편, 시어머니가 상담받기로 동의했다면 그들이 내담자인 만큼 그들을 대상으로 상담을 하면 될 것이다. 그러나 통찰력 없는 아들이나 남편 또는 시어머니를 상담에 참여시킨다는 것은 현실적으로 가능하지 않을 수 있다. 그렇다고 상담을 통해 어머니를 코치하여 아들이 공부를 잘하도록 하거나, 엄마의 말을 잘 듣도록 아들을 통제하거나, 며느리에게 남편과 시어머니를 통제하는 방법을 가르치는 것을 상담이라고 할 수는 없다. 상담은 남을 통제하는 방법을 가르쳐 주는 것이 아니다. 상담이란 내담자가 불편한 상황이나 관계를 초래한 데 기여한 자신의 일부를 변화시키거나 대처방식을 자신 속에서 끌어내어 원하는 결과에 도달하도록 하는 방법을 취한다.

상담에서 변화의 주체는 어디까지나 내담자 자신이라는 사실을 아무리 명심하고 있어도, 우리는 자칫 내담자의 여러 특성에 휘말려 내담자의 시각에 따라 내담자가 문제시하는 다른 사람의 문제를 파악하고 그 사람을 고치려 할 수 있다.

1) 후광효과에 휘말린 상담자

다음의 사례를 보자. 내담자는 아름답고 우아하며 품위가 느껴지는 매력적인 40대 중년 여성이다. 상담자는 침착하고 세련된 매너와 부드럽고 잔잔한 목소리로 자신의 이야기를 조리 있게 설명하는 이 내담자에게 어떠한 결점이나 문제가 있을 것 같지 않은 느낌이 들었다. 이러한 맥락에서 상담자는 남편을 '외도와 폭력과 거친 태도를 지닌 대화가 안 통하는 남자'라고 설명하는 내담자의 말을 액면 그대로 믿었고, 급기야는 내담자에게 '열등감 많은 남편을 재양육하라.'고 권고하기에 이른다. 다음 축어록은 1회 끝부분을 발췌한 것이다.

 사례   〈3-2〉 후광효과에 휘말린 상담자

〈앞부분에서 부부의 성생활을 탐색하였다.〉
내46: 사실 너무 맘이 닫히다 보니까 섹스도 스킨십도 안 가지더라구요. 남편이 너무 싫어서요.
상46: 네, 그렇군요. 그런 부모님들에게서 자란 남자들이 열등감이 있어서 손쉬운 여자들을 많이 밝혀. ○○씨는 완벽하고 고상하고 아름다워서 어떨 때는 남편 입장에서 보면 닿을 수 없는 높은 성일 수도 있겠어요. 그런 여인이 별말을 안 했어도 그 말조차 자신이 술 먹고 한 행동이 있기 땜에 자격지심에 그렇게 화를 내는 거지요. 남편은 와이프가 완벽한 사람이니 나도 그렇게 닮아서 잘 살아야겠다고 생각하는 게 아니고 오히려 열등감이 건드려져서 화가 나고 짜증나는 거겠지요.

내47: 저는 항상 제 말투가 문제인 거 같아요.

상47: 아니죠. 그런 말을 할 수 있지요. 부부끼리 그런 말 할 수 있죠. 왜 못하겠어요.

내48: 제 억양이나 표정 그런 거 때문에 문제인가 봐요.

상48: 꼭 그런 것만도 아니에요. 그 사람이 자존감이 없어서 그렇게 받아들이는 듯한데. 더 세게 얘기해도 자존감이 있고 열등감이 없는 사람은 상처 안 받아요. 〈중략〉 제 생각엔 부부관계가 재정립이 되었으면 해요. 그럴 때 남편도 자존감이 회복되지 않을까요? 쉽진 않지만 남편을 부인이 재양육을 해야 될 거 같아요. 끝없는 시간과 정성이 걸릴 수도 있겠죠.

내47, 48에서 내담자는 자신의 말투와 억양과 표정 때문에 남편이 화가 났을 수 있다고 거듭 말하는데도, 내담자의 우아한 자태에 현혹되어 있는 상담자는 '착한 아내를 괴롭히는 나쁜 남편'이라는 생각에 빠져 내담자의 말이 들리지 않는다. 상담자는 남편의 외도와 폭력의 실체를 파악하는 데도 소홀했을 뿐 아니라 남편이 화를 내도록 하는 데 기여하는 것으로 여겨지는 내담자의 말투와 억양과 표정이 어땠는지를 알아보려고도 하지 않는다. 다만 내담자에게는 문제가 없으며 뜯어고쳐야 할 사람은 열등감에 찌들어 있는 남편임을 거듭 선언한다. 이렇게 되면 내담자는 상담자가 문제없다고 보증을 서 준 만큼 자신의 문제를 보려 하지 않게 된다.

내담자가 남편이나 부부관계에 대한 불만을 이야기하면서 남편의 폭력, 외도, 대인관계 미숙, 대화능력 부족 등을 이야기했을 때 이를 그대로 받아들이면 내담자는 문제가 없고 남편만 문제 있는 사람이 되게 된다. 때로는 내담자가 지닌 후광효과에 휘말려, 때로는 남편의 외도와 폭력으로 고통 받는 내담자와 동일시하여, 상담자는 실상을 파악하기 전에 내담자의 왜곡된 지각 세계를 자신도 모르게 그대로 차용할 수 있다. 상담자는 자신에게 중심을 두고 객관성과 자신의 정체성을 유지하는 동시에 자신의 일부를 분리시켜 내담자 내면으로 들어가 내담자의 눈으로 세상을 보는 것이 가능해야 한다. 상담자가 객관성을 잃고 내담자에게 휘말리면 진실을 바로 보는 눈에 덮개가 씌워진다.

내담자는 자신이 인간관계에서 잘 못하고 있는 부분은 감추어 방어하고 남편이 병리적인 패턴을 가지고 있기 때문에 문제가 생긴다고 생각하고 있는데, 중년의 여성인 상담자는 내담자와 한편이 되어 남편을 문제가 있는 가해자로 몰아가고 내담자는 연약한 피해자로 규정지어 가고 있다. 그러나 상담자는 내담자가 '자신의 말투와 표정과 태도가 남편을 화나게 하는 건 아닌지'라고 말했을 때 객관적인 태도로 그에 대해 얘기하게 해서 충분히 들어야 하고, 그 부부간의 상호작용에서 무엇이 이루어지고 있는지의 실체를 명확하게 파악해 내야 했다.

　　상담은 내담자의 문제를 규명해서 해결하는 것이고, 내담자의 문제란 내담자의 증상이나 고통을 가져오는 데 기여하는 내담자의 언행과 태도와 성격의 일부를 의미한다. 그리고 심리상담에서는 내담자가 자신의 일부를 변화시킴으로써 문제를 해결하는 방법을 취한다. 따라서 내담자가 부부관계에서의 불만을 이야기하면서 남편의 문제점을 나열했다면, 그런 불만스러운 부부관계를 가져오는 데 기여한 내담자의 언어와 행동, 태도와 성격상의 모습을 규명해 내고 그것을 어떻게 조절할 수 있을지를 상담자와 내담자가 논의해 나가야 할 것이다.

　　내담자의 말은 주관적 진실일 뿐 객관적인 사실은 아니다. 상담자는 이를 분명히 인식하고서 내담자의 이야기를 듣고 그 입장을 이해하면서도 내담자의 입장에 대해 중립을 지킬 수 있어야 하며, 내담자로부터 분리되어 전문가로서의 객관적인 시각을 유지할 수 있어야 한다. 더 나아가 내담자가 풍기는 후광효과로부터도 자유로울 수 있어야 한다.

2) 불평을 늘어놓는 내담자

　　자신의 문제를 가지고 내담하기보다는 다른 사람에 대한 불평과 불만을 주로 호소하는 내담자는 자신의 내면을 보려 하지 않기 때문에 문제를 파악하기가 어렵다. 상담자는 내담자가 다른 사람의 문제점과 증상만을 보고할 때 내담자로 하여금 반복해서 발생하는 다른 사람들과의 불화 내지는 불만의 패턴을 보도록 하고, 그와 유사한 패턴의 문제가 왜 반복되어 일어나는지에 대해 진지하게 의문을 갖도록 자극을 주어야 할 것이다. 그렇게 함으로써 내담자의 내면에서 문제를 끌어낼 수 있도록 상담을 이끌어야 한다.

　　예를 들어 보자. 중년의 가정주부인 내담자는 남편이 자신의 이름으로 빌린 빚을 청산토록 하기 위해 남편과 별거를 하고서 변호사의 힘을 빌려 온 가족이 살고 있는 남편 명의의 집을 경매처분하여 빚을 해결하였다. 그러면서 한편으로는 시댁 식구들이 자신을 찾지 않는 것에 대해서 서운해하였다.

내담자는 남편도, 아들도, 딸도, 친하게 지내던 시누이도, 시부모도 자신에게 연락을 하지 않으며, 심지어는 변호사 사무장이 찍어 온 시댁의 집 사진 속에 자신의 그림이 땅바닥에 방치되어 있는 것을 보고 남편과 일말의 합칠 생각조차 없어졌다며 몹시 섭섭해한다. 그리고 내담자가 대표를 맡고 있는 학교 스터디 모임의 멤버들에게 내담자가 수차례 문자 연락을 취했는데, 대부분의 멤버들이 한마디 연락도 없이 오지 않은 것에 대해 불만을 토로한다. 그러면서 자신은 그림을 그려 유능함을 보여 주고 싶었으며, 엑셀을 배워 자신의 가치를 높이고 싶으며, 자신은 누구 집에 가서도 어디에 뭐가 있는지 다 알 정도로 일을 잘해서 인정을 받는다고 자랑을 한다. 상담자는 내담자가 그렇게 노력하고 일을 잘해냈는 데도 불구하고 대부분의 사람들이 내담자의 기대와는 정반대로 연락조차 안 하는 등 내담자에게 소원한 이유에 대해 진지하게 검토해 보도록 촉구해야 할 것이다. 자신의 가치를 높이고, 남의 영역에서 설치며, 나서서 잘난 척하는 사람을 좋아할 사람은 없을 것이며, 내담자가 집을 경매에 넘겨서 당장 거리로 내몰리게 된 남편과 아들과 딸들이 내담자의 그림을 챙겨 주며 연락을 취해 줄 경황은 없었을 것이다. 상담자는 내담자로 하여금 자신의 행동이 타인에게 미치는 결과를 점차 인식하고, 그럼으로써 관계 속에서 자신의 문제를 자각하도록 도와야 할 것이다.

내담자를 잘 이해하려면 상담자는 풍부한 경험이 필요하다. 경매로 집이 넘어가 길바닥에 나앉게 된 사람의 심정을 이해할 수 없었기 때문에 상담자는 내담자의 억울함만을 받아들이고 공감을 하였다. 그리고 내담자의 시각에 휘말려 객관성을 잃고서 내담자로 인해 곤경에 처한 남편과 시집 쪽 사람들의 고통을 인식하지 못하였다. 그 결과 내담자는 계속해서 자신의 문제를 바라볼 수 없는 상황에 놓이게 되었다. 이렇듯 문제의 소재를 내담자 본인에게 두지 않고 내담자가 불평을 하는 타인에게 두게 되면 내담자의 병리적인 패턴만이 강화될 뿐이며, 상담을 아무리 많이 하여도 내담자에게 어떤 변화가 오기를 기대하기 어렵다.

증상은 내담자의 사고와 행동의 결과다. 타인에게 불평불만을 할 때 상담자는 그 관계 내에서 내담자 자신의 행동과 그로 인한 결과를 연결 지어 보도록 안내해야 할 것이다.

자신을 보지 못하는 내담자가 타인의 불만스러운 행동의 원인이 되는 자신의 행동을 상담자에게 자발적으로 보고하기를 기대할 수는 없다. 내담자는 상대가 왜 그렇게 행동하는지 잘 모르고 있다. 상대방의 행동을 유발하는 자기 내부의 원인을 안다면 아마도 내담자는 스스로 고치려고 노력하였을 것이고 상담에 오지도 않았을지 모른다.

이 내담자의 대인관계에서의 문제는 다른 사람에 대한 배려 없는 자애적인 특성에서 비롯된 것일 가능성이 높다. 상담자는 내담자가 적극적으로 노력하였음에도 불구하고 내담자를 둘러싼 주변 사람들이 내담자에게 반복적으로 무관심하게 대하는 이유에 대해서 내담자로 하여금 진지하게 의문을 가져 보도록 자극을 주어야 할 것이다.

3) 자녀의 문제로 내담한 부모

누구의 문제인지 가장 혼동되는 경우는 자식의 문제로 자녀와 함께 부모가 내담한 경우일 것이다. 자녀의 문제 행동을 고치고자 부모가 내담하였지만 사실은 내담아의 문제라기보다 부모의 문제인 경우를 필자는 숱하게 보아 왔다. 그럼에도 불구하고 대개는 부모의 힘에 눌려 자녀가 상담을 받도록 압력받게 되는 것이 일반적이다. 이런 경우 부모는 자녀의 문제 행동으로 '집중 못하는 것' '공부를 안 하는 것' '부모 말을 안 듣고 벗어나는 것' '자신감이 없는 것' '왕따를 당하는 것' '맥락에 안 맞는 엉뚱한 행동을 하는 것' '도벽' 등의 문제를 가지고 올 수 있다. 그러나 이것은 보호자가 자녀에 대해 느끼는 불편이며, 내담아인 자녀의 문제는 아니다. 심리상담은 내담자 자신의 심리적인 문제를 다루는 것인 만큼, 부모가 자녀에게 문제 삼는 내용이 있더라도 그것은 내담아와 부모의 관계를 이해하는 참고사항일 뿐 내담아의 문제는 아니다.

상담자는 부모와 자녀를 함께 면담하면서 내담아가 상담에 온 이유를 알고 있는지, 알고 있다면 어떻게 이해하고 있는지, 그에 대한 내담아 자신의 의견과 생각은 어떤지 등을 확인해야 한다. 그 과정에서 상담자는 부모와 자녀의 상호작용 방식에 대한 중요한 정보들을 현장에서 얻을 수 있다.

그런 다음 내담아를 개별 면담한다. 부모와 함께 있을 때 말할 수 없었던 것들을 내담아가 자유롭게 이야기할 수 있도록 하기 위해서 상담자는 상담 내용에 대해 비밀보장,

특히 부모님과 학교 선생님께 비밀을 철저히 보장해 준다는 것을 먼저 알려 준다. 그리고 부모가 없는 자리에서 내담아의 고민이 무엇인지, 부모님께서 자신을 상담에 데려온 것에 대해 내담아는 어떻게 생각하는지, 기분이 상하지는 않았는지, 부모님이 내담아의 문제로 이야기하는 것들에 대해 내담아는 어떻게 받아들이는지 등을 알아보고, 내담아에 대한 보다 정확한 평가를 위해 필요하다고 판단되는 심리검사들을 할 수 있다. 미성년자에게 제일 중요한 심리검사는 아마도 개인지능검사(예: 웩슬러 계열의 지능검사)와 그림검사(예: HTP, KFD) 그리고 문장완성검사일 것이다.

그런 다음 부모와 개별면담을 한다. 자녀를 먼저 면담하는 이유는 앞으로 자녀를 상담하게 될 때 자녀가 상담의 중심이 된다는 것을 알려 주는 행위인 동시에 자녀를 존중하며 부모에게 쏠려 있는 힘을 자녀에게 실어 주어 힘의 균형을 맞추기 위함이다.

상담을 신청할 때 보통 부모가 전화를 걸어 자녀의 문제에 대한 고민을 털어놓는데, 부모가 자녀의 문제로 상담을 신청하였다 하여도 필자는 부모에게 '일단 내담아를 만나서 알아보고 몇 가지 필요한 검사도 해 보고 나서 아이와 어머니(아버지) 중 누가 상담하는 것이 좋은지를 의논하자.'고 귀띔해 둔다. 그래서 나중에 부모가 상담을 하게 될 수도 있다는 것에 대한 마음의 준비를 시킨다. 그러나 부모와 자녀 중 누가 상담을 받든지 심리상담에서는 상담받는 사람의 문제를 다룬다. 부모가 자녀의 문제를 가지고 왔더라도 부모를 상담하기로 합의했다면 자녀와의 상호작용 문제를 포함하여 부모 자신의 심리적 문제를, 그리고 아동이 상담을 받기로 합의했다면 아동 자신의 고민거리를 상담한다.

자녀(내담아)를 상담하기로 하였다면 내담아의 문제는 내담아로부터 끌어내어야 한다. 내담아가 어리고 미숙하여 내놓는 문제가 철없고 보잘것없어 보이더라도 상담자는 그것을 존중하며 그것으로부터 상담을 시작하여야 한다. 예컨대, 내담아가 "옷을 마음대로 사고 싶어요. 근데 엄마가 안 사 줘요."라고 말했다면 "그래, 어떻게 하면 ○○가 원하는 옷을 살 수 있는지 선생님과 함께 의논해 보자."라고 하며 원하는 옷을 사는 것과 관련된 내용의 이야기를 한다. 내담아에게 옷을 사는 문제로 갈등과 고통이 드러나고 있지만, 이야기를 하다 보면 그 밑에 깔려 있는 내담아의 부모와의 관계와 갈등과 같은 심리적인 문제들이 드러나게 되면서 내담아의 문제를 재정리할 수 있게 된다.

PART 2

상담의 과정

제4장
상담의 과정과 초기 상담

1. 심리상담이란

상담은 내담자의 심리적 문제를 상담전문가의 도움을 받아 대화적인 방법을 통해 치유하는 협력적 과정이다. 여기서 가장 핵심은 상담이 문제를 치유하는 작업이라는 것이다. 문제는 상담의 출발점이고, 치유는 상담이 도달할 목적지다. 상담은 문제를 치유하되 대화적인 방법을 취한다. 상담에 작용하는 그 이외의 요소들은 상담적 치유 작업을 효과적으로 하기 위해서 취해야 할 각종 조치와 조건들이다.

상담자의 역할은 내담자가 변화하도록 도움으로써 내담자의 문제를 해결하고 증상과 고통을 경감시키는 것이다. 내담자는 상담자에게 자신의 증상과 고통을 주로 호소하며, 그 증상과 고통을 가져오는 데 자신이 기여하는 바에 대해서는 잘 인식하지 못하는 경우가 많다. 따라서 상담자는 일차적으로 내담자의 증상과 고통을 일으키는 데 내담자 스스로 어떻게 기여하고 있는지를 정확하게 규명해 내야 한다. 그러려면 실제 내담자의 삶속에서 내담자가 자신(신체, 사고, 행동, 감정)과 인적·물적 환경과 대인관계에서 어떻게 상호작용을 하는지 탐색해야 한다. 다시 말해, 내담자가 어떻게 생각하고 느끼고 행동하며 그에 대한 주변 사람들의 반응은 어떤지를 정확하게 파악해 내야 한다. 그렇게 되면 내담자는 자신의 증상과 고통이 자신으로부터 비롯되었음을 인식하고, 그것을 진정으로 바꾸고 싶다면 자신의 사고와 행동과 감정을 바꾸어야 한다는 인식에 도달하게 된다. 그리고 그 목표를 달성하기 위해 상담자의 전문 역량과 협력해 나간다. 이것이 상담에서 상담자가 내담자를 돕는 과정의 본질이다. 상담자가 내담자를 바꿔 주는 것이 아니다. 내담자가 스스로 자신의 감정과 행동을 조절하는 것이다. 상담자는 오직 내담자로 하여금 증상과 고통을 가져오는 데 기여한 자신의 모습을 보도록 도울 뿐이다. 그러기 위해서 상담자는 내담자가 실제 자신의 삶 속에서 자신과 환경과 주변 사람들을 어떻게 지각하고 또 그들에게 어떻게 행동하는지를 솔직하게 드러내도록, 그리고 그것을 보도록 도와야 한다.

초보상담자를 비롯하며 모든 상담자는 상담의 본질과 상담자의 역할에 대해 잘 알고 있어야 한다. 전문상담자로서의 정체성을 확립하고, 상담을 진행해 나가면서 상담의 본질에 합당한 상담자의 역할을 철저하게 수행해 낼 수 있어야 한다. 그리고 내담자로 하여금 자신의 문제를 해결해 나가는 주체로서의 자신을 보는 역할을 잘해 나가도록 적절한 자극을 주고 안내해 나갈 수 있어야 한다.

2. 상담의 과정

상담은 달리기에 비유된다. 선수와 코치는 본격적으로 트랙에서 달리기를 하기 전에 미리 마라톤의 출발 지점과 종착 지점을 확인하고 선수의 몸 상태를 점검하며 달리기 규칙을 숙지할 것이다. 상담도 마찬가지다. 아직 본격적으로 치유 작업을 하는 본 상담을 하기 전에 상담자는 내담자와 협력하여 미리 내담자의 마음의 문제를 확인하고 그와 관련된 제반 정보를 수집하며(출발 지점 확인), 상담의 목표 지점을 확인하고(종착 지점), 상담에 대해 구조화(달리기 규칙)를 해 준다. 선수가 달리기를 잘하려면 코치와의 협력적 관계가 매우 중요하다. 상담도 마찬가지다. 상담은 문제를 가진 내담자와 전문가인 상담자가 협력하는 치료과정이기 때문에 좋은 치료 성과를 가져오기 위해 특별한 상담관계를 형성하는 것이 필수적이다. 이를 작업 동맹 또는 치료 동맹이라고 한다. 여기까지가 달리기 준비 작업에 해당하는 초기 상담에서 할 일이다. 그러니까 초기 상담이란 본격적인 치유 작업을 하기 위한 준비 단계다.

본격적인 마라톤을 제대로 하기 위한 저력은 실전에서 잘 달리는 것도 중요하지만 그 이전에 이미 어느 정도 결정되어 있다고 해도 과언이 아니다. 마찬가지로 성공적인 상담도 초기 상담을 어떻게 했는가에 상당 부분 좌우된다고 할 수 있다.

출발 지점과 종착 지점을 확인하고 선수의 몸 상태를 점검하고 달리기 규칙을 숙지하였지만 아직은 본격적인 마라톤 필드에 나가지는 않았다. 마찬가지로 상담에서 내담자의 문제를 파악하고, 관련 정보를 수집하고, 상담목표를 합의하고, 구조화를 하였으며, 작업 동맹의 기초를 형성하였다고 하여도 아직 본 상담으로 들어간 것은 아니다.

본 상담인 중기 상담은 선수가 출발선에서 규칙에 따라 달리기를 시작하여 종착 지점에 도달하기까지의 실전에 비유될 수 있다. 중기 상담은 본격적인 치유 작업을 하는 상담 기간이다. 코치가 있지만 필드에서는 선수 혼자 뛰는 것처럼, 상담에서도 자신의 마음의 문제를 고치는 사람은 내담자 자신이다. 마라톤 선수는 혼자서 결승점을 향해서 달리지만 그 배경에 모든 것을 지니고 있다. 내담자는 그간의 훈련, 신체 조건, 코치의 가르침과 전략, 가족과 집단의 지원 등을 자신의 마음에 담고 달린다. 그리고 실전에서 자신이 배운 바를 구사하면서 결승점에 도달하는 것은 선수 자신의 몫이다. 선수 이외에 그 누구도 대신 달려 줄 수 없다. 상담도 그러하다.

상담의 종반, 즉 종결 단계는 마라톤 경기가 끝나는 것에 비유된다. 경기가 끝나면 선수의 달리기 성적이 매겨진다. 달린 시간이 측정되고 순위가 매겨진다. 선수는 중도에 포기할 수도 있다. 결승점에 도달하지 못할 수도 있다. 이 경우도 개인적으로 나름의 포기 원인에 대한 분석을 할 것이다. 즉, 상담의 종결 단계는 상담의 성과를 평가하는 단계다.

요약하면, 상담의 초기에는 출발점인 내담자의 문제를 파악하고, 종착점인 상담목표를 합의하며, 상담자와 내담자 간 협조적인 관계를 형성하고, 상담의 구조에 대해 익히는 시기다. 상담의 중반은 열심히 달리는 시기, 즉 문제를 해결하고 목표를 달성하기 위한 노력을 하는 시기다. 그리고 상담의 종반은 상담의 성과를 평가하고, 소정의 목적이 달성되었는지, 남은 문제가 있는지, 상담이 더 필요한지 등을 검토하고 작별하는 시기다.

상담의 과정에서 이루어지는 작업을 상담자를 중심으로 개념화하면 다음과 같다.

(1) 초기 상담
　　-내담자로부터 정보 얻기
　　-내담자의 문제 파악하기(사례개념화)
　　-상담목표 정하기
　　-목표 달성을 위한 치료 계획 세우기
　　-상담의 구조와 원리에 대해 알려주기(구조화)
　　-라포와 작업 동맹 형성하기
　　-상담 계약하기
(2) 상담의 중기
　　-변화를 위한 대화하기
　　-치료 계획을 실천하여 목표를 달성하기
　　-저항 다루기
　　-중간 점검하기
(3) 상담의 종결
　　-상담의 성과를 평가하기
　　-종결 후의 삶에 대처하기

이러한 상담의 과정은 상담에서 이루어지는 작업들을 순서적으로 열거한 것이지만 반드시 하나의 작업이 끝나고 다음 작업으로 넘어가야 하는 것은 아니다. 각 과정들은 순환적이고 보완적이며 탄력적이다. 정보가 불충분했다면 중기에 가서도 정보를 보충할 수 있고 문제를 추가할 수도 있으며 목표를 수정할 수도 있다. 상담에 대한 구조화도 상담자가 필요하다고 생각되는 상황이 발생하면 상담의 전 기간 중 어느 때든 할 수 있다.

3. 초기 상담

상담의 초반은 새로운 만남의 기초를 다지며 상담의 출발점과 기본 방향을 정해야 하는 만큼 할 일이 많다. 초기 상담이란 첫 만남에서부터 내담자의 문제를 파악하고, 내담자에 대한 정보를 탐색하며, 상담의 목표를 합의하고, 그 과정에서 치료 동맹(작업 동맹)의 기초를 다지고, 상담의 구조에 대해 알려 주며(구조화), 상담 계약을 하기까지의 기간을 말한다. 이들 작업을 하는 데는 대략 1~3회 정도 걸리지만 내담자에 따라서 길게는 6~7회가 걸리는 경우도 있다. 내담자의 문제는 1, 2회 정도로 빨리 파악하면 좋지만, 자신의 문제를 잘 이야기하지 못하는 내담자도 있어 여러 회기가 소요되는 경우도 적지 않다.

1) 상담신청서의 작성

상담을 신청하기까지 내담자는 이미 자신의 고통을 겪을 만큼 겪었고, 해결을 위해 나름대로의 노력을 많이 하였을 것이다. 그러나 해결을 향한 자신의 노력들이 별다른 소용이 없었으며, 자신의 현재 여건에서 달리 어쩔 방도가 없다는 결론에 도달하고서 전문가의 도움을 받을 결심을 하게 되었을 것이다.

상담신청서는 바로 이런 과정을 응축해서 보여 주는 서류라고 할 수 있다. 그런 만큼 상담신청서의 형식은 그 과정이 최대한 잘 드러나도록 짜여 있어야 한다. 상담신청서의 문항들은 연구를 위해서 특별하게 고안된 것이 아닌 한, 선다형의 질문보다는 내담자가 자신의 언어로 서술할 수 있도록 개방형 질문으로 구성하는 것이 내담자로부터 보다 풍부한 정보를 이끌어 낼 수 있어서 좋다.

수많은 생각과 고민 끝에 상담을 신청한 만큼, 그리고 내담자의 고민과 그간의 노력 및 해결 과정이 잘 응축되어 드러나도록 하기 위해서, 상담신청서는 특별한 사정(예: 맹인이나 문맹, 손을 다쳐 글을 쓸 수 없는 경우 등)이 없는 한 내담자가 스스로 작성하도록 해야 한다.

내담자가 직접 작성한 상담신청서는 내담자에 관한 많은 정보를 담고 있다. 내담자가 기록한 기본적인 인적사항, 주 호소 내용, 가족사항, 상담 경험 등의 내용뿐 아니라 상담에 임하는 내담자의 태도(협조적인지 또는 비협조적이고 거부적인지), 내담자의 성격 특성(성실하게 작성했는지, 충동적인지), 내담자의 글씨체, 문장형성능력, 맞춤법 등과 같은 언어적 역량과 판단력 등에 관한 정보도 얻을 수 있다. 내담자가 직접 작성한 상담신청서에는 내담자의 자세와 태도, 심적 상태와 성격적 특성, 언어적·인지적 수준까지도 드러내는 만큼 내담자를 진단하고 평가하는 중요한 기초자료가 된다.

보호자와 함께 내담한 미성년자나 어린 아동의 경우에도 자신이 상담에 온 이유에 대해서 직접 이야기하고 도움을 받을 자신의 문제에 대해서 스스로 적도록(또는 말하도록) 안내하는 것이 앞으로의 치료적 작업을 해 나가는 데 있어 매우 중요하다. 상담자의 이러한 태도는 아무리 어린 내담아라 하여도 단순히 보호자에 의해 이끌리는 수동적인 존재가 아니라 자신의 삶을 사는 주체적인 존재로서 치료에 대한 책임의식을 갖고서 치료에 임하도록 한다. 자신의 어려움을 스스로 적는(또는 말하는) 행위를 통해, 내담자는 치료 동기가 더욱 활성화되고 상담에 더욱 몰입commit하게 되며 더 적극적으로 변화를 위한 노력을 하도록 자극받을 수 있다.

다음 사례를 살펴보자.

 〈4-1〉 미성년자의 신청서 작성

한 보호자가 중2 아들을 데리고 상담에 왔다. 보호자는 (1) 내담아의 주의집중과 산만함, (2) 자신감 없고 부정적이고 비관적인 생각(나는 열심히 공부해도 성적이 오르지 않는다.), (3) 상황에 맞지 않는 튀는 행동들, (4) 부모님에 대한 신경질과 짜증 등의 문제를 고쳐 달라고 하였다. 내담아는 자신이 왜 상담에 왔는지 목적도 모른 채 엄마에 의해 수동적으로 이끌려 왔고, 어머니는 아들 앞에서 문제를 이야기하기 꺼려하였다. 내담아가 엄마와 함께 필자를 만나는 동안, 내담아는 딴청을 부렸고 심한 손장난을 하였으며 상담에 건성으로 임하였다. 엄마가 나가고 내담아 혼자 필자와 상담을 할 때도 내담아는 심한 손장난을 하며 필자의 말을 귀담아 듣지 않았다. 그래서 필자는 내담아에게 상담을 통해 얻고 싶은 것이 무엇인지를 물었다. 내담아가 상담자의 말을 잘 이해하지 못하는 듯하여 상담자는 말을 바꾸어 내담아에게 원하는 게 무엇인지, 소원이 무엇인지, 힘든 것이 무엇인지 물었다. 내담아는 고민이 하나도 없다고 하였다. 필자는 내담아와 나눈 이야기와 문장완성검사에서 드러난 내용을 정리하여 내담아가 원하는 것을 (1) 공부를 잘하게 되는 것, (2) 독립하는 것(부모의 잔소리로부터의 자유), (3) 원하는 스타일의 옷을 사는 것의 세 가지로 요약해 주었다. 자신의 욕구가 반영되자, 내담아는 상담자의 말에 관심을 보이기 시작하였다. 상담자는 내담아로 하여금 자신이 원하는 내용으로 상담신청서를 작성케 했다. 그리고 내담아가 원하는 것을 상담목표로 삼아서 그것을 잘 달성하도록 도와주겠으며, 내담아가 필자에게 말한 것은 부모님께 철저히 비밀을 지킬 것이라고 했다. 세 가지 목표와 비밀보장에 대해 내담아는 매우 흡족해하는 표정이었다. 이어서 상담자는 내담아에게 목표를 달성하기 위해서 매주 45분간 상담에 충실히 임할 것을 제의하였다. 이후 내담아는 손장난을 중단하고 자세를 고쳐 앉아 진지한 표정으로 상담에 임하였다. 그리고 자신이 열심히 공부했음에도 성적이 오르지 않아 자신의 지능에 절망하고서 공부를 포기하게 된 사연을 이야기하기 시작하였다. 필자는 공부에 실패한 원인을 파악하기 위해서 내담아의 공부방법을 탐색해 나갔다.

많은 고민을 하고서 내담을 하였음에도 불구하고, 내담자들은 막상 상담신청서를 작성하려고 하면 자신의 많은 고민 내용 중에서 무엇을 써야 할지 정리가 잘 되지 않을 수 있다. 자신의 문제를 잘 표현하는 내담자도 있지만, 많은 경우 문장이나 말로 표현해 본 경험이 부족하거나 여러 문제 중에서 우선순위를 가늠하기가 어려워서 또는 다른 사람이 볼 것이 꺼려져서 구체적인 고민 내용을 불분명하고 모호하며 피상적으로 서술하는 경우도 많다. 심지어는 자신의 문제가 뭔지 모르는 경우도 있으며, 깊은 마음속 고민을 차마 글로 쓰지 못하는 경우도 흔하다.

상담신청서를 작성하는 일차적인 의미는 무엇보다도 내담자로 하여금 상담에 대한 마음의 준비를 하게 하며 자신의 문제에 대한 생각들을 글로 써서 정리해 보도록 하는 것일 것이다. 내담자가 신청서에 자신의 문제를 기록할 때는 다른 사람이 볼 수도 있기 때문에 어느 정도 포장되고 방어된 내용을 쓰는 것이 일반적이다. 따라서 신청서에 기록된 내용을 토대로 상담목적을 정하는 것은 지극히 단순한 생각이다. 내담자가 작성한 신청서에 기록된 내담자 문제의 초안은 상담자와의 면담을 거치면서 여러 차례 교정과 수정의 과정을 거치게 된다. 내담자는 상담자로부터 비밀보장에 대한 설명을 듣고 상담자와 상담 상황에 대한 신뢰가 깊어짐에 따라 점차 깊이 감추어 둔 자신의 진정한 고민을 털어놓게 된다. 그러나 어찌되었든 내담자의 문제를 파악해 나가는 출발점은 내담자가 작성한 신청서에서 시작될 수밖에 없다.

2) 접수면접

모든 상담기관에서 접수면접을 하는 것은 아니다. 접수면접은 상담자 훈련 프로그램이 있는 기관에서 하는 경우가 많으며, 상담 실습생으로 하여금 상담 실습의 일환으로 접수면접을 하게 하기도 한다. 그러나 개업한 사설 개인상담소에서는 접수면접을 하는 경우가 별로 없다.

접수면접은 말 그대로 처음 상담실에 온 내담자를 맞이하는 면접이다. 접수면접자는 내담자의 신청서 작성을 안내하며, 내담자가 상담신청서를 충실히 작성하였는지를 확인하고 누락된 부분을 완성하도록 격려한다. 내담자가 상담에 적합한지의 여부를 판단하고 그 내담자에게 최선의 치료 효과를 가져다줄 상담자를 선별하는 것 역시 접수면접의 목적이다.

접수면접은 내담자가 선호하거나 내담자의 문제와 관련하여 최선의 치료적 효과를 거둘 수 있을 것으로 예측되는 상담자를 파악해 내기 위한 최소한의 정보를 얻는 것으로 만족해야 하며 길게 하지 않도록 한다. 대략 15~30분 정도가 적절하며 30분을 넘는 것은 바람직하지 않다. 간혹 초심자가 상담 실습을 성실히 하고자 하는 열의에서 접수면접을 첫 상담(1회 상담)하듯이 상세하게 내담자의 문제를 탐색하는 경우도 있다. 그러나 접수면접을 너무 상세하게 하면 본 상담자에게 연결되었을 때 내담자에게 접수면접에서 이미 이야기한 내용을 다시 반복해서 이야기하게 하는 불편을 끼치게 될 뿐 아니라 이미 자신의 상담자인 줄 알고 마음을 열고 이야기를 한 내담자가 새로운 상담자에게 다시 마음을 열어야 하는 심적 부담을 안겨 주게 된다.

대부분의 내담자는 처음 면접한 사람과 상담을 하고 싶어 하기 때문에 접수면접자는 자신이 접수면접자이며 앞으로 다른 상담자가 상담을 하게 될 것이라는 점을 서두에 분명히 밝히고 접수면접의 목적을 알려 주고서 접수면접을 시작하여야 한다. 그리고 내담자에게 같은 이야기를 반복하는 수고를 하지 않도록 접수면접 내용을 본 상담자에게 상세하게 전달해 주어야 한다. 상담자는 접수면접 자료를 상담에 최대한 활용하도록 하며 상담과정에서 행해진 내담자의 활동과 노력들이 무익하게 버려지지 않도록 노력해야 한다.

접수면접은 내담자가 작성한 상담신청서의 내용을 토대로 행해지지만, 접수면접 자료는 접수면접자의 생각이 반영된 이차적인 자료다. 따라서 상담자는 그것을 참고 자료로 활용하는 것으로 만족해야 하며 마치 내담자의 문제인 것처럼 단정적으로 받아들이지 않도록 주의해야 한다. 다른 사람이 면접한 내용을 토대로 내담자의 문제를 탐색하는 것은 진정한 내담자의 문제와는 거리가 있을 수 있다. 거기에는 접수면접자의 선입견이 개입되어 있을 소지가 있으며 그것이 상담자의 개념 틀과 합쳐져 실제의 내담자의 모습과는 다를 수 있기 때문이다. 얄롬(Yalom, 1996)의 심리소설 『카우치에 누워서Lying on the couch』에서는 선입견을 배제하기 위하여 내담자를 만나기 전에 내담자에 대한 자료를 일체 접하지 않고 곧장 내담자를 만나는 정신과 의사의 이야기가 나온다.

접수면접 자료에 의한 선입견의 영향을 배제하고 내담자가 같은 이야기를 반복하는 수고를 줄이기 위해서 상담자는 전달받은 접수면접 내용을 내담자에게 간략하게 요약하여 언급해 주고 내담자의 확인 점검을 받은 다음 첫 상담을 이어 나가는 것이 좋다.

3) 첫 상담(1회 상담)의 준비

첫 상담이란 첫 만남이자 1회 상담을 말한다. 상담자는 내담자를 만나기 전에 내담자의 상담신청서와 접수면접 및 심리검사 자료를 전달받으므로 내담자에 대한 개략적인 정보를 사전에 알고 내담자를 만나게 된다.

(1) 관련 서류와 자료에 대한 점검

상담자는 사전에 전달받은 상담신청서와 심리검사 등의 자료들을 미리 읽고서 머릿속에 내담자에 대한 그림을 그려 본다.

내담자를 만나면 내담자가 직접 작성한 신청서에 기초하여 내담자의 문제를 탐색해 나가되, 접수면접 내용에서 이미 이야기한 부분에 대해서는 모호하고 불분명한 내용만 확인하고 보완하는 방식으로 이야기를 풀어 간다. 예컨대, "이러이러한 이야기를 한 것으로 전달받았는데, 그에 대해 좀 더 말씀해 주세요." 라거나 "아무개 선생님과 이러저러한 이야기를 하였는데 그중 이러이러하다는 것은 어떤 것을 말하나요?" 와 같이 접수면접 내용을 내담자로부터 확인받으면서 부족한 부분을 보충해 나가는 식으로 내담자의 문제를 탐색해 나가는 것이 보다 정확하고 안전하다. 이런 과정을 거치다 보면 접수면접 기록 내용이 내담자로부터 직접 듣는 내용과 상당한 차이가 있는 경우를 종종 볼 수 있다.

심리검사 결과는 특정 영역 차원에서 내담자의 상태나 증상이 정상에서 얼마나 벗어난 것인지에 대한 개괄적인 정보를 알려 주는 것으로 내담자를 이해하는 참고 자료가 된다. 따라서 상담자는 심리검사 결과를 확정된 사실로 받아들여 심리검사에 지나치게 의존하지 않도록 주의하여야 한다. 상담에서 모든 정보의 원천은 내담자이므로, 상담자는 중요한 정보들을 내담자에게서 직접 얻으려는 마음 자세를 갖도록 한다. 자신의 우울 상태에 대한 고민을 이야기하지도 않은 내담자에게 MMPI에서 우울 점수가 높게 나왔다고 하여서 "우울 증상이 높게 나왔는데, 이에 대해서 말씀해 주시겠어요?"라는 식으로 검사를 매개로 내담자를 만나는 것은 금물이다.

(2) 정신병리와 치료 기법에 대한 지식의 점검

앞으로 상담을 할 내담자의 상담신청서와 접수면접 자료 및 각종 심리검사 자료를 사전에 받게 되면 초보상담자는 그 내담자의 문제 영역에 대해 자신이 갖고 있는 나름의 지식을 점검해 보는 것이 좋다. 내담자의 문제 영역과 증상에 대한 책들을 찾아보고, 내담자를 상담함에 있어서 특별히 고려해야 할 사항이나 효과적인 치료 기법 등에 대해 자신의 지식들을 점검하고 충전하며 부족한 부분을 구비하고 보충하고서 내담자를 맞을 준비를 한다. 교과 과목에서 이미 관련 분야의 전문 지식을 습득하였다 하여도 그 지식을 실제 내담자에게 적용하기 위해서 자신이 습득한 정보를 점검, 확인, 보충하는 것은 상담자로서의 자신감과 정체감을 세워 가는 데 매우 중요하다.

예컨대, 불안이 심한 내담자라면 불안의 발생 원인이나 역동, 불안과 관련된 면접 기법이나 치료 기법 등에 대해 관련 서적을 찾아보면서 자신의 지식을 점검하고 보충한다. 마찬가지로 강박 증세가 있는 내담자라면 그것의 발생 원인을 비롯하여 면접에서 역점을 두어야 할 사항이나 효과적이라고 검증된 치료 기법과 그 구사 방식 등에 대한 지식을 점검하고 보충한다. 내담자를 만나서 내담자의 문제 영역이 좀 더 좁혀지고 구체화되면, 상담자는 그에 맞추어 자신의 지식들을 서적을 통해서나 선배 또는 동료들과의 대화를 통해서 보충한다.

(3) 편견과 선입견 버리기

자칫 접수면접과 심리검사의 결과 등 사전 자료가 내담자에 대한 선입견이나 편견을 갖도록 작용하여 내담자를 있는 그대로 투명하게 보지 못하게 방해할 수 있다. 상담자는 접수면접 내용을 내담자 자신의 언어인 양 단정적인 사실로 받아들이지 않도록 주의해야 한다. 접수면접은 면접자의 주관적인 해석이 들어가서 실제 내담자의 모습과 차이가 있을 수 있기 때문에 내담자를 통해 접수면접 내용을 확인하는 과정을 거치고 시작하는 것이 안전하다.

내담자에 관한 자료와 예상되는 증상에 대한 지식을 점검하여 내담자를 만나기 위한 무장을 하게 되면 초보상담자는 내담자에 대한 자료와 지식에 압도될 수 있다. 상담자는 사전에 준비한 내용을 내담자에게 활용하거나 과시하고 싶은 마음이 강하게 작용하여 내담자의 실제 모습을 잘 보지 못할 수도 있다. 내담자의 본래 모습보다는 자칫 이론과 자료의 막을 쓰고 내담자를 보게 될 수 있다. 대개 내담자가 첫 시간에 드러내는 주 호소 문제는 표면적인 문제인 경우가 많으며, 내담자가 말로 표현하기 어려운 마음속 깊이 감추고 있는 진정한 걱정거리와는 상당한 차이가 있게 마련이다.

때문에 상담자는 자료를 검토하고 지식을 보충하는 준비를 한 다음에는 그 내용들을 배경으로 물리고 내담자를 중심에 놓을 수 있어야 한다. 그리고 투명한 눈으로 내담자에게 집중하고 경청하며 내담자의 안내를 받을 수 있어야 한다. 준비는 철저히 하되, 그 준비한 것을 모두 내려놓고 있는 그대로의 모습으로 내담자를 투명하게 만날 수 있어야 한다.

4) 첫 상담(1회 상담)

상담자가 내담자를 만나서 해야 할 가장 우선적이고도 일차적인 작업은 내담자가 어떤 어려움을 겪고 있는지를 소상히 듣는 것이다. 내담자는 자신의 어려움을 말하기 위해서, 그리고 전문가의 도움을 받아 그것을 극복하기 위해서 상담에 온 것이다. 그렇기 때문에 상담자는 마음을 활짝 열고 집중해서 내담자의 어려움을 경청해야 한다. 그 과정에서 내담자는 자신이 깊게 수용되고 이해되는 느낌을 받게 된다. 정작 문제가 해결되지 않더라도 누군가 자신의 고민을 귀담아들어 주며 깊이 이해해 주는 사람이 있다는 사실만으로도 사람들은 짐을 덜고 문제를 헤쳐 나갈 큰 용기를 얻는다.

상담자는 내담자의 파일을 이미 받아 보았기 때문에 내담자가 누구인지 알고 있다. 내담자가 누구인지 모른 채 상담을 시작하는 경우는 거의 없다. 상담자 한 명이 혼자서 하는 사설 개인상담소일지라도 전화상의 예약을 통해서 내담자의 이름과 문제의 윤곽을 사전에 알고 임한다. 때문에 상담자는 내담자가 상담실을 들어오면 "어서오세요." 와 같은 간략한 환영의 인사말과 함께 손짓으로 앉을 자리를 권한다. 그런 다음 내담자가 자리에 앉는 것을 바라보고는 자리에 앉으면 "○○○씨지요? 저는 ○○○입니다." 하고 간단한 소개를 한다. 그리고 상담실까지 오면서 불편한 점은 없었는지를 묻는다. 상담의 목적이 내담자의 어려움을 극복하는 것인 만큼, 의례적인 인사말은 가급적 간략하게 끝내도록 한다.

간단한 인사말과 소개를 끝낸 다음 상담자가 내담자에게 던지는 첫마디는 내담자의 문제와 어려움에 관해 물어보는 것이다. 그런데 내담자 중에는 자신의 문제를 말하기 전에 상담이나 상담자에 대한 저항을 보이는 경우가 있다. 상담자가 자신의 문제를 다룰 만큼 충분한 경험이 있는지, 자신과 종교가 같은지, 결혼을 했는지 등을 알고 싶어 한다. 어떤 경우는 상담자의 사생활에 대해 질문하기도 한다. 상담자는 그런 질문에 모두 답해 줄 필요는 없다. 그러나 그런 사항에 대해 궁금해하며 알고자 하는 내담자의 욕구에 대해서는 충분히 이해하고 수용해 주는 것이 좋다. 예컨대, "제가 ○○씨를 제대로 상담할 수 있을지 염려되나 보군요." "혹시 종교가 달라(결혼을 하지 않아서) ○○씨를 잘 이해하지 못하지나 않을지 염려되시는 것 같군요." 등으로 내담자의 심정을 반영해 주는 것은 초기의 라포를 형성하는 데 매우 중요하다. 내담자의 질문에 관해서는 제8장의 '내담자의 질문들' 부분에서 보다 상세히 다룰 것이다.

내담자에게 별다른 질문이 없다면, 상담자는 우선 내담자가 어떤 문제(혹은 어려움, 고민)로 상담에 왔는지를 알아본다. 내담자가 자신의 문제를 설명하는 동안, 상담자는 깊이 집중하는 가운데 경청을 한다. 내담자의 문제를 탐색할 때는 내담자에게 직접 내담 사유를 묻는 것에서 시작하는 것이 가장 좋지만, 시간의 단축을 위해 내담자가 직접 작성한 상담신청서에 기록된 내용에서 시작하는 것도 좋다.

내담자의 문제를 알아보기 위한 질문은 정해진 문장 형식이 있는 것이 아니며, 필요한 것을 가장 잘 이끌어 낼 수 있는 내용으로 상담자의 취향에 따라 자신이 선호하는 문장을 사용하면 된다. 대략 다음과 같이 표현해 볼 수 있다.

> "어떻게 오시게 되셨습니까?"
> "어떤 어려움(또는 고민)이 있으신지요?"
> "상담받고자 하는 문제가 어떤 것인가요?"
> "자신의 문제를 말해 보세요."
> "여기 오시게 된 고민을 말씀해 보실까요?"
> "하시고 싶은 이야기를 해 보십시오."
> "어떤 도움이 필요하신가요?"
> "힘든 것들을 이야기해 주세요."

또는 내담자가 신청서에 기록한 주 호소 내용을 읽으면서 말문을 여는 것도 좋다.

> "말더듬는 문제로 오셨군요. 그에 대해 이야기해 주십시오."
> "대인관계에서 어려움을 느끼시는군요. 어떻게 어려운지 말해 주세요."

첫 상담에서는 내담자의 증상이나 고민 내용과 그 경과에 대해 상세히 듣는다. 그리고 그것이 언제부터 시작되었는지, 증상과 문제가 시작될 당시의 상황은 어떠했는지, 그리고 그것을 해결하기 위해 어떤 노력을 하였는지에 관해 질문하고 대답을 듣는다. 문제의 발생 시기에 대한 이야기를 탐색하면서 초보상담자들은 자칫 "그때 무슨 '특별한' 일이라도 있었나요?"라고 질문하기 쉬운데, 이 '특별한' 이라는 단어는 대개의 경우 내담자를 불편하게 하여 심리적으로 방어를 형성하게 한다. '특별한' 이라는 단어를 사용하여 탐색했을 때, 대부분의 내담자들은 '별일 없었다.' 며 더 이상 이야기하기를 꺼리기 때문에 원하는 정보를 이끌어 내기가 어렵다. 그냥 덤덤히 "그때의 이야기를 해 주세요."라고 하는 것이 더 좋다. 강조하는 형용사를 사용하거나 어렵고 복잡하고 지적인 표현을 쓰면 내담자가 긴장하여 방어적인 태도를 형성할 수 있으므로 가급적 단순하고도 간결한 구어체를 사용하여 담담하게 질문하는 것이 좋다.

"언제부터 그랬습니까?" (발생 시기)

"그 즈음의 이야기를 해 주세요." (문제의 발생 원인)

"(그 문제가) 그 후로 어떻게 되었나요?" (경과)

"그전에는 어땠나요?" (이전의 성격 및 상황적 특성)

"그래서 어떻게 했습니까?" (대처 노력)

"사람들(가족들)의 반응은 어떻습니다?" (주변 사람들의 반응)

"왜 그런 문제가 생겼다고 생각하십니까? 짚이는 것들을 말해 주세요." (원인에 대한 자가 진단)

"지금 상담에 오게 된 계기는 어떤 것이지요?" (촉발 원인)

여기서 명심할 것은 개방형 질문을 사용한다는 점이다. 개방형 질문의 기저에는 상대에 대한 인격적 존중의 태도가 깔려 있다. 즉, 대답을 할 때 상대방에게 이야기를 이끌어 가도록 자유를 주며 상대의 의견을 존중한다. 개방형 질문을 받은 내담자는 보다 자유롭고도 주체적으로 이야기를 끌어갈 수 있으며, 그러는 가운데서 자신이 인격적인 대우를 받고 있다는 느낌을 은연중에 갖게 된다. 더 나아가 내담자가 설명을 하는 과정에서 풍부한 정보가 부수적으로 얻어지게 되며, 그것을 통해 내담자의 여러 가지 특성들을 더 잘 파악할 수 있다. 그래서 개방형 질문은 관련 주제의 심리적 진실에 가장 근접하면서도 풍부한 정보를 이끌어 낼 수 있는 가장 효과적인 방법이라 할 수 있다.

5) 초기 상담

첫 상담이란 상담자와 내담자 간의 첫 만남이자 첫 번째 상담시간을 의미하며, 초기 상담이란 첫 상담을 포함하여 본 상담인 중기 상담으로 들어가기 전까지의 상담을 말한다. 초기 상담은 첫 상담으로 끝날 수도 있지만 경우에 따라서는 여러 회기가 소요될 수도 있다. 내담자의 특성이나 장애의 심각성에 따라, 내담자의 상담에 대한 동기에 따라 초기 상담의 길이는 차이가 날 수 있다. 정신분석에서는 초기 상담이 대략 3~7회 정도 소요된다고 하지만, 평균적인 심리상담에서는 1~3회 정도 소요되는 것이 일반적이다.

가장 좋기로는 초기 상담이 첫 상담으로 끝나고 2회부터 본 상담으로 들어가는 것일 것이다. 그러나 1회 50분의 상담으로 초기 상담에서 다루어야 할 내용들을 다루기에는 시간이 충분치 못하다. 그래서 내담자의 문제를 이야기하는 도중에 시간이 다 되어 상담을 중단해야 하는 일이 흔히 벌어지게 된다. 따라서 첫 상담은 50분 상담을 고수하기보다는 1시간 반 정도로 길게 잡는 것이 좋으며, 2시간 이내에서 융통성 있게 조절하여 내담자의 문제를 충분히 듣는 것이 좋다. 자신의 문제를 충분히 표현하고 상담자로부터 수용되는 것을 경험한 내담자는 상담에 대한 동기도 키워지며, 이후 더 적극적으로 상담에 임하게 된다.

초기 상담에서 하는 일을 살펴보면, 우선 내담자의 문제와 증상 및 관련 내용들을 파악한다. 둘째, 내담자를 이해하는 데 필요한 정보를 수집한다. 내담자의 성장과정(중요한 생활 경험, 대인관계, 학업 성적), 내담자의 성격적 특성과 그 변화, 가족사항과 각 가족의 특성 및 가족 구성원들 간의 관계의 성질 등에 대해 파악한다. 셋째, 내담자에게서 얻은 정보를 바탕으로 상담자는 내담자의 문제에 대한 사례개념화를 형성한다. 사례개념화는 내담자의 문제에 대한 상담자의 진단이다. 달리 말하면, 사례개념화란 내담자의 문제와 증상이 발생하여 유지·발전하는 데 기여한 요인들과 그 요인들 간의 관계에 대해 형성한 상담자의 개념이자 진단이다. 넷째, 내담자와 함께 상담에서 달성할 목표를 정한다. 다섯째, 사례개념화와 상담목표를 토대로 상담자는 효과적이라고 판단되는 치료 계획과 전략을 수립한다. 끝으로 상담자는 내담자에게 구조화를 해 준다. 구조화는 여러 번에 걸쳐 이루어진다. 상담의 첫 시간에는 비밀보장에 대해 알려 주고 시간과 비용 등의 조건을 합의하며 상담이 무엇인지, 상담에서 내담자의 역할은 어떤 것인지 등에 대해 설명을 해 준다. 그리고 초기 상담을 마무리할 때는 상담 계약적 구조화를 해 준다. 다시 말해, 상담에서 다루기로 합의한 증상과 문제와 목표에 대한 설명을 간략하게 정리해 주고 상담이 앞으로 어떻게 진행되어 나가는지, 치료 계획은 어떤지, 내담자가 치료에 어떻게 협조해야 하는지 등에 대해 설명해 준다. 이와 같은 상담 계약적 구조화를 통해 상담의 성과는 상담자의 전문적 역량만이 아니라 내담자가 적극적으로 협력할 때만이 가능하다는 점을 내담자에게 주지시키고, 내담자를 치료에 책임 있는 동반자로서 상담에 참여시키는 작업 동맹을 공고히 한다.

내담자의 면접은 정해진 지침서대로만 진행되는 것이 아니다. 개방형 질문을 통해 탐색하는 것인 만큼 내담자의 이야기가 어디로 어떻게 흘러갈지 예측하기 어렵기도 하거니와, 내담자마다 문제와 증상 및 성장력과 가족력 등이 너무나 다르므로 각각의 경우마다 융통성을 가지고 면접을 조절해 나갈 수밖에 없다. 어떤 내담자가 성장과정에서 겪은 이야기는 너무나 파란만장하고 복잡하여 그것을 듣는 것만으로도 여러 시간이 걸릴 수 있다. 내담자가 지침서대로 움직이지 않는 것에 대해 상담자가 부담을 가질 필요는 없다. 그것을 그 내담자의 특성 중의 하나로 받아들이고 내담자를 이해하는 것이 중요하다. 내담자는 상담자의 따뜻하면서도 수용적인 태도를 접하면서 이전에 해 보지 못한 자신의 인생사를 이야기하는 경험만으로도 상당한 힘을 얻을 수 있다.

초기 상담은 전체 상담의 기초를 다지는 단계다. 한 사람의 인생을 총체적으로 이해한다는 것은 대단히 어렵고 복잡한 일이다. 중기부터 본격적인 치료 작업을 해 나가려면 내담자에 대한 총체적인 이해가 상담 초기에 어느 정도 윤곽이 잡혀야 한다. 그런 만큼 초기 상담을 진행하는 과정은 복잡하고 할 일도 많으며 상담자에게 대단히 큰 정신 에너지를 요구한다. 그래서 짧은 기간에 새로운 내담자를 많이 맡는 것은 정신적으로 바람직하지 않다. 새로운 내담자를 일주일에 2명 이상 연달아 맡게 되면 초보상담자에게는 너무 큰 부담이 될 수 있다. 한두 명의 내담자에 대해 어느 정도의 개념이 형성되고 적응이 된 다음에 새로운 내담자를 맡는 것이 좋다.

내담자를 만나는 어느 한 순간도 중요치 않은 순간이 없지만 초기 상담은 성공적인 상담을 이끄는 데 특히 중요하므로, 이 책에서는 제3부 전체를 할애하여 초기 상담에서 하는 일을 집중적으로 다루고자 한다.

제5장
상담의 중기

내담자로부터 정보를 얻고, 상담에서 다룰 문제와 상담목표를 합의하며, 치료 계획을 조율하고, 앞으로의 상담이 어떻게 진행되어 나가는지에 대한 설명을 마치면, 이제 초기 상담이 끝나고 상담은 중기로 접어들게 된다.

상담의 중기는 집중적으로 변화를 위한 작업을 수행하는 단계다. 상담에서의 변화는 대화적인 방법을 위주로 사용하며, 언어를 매개로 한 대화가 아닌 그 외의 방법들(예: 행동 수정, 미술 및 무용 등의 예술치료)은 보조 수단으로 활용된다.

1. 상담의 중기에 하는 일

상담의 중기는 합의된 문제를 해결하고 원하는 목표를 이루어 가는 과정이다. 문제가 정확하게 규명되고 그 문제가 어떻게 생겨나게 되었는지의 원인을 규명하게 되면 그 자체도 상당한 치유 효과를 지닌다. 내담자는 복잡하게 엉켜 있던 감정에서 빠져나와 무엇을 어떻게 할지 희망을 갖게 되고, 상담시간 내에서 그리고 자신의 생활을 하는 중간에 스스로 작업을 하고 뭔가를 시도해 본다. 그리고 다음 시간에 상담에 와서 자신의 생각과 작업들에 대해 자발적으로 이야기를 한다.

상담의 중기는 내담자의 문제와 관련하여 자신과 환경에 대한 이해와 자각을 증진시키고, 문제를 해결해 나가며, 적응적 행위를 개발하여 실천하는 작업으로 이루어진다. 상담의 중기에 하는 중요한 작업들을 열거하면 다음에 제시한 〈표 5-1〉과 같다.

〈표 5-1〉 상담의 중기에 하는 작업

1. 문제와 증상의 구체화 작업
2. 문제와 증상에 관계된 요인들의 검토 및 통찰
 - 현재의 문제와 과거의 경험들 간의 관계에 대한 인식
 - 증상과 연결된 감정과 욕구의 표현
 - 문제나 증상을 가져오는 내담자의 중요한 성격적 경향성들과 대인관계 패턴들의 인식
 - 자기 내부에 존재하는 여러 작용하는 힘들의 인식
 - 자신의 모습에 대한 인식의 확장과 통합
3. 저항의 극복
4. 대안의 마련
 - 대안적 행동, 문제해결 방안, 적응적이고 합리적인 성향이나 삶의 방식을 이끌어냄
 - 특정 증상의 제거를 위한 치료 기법의 적용과 그 효과에 대한 논의
 - 자신의 감정, 행동, 생각을 조절하고자 하는 욕구와 동기를 활성화시킴
5. 실천과 훈습
 - 부적응적 경향성과 패턴을 포기하고 조절함
 - 새롭게 터득한 지혜들을 실천에 옮기고 자신의 것으로 내면화시킴
6. 상담의 중간 점검

내담자의 문제는 성격과 불가분의 관계에 있다. 성격은 한순간에 형성되는 것이 아니다. 생의 초기에서부터 지금에 이르기까지 오랜 시간에 걸쳐 형성된 것이다. 내담자가 특정한 문제와 증상을 가지게 된 데에는 나름의 이유가 있게 마련이다. 그 이유란 살아오면서 겪은 수많은 경험들과 연결되어 있다. 정신분석적 입장을 취하지 않더라도 상담은 과거의 어린 시절이나 성장기의 경험들을 들여다보며 현재의 어려움과의 연관성을 찾아보는 작업을 포함하게 된다.

중기의 작업들을 해 나가는 데 있어서 정신역동적 입장에서는 문제와 증상을 가져오게 된 심리적 원인과 성격 구조에 대한 자각과 통찰을 가져오기 위해 일련의 해석을 한

다. 내담자중심 치료에서는 보다 깊은 수준의 공감을 통해 내담자의 체험을 수용하고 자신의 인식을 확대하며 성장 잠재력이 활성화되도록 돕는다. 인지치료에서는 자동화된 사고, 역기능적 사고와 신념, 왜곡된 사고과정 등을 파악하여 교정하며 합리적인 사고로 대체하려 시도한다. 행동주의적 접근에서는 바람직한 행동의 빈도를 증가시키거나 적응에 필요한 새로운 행동을 조성하며, 부적응적 행동을 감소 또는 소거시킨다. 그리고 이런 행동수정을 효과적으로 수행하기 위한 환경을 조성하여 그 효율성을 검토하고 논의한다. 일반 심리상담에서 행동치료만을 단독으로 수행하는 경우는 매우 드물다. 행동치료는 내담자의 문제 중에 고질적인 습관이나 문제 행동이 포함되어 있을 경우 이를 가능한 빨리 제거하기 위하여 그 습관과 문제 행동에 국한하여 보조적인 방법으로 활용하는 것이 일반적이다.

중기에서 사용하는 언어적 기법들은 경험들을 구체화하고 명료하게 인식하도록 돕고, 경험 속에서 드러난 자신의 모습을 자각하고 통찰하도록 자극하는 언어적 기법들이 주로 사용된다. 그런 언어적 기법으로는 구체화 탐색, 자기탐색적 질문, 요약·반영·명료화 등의 공감 반응, 해석, 직면 등이 있다. 이 언어적 기법에 대해서는 제4부 '변화를 위한 대화 기법'에서 상세하게 다룰 것이다.

중·고등학생들은 아직 경험이 미숙하고 자기를 객관화시켜 보기에 충분할 만큼의 인지능력이 발달되지 못했기 때문에 성인에 비해 상담자의 보다 적극적인 개입이 필요하다. 때로는 정신분석이나 내담자중심 치료와 같은 통찰치료에서 금하는 충고와 조언을 해 주어야 할 경우도 있고, 정보를 제공하며 자세하게 설명해 주어야 하는 경우도 있다. 또는 내담자가 소화하지 못하고 감당하기 힘겨워하는 경험들을 나누고 음미하면서 소화시키는 과정에 함께 깊이 참여해야 하기도 한다. 따라서 미성년자인 청소년들에게는 안내, 지도, 충고, 조언, 정보 제공 등의 언어 기법도 간간이 사용된다. 이들 기법에 대해서는 이 책에서 다루지 않는다.

2. 저항 다루기

통찰을 자각하며 문제를 해결하고 극복하는 과정이 순조롭게만 이루어지는 것은 아니다. 내담자가 여태껏 형성하고 균형을 유지해 온 자신의 성격적 경향성과 상태에 어떤 변화를 꾀하여 그 균형을 깨고 새로운 균형을 만들어 가는 작업은 대단히 힘들고 복잡하며 인내심을 요하는 어려운 작업과정이다. 내담자는 자신의 문제를 극복하기 위해서 한편으로는 변화하고 싶으면서도 다른 한편으로는 과거의 방식에 그대로 안주하고 싶어한다.

내담자는 변화의 과정에서 마주치는 자신의 모습을 직면하는 것이 두렵거나, 깊이 감추어 둔 자신의 부끄러운 모습이 드러나는 것을 회피하거나, 익숙한 자신의 방식과 패턴을 포기하고 그 어떤 모습으로 변화를 꾀해야 할지 막연하고 암담한 상태에서 변화에 저항하게 된다. 저항이란 내담자가 무언가를 감추거나 회피하고 드러내지 않는 일체의 행동과 태도를 일컫는다. 모든 내담자는 상담과정에서 다소간의 저항을 하게 되며, 정신분석이나 정신역동 상담에서는 저항이 더 강렬하게 일어날 수 있다.

내담자가 저항을 보인다고 하여 그 상담이 잘못된 것은 아니다. 저항은 상담과정에서 일어날 수밖에 없는 현상이기도 하며 그 나름의 의미도 있다. 저항의 과정을 거치지 않고서는 진정한 변화의 새로운 방식이 터득되어 나오기 어렵다. 그러니까 저항의 과정은 새로운 변화가 태동되기 위해 뜸을 들이는 과정이라고도 볼 수 있다. 그러나 내담자가 저항을 보이게 되면 생산적인 상담 작업이 방해를 받기 때문에 반드시 다루어 극복하고 넘어가야 한다. 저항을 극복하지 못하면 내담자에게 변화가 올 수 없다.

저항은 그 발생 원인에 따라 크게 두 종류로 구분 지을 수 있다. 하나는 위에서 설명한 바와 같이 내담자 자신의 문제가 드러나는 것을 회피하는 것에서 비롯되는 저항이다. 다른 하나는 상담자의 문제로 인해 초래되는 저항이다. 순조롭게 잘 진행되는 상담에서도 내담자가 자신을 직면하고 통찰을 하며 새로운 변화에 도전하는 과정에서 저항이 오게 되지만, 상담자의 오류로 상담의 진행이 잘못되어 불필요한 저항이 유발될 수도 있다.

내담자의 문제로 인해 발생하는 저항과 상담자의 문제로 인해 발생하는 저항을 명확하게 구분하는 것은 어렵지만, 상담자는 내담자의 저항이 어디서 비롯되었는지를 관심을 갖고 살펴보아야 한다. 내담자가 저항한다는 것은 뭔가를 회피하고 감추고 드러내지 않는 것이다. 드러내지 않는 것은 내담자 내면의 부끄러운 모습일 수도 있지만 상담자에 대한 부정적인 감정일 수도 있다.

내담자가 다루고 싶어 하는 문제가 제대로 다루어지지 않거나, 원하는 목표를 다루지 못하고 있거나, 상담에 대해 실망하거나, 자신의 이야기를 시원하게 하지 못하고 상담자에 의해 차단되거나, 권위적인 상담자에 의해 자율성이 침해되거나, 상담자가 내담자나 내담자의 문제에 부담을 느끼거나 내담자를 소홀히 대할 때, 내담자는 상담자와의 관계에서 부정적인 감정이 쌓이게 된다. 이런 이유 이외에 수많은 이유로 내담자는 상담자에게 부정적인 감정이나 양가감정을 지니게 될 수 있다. 힘없는 내담자가 권위를 지닌 상담자에게 그런 감정을 편안한 마음으로 표현하기란 쉽지 않다. 내담자는 자신에게 생긴 상담자에 대한 부정적인 감정이 드러날까 두려워하며 감추려고 노력을 하게 된다. 그로 인해 내담자는 자신의 마음을 열어 변화를 위한 대화를 할 수 없게 된다. 상담자에 대한 이러한 부정적인 감정들은 초기에 가급적 빨리 해소시키는 것이 좋다. 그런 감정이 쌓이고 농축되면 상담은 헤어나오기 어려운 난국에 빠질 수도 있다.

내담자는 길게 침묵을 한다든가, 딴청을 부린다든가, 쓸데없는 말로 상담시간을 때워서 공허하고 맹송맹송한 느낌을 준다든가, 약속을 변경하거나 지각하거나 상담시간을 잊어먹거나 펑크 내는 등의 방식으로 저항을 표현하여 자신의 내면이 드러나는 것을 감춘다.

용기 내지 못하고 자신의 부끄러운 내면의 모습을 회피하는 것이라면 상담자는 공감적인 태도로 감싸며 내담자가 용기를 내도록 기다려 주는 것도 한 방법이다. 그러나 상담과 상담자에 대해 내담자가 실망 · 분노 · 적개심 등의 부정적인 감정을 느낄 때는 그것이 불필요하게 농축되어 지나치게 강렬해지기 전에 가능한 빨리 다루고 넘어가야 한다. 물론 상담자를 향한 내담자의 그런 부정적인 감정들은 상담자의 잘못이 아니라 내담자의 어린 시절의 주요 인물들과의 관계가 상담자에게 전이된 것일 수도 있다. 상담자는 자신의 잘못에 기인한 것과 내담자의 과거에서 전이된 감정을 구별할 수 있어야 한다.

내담자의 저항에 마주치면 초보상담자는 좌절감과 죄책감 또는 자신의 능력에 대한 회의가 들 수도 있고 저항하는 내담자에 대한 짜증과 분노가 일 수 있다. 상담자가 그런 감정에 휘말리게 되면 내담자의 저항을 객관적으로 다룰 수가 없게 된다. 그런 감정이 일 더라도 상담자는 자신의 감정을 배경으로 물리고 내담자의 저항이 어디에서 왔는지를 이해하며 어떻게 다루고 임해야 할지를 결정하는 데 집중할 수 있어야 한다.

내담자의 저항이 감지되면, 상담자는 내담자가 저항 밑에 감추는 것을 드러낼 수 있도록 조심스럽게 접근하여 자연스럽게 열어 나갈 수 있도록 길을 터 주어야 한다. 초보상담자는 내담자의 저항을 접하면 어떻게 다룰지 몰라 당황하고 외면할 수도 있다. 그러나 저항을 다루지 않으면 상담은 점점 더 난국으로 치닫게 되고 급기야는 상담이 중단되는 사태로 발전할 수도 있다. 저항을 통해서 내담자가 외면하고 회피하는 것을 다루려면 상담자는 나름의 용기를 낼 수 있어야 한다. 상담자는 부드럽게 점진적으로 접근하여 내담자로 하여금 기저에 흐르는 감정들을 표현할 길을 열어 주고 그것을 공감적으로 이해해 주어야 한다.

그 첫 단계로 상담자는 내담자가 저항을 표현하는 방식에 대해 언급하는 것으로 시작하는 것이 좋다. 예컨대, 상담자는 내면의 저항을 담고 있는 듯한 내담자의 행동을 지적할 수 있다. "오늘은 유난히 침묵이 많군요."라거나 "이야기를 하기가 싫은 것 같이도 보이기도 하고."와 같은 말로 내담자의 저항을 부드럽게 지적할 수 있다.

내담자가 가장 흔하게 저항을 드러내는 방식은 상담시간을 잊거나 정해진 상담시간에 빠지는 것이다. 이런 일이 생기면 상담자는 그다음 시간에 그 이유에 대해 짚고 넘어가야 한다. 대개의 내담자들은 상담에 빠진 이유에 대해 그럴듯한 핑계를 댄다. 초보상담자는 내담자가 결석하면 상처를 받을 수 있다. 그래서 내담자가 합당하지 않은 이유로 상담에 빠진 경우 불편한 심경에서 자칫 취조하듯 내담자를 대할 수 있다. 그러나 이런 태도로는 절대로 내담자의 저항을 다룰 수 없다. 내담자가 저항하는 것은 드러내기 힘들어하는 내용을 내면에 담고 있기 때문인 만큼, 상담자가 거칠게 나오면 내담자는 자신의 내면을 더 깊이 감추어 방어의 벽을 더 강하게 쌓게 될 것이다. 따라서 상담자는 내담자의 설명이 핑계인 것같이 들려도 담담히 수용할 수 있어야 한다. 편안하고 여유 있는 태도로 "그런 이유가 있어서 올 수 없었군요. 그렇지만 상담에 오기 싫은 다른 마음이 한켠에 조금이라도 없었는지 궁금하네요."라고 말함으로써 내담자의 상담에 대한 저항감과 부정적인 감정들을 표현할 수 있는 길을 조심스럽게 열 수 있다. 그런 감정은 드러내기 전에는 두려워 감추지만 일단 안전한 분위기에서 표현할 수 있는 기회를 얻게 되면 내담자는 커다란 마음의 짐을 덜게 되어 속이 후련해진다.

상담자는 상담이나 상담자에 대한 내담자의 언급에 민감해야 하고 그것을 섬세하게 다룰 수 있어야 한다. 내담자는 상담자의 사무적인 태도에 대한 거부감을 "상담실이 너무 삭막한 것 같아요."라고 돌려서 표현할 수도 있다. 상담자에 대한 부정적인 감정을 표현하여 그 감정이 상담자에 의해 수용되는 경험을 하게 되면 내담자는 눈에 보이게 힘이 생기고 호전된다. 그리고 일상생활 속에서 이전에는 차마 하지 못하던 말도 할 수 있게 되며 자신의 생활을 보다 적극적으로 해 나갈 수 있게 된다.

내담자의 저항이 상담자의 잘못이나 역전이에서 비롯된 것이었다면 상담자는 왜 그런 일이 발생했는지 자신을 점검하고 돌아보아야 한다. 그리고 자신의 문제를 개인분석이나 슈퍼비전 등을 통해 개인적으로 해결하고 극복해야 한다.

3. 이야기 도중의 끝마무리

상담을 하다 보면 이야기의 끝마무리를 만족스럽게 하지 못하게 되는 경우도 많다. 예컨대, 회기의 중후반에 내담자가 새로운 주제의 이야기를 꺼내게 되면 충분히 다루지 못하고 시간이 다 되어 이야기 도중에 상담을 끝내야 하는 사태가 발생하기 쉽다. 상담자는 내담자가 상담 후반부에 새로운 주제의 이야기를 꺼낼 때는 시간을 보아 가며 또는 새 주제의 경중을 따져서 적절히 제지해야 할 필요가 있다. 그러나 일찍 꺼낸 주제도 덩어리가 큰 내용의 경우는 한 시간 동안 충분히 만족스럽게 다루지 못하게 되어 앞에서 다루어진 내용들을 음미해 보는 끝마무리 시간을 갖기 어려운 경우도 있다.

이런 일이 일어나게 되면 상담의 진행 상황이나 그간의 내담자의 태도에 따라 마무리 발언이 달라질 수 있다. 첫 상담시간이고 아직 50분 상담에 대한 안내를 하지도 않은 시점에 내담자가 이야기를 끝맺지 않았는데 50분이 다 되어 간다면, 그리고 상담 경험이 없는 내담자라면 다음 시간 일정에 무리가 없는 한 끝까지 듣고 마무리를 하는 것이 좋다. 첫 상담시간에는 내담자의 문제를 파악하고 상담에 대한 동기를 강화시켜 내담자로 하여금 상담에 계속 오도록 하는 것이 가장 중요한 목표인 만큼 1시간 30분 정도로 시간을 넉넉히 할애하여 내담자의 문제를 충분히 듣는 것이 좋다. 그래서 첫 상담의 약속을 잡을 때는 사전에 연속 두 시간을 할당해 놓는 것이 좋다.

첫 상담을 제외한 초기 상담의 경우는 첫 상담시간에 이미 '50분 상담'이라는 안내를 하였을 것이므로 상담 종료시간을 지키는 것이 좋다. 중요한 이야기를 하는 도중에 끝낼 시간이 되면 마음이 편치 않다. 이런 경우 초보상담자들은 특별한 사정이 없는 한 시간을 더 할애하여 이야기를 마무리 짓고 싶어 한다. 그러나 이야기를 끝맺도록 시간을 더 할애하는 것은 설혹 다음 시간에 특별한 일정이 없다고 하여도 별로 바람직하지 않다. 비어 있는 시간은 상담자 자신의 시간이며, 상담자는 자신의 시간을 보호할 수 있어야 한다. 시간이 다 되어 내담자가 하던 이야기의 도중에 상담을 끝내면 내담자는 차츰 정해진 시간 내에 이야기를 끝마칠 수 있도록 조절할 수 있게 된다. 그리고 이런 조절능력을 터득하는 것은 나름의 중요한 치료적 진척이기도 하다. 그러나 상담자가 시간을 더 할애해 주어 내담자로 하여금 이야기를 끝마칠 수 있도록 배려해 준다면 내담자를 대신하여 상담자가 시간을 조절해 준 것이 된다. 그러면 내담자는 시간 조절의 책임을 상담자에게 의탁하게 되며 스스로 조절하지 않으려 할 것이다. 이는 부모가 아이의 버릇을 나쁘게 만드는 것이나 마찬가지라고 할 수 있다.

상담을 끝내는 시간을 잘 지켜야 한다는 사실을 인식하고 있는 초보상담자들의 경우에는 이야기 도중에 상담을 끝내는 불편함을 상쇄하기 위해 "상담시간이 다 되었으니 이 이야기는 다음 시간에 계속하도록 하지요."라고 마무리 발언을 하기도 한다. 그러나 이 말이 내담자에게 미칠 수 있는 영향력을 고려한다면 그런 마무리 발언은 그리 바람직하지 않다는 것을 알 수 있다. 자기주장을 하지 못하는 내담자 중에는 '이 이야기를 다음 시간에 계속 하자.'는 상담자의 말을 듣고는 다음 시간에 와서 자신은 다른 이야기를 하고 싶은데도 상담자의 뜻에 따라 내키지 않으면서도 싫다는 말을 못하고 지난 시간에 중단한 이야기를 계속하면서 그 불편한 심경을 내면에 간직하기도 한다.

대략 2, 3회기가 되어 내담자의 문제의 윤곽이 파악되면, 상담자는 내담자에게 상담의 목적과 치료 계획에 대한 구조화를 해 준다. 그동안 함께 이야기해 온 내담자의 문제와 상담목표에 대한 간결한 설명과 함께, 앞으로의 상담 진행과 치료 계획, 내담자의 역할과 상담자의 역할 등에 대해서 내담자에게 설명해 주면서 앞으로 대화 주제의 선택권은 내담자에게 있다는 설명을 덧붙인다. "지금까지는 ○○씨를 이해하는 데 필요한 정보를 얻기 위해 제가 질문하였지만 앞으로는 ○○씨가 하고 싶은 이야기를 하도록 하세요."

이렇게 구조화를 해 준 이후의 회기에서 내담자가 이야기하는 도중에 상담시간이 다 되었다면 어떻게 하는 것이 좋은가? 예컨대, 3회에 이런 구조화를 해 주었고 4회에서 내담자가 상담 끝부분에 중요한 이야기를 하는 도중에 상담시간이 다 되었다고 해 보자. 만일 상담자가 2회에서 하듯이 "상담시간이 다 되었으니 이 이야기는 다음 시간에 계속하도록 하지요."라고 마무리를 하였다면, 이 발언은 다음 시간의 주제를 상담자가 이미 지정해 준다는 의미가 된다. 그런데 상담자는 구조화를 하면서 내담자에게 주제 선택의 자유를 부여하였다. 4회 말에 중요한 이야기를 하였고 그 이야기를 끝마무리하지 못하였지만, 일주일이 지난 5회에 왔을 때 내담자는 지난 일주일 사이에 다른 일들이 있었기 때문에 이미 심적 상태가 변해 있어서 지난 시간에 하던 이야기를 계속 할 생각이 없고 보다 생생하게 자신의 마음을 가득 채우고 있는 다른 이야기를 하고 싶은 상태가 되어 있을 수 있다. 그러므로 4회 상담에서 끝맺지 못한 이야기를 5회에서도 계속 할 것인지, 아니면 현재 마음속에 들어와 있는 다른 주제의 이야기를 할 것인지는 내담자의 자유의사에 맡겨야 한다. 그래서 중기 상담에서는 상담시간이 다 되어 내담자의 발언을 중단시키게 되었다면 다음 시간의 주제를 지정하는 내용이 포함되지 않도록 "중요한 이야기인데, 시간이 다 되어 상담을 끝내야겠군요."라고 마무리를 짓는 것이 좋다. 그럼으로써 비록 전 시간에 끝맺지 못한 이야기가 있다 할지라도 다음 시간 이야기 주제의 선택은 여전히 내담자의 재량에 달려 있게 된다.

어떤 내담자는 조금 더 이야기하면 안 되겠느냐는 부탁을 하기도 한다. 그러면 "다음 기회에 더 하도록 하지요."라고 부드러우면서도 정중하게 거절하는 것이 좋다. 만일 초보상담자가 이전에 "다음 상담 일정이 없으니 조금 더 이야기하도록 하지요."라고 말한 전례가 있는 경우, 내담자는 상담자의 일정을 체크하고 통제하려 할 수 있다. 그래서 "다음 상담 일정이 없는데 좀 더 이야기해도 되죠?"라며 마치 상담자의 빈 시간을 자기 마음대로 사용할 수 있다는 듯한 태도를 취하기도 한다. 이는 초보상담자에게 흔히 일어날 수 있는 일인데, 이런 일은 처음부터 생기지 않도록 해야 할 뿐 아니라 방치해서도 안 된다. 이 책의 제12장의 〈사례 12-1〉을 살펴보면, 첫 회 상담임에도 불구하고 내담자는 상담자에게 다음 시간의 상담 일정이 없다면 상담자의 시간을 자신의 뜻대로 사용할 수 있다는 생각을 가지고 있음을 알 수 있다(내51). 상담자는 내담자에게 휘둘리지 않고 자신의 시간과 사생활을 잘 보호할 수 있어야 한다. 이는 대단히 중요한데, 자기보호를 잘 하는 상담자를 보면서 내담자도 외부의 압력으로부터 자기보호를 해 나가는 것을 배우기 때문이다.

다음 사례를 살펴보자. 이십대 남성인 내담자는 상담 초반에 침묵이 많았고 상담 후반으로 가면서 중요한 이야기인 듯한 뉘앙스를 풍기며 본격적으로 이야기를 하곤 하였다. 다음은 6회 상담의 끝부분이다. 이 시간에 내담자는 15분을 지각하였다.

 사 례 〈5-1〉 이야기 도중의 끝마무리

〈상략〉

상38: '선생님이 어떻게 생각할까?' 하는 게 신경이 쓰이는 것 같군요. 중요한 이야기 같은데, 오늘은 그만해야겠군요.

내39: 상담이 어떻게 좀 더 짧아진 느낌이에요. 쯧! (내담자는 상담을 정시에 끝내는 걸 수용하기 어려워하는 모습이다.)

상39: 응 늦게 시작했으니 짧아졌지요. (7초) 중요한 얘기를 정리를 덜 한 게 아쉬운 듯하네요. 그래도 상담은 50분까지니까 거기에 맞춰서 조절을 해야겠지요.

내40: 그럼 목요일 날에 오는 거죠?

상40: 네. 잘 가요.

내41: 네. 쯧!

이후 이 내담자는 오랜 상담 기간 동안 거의 지각을 하지 않았다.

앞서 언급했듯이, 도중에 내담자의 이야기를 중단시켜야 하는 경우가 생기면 상담자는 마음이 약해져서 다음 시간에 상담 일정이 없다면 내담자가 이야기를 끝맺을 수 있도록 시간을 더 할애하려고 하거나, "이야기가 중간에 끝났는데 다음 시간에 계속 하도록 하지요."라고 함으로써 다음 시간의 주제를 지정해 주어 내담자의 주제 선택권을 침해하기도 한다. 아울러 "다음에 중요한 이야기를 할 때는 조절을 해서 좀 더 일찍 이야기를 하도록 하지요."라는 충고를 덧붙이고 싶은 유혹에 굴복하기도 한다. 그러나 이러한 충고는 내담자로 하여금 시간 조절에 대한 지혜를 터득할 학습 기회를 빼앗는 것일 수 있다. 내담자의 이야기를 중단시키고 상담을 끝내면 내담자는 자신의 이야기를 끝까지 하지 못하여 좌절감을 겪게 된다. 이런 좌절감은 내담자의 지혜를 끌어내도록 하는 동인이 된다. 좌절감을 경험하게 되면 내담자는 '다음 시간에는 시간을 잘 활용하여 중요한 이야기는 미리 해야겠구나.' 하는 절실한 마음을 갖게 된다. 결국 상담자가 제시하는 시간 조절에 관한 충고는 내담자로 하여금 이러한 깨달음을 스스로 터득할 기회를 빼앗는 셈이 된다. 즉, 내담자가 스스로 성취한 깨달음이 아니라 상담자가 가르쳐 준 주입된 지식이 되어 버리는 것이다. 상담시간을 어떻게 조절해야 할지에 대해 내담자 스스로 지혜를 터득했다면 그것은 다음 상담과정에서 드러나게 마련이고, 상담자는 이를 인식하여 내담자가 터득한 지혜를 인정하고 관심을 갖고 알아주는 것으로 족하다.

개중에는 이런 상황을 교묘하게 이용하는 내담자도 있다. 필자가 상담했던 한 내담자는 상담시간 내내 침묵으로 일관하다가 상담 10~20분을 남겨 두고 이야기를 시작하여 점점 중요한 이야기인 듯한 뉘앙스를 풍기면서 이야기를 이끌어 갔다. 필자는 마음속으로 갈등을 느끼면서 5~10분간의 상담을 더 해 줄 수밖에 없었는데, 거의 매 시간 이런 식의 줄다리기가 계속되었다. 이런 일을 몇 번 경험하고 난 후, 필자는 이 내담자와의 상담시간이 되면 '오늘은 정시에 끝내리라.' 고 굳게 결심을 하고 들어가야 했고, 급기야는 상담을 정시에 끝내는 것이 이 내담자와의 상담목표이며 그것을 달성해야 내담자가 치유될 수 있을 것 같은 마음 상태가 되기에 이르렀다. 필자가 그렇게 마음 다짐을 했음에도 불구하고 내담자의 교묘한 술책에 휘말려서 또다시 상담시간을 10분 초과하게 되면 필자는 패배자의 허탈한 마음이 되곤 했다. 이 내담자의 이전 상담자는 내담자와 상담을 한 지 3년여가 지나면서부터 내담자가 차츰 상담시간이 끝나도 가지 않으려 했다고 한다. 다음 내담자가 밖에서 기다리고 있어도 가려 하지 않았을 뿐 아니라 심지어는 '가라고 한다.' 고 떼쓰며 버티기까지 하여, 상담자는 이 내담자와의 상담이 있는 날이면 걱정이 되어 잠을 이루기 어려웠다고 하였다. 이 내담자의 경우는 끝부분에 중요한 이야기를 하여 상담시간을 연장하려는 내담자의 의도를 다루는 것이 중요했다. 이 내담자는 상담자가 더 해 주는 시간을 자신에 대한 사랑과 관심의 증거라고 생각하였다는 것이 나중에 밝혀졌다. 상담자가 덤으로 더 해 주는 시간이 곧 사랑의 표현인지라, 덤으로 시간을 더 얻지 못했을 경우에는 상담자가 사랑을 거둬 가버린 것으로 받아들여져 고통스러웠으므로 내담자는 상담시간을 연장시키려고 그렇게 교묘하게 머리를 써야 했던 것이다.

4. 회기의 끝마무리

한 회기의 상담 효과를 보다 크게 하려면 끝마무리도 잘 해야 한다. 상담을 하다가 시간이 다 되었다고 무 자르듯 뚝 잘라서 회기를 끝내는 것은 그 회기 동안에 힘들게 쌓아 온 치료적 작업들의 효과를 삭감시킬 수 있다.

한 회기의 시간 사용은 회기가 시작되어 내담자가 말문을 열고 자신의 주제를 정하기까지 대략 3~5분, 내담자가 정한 주제의 이야기를 전개해 나가는 데 35~40분, 그리고 끝마무리를 짓는 데 5~10분을 할애하면 적당할 것이다.

회기의 끝마무리는 그 시간에 이야기되고 다루어졌던 내용들을 다시 짚어서 더 깊게 다지고 음미하고 새기는 의미가 있다. 상담자는 40여 분 동안 내담자가 한 이야기를 잘 통합하고 정리하여 회기 끝부분에 가급적 짧고 간결한 구어체로 요약하여 정리해 준다. 이 작업이 잘 되면 상담자는 내담자가 여러 회기에 걸쳐 이야기한 내용에서 반복되는 갈등 주제를 찾아서 내담자에게 전달해 줄 수 있다. 그리고 앞으로 더 작업되고 다루어져야 할 내용들을 지적함으로써 나아갈 방향을 자극할 수 있다.

다음 사례를 살펴보자. 상32에서 상담자는 내담자의 마음 저변을 읽어서 반영해 주고 한 시간 동안 이루어진 작업을 요약하면서 마무리 발언을 하였다.

 사례 〈5-2〉 회기의 끝마무리

내31: (4초) 네. 그런 게 자기를 지키는 데 좋을 것 같단 생각도 들거든요. 남들이 저 사람은 아주 불같은 성격이라서 건드리면 안 된다 그런 식으로 딱 보이면 (음) 남이 안 건드릴 것 같구.

상32: 음, (4초) 그런 좋은 점이 있네요. (5초) 그래, 지금 내 영역을 지키기 위해서 어떻게 해야 하나, 지금처럼 속으로만 속상해하고 대꾸도 못하고 무능하고 바보같이 느끼고 이렇게 살 수는 없다, 뭔가 내 영역을 지키고 대응을 해야겠다, 그러면서 나한테 맞는 대응 방식을 자꾸 찾아보고 맞춰 보고. 그런 작업을 하는 한 시간이었 군요. (5초) 이제 그만하지요.

내32: (갈 생각을 하지 않고서 말없이 시무룩한 표정으로 앉아 있음)

상33: 그만하는 게 별로 내키지 않는 것 같으네. (5초) 내가 보기엔 ○○씨는 현실적으로

가능하다면 1주일에 두 번을 하는 것도 좋을 것 같긴 한데.

내33: 그래도 되는 거예요? 네. 저도 전부터 쭉 그런 생각을 했었는데, 가능할 것 같아요.

상34: 음 그러면 그렇게 하지요 (시간을 정함)

내34: 그럼 안녕히 계세요.

상35: 잘가요.

상담자는 상담을 시작한 지 40~45분 정도가 경과되면 회기를 마무리할 준비를 시작해야 한다. 상담실에 내담자가 쉽게 볼 수 있는 위치에 시계를 비치하여 내담자도 회기의 마무리 준비를 위해 이야기를 조절할 수 있도록 배려하는 것이 좋다.

상담자는 우선 회기 후반에 내담자가 새로운 주제의 이야기를 내놓지 않도록 제지시킨다. 이미 진행 중인 이야기는 정리하고 끝마무리를 짓도록 안내한다. 그리고 남은 시간을 보아가며 회기 중에 이루어진 이야기의 핵심 내용과 작업들을 간략하게 요약하여 내담자가 잘 인식할 수 있도록 정리해 준다. 이런 작업을 하게 되면 내담자는 다음 시간에 올 때까지 상담에서 이루어진 것들에 대해 나름의 작업을 하도록 더 큰 자극을 받게 될 것이다.

끝마무리 발언은 상담자만 하는 것은 아니다. 상담자는 회기 중에 이루어진 작업들을 내담자로 하여금 스스로 정리하고 그에 대한 나름의 의견과 소감을 이야기하도록 하는 방식으로 상담을 마무리 짓도록 안내할 수도 있다. 특히 회기 중에 내담자의 기저에 흐르는 감정의 흐름을 드러내어 검토하는 것이 중요하다고 판단될 때는 상담을 끝내기 전에 상담에 대한 내담자의 심경이나 소감을 묻는 것이 중요하다.

회기의 끝마무리 발언을 할 때 한 가지 주의할 것은 이번 회기에 하던 이야기를 다음 시간에 계속하자거나 "다음 시간에는 ○○에 대해서 이야기해 보도록 하지요." 와 같은 발언을 함으로써 내담자에게 불필요한 과제를 떠맡기거나 내담자의 대화 주제 선택권에 제약을 가하지 않도록 하는 것이다. 이런 식으로 주제를 제한하는 발언은 내담자가 자율

성과 독립성을 키우고 성장해 나가는 데 방해가 되므로 삼가야 한다. 다음 회기에 이전 회기의 주제를 연속해서 다룰 것인지 아닌지를 선택하는 것은 전적으로 내담자의 권리이며 내담자의 심리 내적 현실에 따라 좌우되는 것이므로 상담자가 그에 개입하는 것은 온당치 못한 처사라고 하겠다.

다음의 사례를 살펴보자. 이 사례는 어느 초보상담자의 6회기의 끝마무리 발언이다.

 〈5-3〉 **적절하지 않은 회기 끝마무리**

상32: ○○씨의 그 생각들이 남자들에 대해서만이 아니라 다른 사람에 대해서도 그런지 살펴볼 필요가 있겠네요. 오늘은 시간이 돼서 여기까지 하고, 다음 시간에 그 얘기를 한번 해 보는 건 어떨까 싶어요. 그니까 정답은 늘 자기가 갖고 있는 거라고 생각을 하고 계시니까 부모님과의 문제, '학우님' 이 가장 힘들어하셨던 부분인 것 같은데, 그런 부분에 대해선 어떤, 내 안에 어떤 정답들이 있을까 한번 생각을 해 보셔서 다음 시간에 이야기해 봐도 좋을 것 같네요.

여기서 상담자는 제안의 형태이기는 하나 다음 회기의 주제를 숙제 내주듯 미리 정해 주는 식으로 6회를 끝마무리하고 있다. 상담은 교과 과목의 진도를 나가듯 정해진 진도가 있는 것이 아니며, 앞서 지적하였듯이 다음 시간의 주제를 선택하는 것은 내담자의 권리다. 다음 시간에 와서 그때의 심리적 상황에 따라 내담자가 정하는 것이 최선이며, 한 주 전에 상담자가 미리 정해 줄 필요가 없다.

5. 상담의 중간 점검

상담을 점검하고 평가하는 것은 종결 단계에서만 하는 것이 아니다. 상담자는 전문가로서 자신의 상담 진행을 매 시간 점검하고 평가하여 잘못된 방향으로 나가지 않도록 조처를 취해야 한다. 매 회기마다 상담이 끝난 다음에 짬을 내어 그 시간에 이루어진 상담을 점검하도록 한다. 또는 5회기 내지는 10회기에 한 번씩 상담의 큰 흐름을 전체적으로 점검할 수도 있다. 그리고 중요한 국면에 도달하였을 때, 상담 후에 감정의 찌꺼기가 남아 있을 때, 뭔가 헛바퀴가 도는 느낌이거나 맹송맹송하고 진척이 없다고 느껴질 때, 상담이 어색하고 껄끄럽게 느껴질 때, 감이 잡히지 않고 난국에 처한 느낌이 들 때 좀 더 집중적으로 상담의 전체 과정과 흐름을 세밀하게 점검해 보아야 한다.

초기에 파악한 내담자의 문제와 그에 대해 상담자가 수립한 사례개념화의 내용을 보충하거나 수정할 수도 있고, 상담목표를 수정하고 보완하는 것이 필요한지도 검토해 봐야 하며, 목표 달성을 위한 치료 계획이 재조정되어야 하는지, 상담 진행과정에서 문제점은 없었는지 등을 검토하여 융통성 있게 조절해 나가야 한다.

다음은 상담자가 자신의 상담에서 점검해 볼 항목들이다.

- 내담자가 원하는 문제를 다루고 있는가?
- 내담자의 문제에 대한 상담자의 평가와 사례개념화는 적절한가?
- 상담목표는 이 내담자의 문제와 잘 맞는가?
- 치료 계획은 내담자의 문제 및 목표 달성에 효과적인가?
- 치료 계획은 내담자의 제반 특성을 고려하여 수립되었는가?
- 치료 계획은 잘 실천되고 있는가?
- 목표 달성의 진행사항은 어떤가?
- 목표와 계획이 내담자의 변화에 맞추어 융통성 있게 조정되었는가?
- 목표를 달성하는 데 내담자의 협조를 적절하게 얻고 있는가?
- 내담자의 저항을 적절하게 다루고 있는가?

이러한 큰 흐름 이외에도 상담자와 내담자 간에 흐르는 감정적인 분위기를 잘 살피는 것도 중요하다. 상담 직후에 상담자는 자신에게 남는 감정의 색조와 찌꺼기들을 들여다보고 그것이 무엇이며 어디서 비롯되었는지를 분명히 이해할 때까지 집중해서 관찰하고 들여다보아야 한다. 내담자와 상담자 사이에 드러나지 않고 잠복되어 흐르는 미묘한 정서적인 색조와 감정의 기류에 대해서도 감지하고 그 원천을 이해하고 넘어갈 수 있도록 그것을 집중해서 포착하려는 시도와 노력을 기울여야 한다.

상담의 중반에 내담자의 동기나 참여도가 줄고 상담이 지지부진해지거나 내담자가 저항을 보일 때는 내담자와 함께 상담을 점검하고 그 원인을 함께 찾아보고 대처 방안을 모색할 수 있다. 지금까지의 상담을 종결하고 상담을 다시 시작하는 기분으로 상담의 문제와 목표를 새롭게 정리함으로써 분위기를 반전시킬 수도 있다. 종결 작업을 하듯이 그간의 상담의 진행사항과 내담자의 문제와 변화 정도 그리고 남은 문제를 평가하고 목표를 새로이 할 수도 있다. 기존의 목표를 재인식하거나 보완하고 재정리함으로써 내담자의 동기를 촉진시키고 심기일전하여 다시 상담을 시작하는 기분으로 상담에 임할 수도 있다. 이에 대해서 다음 장의 '종결의 준비'와 '종결 작업' 부분을 참조하면 더 도움이 될 것이다.

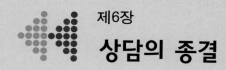

제6장
상담의 종결

상담을 영원히 지속할 수는 없다. 어느 정도 문제가 극복되어 상담의 도움이 없이도 내담자가 어려움들을 스스로 헤쳐 나갈 수 있는 역량이 생기면 상담을 종결한다. 아기에게 이가 생기기 시작하면 이유를 준비하듯이, 상담자는 내담자가 자신과 타인과 환경에 대한 시각이 바뀌고, 받아들이지 못했던 자신의 모습들을 수용할 수 있게 되며, 자아가 건강해지고, 이전에 하지 못했던 것을 실제 상황 속에서 조금씩 실천해 나가는 것을 보면서 종결을 준비하기 시작한다.

종결을 준비한다는 것은 내담자의 문제가 극복되었으며 이제는 상담자의 도움 없이도 내담자 스스로 자신의 어려움들을 대처해 나갈 수 있는 때가 되었다는 것을 의미한다.

1. 종결의 준비

종결 작업이란 상담을 끝내고 헤어지는 과정에서 이루어지는 마무리 작업이다. 여기에서는 그간의 상담 성과를 정리하고 종결 이후의 삶을 준비하며 이별의 과정을 다룬다. 내담자의 삶에 현저한 변화가 보이면서 상담목표가 어느 정도 이루어졌다고 판단되면 상담자는 본격적인 종결 작업을 준비한다.

목표가 달성되어 종결을 하든 여타의 다른 이유로 때 이르게 종결을 해야 하든, 종결을 할 때 기본적으로 해야 할 일은 상담의 성과를 평가하는 일이다. 처음에 합의한 문제들이 어느 정도 극복되었는지, 남은 문제는 무엇인지를 점검한다. 종결 시에 심리검사를 실시하여 상담을 시작할 때 실시한 심리검사 결과와 비교함으로써 변화의 정도를 양적으로 확인해 볼 수도 있다. 그간 상담에서 학습한 내용들을 앞으로의 삶에서 더 잘 활용할 수 있도록 정리하고, 남은 문제가 있는지 그리고 그 문제는 앞으로 어떻게 대처할 것인지 점검한다. 그리고 이제까지 쌓아온 친밀한 관계에 작별을 고하고, 내담자 스스로 독립적으로 살아갈 마음의 준비를 해 나간다. 내담자에게 또다시 문제가 생기면 언제든지 다시 상담을 받을 수 있다는 사실도 알려 준다.

1) 예비적인 종결 준비

종결 작업은 종결 직전에만 하는 것은 아니다. 상담 초기부터 시작되는 내담자의 자율성과 독립심을 키워 주는 작업은 내담자의 홀로서기를 돕는 작업이자 종결을 위한 기초 작업이기도 하다. 더 나아가 상담자는 본격적인 치료적 작업을 진행하는 과정 중간중간에 내담자와 함께 내담자의 변화를 검토하면서 목표 달성 정도를 평가하고 논의하며 남은 문제와 목표를 새롭게 정리한다. 그 과정에서 내담자는 미래의 종결에 대한 암시를 받을 수도 있고 서서히 종결에 대한 마음가짐을 준비할 수도 있다. 이런 예비적인 준비 과정 없이 종결 작업에 돌입하면 준비 안 된 내담자로서는 종결을 감당하기가 부담스러울 수 있다.

생활 속에서 자신의 새로운 모습을 발견하게 되거나 이전에 하지 못하던 것을 할 수 있게 되면 내담자는 보통 그런 자신의 변화에 대해 자발적으로 상담자에게 보고한다. 또는, 내담자의 적응 수준이 향상되어 보일 때, 상담자는 내담자와 함께 어떤 변화가 있고 어떤 도움을 얻었으며 어느 정도 더 상담이 필요할 것 같은지 등에 대해 중간 점검을 할 수도 있다. 내담자가 설정한 목표를 어느 정도 달성하였는지, 목표를 달성하지 못했다면 그 이유는 무엇인지, 그리고 남은 문제는 무엇인지를 점검한다. 이러한 종결에 대한 암

시는 단순히 종결에 대한 마음의 준비를 하도록 만드는 것에서 더 나아가 내담자로 하여
금 상담에 대한 동기를 증진시키고 보다 적극적으로 상담에 참여하도록 자극을 준다.

거부로 인해 자존감의 손상을 크게 입었던 내담자는 이런 종결의 암시에 대해서도 속
으로 큰 상처를 받을 수 있다. 필자의 내담자 중에는 중간 점검을 하는 것 자체로도 거부
되는 느낌이 강하게 자극되어 '다음 시간에 상담을 끝내도 될 것 같다.'며 상처받은 자신
의 감정을 숨기고 아무렇지도 않은 듯한 태도를 취했던 경우도 있었다. 이런 내담자에게
는 그것이 종결을 하려는 것이 아니며 단지 중간 점검일 뿐이라는 것을 확인시키고, 상
처 받은 내담자의 감정과 활성화된 '거부에 대한 예민성' 등에 조심스럽게 접근해서 함
께 논의해야 한다.

내담자가 상담에 대한 동기가 저하되었거나 참여 열의가 줄어들었을 때, 또는 변화
없이 상담이 무의미하게 지속되는 듯한 느낌이 들 때도 상담을 평가하고 종결에 대한 암
시를 함으로써 상담에 대한 동기를 북돋고 열의를 되살릴 수 있다. "두 달간 별 진전 없
이 상담이 계속되는 것 같은 느낌인데 ○○씨는 어떻게 생각하나요?"라고 물어보고는
내담자가 동의하면 그에 대해 왜 그렇다고 생각하는지 목표를 점검하고 그간의 상담과
정을 정리하고 평가해 볼 수 있다. 내담자는 문제의 극복보다는 상담자의 관심을 받기
위해서, 달리 속 이야기를 할 사람이 없어서, 외로움을 달래기 위해서 등 상담의 목적과
는 다른 이유로 상담관계를 유지할 수도 있다. 따라서 중간 점검을 하게 되면 상담에 대
한 내담자의 잘못된 생각을 바로잡을 수도 있고, 상담에 임하는 자세를 교정할 수도 있
으며, 상담자와 내담자 모두 심기일전해서 새로운 마음으로 상담을 진행해 나가는 계기
를 마련할 수 있다.

2) 종결의 제안과 징후

종결의 제안은 상담자가 할 수도 있고 내담자가 할 수도 있다. 가장 좋기로는 내담자
가 충분히 좋아져서 자발적으로 종결에 대해 제안을 하고, 내담자가 보고하는 변화가 상
담자가 보기에 사전에 합의한 상담목표의 달성과 일치한다고 판단되어 종결 작업을 하
는 것이다.

내담자가 종결을 제안할 때, 상담자는 내담자의 종결 사유가 현실적이고 합리적인지의 근거를 평가해야 한다. 내담자의 설명이 사실일수도 있지만 그렇지 않을 수도 있기 때문이다. 내담자는 상담에 실망하고 더 이상의 기대를 포기하고 돌아서면서도 차마 그 이야기는 하지 못할 수도 있다. 그러고는 많이 좋아졌다거나 그동안 많은 도움을 받았다는 의례적인 인사치레로 자신의 실망과 부정적인 감정을 포장할 수도 있다. 또는 상담이 진행되면서 그동안 감추어 온 자신의 진짜 문제가 드러나게 될 것에 대한 두려움에서 그 것을 회피하기 위해서 종결을 제안할 수도 있다. 때로는 상담이 별로 도움이 안 된다며 실망을 노골적으로 표시할 수도 있다. 이럴 경우 초보상담자는 내담자의 평가를 자신의 능력에 대한 평가로 받아들이면서 자존심이 상하고 위축되고 기가 죽을 수 있다. 그러나 내담자의 심정을 이해하며 내담자의 입장에서 왜 도움이 안 된다고 생각하는지, 어떤 점이 실망스러운지를 함께 검토하여 상황을 개선해 나가는 것이 중요하다.

필자의 내담자 중에는 상담에 대한 동기가 높았고 그런 만큼 열의를 갖고 열심히 상담에 임하던 내담자가 있었다. 상담도 잘 진행되고 그때까지의 상담 성과도 좋았지만, 내담자의 문제의 심각성으로 볼 때 앞으로도 상당 기간 상담이 더 필요한 상태였다. 그런데 어느날 갑자기 내담자는 더 이상 상담을 할 수 없겠노라고 통고를 하였다. 이유를 알아보니 그동안 모아 놓은 용돈이 다 떨어져서 이제는 더 이상 상담비를 낼 수가 없다는 것이다. 부모와의 관계가 문제의 큰 비중을 차지하고 있던 이 내담자는 자신이 상담받는다는 사실을 부모님에게 알리는 것이 자신의 자존심에서 용납할 수 없노라고 했다. 그간의 상담 내용으로 볼 때 부모님에 대한 내담자의 입장은 충분히 이해가 되었다. 내담자는 내년에 취직을 할 것이니 취직해서 돈이 생기면 그때 다시 상담을 하겠다고 하였다. 상담이 한창 잘 진행되는 즈음이었으므로 돈 때문에 상담을 중단하는 것이 상담자로서 여간 아쉬운 것이 아니었다. 그래서 필자는 상담자로서 상담비를 파격적으로 조정해 주었다. 내담자는 상담을 계속 할 수 있는 것을 몹시 기뻐하였다.

상담자가 보기에 내담자에게 현저한 향상이 보일 때, 상담자는 내담자로 하여금 상담을 평가하게 하고 어느 정도 상담이 더 필요하다고 생각하는지 논의하여 내담자가 종결을 준비하도록 유도할 수 있다. 내담자의 반응을 보아가며 상담자가 판단하는 종결 일정을 제안하고 종결 작업을 점진적으로 추진해 나간다. 그러나 내담자가 자발적으로 종결

1. 종결의 준비　　**121**

을 이야기하지 않는다면 상담자는 시간적 여유를 두어 충분히 안전하다고 생각되는 종결 일정을 제안하는 것이 좋다. 그렇지 않으면 자칫 내담자가 상처를 받거나 옛날의 거부되었던 감정이 되살아날 수 있다. 내담자가 종결에 대한 이러한 감정을 드러내어 표현할 수 있으면 좋으나, 그렇지 못할 경우에는 혼자서 속으로 상처 받을 수 있고 그 감정을 제대로 다루지 못한 채 상담을 종결할 수도 있으므로 주의해야 한다.

3) 종결과정의 구조화

대략 한 달 반에서 두 달을 남겨 놓고 종결에 대한 논의를 시작하여 종결 작업을 한다. 종결 작업은 4~6회 정도의 기간을 두고 하지만 종결에 대한 내담자의 반응에 따라 일정을 조정한다. 종결을 제안한다고 해서 종결을 하는 것도 아니며, 사전에 종결 일정을 정했다 하더라도 특별한 경우가 아닌 한 상담의 진행 경과에 따라 종결 기간은 융통성 있게 조정될 수 있다. 그러나 예외적으로 제임스 만(James Mann, 1983)은 종결을 통해 내담자의 취약한 분리-개인화separation-individuation 과정을 완결하려고 시도하면서 엄격한 종결 일정을 고수한다. 이에 대해서는 이 장의 '종결의 기능과 치료적 의미' 부분에서 보다 상세히 다룰 것이다.

내담자에 따라 상담에 대한 의존성에서 벗어나기 힘들어하거나 종결에 대해 과도하게 예민하거나 지나친 저항을 드러내는 경우도 있다. 또는 재발 가능성이나 혼자서 문제를 해결해 나가야 하는 것에 대해 과도하게 두려워할 수도 있다. 내담자가 종결에 대해 이러한 반응을 보이면 종결의 준비 기간을 충분히 확보하여야 한다. 그리고 내담자로 하여금 상담 중에 배운 내용들을 실생활에서 적용하고 내면화하는 훈련을 좀 더 충실히 쌓도록 돕는다. 때로는 종결 제안의 책임을 내담자에게 넘기는 것도 한 방법이다.

이처럼 상담의 종결 단계는 상담의 중기와는 전혀 다른 의미와 기능이 있으며 전혀 다른 과정과 절차를 거치는 만큼, 상담자는 그에 합당하게 종결과정을 진행하여야 하며 내담자에게 종결과정을 잘 안내하고 설명해 주어서 상담의 끝마무리를 알차게 짓도록 도와야 한다.

다음의 〈표 6-1〉에 구체적인 종결 작업과정과 종결에 대한 구조화 내용을 정리하여

〈표 6-1〉 종결 단계에서의 구조화

종결 제안

1. 내담자가 종결을 제안했다면 그때부터 상담에 대한 평가를 시작한다. 상담자가 종결을 제의할
   때는 목표 달성을 암시하는 현저한 변화를 내담자가 보고하는 시점에 맞추어 하는 것이 좋다.
2. 새로운 목표로 더 상담할 수 있다는 사실을 알려 준다.
   "보다 폭넓은 목표에 도달하기 위해서 상담을 더 할 수도 있습니다. 그러나 ○○씨께서 원치 않
   는다면 그러지 않아도 됩니다."

구체적인 종결 작업

1. 종결에 대한 내담자의 태도와 감정 변화를 민감하게 파악하고 홀로서기에 대한 마음의 준비를
   시킨다.
2. 당분간 2주에 한 번씩 만나 보도록 하고 추이를 보아 가며 만나는 간격을 더 늘려 볼 것을 제안
   한다.
3. 두어 번 격주로 만난 다음에 내담자가 적응을 잘하면 월 1회로 늘린다.
4. 몇 시간이 더 필요한지 내담자의 의견을 묻고 종결 시점을 정한다. 필요하다면 심리평가를 제안
   한다. 종결 회기에 심리검사를 통한 변화도 설명해 주려면 종결 회기 전에 시간을 약속하여 심
   리평가를 실시해야 한다.
5. 변화를 점검하고 상담에서 터득한 내용들을 정리한다. 앞으로의 재발 가능성과 그에 대한 대처
   를 준비시키며, 그간의 만남에 대한 감정을 교환하고 이별 작업을 한다. 추수상담을 안내하고
   필요시 언제든지 상담을 요청할 수 있음을 알려 준다.

제시하였다.

2. 종결 작업

종결은 단순히 상담을 종식하는 것이 아니라 치료의 한 부분이다. 종결은 상담을 마무
리 짓는 작업이다. 단순히 목표를 달성했다고 해서 그것으로 상담이 끝나는 것은 아니
다. 종결은 상담의 초기나 중기와는 다른 그 나름의 독특한 의미가 있으며, 치료의 한 부
분으로서 종결과정을 거치면서 달성되는 치유적인 목적도 있다. 종결은 상담을 하면서
그간 터득한 것들을 정리하고 종합하는 과정이다. 그동안 상담자의 도움을 받아 문제를

해결하던 것을 마감하고, 이제 내담자 혼자의 힘으로 세상을 헤쳐 나가겠다는 결단을 하는 단계이자 홀로서기를 하는 분리-개인화separation-individuation의 과정이다. 내담자는 이 세상 그 누구보다 자신의 내면을 열어 깊이 있게 함께 나누고 의존하고 신뢰했던 존재인 상담자와의 관계를 마감하고 이별을 해야 한다.

종결이 제안되면 상담자와 내담자는 합의하여 회기 간 간격을 늘려가면서 상담을 통해 이룩한 내담자의 변화와 목표 달성을 평가하고, 상담의 과정과 그간 상담을 통해 학습한 내용들을 정리한다. 상담자는 내담자로 하여금 그동안 상담에서 이룩한 변화와 치료적 작업들을 잘 내면화하고 홀로서기를 준비하도록 내담자를 돕는다. 내담자의 의존성을 극복하고 독립심을 고취시키며, 남은 문제, 앞으로 상담자의 도움 없이 내담자 혼자 살아가는 데 있어 예상되는 어려움과 그에 대한 대처 등을 논의하면서 종결 이후의 삶을 준비한다. 그리고 종결에 대한 내담자와 상담자의 감정을 교환하고 이별 작업을 한다.

여기에서는 상담에 대한 평가, 의존성의 극복과 독립심 키우기, 변화의 실천과 홀로서기의 준비, 재발 가능성 및 추가 상담에 대한 안내, 이별의 감정 다루기 및 추수상담 등 종결을 하는 과정에서 이루어지는 작업들에 대해 다루며, 사례가 종결된 이후에 상담자가 작성하는 종결보고서에 대해서도 기술한다.

1) 상담에 대한 평가

상담자와 내담자 누구에 의해서든 종결이 제안되면 상담자와 내담자는 종결을 제안한 사유를 함께 점검하고 논의한다. 내담자는 만족스러운 목표 달성으로 인하여 종결을 원할 수도 있지만, 상담에 대한 불만이나 자신의 극단적인 치부가 드러나는 것이 두려워서 회피하기 위한 방편으로 종결을 원할 수도 있고, 목표가 달성되지 않았음에도 여타의 다른 사정으로 종결을 할 수도 있다. 내담자가 종결을 제안하였다면 상담자는 그 사유가 합당한 것인지를 꼼꼼히 점검하여 종결하려는 내담자의 의도를 잘 파악할 수 있어야 한다.

종결을 합의하게 되면 제일 먼저 할 일은 상담의 성과를 평가하는 일이다. 상담자는 지금까지 어떤 과정을 거쳐 상담이 진행되었는지를 간단히 정리한다. 그리고 상담을 통해서 내담자가 얻은 것은 무엇인지, 내담자에게 어떤 변화와 진척이 있었는지를 점검하며 합의한 목표의 달성 여부를 평가한다. 지금까지 이룬 변화와 목표에 대한 내담자의 생각과 의견을 수렴하고 만족의 정도를 확인한다. 남은 문제나 미진한 것들도 함께 정리하며, 가능하다면 종결과정에서 함께 다룬다.

상담의 성공과 실패는 누가 어떤 기준으로 평가하는가에 따라 다양하지만, 상담 종결의 결정은 상담의 당사자인 내담자의 주관적 의견과 상담자의 전문가적인 판단이 가장 중요할 것이다. 그러나 해당 사례를 연구에 포함시킨다면 심리검사나 제3자의 평가와 같은 비교적 객관적인 평가도 함께 고려해야 하며, 미래의 연구를 위해서 그 자료를 남겨 놓는 것도 필요하다.

2) 의존성의 극복과 독립심 키우기

순조로운 종결이 가능하기 위해서는 내담자에게 어느 정도의 독립심과 실천력이 갖추어져 있어야 한다. 이러한 작업은 상담 중기에 꾸준히 이루어져야 하겠지만, 상담의 방식이나 이론적 입장 또는 상담자의 성격에 따라 그렇지 못할 수도 있다.

내담자중심 치료는 내담자의 자율성과 독립심을 고취시키며 변화의 책임을 내담자가 지도록 이끌기 때문에 종결이 비교적 용이하다. 상담의 전 과정에서 내담자는 스스로 계획하고 선택하며 자신의 행동에 대한 책임을 지도록 장려된다. 따라서 상담자가 내담자중심 치료를 해 왔다면 종결은 별다른 어려움 없이 자연스럽게 이루어질 수 있다. 내담자는 상담을 통해 키워진 독립심과 자신감을 바깥 세상살이에서 발휘하기도 용이하다.

그러나 지지적인 치료를 해 왔거나 상담자가 권위주의적으로 상담을 이끌었다면 내담자는 의존성이 키워졌을 수 있으며 스스로의 행위와 선택에 책임지도록 충분히 훈련되지 못하여 종결이 어려울 수 있다. 이 경우 종결을 하려면 상담자의 지지와 권위주의적인 태도를 점진적으로 줄이는 동시에 내담자 자신의 판단과 실천력을 키우는 비중은 늘려 나가야 할 것이다. 이런 작업을 하기 위해서는 내담자중심 치료에서의 종결보다 종결 기간을 조금 더 길게 잡는 것이 필요하다.

3) 변화의 실천과 홀로서기의 준비

종결을 앞두고 혼자 살아가는 데 있어 예상되는 어려움으로 인해 내담자는 종결을 불안해할 수 있다. 상담자는 종결 후 내담자에게 발생될 것으로 예상되는 문제들을 상상하고 내담자가 이들 문제를 혼자서 어떻게 다루어 나갈 수 있는지 내담자와 함께 생각해 보고 내담자로 하여금 가능한 조처를 스스로 끌어낼 수 있도록 돕는다.

상담자는 내담자가 속한 현실 상황(가정, 직장 등) 속에서 내담자가 휘말리거나 겪을 수 있는 대표적인 몇몇 상황들을 내담자와 함께 점검한다. 그리고 그런 일이 발생했을 때 어떻게 임하는 것이 효과적일지 내담자와 함께 논의하여 준비시킨다. 종결 이후 내담자가 홀로서기를 할 때 부딪칠 수 있는 여러 상황에 대해 상담에서 배운 것을 활용할 수 있도록 잘 내면화하고 실천하게끔 훈습시키는 작업을 소홀히 해서는 안 된다.

어려운 상황이 벌어지거나 증상이 재발할 때 상담을 통해서 터득한 역량들을 내담자 스스로 실생활에서 적용해 보도록 정리해 볼 수도 있다. 당황하고 후회하기보다는 내담자가 취약한 상황들을 거리를 두고 관찰하고, 당시의 자기 내면의 흐름을 관찰하며, 자신의 생각을 정리하고, 현재 자신이 할 수 있는 것에 집중하여 문제 해결적인 생각들을 끌어내고, 필요시 상담에서 획득한 이완훈련이나 자기표현과 같은 기법들을 활용해 보도록 마음의 준비를 시킨다.

4) 재발 가능성에 대한 안내

목표를 달성하고 종결을 하였다고 하여 문제와 증상이 완전히 제거된 것은 아니다. 소거된 행동도 자발적으로 회복되는 경우가 종종 있다. 마찬가지로 오랫동안 반복되었던 내담자의 부적응적인 패턴은 때때로 머리를 쳐들고 다시 나타날 수 있다. 내담자가 취약해지는 힘든 상황에 처하거나 심한 스트레스를 받게 되면 과거의 반응 방식이 일시적으로 다시 활성화될 수 있다. 종결을 앞둔 내담자에게 이 사실을 알려 주는 것은 매우 중요하다. 종결 후에 재발 가능성을 모른 채 있다가 증상이 재발되면 내담자는 크게 당황할 수 있다.

홀로서기를 앞둔 내담자에게 증상이 재발되는 경우에는 자신을 힘들게 하는 것이 무엇인지를 잘 관찰하고 상담에서 터득했던 것들을 활용하여 대처하도록 내담자를 준비시키도록 한다. 증상이 재발되었을 때 그 원인을 곰곰이 생각해 보면 증상이 가라앉을 뿐 아니라 앞으로 있을 증상의 재발에 대해서도 더 잘 준비하고 대처할 수 있다. 증상이 재발되었을 때 상담에서 터득한 지혜를 활용하여 혼자서 극복해 내게 되면, 내담자의 대처 역량은 더욱 키워지고 자신감이 향상되며 이후의 증상 재발 가능성도 줄어들게 된다.

5) 추가 상담에 대한 안내

상담 종결 후 내담자 혼자서 다루기 어려운 일이 발생할 경우 추가적으로 상담을 받을 수 있다는 정보를 알고 있으면 내담자에게 큰 위안이 될 수 있다. 증상이 재발되었을 때 추가 상담을 받게 되면 내담자는 상담자의 도움으로 증상이 발생되거나 과거의 패턴이 재활성화된 원인을 보다 명확하게 알 수 있다. 또한 상담에서 이미 터득한 것들을 활용하여 대처하도록 도움받을 수 있으며 내담자가 스스로 대처하지 못한 원인도 점검할 수 있다. 이러한 작업은 몇 회의 추가 상담만으로도 가능하다.

홀로 생활을 하면서 겪은 경험과 추가 상담을 받는 과정에서 얻은 지식들을 토대로 내담자는 자신에 대한 보다 확대된 인식 속에서 목표를 새롭게 하여 상담을 더 받고 싶은 욕구가 생길 수 있으며, 상담자와 협의하여 새로운 목표로 상담을 시작할 수도 있다.

6) 이별의 감정 다루기

상담관계는 이 세상 어떤 관계보다도 마음을 열어 깊은 정서적인 교류를 한다. 상담자가 내담자의 기대에 못 미치거나 내담자 자신의 문제의 특성과 일시적인 전이 transference의 발생으로 인해 상담자와 내담자 사이에는 애증이 교차하는 순간도 있을 수 있다. 그러나 내담자로서는 상담자만큼 자신을 지지해 주고 자신의 아픔과 고통에 동반하며 자신을 깊이 이해해 주는 사람도 없을 것이다. 내담자에게 상담자는 자신의 어려움들을 극복하도록 돕는 데 있어서 누구보다도 믿고 의지할 수 있는 존재다. 상담자도 마음을 활짝 열어서 속마음을 드러내고 비밀을 털어놓으며 자신을 믿고 따르는 내담자를 도와 작업을 해 나가다 보면 인간적인 애정의 감정이 싹트지 않을 수 없다. 그리고 자신의 전문 역량의 도움으로 변화되고 성장해 가는 내담자의 모습을 보면서 자랑스러움과 보람도 느낄 것이다. 오랜 동안의 깊은 속마음을 나누던 인간관계는 그것이 성공적인 결실을 맺은 경우에는 더욱 친밀하고 따뜻하며 정겨운 감정 교감을 동반한다.

종결은 이러한 관계를 끝내고 이별을 하는 시기다. 회기 간 간격이 길어지면서 내담자는 그간 자신을 나누고 의지하며 받쳐 주던 상담자의 부재로 인해 불안하고 외로우며 허전함을 느끼게 된다. 이러한 감정은 상담을 오래 지속했을수록 더 클 것이다. 상담자도 오랜 기간 함께하던 내담자와의 이별에 아쉬움이 남을 것이다.

이러한 관계에 작별을 고하기 위해 상담자는 그동안 내담자와 함께 거쳐 온 상담과정과 어려움을 헤쳐 나가는 동반자로 함께했던 순간들을 회상해 볼 수 있다. 함께 작업을 하면서 서로에게 느꼈던 인간적인 감정들, 나약함에 대한 든든한 지원 세력이 되어 주었던 것에 대한 고마움 그리고 아쉬운 작별인사를 교환한다. 이러한 이별 작업은 만족스러운 목표 달성을 이룬 상담의 종결 작업에서 빠뜨릴 수 없는 일일 것이다.

이러한 깊은 정서적 교류에도 불구하고 상담관계가 사사로운 인간관계로 발전되지 않는 것은 놀라운 일이다. 그 이유는 아마도 상담자와 내담자의 관계가 상담비를 지불하는 계약관계라는 것과 일방향적인 관계라는 속성 때문일 것이다. 고민을 털어놓는 사람은 내담자이며 상담자는 자신의 사생활과 고민을 내담자에게 알리지 않기 때문일 것이다.

7) 종결보고서의 작성

상담자는 모든 내담자에 대해 파일을 작성하고 관리하여야 한다. 종결을 하게 되면 종결에 대한 내용도 파일에 잘 정리해서 기록하여 첨부한다. 누구에게 보고하기 위한 목적으로 종결보고서를 작성하는 것은 아니다. 상담과정은 연구과정이며, 상담자는 늘 연구하는 자세로 상담에 임해야 한다. 내담자에 대해 파일을 정리하고 종결보고서를 작성하면 상담과정에서 얻은 지식이 상담자로서의 자신의 상담 역량을 발전시키는 데 도움이 될 뿐 아니라 사례연구 등을 통해 상담심리학의 발전에도 기여할 수 있다. 그리고 미래의 언젠가 그 내담자의 재상담이나 연구를 위해 자료가 필요할 때 활용될 수도 있다.

종결보고서에 기록하는 내용은 상담 시작일과 종료일, 회기 수와 그 일시, 치료 개입의 내용, 목표의 달성과 변화에 대한 내담자의 평가와 상담자의 평가, 종결에 대한 내담자의 반응, 종결 사유와 그 진행과정, 종결 시 내담자에게 준 권고사항, 추수상담 여부, 종결 시의 심리검사 결과 및 상담 전후의 심리검사 결과에 대한 비교 언급 등을 포함한다. 아울러 내담자를 의뢰했다면 누구에게 의뢰했으며 그 사유와 의뢰 시 협조한 내용 등도 기록한다.

8) 추수상담

추수상담follow-up은 종결 후 3~6개월 후에 하는 것이 일반적이다. 추수상담은 종결과정의 일환으로서 충분한 기간 후에도 상담에서 이룬 변화들이 유지되고 있는지 확인할 수도 있고, 종결 후 내담자의 생활을 점검해 보는 기회를 가짐으로써 내담자의 불안을 감소시키고 안심시킬 수도 있으며, 추가적인 도움이 필요한지의 여부를 판단할 기회도 된다. 사례연구를 진행하거나 특정 치료 기법에 대한 효과를 연구하고 있다면 추수상담 시에 관련 심리검사를 하여 상담 시작 시점, 종결 시점, 3~6개월의 추수 시점의 검사 결과를 비교할 수도 있다.

울버그(Wolberg, 1994)는 내담자와의 마지막 시간을 마치기 전에 경과를 묻는 편지를 보내도 되겠는지 내담자의 의견을 물어볼 것을 제안한다. 어떻게 지내고 있는지에 관한 질문으로 구성된 간략한 추수 편지를 대부분의 내담자들은 상담자의 관심의 표시로 생각하며 기꺼이 협조한다고 한다. 추수 편지는 1년에 한 번씩 최소한 5년 동안은 보내는 것이 좋다. 이는 상담자로 하여금 상당 기간에 걸쳐 어떤 일이 일어났는지를 계속해서 확인해 보도록 한다. 추수 질문에 대한 내담자의 답변도 사례 기록에 첨부한다.

3. 종결의 기능과 치료적 의미

종결이란 이제까지 상담자의 도움을 받으며 생활하던 것을 마감하고 내담자가 홀로서기를 한다는 의미다. 앞으로는 상담자의 도움 없이 내담자 혼자서 세상살이를 헤쳐 나가야 한다. 이 과정은 아동이 태어나서 엄마와 공생적인 삶을 살다가 분리되어 심리적 탄생을 하기까지의 과정인 분리-개인화separation-individuation 과정(Mahler, Pine, & Bergman, 1975)에 대비될 수 있다. 제임스 만(James Mann, 1973)은 종결이 분리-개인화 과정을 재활성화시킨다는 전제하에 종결을 치료의 한 부분으로 큰 의미를 부여하고서 종결과정을 치료에 활용하였다.

그는 30회의 시간제한 상담time-limited psychotherapy을 통해 내담자로 하여금 분리-개인화 과정을 재활성화시켜 재체험시키고 재학습하게 하여 미결된 분리-개인화 과제를 완성시키려고 시도하였다. 시간제한 상담에서 상담자는 분리를 의미하는 종결시간을 상담 첫 시간부터 강조하며, 내담자가 잘 볼 수 있는 위치의 달력에 표시하여 내담자로 하여금 매 시간 종결을 의식토록 자극하여 종결에 대한 불안을 활성화시킨다. 그리고 그 불안을 다뤄 준다. 상담이 후반으로 접어드는 16회부터는 내담자에게 종결 날짜를 상기시켜 분리불안을 더욱 자극시킨다. 그리고 내담자에게 이별(종결)을 의식하는 어떤 징후가 보이면 민감하게 포착하여 다루어 줌으로써 홀로서기 작업인 개인화를 준비시킨다. 종결과정을 치료에 활용하는 이 시간제한 상담은 종결 작업을 행함에 있어 다른 상담과 몇 가지 점에서 차이가 있다.

첫째, 종결 회기가 강조되고 직면되는 만큼, 내담자는 종결을 원하고 합의했음에도 실제로 합의한 종결시간이 다가오면 예민해지고 불안이 늘며 의존성이 증가한다. 내담자는 종결에 대한 불안을 때로는 회피나 거부로 반응할 수도 있으므로 상담자는 종결과 관련된 내담자의 불안 반응과 예민성을 특히 민감하게 포착할 수 있어야 한다.

둘째, 종결 후 예상되는 문제를 상상하고 어떻게 혼자서 다루어 볼 수 있는지 함께 생각해 보고 내담자로 하여금 가능한 조처를 스스로 끌어낼 수 있도록 돕는다. 이때는 그간 상담에서 습득하고 극복한 여러 가지 성숙한 대처 자원을 활용토록 유도해서 상담 없이도 내담자가 스스로 해낼 수 있다는 자신감을 불러일으키도록 한다.

셋째, 종결 이후에는 다시 만나지 않는다. 이 점이 다른 상담의 종결 방식과 큰 차이점이다. 일반적으로는 종결을 준비시키기 위해서 만나는 횟수를 점진적으로 줄이거나 종결을 한 다음에도 어려움이 있을 때는 언제든지 다시 상담을 받을 수 있다는 언급을 한다. 그러나 시간제한 상담에서는 종결 후 상담자와 두 번 다시 만나지 않는다.

넷째, 예고 없이 갑작스러운 추수상담 회기를 갖는다. 이는 내담자의 적응 여부를 파악하기 위한 것으로 시간제한 상담의 효과를 검증하기 위한 연구적인 성격이 강하다. 이때 이전 상담자에 대한 의존성이 되살아나는 것을 방지하기 위해서 다른 상담자가 대신 추수상담을 한다.

4. 종결의 여러 형태

모든 상담이 목표를 달성하고 합의에 의해 상담을 끝맺게 되는 것은 아니다. 여러 국면과 사정이 있을 수 있으며, 종결을 하는 과정은 그때그때의 상황에 따라 다양하게 진행되게 된다. 상담의 종결은 여러 양상으로 나타날 수 있다. 합의된 상담목표의 달성을 기준으로 종결의 여러 형태들을 〈표 6-2〉에 제시하였다.

〈표 6-2〉 종결의 여러 형태

	합의한 상담목표		
	달성 이전(이른 종결)	달성	달성 이후(늦은 종결)
내담자	조기 종결(3회 이전) 상담(또는 상담자)에 대한 실망 증상의 소실과 불편의 감소 방어, 회피, 저항 이직, 이사, 질병, 불의의 사고 등	합의에 의한 만족스러운 종결	상담자에 대한 의존 상담중독 현상 새로운 상담목표 수립
상담자	이직, 전직, 이사 질병, 불의의 사고 등 역전이에 의한 상담의 난국		새로운 상담목표 수립 내담자에 대한 의존과 집착

1) 목표 달성에 의한 합의 종결

합의한 목표가 달성되어 종결을 하는 경우로 가장 이상적으로 이루어진 상담이라 할 수 있다. 상담자가 종결을 제의할 수도 있고 내담자가 종결을 제의하는 경우도 있으며, 상담자와 내담자의 합의하에 목표를 수정하여 상담을 더 지속할 수도 있다. 지금까지의 상담에서 목표를 확장하여 상담을 더 할 수도 있고, 새 목표를 세워서 상담을 새로 시작할 수도 있다. 어떠한 경우든 지금까지의 상담에 대해 정리하고 평가하는 종결 작업을 한 다음에 새로 상담을 시작하듯이 목표를 정하여 상담을 하는 것이 효과적이다. 이와 관련하여 제18장 '해석' 부분에 인용된 〈사례 18-1〉을 읽으면 도움이 될 것이다.

2) 목표 달성 이전의 종결

목표가 달성되지 않았지만 여러 사정에 의해 상담을 종결하게 되는 경우도 드물지 않게 발생한다.

(1) 상담자와 내담자의 목표 불일치

목표를 합의했음에도 불구하고 상담자와 내담자가 생각하는 실제의 목표 수준에는 차이가 있을 수 있다. 내담자는 문제와 증상이 줄어들어 생활상의 불편이 감소되면 상담을 중단하고 싶어 한다. 그러나 상담자는 문제와 증상을 가져오게 된 심리적 원인에 대해서 보다 철저하게 작업하기를 원하기 때문에 만족스러운 작업을 이루지 못한 상태에서 상담을 종결하게 된 것에 아쉬움이 남을 수 있다.

어쨌든 내담자가 종결을 원한다면 상담자는 그간의 내담자의 변화와 그 변화의 원인을 내담자와 함께 짚어보면서 재발 가능성을 감소시키기 위해서 조금 더 상담을 하도록 안내할 수 있다. 그러나 내담자의 뜻을 무리하게 거스르는 것은 바람직하지 않으며, 내담자와 함께 적절한 종결 시점을 타협하여 점진적으로 종결 작업을 진행하도록 한다.

(2) 상담 진행상의 문제로 인한 종결

때로는 내담자의 특성상 상담을 진행해도 더 이상의 효과를 기대하기 어려운 경우 상담자가 종결을 제의하여 내담자와 의논할 수 있다. 내담자가 자기 노출을 완강히 거부하거나 강력한 저항의 표현으로 상담의 중단을 원한다면 상담자는 그에 대해 내담자와 충분히 논의한다. 그리고 논의 후에도 내담자가 여전히 종결을 원하면 내담자의 의사를 존중해 주어야 한다. 상담자의 역전이로 인해 상담이 풀기 어려운 난국에 부딪혀 더 이상의 상담이 무익하다고 판단될 때도 상담의 중단이나 의뢰를 내담자와 논의할 수 있다.

상담 중반에 들어서 그간 감추고 있던 진짜 문제를 어렵사리 드러내는 내담자도 있다. 새로 드러난 내담자의 문제(예: 약물, 도박, 중독, 성적 남용 등)가 초보상담자가 다루기에 부담스럽고 자신이 없다면 더 적합한 다른 상담자에게 의뢰하는 것에 대해서 내담자와 논의할 수도 있다.

(3) 환경 변화에 의한 종결

상담자에 의해 상담이 중단되는 경우는 매우 드물다. 그러나 이직이나 전직, 임기 만료 등의 이유로 부득이하게 상담을 종결해야 하는 상황이 벌어지기도 한다. 상담을 시작할 때 이미 상담자의 일정이 잡혀 있다면 앞으로 남은 상담 기간을 내담자에게 미리 알려 주고 상담을 시작한다. 그리고 주어진 기간 내에 다룰 수 있는 수준에서 목표를 정하며, 상담 기간을 최대한 활용하여 내담자가 종결을 충분히 준비하고 대처할 수 있도록 한다. 상담자에게 상담을 할 기간이 3개월 이내로 남았다면 이미 하고 있는 내담자만을 상담하며 새로운 내담자를 맡지 않는 것이 좋다. 그리고 종결 시점에 내담자에게 상담이 더 필요하다고 판단되면 내담자의 동의를 얻어서 다른 상담자에게 의뢰할 수도 있다.

내담자와 상담을 하는 도중에 상담자에게 상담을 중단해야 할 피치 못할 사정이 생기는 경우도 드물기는 하나 생길 수 있다. 이 경우 초보상담자는 내담자와 함께 종결을 준비해 나가기가 부담스러워 그에 대해 알려 주기를 미룰 수 있다. 그렇게 되면 종결의 준비 기간이 더욱 촉급해지기 때문에 내담자에게 가해지는 충격과 좌절감이 더 클 수 있다. 따라서 상담자는 상담을 중단해야 하는 사실을 알게 되면 미루지 말고 최대한 빨리 내담자에게 알리고 향후의 일정을 함께 논의하는 것이 좋다. 상담자는 내담자에게 가해

질 수 있는 충격을 최소화하고 남은 일정 동안 상담이 잘 마무리되도록 최선을 다하여야 한다.

내담자의 사정(전학이나 유학, 이직, 전직, 이사 등)으로 목표 달성 이전에 상담을 중단하게 되는 경우는 종결 작업과 함께 새로운 상담자에게 상담을 의뢰하는 문제를 협의할 수 있다. 내담자가 의뢰를 원하면 인계받을 상담자에게 내담자와 상담한 기록과 관련 자료들을 복사하여 주는 등 내담자가 상담을 계속하는 데 불편함이 없도록 적극적으로 의뢰에 협조해야 한다.

3) 조기 종결

조기 종결은 3회 이전, 즉 초기 상담 기간 중에 내담자에 의해 상담이 중단되는 경우를 말한다. 목표 달성을 위한 치료적 개입을 시작하기 이전에 상담이 중단되었다는 점에서 목표 달성 이전의 종결과는 다르다. 이제 막 본격적인 상담을 시작하려고 마음의 준비를 단단히 하고 있는 상담자에게 내담자가 상담을 그만하겠다고 하면 초보상담자는 상당한 충격과 좌절감을 경험할 수 있다.

상담을 하고 안 하고의 칼자루를 쥔 사람은 내담자다. 내담자가 그만하겠다고 통고하고 상담에 오지 않으면 그만이다. 내담자는 상담을 그만하기로 혼자서 결정하고서 종결을 통고하고 그 시간을 마지막 상담시간으로 하려 할 수 있다. 이럴 때 상담자는 종결 작업을 할 시간을 확보하는 것이 중요하다. 내담자가 종결을 제안하거나 통고하였다 하여도 종결을 제안한 그 시간을 끝으로 종결을 하는 것은 좋지 않다. 상담자는 "다음 시간에 좀 더 충분한 시간을 갖고서 종결에 대해 이야기하도록 하지요."라고 하여 조기 종결을 하려는 내담자의 이유를 파악하고 상담을 계속할 수 있는 기회를 얻으며 종결 작업을 할 시간을 확보해야 한다.

그러나 상담 초기에 상담이나 상담자에 대한 불만을 상담자에게 털어놓는다는 것은 내담자의 입장에서 그리 쉬운 일이 아니다. 내담자가 이유를 밝히지 않은 채 문자로 통고를 하거나 상담 약속을 문자로 수차례 변경하다가 연락을 끊어 버리거나 아예 아무런 연락도 없이 약속시간에 나타나지 않으면, 상담자는 그 이유도 알 수 없으며 내담자와 함께 종결에 관한 논의를 할 수 있는 기회도 가질 수 없어 그 후속 감정을 처리하기가 어렵다. 상담자는 실망, 좌절, 죄책감, 배반감, 전문가로서의 자존감과 자신감 저하 등 복잡한 감정 상태에 빠질 수 있으며, 그에 더하여 원인을 모르는 답답함, 무엇을 어떻게 개선할지에 대한 막막함 등의 고통도 한몫 거들게 된다.

이런 일이 벌어지면 상담자는 조기 종결의 원인을 자신에게 두고서 그간의 상담과정을 꼼꼼히 살펴보고 점검하면서 내담자의 입장에서 조기 종결을 하게 된 이유를 평가해 보아야 한다. 그리고 그간의 상담 진행 내용을 가지고 슈퍼비전을 받는 것이 좋다. 그리고 자신을 점검하여 앞으로 상담에 임하는 데 교훈으로 삼도록 한다.

내담자가 조기 종결을 하게 되는 이유는 여러 가지가 있을 수 있다. 첫째, 내담자는 상담에서 자신이 원하는 문제가 다루어질 것 같지 않을 때 조기 종결을 생각하게 된다. 상담에서 당연히 내담자가 원하는 문제를 다룰 것이라고 생각할 수 있겠지만, 초보상담자들은 많은 경우 내담자가 호소하는 문제를 잘 알아듣거나 이해하지 못하기도 하며, 내담자의 문제에 압도되어 그것을 외면하기도 한다. 때로는 내담자가 원치 않는 내담자의 다른 모습을 상담자가 바꿔 주려고 목표로 잡는 경우도 있다. 이런 일이 발생하면 내담자는 상담을 할 마음이 없어질 수 있다.

내담자는 별로 이해받지 못한다고 느끼거나 도움되지 않는다고 느껴질 때도 조기 종결을 하게 된다. 사실 내담자들은 상담자와의 첫 만남의 순간에서부터 상담에 대한 기대를 갖고 임한다. 동시에 상담자가 자신을 제대로 도울 수 있을지를 가늠하면서 나름의 시험을 해 나간다. 우선 조그만 어려움을 이야기해 보고 상담자의 반응을 본 다음 조금 더 큰 어려움을 이야기해 보는 식으로 한 회기 한 회기 상담자에게 자신을 치료할 기회를 준다. 필자의 경험상 내담자들은 대략 2회나 3회경에 조기 종결을 결정하고 3~5회 정도까지 상담자에게 기회를 주는 것 같다.

어떤 내담자는 도움이 필요하여 상담에 왔으면서도 막상 자신의 모습을 남 앞에 드러내기가 두려워 용기를 내지 못하고 포기하여 조기 종결로 이어지기도 한다. 반대로 상담자가 내담자의 문제에 압도되거나 그것을 회피하려 하거나 무마시키는 위안을 주면 내담자는 상담자가 자신의 진정한 고민을 다룰 수 없다고 판단하여 조기 종결을 결심할 수 있다.

다음은 조기 종결의 위기에 있는 내담자에게 상담자가 진심 어린 사과와 자기 고백을 하여 상담을 지속할 수 있었던 사례다. 내담자는 자신의 상태와 증상에 대해 심각하게 걱정을 하고 있다. 자신이 원치 않는 감당하기 힘든 내용의 상상들이 떠오르는 것으로 인해 고통을 당하고 있다고 호소한다.

 사례 〈6-1〉 **피상적인 위안으로 인한 조기 종결**

내1: 생각이 복잡하고 원하지 않는 생각이 떠오르고 이상한 상상을 하게 된다. 상대방이 알 것 같아 너무 두렵다. 성적인 상상이 자꾸 든다. 너무 치욕스러운 느낌이고, 어디 가서 말해 본 적도 없다. 남자랑 대화를 할 때도 시선이 자꾸 아래로 가고, 그럼 상대방도 의식하는 것 같고, 너무 힘들다.

상1: 그런 생각이 들 수 있다. 성인이고, 또 스트레스 수준이 높을 때는 많은 사람들에게 그런 생각이 떠오르곤 한다.

이 사례에서 상담자는 내담자에게 어떤 상상이 떠오르기에 고통스러워하는지 우선 그 상상의 내용과 고통에 관심을 갖고 내담자와 함께 그것을 알아보는 것이 전문가로서 가장 먼저 해야 할 일이었다. 그러기 위해서 제일 먼저 탐색해야 할 것은 내담자가 말하는 '이상한 성적 상상'의 내용이다. 그러나 상담자는 내담자의 고민 내용을 알아보려고 하지는 않고 스트레스가 많아서 그렇지 별것 아니라며 안심시키고 위안을 주었다. 이로써 내담자는 자신의 고민 내용을 상담자에게 전달할 기회를 차단당했다. 내담자는 진정으로 고민이 되는 내용은 말하지 못한 채 피상적인 내용의 이야기만 하고서 첫 상담을 끝낼 수밖에 없었다. 이후 내담자는 이러저러한 핑계를 대며 연속 두 번에 걸쳐 상담 약속을 취소하였다. 그리고 마침내는 상담을 해도 자신의 문제가 나을 것 같지 않아 상담을 받지 않겠다는 문자를 보내왔다.

일반적으로 내담자는 자신의 수치스러운 증상에 대해서 처음부터 상세하게 설명하기 어려워한다. 그래서 대개는 구체적인 내용의 언급을 피한 채 그 윤곽과 영역만 이야기하고 슬쩍 넘어가려 한다. 그러면서도 내담자는 자신이 진정으로 고민하는 속 내용을 모두 전달하고 싶어 하기도 한다. 그래서 상담자의 도움으로 구체적인 내용을 말하게 되면 속이 시원해지고, 상담자와 함께 자신의 문제를 다루어 나갈 수 있으리라는 희망을 갖게 되면서 상담자를 믿고 더 솔직하게 자신의 내면을 드러낼 수 있게 된다.

필자의 슈퍼비전을 받은 앞 사례의 상담자는 내담자에게 연락을 하여 슈퍼비전에서 지적된 내용들을 진솔하게 내담자에게 전달하고는 내담자의 고민을 너무 소홀히 받아들여 미안하다고 사과하였다. 상담자의 진솔한 고백에 마음이 움직인 내담자는 다음 상담 시간에 다시 왔다. 그러고는 자신이 그렇게 고통스러워하는 심각한 증상들에 대해 상담자가 별것 아닌 것으로 몰아가는 것으로 인해 분개하여 상담에 오지 않을 결심을 했었다고 토로하였다.

4) 때늦은 종결

내담자의 문제가 극복되고 상담의 목표가 달성되었다면 내담자는 의존적인 보호의 테두리에서 벗어나 독립적인 삶을 살아나가야 한다. 용기를 내어 의존과 보호의 울타리를 나서서 그간 자신이 터득한 지혜와 역량으로 자신의 삶을 개척해야 한다. 그리고 상담자는 이를 도와야 한다. 그러나 상담자와 내담자가 합의한 상담목표가 달성된 이후에도 종결을 하지 않는 경우도 있다.

(1) 상담의 중독 현상

상담은 끝없이 이어질 수도 있다. 상담을 통한 정신적 지원을 받아야만 기본적인 생활을 영위할 수 있는 내담자도 있다. 경제적 여건이 허락되면 그러는 것도 한 방법일 수 있을 것이다. 아무런 비판 없이 비밀이 보장되는 안전한 상황에서 자신을 깊이 이해해 주는 상담자에게 자신의 속 이야기를 털어놓고 심리적 지원을 받을 수 있는 관계는 바깥세상 어디에도 없는 관계다. 그래서 어떤 내담자는 이런 관계에 탐닉할 수도 있다. 이러한 상담에 대한 중독 현상은 상담자에 대한 긍정적 감정(애정과 존경)을 유지하고 싶어서일 수도 있고, 종결 이후 혼자서 세상을 살아갈 것에 대한 두려움이나 상담에 대한 의존성의 표현일 수도 있다. 어떤 경우든 내담자가 상담을 지속하기를 원할 때 그 뜻을 거슬러 무리하게 종결을 하게 되면 내담자는 자신이 거부되는 느낌을 갖게 되어 그간의 상담 성과도 반감될 수 있다. 상담자는 시간의 여유를 충분히 갖고서 의존성을 지속하고 싶은 내담자의 의존 욕구를 탐색하고, 성장 욕구를 자극시키며, 독립성과 주장성을 가능한 한 많이 성취하도록 돕고, 상담에서 습득한 것들을 일상생활에 적용하도록 도움으로써 내담자의 종결에 대한 문턱을 낮추도록 도와야 한다.

(2) 의존적인 내담자

의존적인 내담자들은 여러 가지 방식으로 종결에 대해 저항을 드러낼 수 있다. 상담이 더 필요하다는 것을 증명하기 위해서 자신의 나약함을 과장하거나, 처음에 가져왔던 증세를 재발시키거나, 심한 경우에는 자신의 무력감을 드러내기 위해서 질병을 재발시키기도 한다. 이러한 저항을 해결하는 데는 많은 시간이 소요될 수도 있다.

거부나 대상 상실의 문제를 지닌 내담자의 경우는 상담자가 종결을 제안하면 분리불안과 버림받는 느낌rejection feeling이 자극되어 예민해질 수도 있으므로 주의해야 한다. 그들에게는 종결을 취약한 분리-개인화 과정을 완결하는 치료적 기회로 활용하는 것이 좋다. 종결과정을 훈습할 충분한 회기를 할당하여 종결과정에서 보이는 내담자의 취약한 심경을 다루고 대상 상실의 문제에 대처하도록 돕는다. 이에 대해서는 앞에서 다룬 '종결의 기능과 치료적 의미' 부분을 참조하기 바란다.

(3) 내담자의 의존성을 키우는 상담자

상담자는 자신도 모르게 내담자의 의존성을 키우고 강화시킬 수도 있다. 상담자가 권위주의적이어서 내담자에게 해결책을 제시하고 대신 선택을 해 주거나 내담자를 과잉보호하는 방식으로 상담을 진행해 왔다면 내담자는 의존성을 키우게 되어 내적 힘을 발달시키기가 어렵다.

상담을 하다 보면 상담자도 내담자에게 정이 들고, 속마음을 들여다보는 만남에 흥미를 느끼게 되며, 고분고분 따르는 내담자와의 관계를 지속하고 싶고, 내담자에게 가치 있는 존재로 남아 있고 싶을 수 있다.

상담자는 내담자를 향한 자신의 감정과 욕구를 점검하여 자신이 내담자의 독립성을 막고 있지는 않은지, 목표가 달성되고 내담자가 스스로 독립할 충분한 역량이 생겼음에도 내담자를 붙들고 있지는 않은지 스스로를 점검해 보아야 할 것이다.

PART | **3**

초기 상담에서
하는 일

초기 상담에서는 내담자의 문제를 파악하고 내담자를 이해하는 데 필요한 정보들을 탐색하며, 내담자를 총체적으로 이해하기 위해 사례개념화를 형성한다. 그리고 상담을 통해서 이룰 상담목표를 정하고 치료 계획을 수립한다. 이러한 전체 과정에서 상담자는 내담자와 협의하고 내담자의 의견을 수렴하고 합의한다. 또한 상담의 구조와 하는 일에 대해 내담자에게 설명해 주고, 상담 동기를 키우며 협조적 상담 관계를 수립한다. 상담자가 마음을 활짝 열고 마음의 귀로 내담자가 내놓는 문제에 깊은 관심을 갖고 내담자와 동반해 나간다면 그 과정에서 자연스럽게 협조적인 상담관계가 형성될 수 있을 것이다.

이 모든 과정과 작업은 어느 하나 중요치 않은 것이 없으며, 그중 하나라도 빠지게 되면 상담은 제대로 진행되기 어렵다. 그러나 가장 중요한 것은 내담자의 내담목적이자 치료의 출발점인 내담자의 문제와 고민을 상담자와 협조하여 극복하는 일일 것이다. 그 밖의 것들은 내담자의 문제를 잘 극복해 나가기 위해 필요한 조치들이다.

제7장
구조화

구조화란 내담자에게 상담에 대해 소개하고 안내하는 일련의 설명들이다. 불안하고 긴장되어 있는 내담자에게 상담에 대한 개괄적인 설명을 해 주면 내담자는 상담에 대해 마음의 준비를 할 수 있으며 상담에 어떻게 임해야 할지를 가늠할 수 있어 마음이 편안해지게 된다.

구조화를 안 하고 본상담에 들어가게 되면 내담자는 무엇을 할지 몰라 당황하게 되며, 상담의 목적을 향해 전문가와 협력하려는 마음 자세를 갖추도록 안내받지 못하여 작업동맹을 형성하는 데 방해받게 된다. 따라서 상담시간을 치료적 대화로 알차게 활용하지 못하고 잡담이나 사담으로 낭비하기 쉽다. 시기적절한 구조화는 상담적 만남의 본질과 맥이 통하는 작업을 상담자와 내담자가 협조적으로 진행시켜 나가는 기본 구조를 형성한다.

내담자의 문제를 정확하게 파악하는 것이 무엇보다도 중요하지만 구조화를 잘하는 것도 상담의 성패를 가르는 중요한 부분이다. 초기 상담에서 구조화를 한다고는 하지만 구조화는 초기 상담에서만 하는 것이 아니다. 초기에서 중기로 또는 중기에서 종결로 상담의 중요한 국면이 바뀌는 시점에는 반드시 그에 상응하는 구조화를 하여 내담자를 바르게 안내하여야 한다. 또한 내담자가 상담에서 지켜야 할 기본적인 한계를 벗어나는 행동을 하는 경우에는 중기나 종결 단계라 할지라도 그에 합당한 구조화를 해 주어야 한다.

다음은 상담자의 미숙으로 초기에 구조화 과정을 거치지 않은 사례의 예다. 상담자는 8회에 이르도록 내담자에게 상담의 구조를 설명해 주지 않았다. 이 상담자는 상담의 구조가 어떻게 이루어지는지에 대한 개념이 분명하게 서 있지 않은 것으로 보인다. 게다가 상담자는 8회에 이르도록 회기를 시작할 때 내담자에게 하고 싶은 이야기를 하도록 자극하기보다 한 주 동안의 안부를 물었고, 이에 내담자는 지난주에 있었던 일을 보고하는 식의 답변을 하였다. 그리하여 대화는 상담의 목적을 향해 협력하는 대화로 나아가지 못하고 사사로이 안부를 묻는 사적인 대화처럼 진행되었다. 다음은 8회기 축어록의 첫 부분이다.

 사례 〈7-1〉 상담 초기에 구조화를 하지 않은 사례

상1: 한 주 동안 어떻게 지내셨습니까?

내1: 한 주 동안이요? 기억이 안 나요. 정신이 없어서였나? 아휴, 학교 가고. 나머지 학교 가고 회사 갔다가 쉬고 회사 여직원들하고 회식하고 밥 먹고. 그리구 일주일 금방 보낸 것 같아요.

상2: 저도 일주일 동안 어떻게 보냈는지 모르게 벌써 내일이 토요일인 거예요. 그래서 아!

일주일이 너무 빠르다 생각하며 나왔는데. 아빠 계신 집에는 아직 안 가보셨어요?

내2: 아, 아직 이사 못했어요. (네) 지금, 같이 있어요. 다음 주에 집을 보기로 하고 이달 말에 이사하기로 했어요. 그리구 제 자리에 후임자를 아직 구하지 못했어요.

상3: 후임자를 못 구해 가지고. 그럼 집은 아직 계약은 안 된 상태인가요?

일주일을 어떻게 보냈는지에 대한 상담자의 자기 개방(상2)은 상담시간을 낭비하는 불필요한 이야기에 지나지 않는다. 더구나 상담자는 내담자로 하여금 하고 싶은 이야기를 하도록 자극하기보다 아빠 집에 가 보았는지 질문함으로써 상담자 자신이 대화의 주제를 선택하였다. 상담자는 내담자가 무슨 이야기를 하고 싶어 하는지 마음의 귀를 귀울이지 않았다. 그보다 이 상담시간을 무슨 말로 때워야 할지의 짐을 스스로 짊어지면서 부담을 느끼고 불안해하는 심경이 느껴진다. 상담자가 상담의 구조에 대해서 분명하게 인식하고 초기 상담에서 적절한 구조화를 하였다면 이런 일은 미연에 방지될 수 있었을 것이다.

1. 구조화의 내용

구조화의 내용은 크게 네 가지로 구분할 수 있다. 첫째는 상담의 조건에 대한 설명이고, 둘째는 비밀보장에 대한 내용이다. 셋째는 상담에서 하는 일에 관한 설명이고, 넷째는 상담에서의 한계에 대한 설명이다.

1) 상담의 조건

상담이 시간, 공간, 비용이라는 세 가지 조건이 합의됨으로써 성립된다는 점은 앞에서 이미 설명하였다. 상담에서 공간은 일반적으로 상담자의 상담실이 될 것인데, 내담자는 상담자를 찾아옴으로써 상담자와 만나는 공간을 자연스럽게 받아들이게 된다. 이는 마치 환자가 의사가 있는 병원으로 찾아가는 것과 같은 이치다.

시간은 한 번 만나서 50분의 상담을 하되 문제가 극복될 때까지 여러 번 만난다는 것을 설명한다. 그리고 한 주에 한 번 만날 것인지 혹은 그 이상 만날 것인지는 내담자의 문제의 특성과 여건에 따라 상담자가 효과적이라고 판단되는 안을 제시하고 내담자와 협의하여 정한다. 만나는 구체적인 시각도 상담자와 내담자가 서로에게 가능하고 편리한 시간으로 상호 조정하고 협의하여 정한다. 비용은 일반적으로 정해진 금액이나 상담기관에서 정한 기준을 토대로 상담자와 내담자 상호 간에 논의과정을 거쳐 최종 합의한다.

2) 상담에서 하는 일과 상담 계약

앞으로 상담에서 어떤 작업을 하는지, 상담자가 하는 일은 무엇이고 어떤 식으로 도움을 주는지, 내담자는 무엇을 하며 어떤 자세와 태도로 상담에 임해야 하는지 등을 알려 준다. 상담은 구체적이고 분명한 것이 아니므로 상담에서 이루어지는 작업의 내용과 성격, 상담자와 내담자의 역할 등에 대해서는 비유를 들어 설명하는 것이 일반적이다. "저(상담자)는 답을 제공해 주기보다는 등산할 때 나침판과 같은 역할을 하거나 ○○씨(내담자)의 마음에 묻은 검정을 보게 해 주는 거울과 같은 역할을 합니다. 두 발로 직접 산을 오르고 마음에 묻은 검정을 지우는 것은 ○○씨(내담자) 자신의 몫입니다."

상담자는 그동안 파악한 내담자의 문제와 상담목표 그리고 앞으로의 치료 계획을 요약하여 내담자에게 간결하게 설명해 준다. 그리고 앞으로 그 문제를 해결하고 상담목표를 향해 나아가는 것이 내담자의 노력과 협조 없이는 불가능하다는 점, 앞으로 내담자가 상담에 성실하게 임하고 자신의 이야기를 솔직히 해 주어야 원하는 성과를 보다 빨리 얻을 수 있다는 점을 차근차근 설명해 준다. 이 두 번째의 구조화를 해 주게 되면 초기 상담이 끝나고 본격적인 치유 작업을 하는 본 상담인 중기 상담으로 넘어가게 된다. 따라서 '다음 시간부터는 지금까지 해 온 것처럼 상담자가 질문을 하지 않고 내담자가 원하는 이야기를 자유롭게 한다.'는 점을 반드시 알려 주어야 한다. 그리고 다음 시간이 되면 내담자가 어색해하거나 당황하지 않고 '하고 싶은 이야기를 할 수 있도록' 차분하고도 편안하게 안내를 해 준다.

상담에서 다룰 내담자의 문제에 대한 설명을 내담자에게 해 줄 수 있으려면 상담자는 초기 상담 동안 내담자의 문제와 개인 정보에 대한 탐색과정을 거치면서 사례에 대한 개념을 종합하여 어느 정도 머릿속에 윤곽을 잡고 있어야 한다. 그리고 그 토대 위에서 내담자가 인식하고 있는 수준만큼의 선에서 내담자의 문제와 목표에 대해 합의하고, 상담자가 수립한 치료 계획에 대해 내담자와 조율과정을 거친다.

구조화는 내담자로 하여금 상담을 치료적으로 잘 활용하여 자신의 문제를 잘 극복해 나가도록 자극하고 안내하는 효과가 있다. 구조화는 상담에 대해 내담자를 준비시킬 뿐 아니라 전문가인 상담자와 문제를 가진 내담자가 이제부터 협력을 하여 문제를 극복해 나가겠다는 작업 동맹적인 계약관계를 확실히 다지는 작업이기도 하다. 이 과정을 통해서 내담자는 전문가로서의 상담자에 대한 신뢰를 키워 갈 수 있다. 구조화를 하지 않으면 상담은 목적을 가진 치료 작업이 아닌 잡담이 되기 쉽다. 구조화를 안 하고 넘어가는 상담자는 전문가로서의 자격을 갖추었다고 말할 수 없으며, 스스로 전문가로서의 책임과 역할을 방기하였다고 할 것이다.

슈퍼비전을 하면서 필자는 내담자의 문제를 정리해서 돌려주면서 작업 동맹을 다지는 식으로 구조화를 해 주는 상담자가 뜻밖에도 드물다는 사실을 발견하였다. 내담자의 문제를 잘 정리하여 요약해 주고 도달할 목적을 구체적으로 명시하면서 상담자와 내담자의 역할을 설명해 주면, 내담자는 상담자의 손을 잡고 치료의 동반자이자 주체로서 상담자를 신뢰하는 마음을 갖게 되며 상담에 적극적으로 협력할 마음을 다지게 된다.

3) 비밀보장

비밀보장이란 내담자가 상담을 받는다는 사실을 포함하여 상담자에게 이야기한 내용을 제3자에게 공개하지 않는 것을 말한다. 여기서 말하는 제3자에 슈퍼바이저는 포함되지 않으며, 슈퍼바이저는 상담자와 동급으로 간주된다.

대부분의 내담자에게는 비밀보장에 대해 다음과 같이 이야기하는 것으로 충분하다.

> "○○씨가 상담을 받는다는 사실을 포함하여 여기서 ○○씨가 저에게 이야기하는 모든 내용에 대해 일체 비밀을 지킬 것입니다. 그리고 다른 사람에게 알려야 할 사항이 있을 때는 사전에 ○○씨의 허락을 받을 것입니다."

그러나 자해, 자살, 폭력성 및 범죄 등의 위험이 의심되는 내담자에게는 내담자의 문제에 따라 다음과 같은 말을 덧붙인다.

> "그러나 ○○씨가 행여 자해나 자살을 하게 되어 도움이 필요하게 되면 다른 사람에게 일부 내용을 이야기할 수도 있습니다." (자해나 자살이 의심될 때)

> "그러나 ○○씨가 다른 사람을 해치려 하거나 위험한 상황에 빠지게 되어 도움이 필요하게 되면 관련 내용을 다른 사람에게 이야기할 수도 있습니다." (폭력이나 범죄가 의심될 때)

상담자가 슈퍼비전을 받게 되면 상담자가 말하지 않아도 내담자는 자연스럽게 상담에 영향을 미치는 제3자의 영향력을 감지하게 된다. 초보상담자는 비밀보장의 약속을 지키지 못한 것이 드러날까 봐 자신이 내담자의 사례로 슈퍼비전을 받는다는 사실을 감추려고 하거나 내담자가 감지하고서 그것에 대해 말할 때 이를 부정하려 들 수 있다. 그러나

이는 상담자가 비밀보장의 원칙을 충분히 인지하지 못해서 벌어지는 일이다.

상담에서 상담자와 슈퍼바이저의 관계는 병원으로 치면 인턴이나 레지던트와 지도교수의 관계와 같은 것으로, 환자는 치료에 교수가 관여하는 것을 더 선호한다. 이는 상담에서도 마찬가지다. 대부분의 내담자들은 상담자가 슈퍼비전 받는 것을 싫어하지 않는다. 오히려 상담을 잘하려는 초보상담자의 노력을 긍정적으로 받아들이며 미숙한 상담에 대해서도 관용을 베풀고 인내하기도 한다.

매우 드문 일이기는 하나 슈퍼비전을 받는 것으로 인해 자신에 대한 사항이 다른 사람에게 공개되는 것을 내담자가 꺼리는 기미가 보이면, 상담자는 그에 대해 반드시 언급하고 비밀보장에 대한 재구조화를 하고 넘어가야 한다. 자신에 대한 정보가 누출되는 것에 대해 의심하는 마음을 조금이라도 갖게 되면 내담자는 이야기를 자유롭게 할 수가 없어 상담이 진행되기 어렵다. 이런 내담자에게는 비밀보장에 대해 보다 구체적이고 확실하게 설명해 줄 필요가 있다. 다음과 같은 내용을 전달하여 내담자를 안심시키도록 한다.

"○○씨에게 더 질 좋은 상담을 하기 위해서 상담을 지도받고 있기는 하지만, ○○씨의 인적 사항에 대해서는 철저하게 비밀을 지키고 있어 다른 사람은 ○○씨가 누구인지 알 수가 없습니다."

녹음을 할 때 비밀이 다른 사람에게 누설될 것에 대해 신경 쓰는 내담자도 있다. 이런 경우는 내담자가 녹음을 의식하여 자신의 속 이야기를 마음 편하게 할 수 없게 되므로 상담이 제대로 진행되기 어렵다. 이 경우 왜 녹음을 한다고 생각하는지에 대한 내담자의 생각을 물어보면 내담자도 녹음에 대해 스스로 깊이 생각해 보게 되는 계기가 되며, 녹음을 하는 것이 결국 자신에게 상담을 잘해 주기 위한 것임을 깨닫게 된다. 그럼에도 불구하고 녹음을 크게 의식하는 내담자의 경우에는 녹음을 하지 않도록 한다. 이런 내담자의 사례를 슈퍼비전을 받아야 하는 경우라면 상담 직후에 대화식으로 상세한 기록을 하는 것도 한 방법이다.

비밀보장은 어른에게만 하는 것이 아니다. 미성년자의 경우, 초보상담자들은 보호자에게 내담아의 이야기를 해도 되는 것으로 자칫 잘못 생각할 수 있다. 그러나 아이도 하나의 인격체이고 비밀보장의 보호를 받아야 하며, 특히 그들 부모로부터 비밀을 지켜주는 것이 중요하다. 자신에게는 고민이 없다며 심한 손장난을 하면서 딴청을 부리던 내담아도 '여기서 상담자에게 말한 내용을 부모님이나 선생님 등 다른 사람에게 이야기하지 않고 비밀을 지킬 것'이라고 알려 주면 진지하게 상담에 임하며 속마음을 열어 자신의 고민을 이야기하게 된다. 자신의 정체성을 형성하는 중요한 시기인 청소년기의 내담아들은 특히 자신의 사생활을 보호받고 싶어 한다. 그들에게는 다른 누구보다도 부모와 선생님에게 상담 내용이 전해지지 않도록 보장하고 배려해 주는 것이 특히 중요하다.

4) 상담의 한계

효율적인 상담이 되기 위해서는 내담자에게 부여하는 자유가 일정한 한계 내에서 주어져야 한다. 상담에서 제일 중요한 한계는 치료의 주체로서 내담자가 짊어질 책임의 한계다. 문제 극복에 대한 책임이 내담자 자신에게 있다는 것을 내담자가 분명하게 인식하고서 상담에 임하게 되면 상담이 성공할 가능성이 커진다. 상담자는 상담 초반에 내담자와 상담자의 역할을 설명해 줄 때 내담자에게 문제 극복에 대한 책임이 있다는 것을 명확하게 인식시켜 주어야 한다. '산을 오르는 사람은 ○○씨(내담자) 자신'이라든가 '거울을 보고 자신의 얼굴에 있는 검정을 닦는 사람은 본인'이라고 설명해 주면서, 상담자는 내담자로 하여금 자신의 심리적인 문제를 극복하는 주체로서 행동의 책임을 지니도록 분명히 알려 주어야 한다.

내담자가 상담의 진행이나 치료를 방해하는 행동을 하게 되면 상담자는 상담이 정상적인 궤도를 벗어나지 않도록 내담자의 행동을 제지하여야 한다. 금지시켜야 할 내담자의 대표적인 반치료적 행위로는 폭력과 기물 파손을 들 수 있다. 분노 감정이나 공격성을 말로 표현하는 것은 허용되지만 직접적인 신체적 공격이나 기물을 파손하는 행동은 금지되어야 한다. 상담자에게 폭력을 행사하는 내담자에게 변화를 기대하기란 어렵다. 개중에는 말로 화를 표현하는 것과 폭력적인 행동으로 화를 표출하는 것을 혼동하는 내담자도 있다. 이 공격성의 한계를 모든 내담자에게 일괄적으로 처음부터 구조화해 줄 필요는 없다. 그러나 공격성이 의심되는 경우에는 상담 초반에 비밀보장 등에 대해 구조화해 줄 때 함께 언급해 주는 것이 좋다. 공격성의 가능성이 희박한 내담자에게 처음부터 그에 대해 구조화를 해 주는 것은 그리 바람직하다고 볼 수 없다. 그보다 상담을 진행하는 도중에 내담자가 그 한계를 넘어서는 행동을 했을 때 말해 주는 것이 효과적이다. "나한테 화났다고 말로 하세요. 그러나 나를 때려서는 안 됩니다." "화났다고 말할 수는 있어도 물건을 던지거나 부셔서는 안 돼요."와 같이 설명해 주면 된다.

제2장 '상담의 조건'에서 시간, 비용, 공간에 대해 상세하게 설명한 바 있다. 내담자는 시간, 비용, 공간의 기본 조건에 대해 합의하고서 상담을 시작했으나 상담을 하다 보면 그에 대한 한계를 위반하게 되는 경우가 종종 발생하게 된다.

내담자는 지각을 할 수는 있지만 정해진 시간에 상담을 끝내야 한다. 상담을 펑크 낼 수는 있지만 그 시간에 대한 상담비는 지불해야 한다. 그리고 상담시간을 내담자 마음대로 바꾸는 경우나 상담시간에 임박해서 이야기하여 시간 조절이 어려워 상담을 못하게 되는 경우도 상담비의 50%를 지불하게 한다든지 하여 내담자가 한계를 어긴 자신의 행동에 대해 나름의 책임을 질 수 있도록 하는 것이 좋다. 이러저러한 변수가 많이 발생하는 현대사회에서 매번 고정된 상담시간을 철저하게 지키는 것이 가능하지는 않다. 그러나 내담자로 하여금 상담시간을 자신의 편리에 따라 마음대로 바꾸도록 하는 것은 상담자의 일정에 차질을 줄 뿐만 아니라 내담자로 하여금 자신의 행동에 대해 책임의식을 갖도록 하는 데도 방해가 된다. 사정이 생겨서 시간을 바꿔야 할 경우도 가급적 정해진 상담시간에 와서 다음 시간을 조정하도록 유도한다. 혹은, 적어도 3일 전에는 알린다든지, 3일 이내에 알리는 경우는 상담을 못하게 되어도 비용을 받는다든지 하는 나름의 한계를 사전에 분명히 정하고, 변수가 생길 때 그 기준을 적용하여 대처하는 것이 효과적이다. 상담자가 이런 한계를 소중히 다루면 그리고 그 규칙이 합리적이라면 내담자도 차츰 자연스럽게 그것을 따르게 된다.

상담을 진행해 나가다 보면 드물지만 내담자가 상담실 이외의 곳에서 상담자를 만나고 싶어 할 수도 있다. 바깥에서 식사를 대접하겠다든가 차를 한 잔 하자든가 하는 제의를 하는 내담자도 있다. 그러나 원칙적으로 상담자는 내담자를 상담실 밖에서 만나지 않는다. 상담실을 벗어난 만남은 사적인 만남이기 때문이다. 이런 경우에는 모종의 전이가 발생했을 가능성이 크다. 상담자는 식사를 하고 싶어 하거나, 차를 마시고 싶어 하는 내담자의 심경을 다루는 것이 중요하며, 상담자에 대한 내담자의 감정을 상담실 내에서 치료적으로 다루어야 한다.

상담에 익숙해지고 상담자에게 친밀감을 느끼게 되면 내담자는 상담실에 비치된 책이나 물건을 빌려 달라거나 돈을 빌려 달라는 등의 요구와 부탁을 할 수도 있다. 이런 요구를 들어주게 되면 내담자는 상담자가 자신을 특별하게 생각한다고 받아들일 수도 있고, 상담 관계가 사적인 관계로 흐르게 되거나 상담자가 불필요한 사적 관계에 휘말리게 되어 객관성을 유지하기 어려운 사태가 발생할 수도 있다. 내담자가 다음 시간에 돌려주겠다면서 상담실의 물건을 빌리려고 하면 "상담실 물건은 모두가 함께 사용하는 것이며 밖으로 유출하지 않도록 정해져 있습니다."라고 간단히 그리고 담담하게 알려 준다. '그렇게 하지 않도록 규칙으로 정해져 있다.'고 답하는 것이 편리하다.

어떤 보호자는 상담자가 집으로 방문하여 상담해 줄 것을 요청하기도 한다. 상담을 개인과외 정도로 생각하고서 높은 비용을 제의할 때 가난한 초보상담자들은 유혹을 받을 수도 있다. 그러나 내담자의 집에서는 아동의 몇몇 문제 행동을 수정하는 정도의 개입은 가능해도 언어를 매개로 하는 심리상담은 제대로 이루어질 수 없다. 내담자가 상담자가 일하는 상담실에 와서 상담을 받아야 상담자의 권위도 서고 상담자의 개입도 효력을 발휘할 수 있다. 내담자의 집에서 상담자의 치료적 개입이 효력을 발휘하기를 기대하기는 어렵다.

내담자가 비용을 연체하거나 내지 않을 때 상담자는 이를 방치해서는 안 된다. 대가를 지불하는 것에 대한 책임도 중요하므로 적절한 시점에 반드시 다루어야 한다. 이에 대해서는 제2장 '상담의 조건'에서 상세히 다룬 바 있다.

상담에서 담배를 피운다거나 상담실을 서성이며 돌아다니는 등의 행동 또한 반치료적일 수 있다. 우리나라는 동방예의지국이라서 그런지 내담자가 상담자 앞에서 담배를 피우는 경우는 거의 없다. 필자는 의향을 묻지 않고 상담자 앞에서 담배를 피우는 내담자를 본 적이 없다. 필자의 초심자 시절 담배를 피워도 되겠냐는 내담자의 부탁을 허용한 일이 있었는데, 그 내담자는 이후 이야기가 힘들어지면 당연한 듯 습관적으로 담배를 피워 물었다. 그래서 필자는 내담자가 처음에 허락을 구할 때 제재를 가하는 것이 중요하다는 사실을 깨닫게 되었다. 이야기를 하다가 고통스러울 경우 어떤 내담자는 나가서 담배 한 대 피우고 와도 되겠는지 요청하는 경우도 있다. 이런 경우 필자는 상담의 흐름이 끊기니까 상담을 끝내고 피우도록 자제를 당부한다.

외국의 소설이나 영화를 보면 상담 도중에 담배를 피우는 내용을 가끔 접하게 된다. 영화 속에서는 심지어 상담 도중에 내담자가 돌아다니면서 이야기하는 경우도 있다. 그러나 내담자가 담배를 피우거나 돌아다니는 것은 지금 현재의 주제나 상호작용을 벗어나 회피하는 측면이 있음을 부인할 수 없다. 필자는 어린아이를 제외하고는 이제껏 상담 중에 돌아다니는 내담자를 본 적이 없다. 그러나 담배를 피우겠다고 부탁하는 내담자는 간혹 있었다. 담배 피우는 것을 상담 처음부터 금지 행위로 구조화할 필요는 없지만, 내담자가 담배를 피우겠다고 처음으로 양해를 구할 때는 구조화를 통해 제지하는 것이 좋다. "상담 중에는 가급적 담배를 자제하시고 상담이 끝나면 피우도록 하세요."라며 부드럽게 제지하는 것도 한 방법이다. 요즘은 많은 건물이 금연 구역으로 지정되어 있으니 상담실이 금연 구역이라고 알려 주는 것도 좋다.

초보상담자는 여기서 제시한 한계를 지키는 것에 대해 회의를 가질 수도 있고, 자신에게 익숙하지 않아서 또는 불필요하다고 생각되어 지키지 않을 수도 있다. 그러나 한계를 벗어나는 일을 겪다 보면 한계를 지키지 않아 상담이 난국에 빠질 수 있다는 것과 한계를 지키는 것이 상담의 성패에 얼마나 중요한지를 차츰 깨닫게 된다. 상담자는 교과서에 나와 있는 한계 기준의 범위에서 자신에게 맞는 구체적인 한계를 미리 정해 두면 그런 일이 발생했을 때 내담자에게 말하기도 좋고, 내담자에게도 그 기준에 따라 자신의 행동을 조절하도록 책임의식을 고취시킬 수 있다. 또 상담자의 입장에서도 불필요한 고민 없이 마음 편하게 사전에 정한 기준을 따를 수 있어 여유를 갖고 상담에 임할 수 있다.

상담 초기에 이상의 모든 내용을 다 구조화해 줄 필요는 없다. 모든 내용을 다 구조화해 주려면 내용이 너무나 많고 복잡하다. 초기 상담에서 모든 내담자에게 기본적으로 설명해야 하는 구조화의 내용은 우선 시간과 비용을 정하는 것과, 비밀보장, 상담에서 하는 일, 상담자와 내담자의 역할과 책임, 내담자의 문제와 목표, 상담 계획, 상담 계약, 대화 주제 선택의 책임 등이다.

시간과 비용의 한계, 공간의 한계, 폭력의 한계, 금연 등에 대한 내용은 내담자마다 다를 수 있다. 그런 한계를 벗어날 가능성이 없는 내담자에게 그 내용을 일일이 설명하는 것은 효율적이지 않다. 해당되지 않는 내담자에게 자해나 폭력에 대해 언급을 하는 것도 불필요하며 바람직하지 않다. 그에 대해서는 내담자가 한계를 처음 벗어났을 때 구조화해 주는 것이 좋다.

2. 효과적인 구조화

구조화는 이론적 입장에 따라 차이가 있다. 그러나 이 책에서는 이론적 입장에 따른 구조화는 다루지 않으며 일반적인 형태의 심리상담에서의 구조화를 중심으로 설명할 것이다.

대기실에서 또는 사전에 영상물이나 안내문을 통하여 상담에 대한 안내를 해 준다면 내담자에게 상담을 미리 준비시킬 수 있으며, 상담에 대한 구조화의 시간을 절약할 수도 있다.

1) 구조화의 시기와 절차

첫 만남을 포함하여 초기 상담과 중기 상담 및 종결에 이르는 상담의 각 단계에는 그 단계 나름의 과업과 특성에 따라 필요한 구조화의 내용들이 있다.

내담자를 처음 만나면 상담자는 우선 내담자가 자발적으로 이야기하는 내담자의 문제와 고민 내용을 경청한다. 그리고 1회 상담의 끝부분에 비밀보장에 대한 내용과 함께 시간과 비용을 합의한다. 내담자가 조심스러워하고 경계하면서 자신의 이야기를 하기 힘들어하는 모습을 보이면 첫 만남의 초반에 비밀보장에 대한 내용부터 우선적으로 설명해 주는 것이 좋다.

첫 시간에는 내담자에 대해 알아야 할 내용이 많기 때문에 한 시간 반 정도의 긴 시간을 할애하여 내담자의 문제 및 관련 정보를 듣는 것이 좋다. 내담자의 문제와 관련 정보를 탐색하는 것은 첫 만남의 시간을 길게 하여 1회로 끝내기도 하지만 2~3회기가 걸리는 경우도 많다.

내담자의 이야기를 들으면서 상담자는 앞으로 내담자와 함께 다루어 나갈 문제의 윤곽과 범위와 특성을 파악해 나가면서 상담에서 다룰 문제와 목표를 내담자와 합의한다. 그리고 상담자는 그 문제와 목표를 내담자에게 정리해 주면서 상담에서 하는 일에 대한 보다 구체화된 구조화를 해 준다. "이러이러한 문제를 앞으로 대화를 통해 다루어 나가도록 하지요. 그리고 이러이러한 목표를 이루기 위해서 함께 협력해 나갑시다."라며 내담자의 문제와 목표를 다시 한번 정리하여 설명해 주어, 내담자의 마음의 손을 잡고 구두 계약을 하고 내담자와의 작업동맹을 다져 나간다. 이것은 전문상담자의 역량과 포용력이 내담자에게 전달되는 매우 중요한 절차다.

이에 덧붙여 상담자와 내담자의 역할에 대해서 비유를 들어 설명한다. "이제 필요한 정보를 어느 정도 얻었으니 앞으로는 (내가 질문을 하기보다는) ○○씨가 자발적으로 자신이 하고 싶은 이야기나 상담시간에 떠오르는 이야기를 하도록 하세요."라고 말하여 발언의 주도권 또는 대화 주제의 선택권이 내담자에게 있음을 알려 준다. 그리고 내담자에게 궁금한 것이 있는지를 묻고 답한다.

중기에 상담목표가 어느 정도 이루어지면 종결 작업의 일환으로 회기 간격을 재조정하고, 앞으로 상담을 몇 시간 더 할 것인지, 종결 후의 접촉과 추수상담은 어떻게 할 것인지 등에 대해 설명을 한다.

상담 단계별로 필요한 최소한의 핵심적인 구조화 내용들이 〈표 7-1〉에 제시되어 있다. 이 표에서와 같은 순서로 구조화를 진행해 나가는 것이 적당하지만 반드시 이 순서를 지켜야 하는 것은 아니다. 기본 원칙을 벗어나지 않는다면 상황에 따라 그리고 상담자와 내담자의 특성에 따라 설명하는 방식을 달리하는 것도 무방하다. 상담 경험이 있는 내담자의 경우에는 내담자의 경험을 존중해 주는 것이 좋다. 상담자가 일방적으로 설명해 주는 것보다 내담자가 상담에 대해 이미 알고 있는 바를 먼저 묻고 그것을 약간 수정하거나 보완해 주는 방식을 취하면 편리하다. 그러나 상담에 대해서 잘 모르는 내담자에게 상담에 대해서 어떻게 생각하는지를 묻고 잘못된 것을 고쳐 주는 방식을 취하는 것은 내담자에게 부담을 주고 자칫 자존심을 손상시킬 수도 있으므로 그리 권장할 만하지 않다.

〈표 7-1〉 각 상담 단계에서 제시하는 구조화

초기 상담
첫 만남(1회)
- 초반: 비밀보장과 솔직하게 임할 것에 대한 당부
- 끝부분: 시간과 비용에 대한 합의

초기 상담의 끝부분(대략 2, 3회)
- 상담자의 역할과 내담자의 역할에 대한 비유적 설명
- 그간 내담자와 함께 이야기한 문제들과 상담목표를 요약·정리하여 주고 상담의 계획에 대해서 안내하면서 상담이 목적을 향해 가는 협력적 관계라는 것과 앞으로의 대화 주제 선택권은 내담자에게 있음을 주지시킨다.

  (합의한 내담자의 문제를 요약해 주면서) "앞으로 이들 문제를 대화로 다루어 나가면서 목표를 향해 나가도록 함께 노력해 나갑시다. 그러기 위해서는 ○○씨가 솔직하게 성심껏 이야기를 해 주셔야 합니다. 이제까지는 ○○씨를 이해하기 위해서 제가 질문을 하였지만 다음 시간부터는 ○○씨가 하고 싶은 이야기를 하도록 하세요."

- 내담자의 문제 및 관련 정보의 파악은 1회로 끝날 수도 있지만 3회를 넘기기도 한다. 정보 파악이 1회로 끝났으면 이 이야기를 1회 말미에 하며, 2회부터 중기 상담이라 할 수 있다.

중기 상담
중기 상담 첫 시간
- 지난 회기에서 내담자에게 주제 선택을 하도록 하였음에도 한 주가 지난 다음이라 내담자는 무슨 이야기를 할지 어리둥절할 수 있다. 이때 지난 시간 끝부분에 한 이야기를 상기시켜 줄 수 있다.

  "지난 시간에 말씀드렸듯이 이제부터는 ○○씨가 하고 싶은 이야기를 하도록 하지요."

  그런 다음 상담자는 내담자가 자신의 주제를 선택할 시간을 충분히 갖도록 내담자에게 관심을 가지면서도 편안한 마음으로 기다린다.

상담의 종결
상담의 목표가 거의 달성되어 종결을 준비할 시점이 되면 상담자는 내담자와 종결에 대해 논의하고 구조화를 한다.
- 시간 간격의 조정: 주 1회에서 주 2회 그리고 월 1회로
- 보충시간에 대한 언급: 앞으로 몇 시간(회기) 더 하고 상담을 끝내는 것이 좋겠는지, 종결 작업에 필요한 회기 수에 대한 합의와 조정
- 추수상담과 필요시 상담을 재개할 수 있다는 것에 대한 언급

2) 필요한 내용만 간단하게 한다

초기 상담에서 가장 중요한 것은 내담자의 고충을 파악하고 이해하는 것인 만큼, 구조화는 핵심적인 내용만 간략하게 하는 것이 좋다. 그런데 상담을 하다 보면 내담자가 지각이나 결석을 하는 경우도 있고 말없이 펑크를 내기도 하며 자주 시간을 바꾸는 등 구조화가 필요한 예상치 못했던 행동들을 하는 경우가 생긴다. 이런 구체적인 행동 이외에도 내담자들 중에는 집요하게 해결책을 요구하거나 지나치게 의존적으로 임하는 등 바람직하지 못한 상담 태도를 보이기도 한다. 상담의 구조와 틀을 깨는 내담자의 행동과 태도가 반복해서 발생하면, 상담자는 그에 대해 부담이 생기고 자신도 모르게 역정을 내거나 목소리가 곱지 않게 나가게 될 수도 있고 내담자를 야단치는 입장을 취하게 될 수도 있다. 그렇게 되면 내담자와의 협력적 관계가 손상될 수 있다. 초보상담자는 내담자의 불쾌한 행동에 휘말리지 말고 거리를 두고 바라볼 수 있는 역량을 키워 나가도록 노력해야 한다. 틀을 깨는 내담자의 행위들은 내담자의 문제와도 관련이 되며, 지금 여기 현장에서 드러난 내담자의 문제 행동이라고 볼 수 있다. 따라서 상담자는 그것을 다루는 과정이 내담자의 문제를 현장에서 치료할 수 있는 좋은 기회임을 인식하고 이를 치료적으로 활용하려는 자세가 필요하다.

상담의 기본 틀을 깨는 내담자들을 상담하면서 심적 고초를 겪은 경험이 있는 초보상담자들은 그런 일을 미연에 방지하기 위해서 과도한 구조화를 하고 싶은 욕구를 느낄 수 있다. 예컨대, 상담에 늦게 오는 경우에도 정시에 끝난다거나, 못 올 때도 상담비를 받는다거나, 녹음을 할지도 모른다거나, 공격 행동은 삼가 달라거나, 상담비를 매일 내는 게 불편하면 한꺼번에 계좌로 입금하라는 등의 내용을 사전에 길게 이야기할 수 있다. 그 내담자에게는 일어나지도 않을 일을 미리 이야기하여 사전에 준비시키는 것은 내담자에게 불필요한 부담을 주는 일이다. 게다가 상담자가 내담자를 따뜻하게 환대한다는 느낌보다는 불신하는 듯한 뉘앙스를 풍기고 권위적이고 사무적이라는 느낌을 주어 신뢰감이나 라포 형성을 방해하는 쪽으로 작용할 수 있다.

다음은 과도하게 논리적이고 불필요한 구조화를 길게 해 준 사례의 예다. 이 사례의 상담자는 학구적인 어려운 단어를 사용하여 상담에 대해 내담자가 지니고 있는 잘못된 생각들을 끌어내어 고쳐 주고 있다. 그런데 그 내용을 살펴보면 행여 상담자가 내담자를 대신해서 문제 해결의 키를 잡게 될까 봐 부담스러워하며 지나치게 내담자의 독립성을 강조하면서 내담자를 수용하기보다 심리적으로 밀어내는 것 같은 느낌을 강하게 풍긴다.

 사 례 〈7-2〉 지나친 구조화

〈앞부분에서 상담자는 내담자에게 검사 결과를 설명해 주었다.〉

상1: 제가 검사를 시작했을 때도 말했던 것처럼 이 검사가 모든 것을 말해 주는 것은 아니에요. 또한 검사가 답을 제시해 주는 것도 아닙니다. ○○씨에 대한 올바른 방향의 풍부한 가설, '왜 여기까지 왔는가?'에 대한 가설들을 얻기 위해서 종합적인 검사와 철저한 면담과 관찰을 한 겁니다. 상담이 어떤 것이라고 생각하세요?

내1: 음, 내가 모르는 것에 대한 해답?

상2: ○○씨의 고민거리를 해결해 주기 위한 방법에 대한 답을 말해 주는 것을 말하는 건가요?

내2: 그렇게 보면 될 것 같은데요.

상3: 만약 내가 ○○씨의 고민거리에 대해 답을 제시해 주고 그 답으로 인해 ○○씨의 생활이 편해졌다면 그것이 과연 좋은 것일까요?

내3: 그럴 것 같은데요.

상4: 그래요? 그럼 ○○씨는 나를 평생 동안 봐야 할 겁니다. 당뇨병 환자나 혈압 환자처럼. 저는 정신과 의사나 다른 외과의사들처럼 약을 처방해 줄 수 없어요. 왜냐면 저는 의사가 아니고 또 면허도 없으니까요. 다만 나의 상담자 역할은 ○○씨를 지지하고 도전하고 치료 기간 동안 ○○씨의 이야기를 듣고 어떤 것인지를 알려 주는 것이지 ○○씨에게 해답을 제공해 주고 결정을 내려주는 것이 아니거든요. 수학의 예를 들어볼까요? 방정식 좋아하세요? 방정식을 푸는 방법은 여러 가지가 있을 수 있지요. 상담도 마찬가지입니다. 무슨 말인지 아시겠어요? 문제를 통해 자신을 되돌아보고 문제를 파악하고 하나하나 풀어 나갈 수 있는 변화가 나타난다면 ○○씨는 한층 더 성숙하고 어떤 문제를 직면하게 되더라도 시간은 걸리더라도 현명하게 대처해 나갈 수 있을 겁니다.

내4: 답을 찾을 수만 있다면.

상5: 상담과 치료는 무척 두렵고 지루한 과정이라고 말씀드리고 싶네요.

〈이후 상담자는 지루한 설명을 또다시 계속하였다.〉

처음에는 딱딱하고 길게 구조화를 하는 것보다 가급적 간결하고 쉽게, 구어적으로 최소한의 핵심 내용만을 설명하는 것이 좋다. 기타 부수적인 내용의 구조화는 상담의 관계나 기본 원칙을 깨는 일이 적어도 한 번 일어난 다음에, 그래서 내담자의 경험 속에 불이 켜졌을 때 다루어야 생생하게 다룰 수 있고 내담자의 경험 속에 잘 통합되어 들어갈 수 있다.

3) 필요할 때마다 한다

초기 상담에서 아무리 구조화를 잘해 주고 합의를 거쳤어도 상담을 하다 보면 내담자가 그 조건들을 어기는 경우가 발생한다. 내담자는 시간을 바꾸거나 지각하거나 상담에 빠지는 경우도 있고, 비용을 깎거나 미루거나 안 주거나 상담비 이외에 선물 공세를 하기도 하며, 식사 대접을 핑계로 상담실 이외의 장소에서 만날 것을 제안하기도 한다. 그 밖에도 다양한 방식으로 내담자는 기본에서 벗어나는 또는 상담에서 자신의 문제를 외면하려는 여러 가지 방법들을 사용한다.

내담자가 치료의 기본 틀과 조건에 저촉되는 행동을 하는 경우, 상담자는 그 이유를 묻고 그때그때 사안별로 상담의 기본 틀을 깨지 않는 범위 내에서 필요한 구조화를 함으로써 내담자가 효율적인 치료 작업을 해 나갈 수 있도록 안내하고 가르쳐야 한다. 물론 가르침의 방향은 내담자가 자신의 문제를 보다 효율적으로 극복하고 치료자와의 작업 동맹을 강화하는 방식이며, 치료를 저해하는 여타의 행동에 대한 제재와 금지도 포함된다. 일반적으로 한계와 제재 및 금지를 부과하는 식의 구조화는 초기 상담에서 하지 않는 것이 좋으며, 내담자가 관련 행동을 저지른 시점에 그때그때 하는 것이 효과적이다. 예컨대, 20분 지각을 한 내담자에게는 "지금이 3시 20분이니 오늘은 30분밖에 상담을 하지 못하겠군요."라고 이야기하여, 내담자가 지각을 하여 상담을 늦게 시작해도 정시에 끝난다는 것을 알려 주는 동시에 그날 할 이야기의 내용을 30분 이내로 조절하여 이야기할 수 있도록 사전에 준비시킬 수 있다. 또는 상담을 끝내기 직전에 "시작시간은 못 지켰지만 끝내는 시간이라도 지키도록 하지요."라며 늦게 시작해도 정시에 끝나는 것임을 알려 줄 수도 있다. 이런 일을 한 번 겪고 나면 내담자는 늦은 것에 대한 책임을 스스로 져야 한다는 것을 깨닫게 된다. 그리고 다음에 또다시 늦는 경우에는 설명하지 않아도 당연히 정시에 끝나는 것으로 인식하게 되며, 향후 늦지 않도록 사전에 시간을 조절하는 지혜를 터득해 나가게 된다. 그리고 이런 조절 방식은 내담자의 다른 생활 장면에도 영향을 미쳐 내담자는 보다 효율적으로 자신의 생활을 관리해 나갈 수 있게 된다. 그러나 늦은 것에 대한 내담자의 설명이 타당하다고 하여 이에 대해 구조화를 하지 않고 그냥 넘어가거나 50분 상담을 해 줌으로써 내담자의 잘못에 대해 상담자가 대신 책임을 짊어지면, 내담자는 자신의 잘못을 인식하지 못할 뿐 아니라 스스로 시간을 조절하려는 노력도 게을리하게 된다. 더구나 내담자가 반복해서 시간을 지키지 않으면 그로 인한 불편을 계속 상담자가 고스란히 넘겨받게 되고, 결과적으로 상담자에게 심적 불편이 누적되게 된다. 상담자는 뒤늦게 이를 바로잡으려고 상담을 정시에 끝내려 하지만 내담자는 '전에는 더 해 줘 놓고 왜 그러냐, 그거 조금 더 해 주는 게 뭐 어떻다고 그러냐?'는 식으로 불만을 품으면서 일관적이지 못한 상담자에게 처음보다 더 큰 실망을 하게 될 수 있다. 이런 경험을 통해 상담자는 자신도 모르게 내담자를 무책임한 떼쟁이로 만들고 있었다는 사실을 뒤늦게 깨닫게 되기도 한다. 초보상담자는 이런 식으로 겉보기에는 사소한 것같이 보이지만 사실은 의미 있고 중요한 실수들을 범하면서 점진적으로 지혜를 터득해 나가게 된다.

4) 민주적인 계약관계

상담관계는 시대와 이론의 변천에 따라 질적인 변화를 겪어 왔다. 상담의 원형이라 할 수 있는 정신분석에서는 치료자(분석가)와 환자의 관계였던 것이 로저스의 인간중심 상담이론이 확산됨에 따라 상담관계는 대등한 인격적인 만남을 강조하는 쪽으로 변화하게 되었다. 그에 따라 개입 당사자의 호칭도 치료자나 분석가에서 상담자로, 환자에서 내담자client로 바뀌었다. 이제 상담 장면에서 환자라는 호칭은 더 이상 사용되지 않는다. 내담자란 비용을 지불하고 물건을 사는 소비자로서의 고객을 의미한다. 이제 내담자는 상담자의 전문적 서비스를 받는 대가로 상담비를 지불하는 소비자의 지위로 격상되었다. 그리고 그에 상응하여 상담관계의 양상에도 변화가 일어나게 되었다.

상담관계는 하나의 계약관계이며, 구조화를 하는 일련의 과정은 상담적(또는 치료적) 계약관계의 속성을 내담자에게 분명히 알려 주는 과정이기도 하다. 그리고 그 계약관계의 속성은 최적의 치료를 가능하게 하는 것으로 연구된 기본 틀에 근거를 둔다. 상담의 계약관계는 민주적이고 인격적이며 대등해야 한다. 상담 비용, 시간, 상담에서 다루는 내담자의 문제와 도달할 목표, 녹음에의 동의 등 전문가의 식견이 필요한 경우를 제외한 제반 사항에 대해 내담자의 의견이 수렴되고 존중되는 가운데 동의와 합의 절차가 이루어진다. 이런 일련의 과정을 통해서 내담자는 하나의 인격체로 존중받는 경험을 하게 되고, 이러한 대우 자체가 내담자를 자율적이고 독립된 인격체로 성장하도록 자극하는 구조의 토대를 형성한다. 아마도 내담자는 평생 이러한 대우를 받아 보지 못했을지도 모른다. 자신의 의견과 욕구가 묵살되는 인적 환경 속에서 자존심이 여지없이 구겨졌을지도 모른다. 대등하고 인격적이고 민주적인 상담관계는 내담자의 자존심과 인간으로서의 존재 가치가 회복될 수 있는 기본 구조이기도 하다. 이러한 관계는 내담자의 자존심과 자율성과 독립성을 보장하고 자극한다.

전문가라고 하여 상담자가 내담자의 의견을 존중하지 않고 자신의 가치관에 따라 내담자를 바꾸려는 태도를 취하면 그것이 아무리 옳은 것이라 할지라도 내담자는 변화하려는 노력을 하지 않게 된다. 그리고 수동적으로 마지못해 상담에 임하게 되거나 반감을 갖게 되어, 종국에는 속으로 억눌린 감정이 곪아 터지거나 상담이 때 이르게 종결될 수 있다. 내담자가 내어놓는 불평불만들을 해결 가능한 문제로 재규명하는 과정에 반드시 내담자가 참여하여 협의하고 합의하는 과정을 거쳐 내담자가 원하는 문제에서부터 출발하는 것이 상담의 기본 원칙이다. 상담에서 다룰 문제와 상담목표에서 자신의 의견이 존중된 내담자는 상담에 동기를 갖고 적극적으로 참여할 뿐 아니라 자신의 행동에 대해 스스로 책임을 지는 독립적인 존재로 상담에 임하게 될 것이다. 이런 계약관계는 내담자가 성인인 경우뿐 아니라 미성년자인 중·고등학생인 경우, 심지어 아동인 경우에도 마찬가지로 중요하다.

상담자는 내담자를 민주적이고 인격적으로 대하는 것에서 더 나아가 '상담자는 등산에서 나침반 역할을 할 뿐이며 실제의 문제 해결과 극복은 내담자 자신의 노력으로 이루어진다.'는 기본 입장을 치료 초반부터 분명히 하고 상담을 시작하여야 한다. 그리고 이를 행동으로도 일관되게 실천하여야 한다. 그래야 내담자 자신의 자발적 의지가 키워지고 그 과정에서 독립심이 길러지며 내담자의 내면에 잠재해 있던 자연 치유력이 활성화되어 상담 성과도 좋아지게 된다. 이런 방식으로 상담을 진행하면 내담자는 상담을 종결한 이후에 생활 속에서 또 다른 어려운 일에 부딪혀도 상담에서 배운 지혜들을 활용하여 스스로 극복해 낼 수 있는 힘을 축적하게 된다.

5) 질문에 대한 답변

어떤 내담자들은 상담 초반에 "상담은 어떻게 하나요?" "한 번만 하면 되나요?" 등 구조화와 관련된 질문을 하기도 한다. 미처 구조화를 해 주지 않은 상황에서 내담자가 구조화에 관한 질문을 한다면 이를 구조화해 주는 기회로 활용하여 상담의 기본 틀을 벗어나지 않는 범위에서 성실하게 답해 준다. 이런 경우에는 앞의 〈표 7-1〉에 제시된 순서에 따라 구조화를 할 필요 없이 내담자의 질문에 답하는 형식으로 융통성 있게 구조화를 해 주면 된다.

내담자가 하는 가장 흔한 질문으로 "얼마나 해야 하나요?" "상담을 몇 회나 해야 하나요?" "상담을 하면 좋아지나요?" "완치가 되나요?" 등이 있다. 사실 이런 질문에 대해 정확한 답을 하는 것은 불가능하다. 내담자의 문제와 특성을 잘 파악하였다고 해도 치료 개입에 대한 내담자의 반응이 어떻게 전개될지, 또 상담을 하면서 내담자에게 어떤 일이 벌어질지는 아무도 모르기 때문이다. 게다가 상담은 한두 시간에 효과를 볼 수 있는 것도 아니며, 사람이 마술처럼 쉽사리 바뀌는 것도 아니다. 상담의 목표를 무엇으로 잡느냐에 따라, 내담자가 원하는 변화의 수준에 따라 상담의 길이는 다양하다. 따라서 질문에 대해 "일단 세 달 정도 해 보고 그때 가서 경과를 봐 가며 더 이야기해 보자." 또는 "한 10회 정도 해 보고 나서 다시 의논하자."라고 말해 주는 것이 적당하다. 그럼에도 불구하고 세 달 또는 10회 후에 "선생님이 10시간(세 달)이면 된다고 했잖아요?"라거나 "이제 10회 됐는데 더 해야 되나요?"라며 회기 수나 기간을 단정적으로 받아들이는 경우도 있으므로 잘 설명해야 한다. 상담자는 "10회를 해 보니 어떤가요? 그만해도 될 만한가요, 아니면 더 해야 할 것 같은가요?"라고 질문하여 내담자의 입장에서 상담을 평가해 보도록 하고, 내담자가 지각하는 상담의 효과와 불만 내용을 토대로 상담 기간을 재조정한다.

6) 구조화와 이론적 입장

구조화는 상담의 이론적 입장에 따라 차이가 나지만, 초보상담자는 아직 자신의 이론적 입장을 가질 단계가 아니므로 가장 기본적인 형태의 상담을 충분히 실습하여 몸에 배도록 하는 것이 좋다. 그런 다음 상담 이론과 자신의 특성 등을 고려하여 자신의 이론적 성향을 발전시켜 나가는 것이 바람직하다.

이론에 따라 상담의 구조가 좀 더 엄격한 이론이 있다. 가령 행동치료나 인지치료 같은 경우는 매 회기의 상담시간에 해야 할 일들과 과제가 보다 분명하게 정해져 있으므로 상담자가 길을 잃을 염려가 비교적 적다. 그러나 정신역동적 입장이나 인간중심치료에서는 초기 상담 이후에 상담시간에 해야 할 일이나 주제와 같은 주어진 틀이나 구조가 없는 만큼 상담 초반에 주어지는 구조화의 역할이 더욱 중요하다. 문제를 파악하고 상담 목표를 정하는 초기 상담 중에 상담의 구조에 대해 내담자에게 알려 주지 않게 되면 상담이 나아갈 길을 잃고 헤매기 쉽다. 더 나아가 이런 구조화를 시의적절하게 해 주지 않는 상담자는 자신이 상담의 구조에 대해 개념을 잘 형성하고 있는지 자문하고, 자신이 터득하고 있는 상담의 구조에 대한 개념들을 철저히 점검하고 숙지하여야 할 것이다.

제8장
상담의 동기와 협조적 상담관계

　　초보상담자들에게 초기 상담에서 가장 중요한 것이 무엇인지 질문하면 라포 형성이라고 대답하는 경우가 많다. 그러나 관계의 형성은 진공 속에서 이루어지는 것이 아니다. 상담자가 자신의 전문적인 작업을 잘 진행해 나가면 내담자는 상담자에 대한 믿음이 생기고 그 과정에서 자연스럽게 라포가 형성될 것이다. 내담자를 만나서 내담자가 어떻게 고통 받고 있는지에 관심을 갖고 잘 이해하는 것, 즉 내담자가 상담에 가져온 문제를 잘 파악하고 그에 적절한 도움을 주면 라포는 저절로 형성되어 갈 것이다.

　　초기 상담에서 이루어지는 모든 작업들, 즉 문제 파악, 목표 수립, 구조화, 라포 형성 중 어느 하나 중요치 않은 것이 없으며 이 모두가 종합적이고 통합적으로 작용을 하여 원하는 성과를 가져올 것이다. 특히 라포는 그 성질상 단독으로 형성될 수 있는 것이 아니다. 상담자가 내담자의 문제를 파악하고 목표를 수립하며 상담에 대한 구조화를 해 가는 과정에서 상담자가 보여 주는 태도와 전문성의 바탕 위에서 점진적으로 형성되어 가는 것이다.

1. 협조적 상담관계: 라포, 촉진적 관계, 작업 동맹

　치료관계를 지칭하는 용어에는 라포rapport, 촉진적 상담관계, 작업 동맹(치료 동맹) 등이 있다. 라포는 비교적 과거에 많이 사용되어 왔으며 최근에는 시대정신을 반영하여 촉진적 관계와 치료 동맹 또는 작업 동맹이라는 용어가 많이 사용되는 것 같다.

　이 세 가지 용어는 강조하는 측면에 조금씩 차이가 있다. 라포란 친밀감 또는 조화롭고 신뢰성 있는 긍정적인 관계를 의미한다. 상담은 마음의 문제를 다루는 작업인 만큼 라포의 형성이 중요하다. 내담자가 상담자에게 자신의 속마음을 털어놓을 수 있을 정도의 정서적 친밀감과 신뢰감이 형성되어 있다면 상담은 보다 순조롭게 진행될 수 있을 것이다. 그리고 라포가 형성되어 있으면 상담의 성공이 촉진될 것이다.

　촉진적 관계란, 상담이 목표를 지향하는 작업인 만큼 라포라는 정서적으로 연결된 긍정적인 관계에서 더 나아가 치료적 성과를 가져오는 데 적절한 관계의 측면을 강조하는 상담관계를 통칭하는 용어라고 볼 수 있다.

　프로이트(Freud, 1912)가 처음 사용한 치료 동맹(또는 작업 동맹)이란 용어는 최근 들어 치료 성과를 매개하는 매우 중요한 변인으로서 그 중요성이 점점 더 부각되고 있다. 치료 동맹이란 라포 이상의 의미로 내담자의 건강한 자아의 부분과 전문가의 전문 역량이 공유된 목표를 향해 함께 협력하는 것을 의미한다. 상담이란 내담자의 의식적이고 합리적인 자아의 건강한 부분이 전문가가 지닌 전문적 역량과 협력을 하여 내담자의 불건강한 측면 또는 문제 영역을 줄여 나가는 동시에 건강한 부분을 키워 나가는 작업이다.

　작업 동맹이 가능하려면 라포가 형성되어 있어야 한다. 라포가 전제되지 않고서는 작업 동맹이 불가능할 것이다. 친절하고 온정적인 자세로 내담자의 의견을 존중하고 인격적으로 대하며, 평가하거나 판단하지 않고 수용하며, 허용적이고 개방적인 마음을 지니며, 꾸밈 없는 진솔한 태도로 내담자를 도와주려 하면서 내담자에게 집중하고 경청한다면 라포 형성이 촉진될 것이며 내담자를 상담에 개입시키고 상담목표를 향해 협조하도록 자극할 수 있을 것이다. 그러나 상담관계는 이것만으로는 부족하다. 상담은 전문적 관계이기 때문이다. 라포만으로 상담이 가능하다면 상담자로서의 전문적 훈련이 없는 일반인들도 상담이 가능하다는 것을 의미한다.

상담자의 입장에서 라포가 내담자를 존중하고 이해하는 상담자의 태도와 보다 관련된 다고 본다면, 작업 동맹은 라포에서 한 발 더 나아가 상담자의 전문적 역량 및 내담자의 문제와 상담의 목표에 대한 합의 그리고 상담에 대한 구조화와 보다 관련이 깊다고 하겠다. 라포와 작업 동맹은 역점을 두는 측면에서 차이가 나지만 라포 형성이 이루어지지 않고서는 작업 동맹이 효과적으로 이루어지리라고 기대할 수 없다. 상담자와 라포가 형성되지 않으면, 즉 상담관계에서 상담자에 대한 친밀감과 신뢰가 바탕에 깔려 있지 않으면, 내담자는 상담자의 전문 역량이 아무리 뛰어나다고 하여도 상담에 대한 동기가 줄어들고 상담에 적극적으로 임하게 되지 않을 것이며 그런 만큼 상담이 효율적으로 진행되기 어려울 것이다. 그러나 상담자의 태도나 자세에 기인하여 아무리 좋은 긍정적인 인간관계를 쌓았다고 하여도 상담자에게 전문가적 역량이 없다면 내담자는 상담에 온 목적을 달성할 수 없기 때문에 종국에는 상담자에 대한 신뢰를 잃고 말 것이다.

초보상담자들은 흔히 내담자의 건강한 모습보다는 병적이고 부정적인 모습에 더 관심을 갖고서 그것을 고쳐 주려고 할 수 있다. 그 결과 건강한 모습이 키워지기보다는 병적인 면이 더 강조되어 내담자의 고통을 더 크게 만드는 결과가 초래되기도 한다. 상담은 내담자의 증상과 문제에서 시작하지만, 변화를 위한 상담자의 개입은 내담자의 건강한 자아의 부분에 닻을 내림으로써 본격적으로 시작된다. 그러나 상담자가 내담자의 건강한 부분을 외면하게 되면 변화로 나아가는 것은 불가능하다.

제10장에 제시된 〈사례 10-4〉 '삶의 설계도 완성하기'를 살펴보면, 상담자는 내담자의 건강한 부분을 외면한다. 이 사례의 내담자는 주변 어른들의 모습에 크게 실망하며 살아왔고 자신은 그런 어른이 되고 싶지 않다. 그러면서 내담자는 자신이 되고 싶은 어른의 모습을 조금씩 드러내고 있지만 그 모습은 아직 단편적이고 모호하다. 실망을 준 어른의 모습을 극복하고 자신이 원하는 모습이 되고자 하는 내담자의 욕구는 자아의 건강한 성장 욕구다. 상담자는 자신의 전문 역량을 발휘하여 내담자로 하여금 그 욕구를 완성하도록 도움으로써 내담자의 건강한 부분을 키워 가야 할 것이다. 즉, 상담자는 내담자가 되고 싶은 어른의 모습을 내담자 속에서 잘 끌어내어 명확하게 규명하고 정리하여 충분히 영글도록 그리고 더 나아가 실천하도록 도움으로써 내담자가 진정 자신이 되고 싶은 어

른으로 인생을 살아 나갈 수 있도록 도와야 할 것이다. 그러나 이 사례에서 상담자는 내담자가 지닌 희망과 비전을 강화하도록 돕기보다는 내담자의 생각이 잘못되었음을 일깨워 주려 하면서 멋진 어른에 대한 내담자의 희망을 위축시키는 방향으로 이끌어 갔다. 상담자는, 주변의 형편없는 어른의 모습에 실망하는 내담자의 마음속에 깔려 있는 멋지고 진실한 어른으로 살고 싶고 인생을 올곧고 바르게 살고 싶어 하는 내담자의 열망들을 받아들이지 못하고 외면하였다. 내담자가 원하는 건강한 어른들의 모습에 대한 생각들을 이끌어 내고 잘 정리해서 통합하도록 돕지 못한다면 상담의 성공은 기대하기 어렵다.

2. 상담에 대한 동기 유발하기

내담자의 상담에 대한 동기 역시도 상담을 성공적으로 이끄는 데 중요하다. 말을 물가로 끌고 갈 수는 있어도 강제로 물을 먹일 수 없다는 속담이 있다. 이 속담은 상담에도 똑같이 적용될 만하다. 내담자를 상담에 오게 할 수는 있어도 그럴 뜻이 없는 내담자로 하여금 상담에 협조하게 할 수는 없다. 더 나아가 내담자로 하여금 상담에 오게 하는 것도 때로는 그리 만만한 일이 아니다. 모든 내담자가 상담에 동기를 갖고 자발적으로 오는 것이 아니다. 자발적으로 상담에 온 동기가 높은 내담자의 경우도 상담에 보다 적극적으로 개입하고 참여하도록 자극하는 것 역시 중요하다.

내담자 측의 긍정적인 믿음도 중요하지만 믿음을 심어 주는 상담자 측의 요소 또한 중요하다. 좋은 애착관계를 형성했던 내담자는 상담자에 대해서도 기본적으로 긍정적인 태도를 갖고 상담에 임하는 측면이 있다. 그러나 생의 초기에 애착관계를 형성하는 데 어려움이 있었던 내담자들은 상담자를 포함하여 인간에 대한 긍정적인 감정을 갖기가 쉽지 않다. 물론 내담자가 갖는 인간에 대한 불신 자체는 내담자가 지닌 문제의 일부일 수 있다. 작업 동맹을 형성하는 데 상담자의 전문 역량이 더욱 중요해지는 것은 바로 이런 내담자를 상담할 때다. 어떤 내담자는 상담자와의 긍정적인 인간관계를 형성하는 것 자체만으로도 상당한 치료적 진전이라고 할 만하다.

내담자의 동기를 키우고 상담에 개입시키기 위해서는 우선 내담자의 문제를 정확히 파악해야 한다. 내담자가 평소 막연하고 모호하게 인지하고 있으며 정리되지 않은 채 산만하게 갖고 있는 문제와 생각들을 상담자가 일목요연하게 잘 정리하고 통합하도록 도와주면 내담자는 상담에 보다 깊이 개입하게 된다.

둘째, 내담자가 원하는 문제를 다루어야 한다. 내담자가 현재 가장 중요시하면서 내담자의 내면에 활성화되어 있는 생생한 문제를 다루어야 한다. 내담자의 이야기를 듣고 있다 보면 초보상담자는 내담자의 병리적인 사고나 생각이 잘못되었다는 것을 발견하고서 원하지 않는 내담자에게 그것을 인식시키고 바꿔 주고 싶은 마음이 일 수 있다. 그러나 그것은 내담자의 문제이기보다는 오히려 상담자의 문제라 할 수 있다.

마찬가지로 자녀의 문제로 내담한 보호자는 자신이 원하는 방향으로 자녀가 변하기를 바란다. 그러나 내담자는 자녀이며 자녀가 다루기를 원하는 문제는 부모가 생각하는 것과 다를 수 있다. 상담을 통해 내담자인 자녀를 도우려면 자녀의 문제를 다루어야 한다.

이 책의 제4장에 인용된 〈사례 4-1〉을 다시 살펴보자. 엄마는 아들의 자신감 없고 주의집중이 안 되는 문제로 아들과 함께 상담에 왔다. 아들은 자신이 왜 상담에 왔는지 이유도 몰랐으며, 엄마와 함께 상담을 하는 중에 시종 손장난을 하면서 딴청을 부렸다. 내담아와 단독으로 면접을 한 결과, 내담아의 욕구는 원하는 옷을 사는 것, 독립하는 것, 공부를 잘하는 것의 세 가지로 드러났다. 상담자는 내담아에게 이 세 가지 욕구를 충족하도록 도와주겠다고 하였다. 상담자가 대신 옷을 사주거나 독립을 시키거나 공부를 해 줄 수는 없지만 내담아가 그 욕구를 잘 충족할 수 있도록 도와주겠다고 했다. 내담아는 상담에서 엄마가 원하는 문제가 아닌 자신이 원하는 문제를 다루게 되자 상담에 관심을 갖고 집중하기 시작하더니 차츰 상담에 보다 적극적으로 협조해 나갔다.

셋째, 원하는 목표를 세우고 목표 달성에 대한 희망을 키워 준다. 내담자가 지금까지 극복을 위해 어떤 노력을 얼마나 했는가는 내담자의 변화에 대한 동기의 수준을 알 수 있는 중요한 지표다. 상담자는 내담자와 함께 그간 내담자가 시도해 온 노력들을 점검하고 그 성과를 평가해 본다. 그리고 성과가 없었다면 그 원인은 무엇인지 함께 점검해 본다. 어떤 내담자는 자발적으로 상담을 신청했음에도 불구하고 그동안의 자신의 노력이 성과가 없었으므로 상담도 별 성과가 없을 것이라고 지레 자포자기하는 심정으로 임하기도 한다. 위의 내담아는 공부를 잘하고 싶은데 그럴 수가 없다고 하였다. 사정을 알아

보니 공부를 열심히 하였는데 성적이 안 올라 자신은 머리가 나빠서 해도 안 된다는 깊은 절망감에서 자포자기하며 살아왔던 것으로 드러났다. 상담자와 함께 그가 취한 공부방법을 알아보니 비효율적인 방법으로 공부를 하고 있었다는 것이 드러났다. 상담자의 도움으로 보다 효과적인 방법이 있다는 것을 알게 되자, 내담아는 태도가 차분하고 진지해지면서 상담에 더욱 적극적으로 임하였다. 몇 주 후 이 내담아의 수업 태도가 진지해지고 집중력도 높아졌다는 교사의 관찰을 보호자가 알려 왔다.

넷째, 내담자를 인격적으로 대하며 내담자의 의견과 자율성을 존중한다. 내담자로 하여금 대화를 이끌어 가도록 유도한다. 내담자와의 긍정적인 인간관계를 갖는 것에서 더 나아가 작업 동맹의 계약관계를 구두로나마 구조화하여 줌으로써 내담자로 하여금 치료의 중요한 동반자이며 변화에의 책임이 있음을 인식하도록 돕고 적극적인 협조를 끌어내도록 한다. 아무리 좋은 약을 처방해 주어도 내담자가 먹지 않으면 아무 소용이 없다.

다섯째, 문제나 증상의 결과로 겪게 될 미래의 부정적 영향이나 효과를 인식시키고 직면시킨다. 예컨대, "지금 이 상태로 50세가 된다면 어떻게 될까요?"라거나 "결혼을 해서 아내와 자녀들과의 관계에서도 그런 문제가 발생한다면 어떨 것 같아요?"라고 질문함으로써 그 상태를 상세히 떠올려 그런 삶을 살아 보고 점검해 보도록 하며 그 고통과 불편을 상상적으로 체험해 보도록 한다.

여섯째, 내담자가 상담에 대해 잘못된 인식과 태도를 지니고 있으면 자신의 문제를 극복하고 싶은 욕구가 아무리 강렬할지라도 좋은 치료 성과를 가져오기 어려울 수 있다. 예컨대, '좋은 말씀 한마디'와 같이 충고나 조언에 의지하며 효과적인 방법을 가르쳐 달라는 내담자는 '마법의 약'을 구하는 것과 마찬가지다. 개중에는 상담자를 전지전능한 존재로 생각하고 모든 것을 다 상담자에게 맡기고 의존하며 상담에 오기만 하면 상담자가 알아서 다 치료해 줄 것이라고 생각하는 내담자도 있다. 어떤 내담자는 자신이 말하지 않아도 상담자가 다 알고 이해할 것이라고 생각하기도 한다. 이런 태도로 임하는 내담자에게 초보상담자는 자신의 이해능력이 부족한 것이 발각될까 염려되어 질문을 하거나 설명해 달라고 요구하지 못할 수도 있다.

상담자가 내담자의 말을 잘 알아듣는 것은 대단히 중요하지만, 내담자가 하지도 않은 말을 어림잡아 추측하고 넘어가는 것은 돌이키기 힘든 오해를 불러일으킬 수 있어 위험하다. 상담자는 '말하지 않으면 이해하지 못한다.'는 태도를 상담 첫 시간부터 고수하여 내담자로 하여금 상세하게 이야기를 해서 상담자를 이해시키는 태도를 키워 나가도록 하는 것이 중요하다. 이것은 내담자로 하여금 자신을 표현하고 주장하는 훈련을 집중적으로 연습시키는 효과를 지니며, 대화하고 소통하는 훈련을 자연스럽게 해 나가면서 의사소통하는 역량을 터득해 나가도록 하는 매우 중요한 치료적 작업이기도 하다. 내담자는 자신을 표현함으로써 심적으로 정화될 뿐 아니라 상담자를 통해 자신이 더욱 깊이 이해되며 상담자와 정서적으로 만나는 경험을 하게 된다.

3. 초기의 저항 다루기

내담자는 낯선 상담자 앞에서 자신의 나약한 부분을 드러내게 되면 불편한 심정이 되면서 방어적인 입장을 취하게 될 수 있다. 자발적으로 상담에 온 내담자의 경우도 막상 낯선 상담자를 마주 대하게 되면 저항을 보이거나 방어적이 될 수 있다. 내담자에 따라서는 어떤 사건을 드러내는 데 그와 관련된 고통으로 인해 회피적이 되거나 억압적이 될 수도 있다. 이러한 초기의 저항들을 줄이려면 상담자는 공감적인 분위기에서 내담자의 정보를 얻는 것이 중요하다.

초기 저항의 또 다른 원천은 상담자에 대한 실망감에서 비롯될 수 있다. 내담자는 저마다 마음속에 자신이 원하는 상담자에 대한 고정관념이 있으며 그 모습을 기대하며 상담에 올 수 있다. 그런데 상담자의 모습이 자신이 상상하던 모습과 일치하지 않을 때 거부감과 실망감을 느끼고 상담자를 존중하지 않거나 신뢰하지 않거나 두려워할 수 있다(Wolberg, 1994). 그리고 그 심정을 상담자의 나이, 성별, 연륜이나 훈련 경험, 종교 등에 대한 언급이나 질문으로 돌려서 표현할 수 있다. 예컨대, "좀 더 나이 드신 분을 기대했는데요."라며 실망감을 드러낼 수도 있고, "여자 상담자는 없나요?"라며 원하는 상담자의 성별을 구체적으로 언급할 수도 있다. 때로는 "선생님은 어떤 훈련을 받으셨나요?"라며 전문성에 대한 궁금증을 드러낼 수도 있다. 이런 언급과 질문을 다루는 가장 좋은 방법은 내담자의 질문이 상담자의 사생활을 침해하는 것이 아닌 한 존중해 주고 내담자의 권리로 인정해 주면서 그 질문 이면에 있는 내담자의 의도와 감정을 언어화하여 표현하도록 돕는 것이다. 이런 유형의 내담자의 질문을 자연스러운 것으로 받아들이면서 진솔하게 대답해 주면 내담자는 상담자에 대한 자신의 의혹과 실망감 및 선입견에 대해 비교적 편안하게 이야기할 수 있게 된다. 그러는 과정에서 상담자는 상담과 상담자에 대한 내담자의 잘못된 생각이나 기대와 환상을 다루어 줄 수 있는 기회를 얻을 수 있다. 그리고 내담자가 원하는 구체적인 상담자의 특성(예: 나이 많은 상담자, 여성 상담자)이 있으면 그 의견을 존중해서 여건이 허락하는 범위 내에서 들어주는 것도 한 방법이다. 여건이 허락지 않을 때는 그 이유에 대해서 함께 의논하여 내담자로 하여금 그래도 상담을 계속할 것인지를 결정하게 한다. 만일 상담자가 내담자의 생각과 염려를 충분히 배려하면서 공감적으로 대한다면 내담자는 상담자를 바꾸기보다는 그와 함께 상담을 계속하려 할 것이다.

4. 초기 상담에서 상담자가 하지 말아야 할 것

다음 내용은 울버그(Wolberg, 1994)가 초기 상담에서 상담자에게 하지 말도록 주의한 내용에 필자의 경험을 첨가하여 우리나라의 상황에 맞게 정리한 것이다.

첫째, 내담자와 논쟁하거나 내담자에게 도전하지 않는다. 상담자는 내담자의 시각이 왜곡되어 있는 것을 발견하게 되면 내담자의 병리적인 부분이나 잘못된 생각들을 빨리 고쳐 주고 싶은 유혹을 받기 쉽다. 그래서 상담자는 성급하게 그것에 도전하여 토론하고 논쟁을 벌일 수 있다. 그러나 아직은 라포와 신뢰가 충분히 형성되기 이전이므로 상담자가 논쟁하게 되면 내담자는 견디기 힘들어하며 자신의 관점을 방어하게 된다. 상담자는 "당신이 이렇게 느끼는 것은 이해합니다만 이 상황에 대해 다른 시각도 있을 수 있는지 차츰 검토해 보도록 합시다." 와 같은 정도의 온건한 태도로 임하는 것이 좋다.

둘째, 내담자에게 칭찬을 하거나 거짓 위안을 주지 않는다. 어떤 내담자는 자존감의 손상을 너무 심하게 입었기 때문에 진지하게 칭찬을 해 주어도 받아들이기 힘들다. 위로와 위안 역시 무익하다. 로저스(Rogers, 1942)는 위안이 내담자로 하여금 자신의 감정을 진실되게 느끼기보다는 무마시키도록 하는 효과가 있어 바람직하지 않다고 하였다.

셋째, 거짓 약속이나 기대를 심어 주지 않는다. 그것은 부메랑이 되어 돌아오며, 내담자는 저항으로 교묘하게 되받아친다. 치료의 경과가 어떻게 될지는 알 도리가 없으며, 내담자를 관찰하기도 전에 상담의 결과에 대한 언질을 주는 것은 좋지 않다. 내담자를 상담으로 이끌기 위해 성급히 언질을 준 다음 나중에 그것을 철회하게 되면 상담자에 대한 내담자의 신뢰감에 큰 손상을 입히게 된다.

넷째, 내담자의 문제에 대해 역동을 해석하거나 추정하지 않는다. 내담자는 상담자와의 공고한 작업 동맹적 관계가 형성되기 전까지는 해석을 들을 준비가 되어 있지 않다. 준비 안 된 내담자에게 처음부터 역동적인 설명을 해 주는 것은 갈지 않은 땅에 씨를 뿌리는 것과 같다. 비록 내담자가 해석을 요구한다 할지라도 "그에 대한 타당한 견해를 제공하려면 당신의 문제에 대해 좀 더 알아야 합니다."라고 이야기해 준다.

다섯째, 내담자에게 진단을 제공하지 않는다. 진단은 치료에 도움이 되지도 않을뿐더러 낙인을 찍는 효과가 있다. 그러므로 내담자가 집요하게 알려 달라고 할지라도 진단을 내리지 않도록 주의한다.

여섯째, 내담자에게 생활의 예민한 부분에 대해 질문하지 않는다. 예컨대, 외모나 지위, 성적인 어려움, 삶에서의 실패 등 내담자가 그에 대한 이야기로 말문을 열었을지라도 내담자가 심하게 불편해하거나 생각이 막힌다면 내담자가 보다 큰 긴장이나 불안을 감당할 수 있을 만큼 회복되거나 상담관계가 충분히 발전한 나중으로 미루도록 한다. 상담의 초기 단계에서는 관계 형성이 우선이며 공격적이거나 내담자를 위축시키는 언급은 자제한다.

필자가 대학원 시절 접수면접을 하는 중에 만난 한 내담자의 이야기가 떠오른다. 그는 아버지의 심한 알코올중독 증상과 그로 인한 고통을 이야기하였다. 당시 필자는 열의에 찬 초보상담자로서 내담자가 아버지로 인해 얼마나 심한 고통을 겪었는지에 대해 보호하고 배려하기보다 내담자의 문제를 탐색하는 데 열중하였다. 접수면접 후에 이 내담자를 의뢰받은 상담자는 내담자가 이후 5회기에 이르도록 자신의 이야기를 할 수 없을 정도로 말을 더듬었고 사고가 정지blocking되어 있었다고 하였다. 그런 내담자가 어떻게 접수면접지에 기록된 그런 깊은 내용들을 처음에 이야기할 수 있었는지 이해가 되지 않는다고 하였다. 그 이야기를 듣고 필자의 가슴이 아려 왔다. 그 내담자는 아버지와의 고통스러운 일들을 필자에게 이야기하고서는 그 고통을 감당하지 못하고서 사고가 정지되었음이 분명했다. 그 일 이후로 필자는 접수면접에서 내담자의 예민하고 고통스러운 부분을 깊게 탐색하지 않고 내담자를 보호하였다. 접수면접이나 초기 상담에서는 내담자가 견딜 수 있는 정도 수준에서 탐색을 하는 것이 바람직하다.

일곱째, 내담자에게 상담을 하도록 설득하지 않는다. 초기 상담은 아직 내담자가 상담을 받을 것인지를 결정하기 전이다. 아직 상담 계약을 합의하지 않은 상태인 것이다. 다시 말하면, 초기 상담은 앞으로 상담을 할 것인지 말 것인지를 결정하기 위한 상담이라고 하는 것이 옳을 것이다. 초기 상담을 하고 나서 상담을 할 것인지의 여부는 내담자의 결정에 달려 있다. 상담을 받도록 내담자를 강요하는 것은 내담자와 상담자 모두에게 극복하기 어려운 문제를 야기할 수 있다. 내담자는 상담에 수동적으로 임하며 변화의 책임을 맡으려 하지 않을 수 있으며, 원하는 성과가 나오지 않았을 때 그 책임을 상담자의 탓으로 돌릴 수도 있다.

여덟째, 내담자의 편을 들어 부모, 배우자, 친구, 친척 등을 향한 내담자의 공격에 합세하지 않는다. 내담자는 자신이 공격하는 대상에 대해 양가적으로 느끼기 때문에 상담자가 그들을 공격하면 분개할 수 있다. 상담자의 최선의 반응은 온정적인 경청이지 방어나 용서나 비난이 아니다. "그런 말을 들으면 화가 나겠군요." "그런 일을 겪으면 혼란스럽지요."와 같이 중립적인 입장에서 내담자의 고통을 이해하고 수용하도록 한다.

아홉째, 다른 상담자에 대한 비판에 참여하지 않는다. 비록 내담자가 다른 상담자의 전문가답지 못한 행동을 언급할지라도 다른 상담자를 비판하는 것은 옳지 못하다. 증거가 아무리 분명해 보여도 그 내용이 내담자의 오해와 전이에 의해 얼마나 채색되었는지 알 도리가 없다. 이전 상담에서 아무런 진전이 없었다는 내담자의 이야기에도 동의하지 않아야 한다. 이 역시 내담자의 전이에 의한 반응일 수 있기 때문이다.

5. 상담에 대한 부정적인 동기 다루기

상담이나 상담자에 대한 오해, 잘못된 인식, 편견, 선입견들은 건전한 작업 동맹의 형성을 막아 상담의 진척을 어렵게 할 수 있다. 내담자가 상담에 대해 오해하고 있다면 상담자는 이를 바로잡아 주어야 한다.

내담자가 문제보다는 치료와 상담자에 대해서 이야기하거나, 아예 이야기를 시작하지 않거나, 무슨 이야기를 해야 할지 모르거나, 오랫동안 침묵하거나, 관련된 이야기를 하다가 엉뚱한 이야기로 끌고 갈 때, 상담자는 상담 면접을 진행하기에 앞서 상담에 대한 내담자의 감정들을 가능한 한 철저하게 탐색하는 것이 중요하다.

자신의 뜻에 반하여 상담에 의뢰된 내담자들은 상담에 대해 부정적이거나 상담에 대한 동기가 낮을 수 있다. 부모나 배우자에 의해 어쩔 수 없이 상담에 오거나 병원에서 권유를 받았거나 학교, 경찰서, 군대 등에서 의뢰된 내담자는 상담에 거부적이거나 적대적이고 자신을 의뢰한 사람에게 분노를 느낄 수 있으며, 심지어는 상담자에게 반항적으로 대하면서 상담의 효과를 의심하기도 한다.

어떤 내담자는 이전 상담에서 성과가 없었거나 이전 상담자와의 좋지 않은 경험으로 인해 상담이나 상담자를 신뢰하지 못할 수도 있다. 치료의 진척이 없고 상담이 난국에 봉착하여 다른 상담자에게 의뢰된 경우도 있다. 이런 내담자들은 상담자에 대한 배신감과 거부된 느낌을 깊이 간직하고 있을 수 있다.

그러나 상담자에 대한 지나친 의존성을 보이면서 과도하게 구원과 지지를 호소하는 내담자의 경우는 상담에 대한 태도를 바로잡아 주려고 무리하게 시도하기보다 아주 조심스럽게 접근해야 한다. 그런 내담자에게는 보다 침착하고 온정적으로 대하며 언어적 · 비언어적 단서에서 얻은 징후를 통해 내담자가 어떻게 느낄지를 반영해 주되, 내담자가 그것을 거부하면 이를 언제든지 기꺼이 수용하면서 점진적으로 접근해야 한다.

울버그(Wolberg, 1994)는 동기가 빈약한 내담자를 다루는 일반적인 지침을 다음과 같이 제시한다. 우선 상담자는 상담과 상담자에 대한 내담자의 부정적인 감정을 인식하고 반영하며, 상담자가 그런 감정을 이해하고 수용한다는 것을 내담자에게 전달해 준다. 예컨대, "상담에 온 게 내키지 않는가 보군요." "상담을 받을 필요가 없다고 느끼시는 것 같아요."와 같이 감정을 반영해 준다. 그런 다음 "어떻게 오시게 되었습니까?"와 같이 질문하여 내담자가 의뢰된 경위를 확인하는 것이 중요하다. 내담자는 실질적인 또는 암묵적인 위협에 의해 치료에 강제적으로 왔을 수도 있고, 내과 · 치과 · 성형외과 등을 전전하다가 종국에 상담을 받도록 권유받았을 수도 있으며, 진척이 없고 난국에 봉착하여 다른 상담자에게 의뢰된 것일 수도 있다. 각 경우마다 내담자의 심정은 다를 수 있으므로 정확한 의뢰 경위를 확인해야 한다. 그러면 그에 따른 내담자의 심정을 더 잘 수용하고 이해할 수 있으며 내담자의 문제에 대한 실마리를 풀어 가기도 수월해진다.

내담자가 이야기하기를 꺼리는 경우에는 그 심정을 수용하면서도 그 이면의 감정을 다루려고 노력한다. 상담이나 상담자의 훈련에 대해 내담자가 질문을 할 경우에는 상담자가 진솔하게 답변해 줌으로써 상담에 대한 오해와 선입견을 바로잡도록 한다.

자신의 의사에 반하여 의뢰된 경우, 내담자의 문제에 대한 이야기를 듣지 않은 상태에서 상담을 권유하는 것은 좋지 않다. 상담자는 내담자로부터 충분한 정보를 얻은 다음에 비로소 상담이 필요하다거나 상담을 하면 어떤 점이 좋은지에 대한 전문가로서의 소견을 내담자에게 이야기해 준다. 그러나 내담자로 하여금 상담을 받게 하려고 지나치게 설득하지 않도록 자제하며, 상담을 받을 것인지에 대한 내담자의 결정을 존중해 준다. 때로는 내담자가 내리는 결정들이 상담자의 입장에서 내키지 않는다 할지라도 한 개인으로서의 내담자를 수용하고 그의 의견을 존중해 주도록 한다.

6. 내담자의 질문

어떤 내담자들은 자신의 이야기를 하기보다는 상담자에게 질문을 하기도 한다. 내담자는 자신의 상태에 대한 전문가의 의견을 듣고 싶어 하며, 자신을 상담할 상담자의 자격 요건과 경험에 대해 알고 싶어 한다. 어떤 내담자는 조언이나 문제에 대한 해결책을 직접 묻고 알려 달라고 하기도 한다. 또 어떤 내담자들은 자신의 문제를 자신이 잘 모르는 낯선 사람에게 이야기하기에 차마 입이 떨어지지 않아서 문턱을 낮추고 말문을 열기 위해서 자신의 문제 영역과 관련된 상담자의 사생활은 어떤지 알고 싶어 하기도 한다.

필자의 경험에 의하면, 내담자가 질문을 던질 때 내담자가 진정으로 원하는 것은 자신이 던진 질문에 대한 구체적인 해답을 얻는 것이 아닌 경우가 대부분이었다. 즉, 내담자는 정보를 얻기 위해서 질문을 한 것은 아니다. 그런 질문을 던지게 된 배경이 되는 내담자의 심정이 있고, 감정이나 자신의 진심을 표현하는 데 미숙한 내담자가 자신의 심정을 질문의 형식을 빌려 표현하는 경우가 많다. 따라서 상담자는 질문을 통해서 드러난 내담자의 심정을 표현을 달리하여 반영해 주고 그 저변에 흐르는 내담자의 밑마음을 이해해 주는 것이 적절하다. 그리고 이를 계기로 내담자의 고민에 대한 이야기로 자연스럽게 넘어가는 것이 좋다.

1) 해결책에 대한 질문

어떤 경우 내담자는 상담자에게 해답이나 해결책을 요구하기도 한다. "이러이러한 경우 어떻게 해야 하나요?" 겉으로 해결책을 요구하는 것처럼 보이는 이러한 질문은 내담자의 습관적인 대화 방식일 뿐 내면 깊은 곳에서는 굳이 해답을 원하는 것이 아닌 경우가 많다. 상담자가 해답을 준다면 그것은 그러한 경우에 상담자라면 그렇게 할 것이라는 것이므로 결국은 상담자의 삶의 방식이지 내담자의 것은 아니기 때문에 별 의미가 없다. 더 나아가 내담자가 상담자의 해답을 실천한 결과 그것이 마음에 안 들게 되면 내담자는 그에 대해 자신이 책임을 지기보다 상담자를 원망하게 된다. 따라서 이런 경우 질문을 하는 내담자의 심정을 반영해 주거나 그 질문을 내담자에게 다시 돌려주어 내담자가 자신 속에서 자신의 해결책을 이끌어 내도록 안내하는 것이 좋다.

> 내: 효성이는 시험 때만 되면 제 노트를 빌려 달래요. 속으로는 싫은데도 그동안은 할 수 없이 빌려 줬어요. 어떻게 해야 하나요?
> 상: 글쎄요, 어떻게 하는 게 좋을까요?(○○씨는 어떻게 하고 싶어요?)

내담자가 조언이나 해결책을 구하는 질문을 할 때, 상담자는 '상담은 스스로 답을 찾는 과정'이라고 상담에 대한 구조화를 해 줄 수도 있다. 그러나 상담자의 이러한 반응은 내담자의 그와 같은 질문을 원천적으로 차단하게 할 수 있다. 그렇게 되면 내담자의 의존성이나 자신감 없는 심정을 드러내어 다루기 어렵다. 그러니까 내담자의 문제의 한 부분을 이루고 있는 내담자의 모습이 드러나는 것을 막게 되므로 치료적이라 하기 어렵다.

따라서 내담자의 질문을 내담자에게 되돌려 주는 방법이 더 효과적이다. 상담자가 내담자의 질문을 내담자에게 다시 돌려주면 내담자는 제재를 받는 느낌을 갖지 않으면서도 행동으로 구조화를 전달받은 효과를 갖게 된다. 그래서 향후 해결책을 요구하는 질문이 줄어들게 된다. 더 나아가 이런 방법은 내담자가 해결책을 찾는 과정에 상담자가 동반해 줌으로써 내담자에게 지원군이 있다는 든든한 느낌을 줄 수 있을 뿐 아니라 내담자가 스스로 내면을 들여다보면서 자기 속에서 해결책을 찾도록 자극을 주게 되어 더 치료적이다.

질문을 내담자에게 되돌려주었을 때, 내담자는 자신이 생각하는 대처 방식을 이미 갖고 있을 수도 있다. 다만 자신의 해결책에 자신이 없어 상담자의 동의를 구하기 위해서 질문을 한 것일 수도 있다. 이런 경우 상담자는 내담자의 그 심정을 반영해 주는 한편, 내담자의 해결책이 어떤 점에서 자신이 없는지, 그 해결책의 장단점은 무엇인지 등을 함께 점검해 볼 수 있다.

2) 상담자의 자격 요건과 사생활

어떤 내담자는 상담자의 자격 요건에 대해서 알고 싶어 한다. "선생님은 어디서 공부하셨어요?" "박사학위는 갖고 계세요?" "어떤 훈련을 받으셨나요?" "심리학을 공부하신 건가요?" 등과 같은 질문을 하기도 한다. 자신의 문제를 해결하기 위해 도움을 청하고 새로운 관계를 맺는 데 내담자가 상담자의 자격 요건을 알고 싶어 하는 것은 내담자의 자연스러운 욕구이자 권리라고 보아야 할 것이다. 상담을 한다는 것은 내담자에게 비용과 시간을 지불할 뿐 아니라 마음의 빗장을 열어서 낯선 사람에게 자신의 치부를 드러내는 것이므로 많은 에너지가 드는 일이다. 그런 만큼 상담자를 고를 때도 여러 경로를 통해서 상담자에 대한 정보를 얻으려 할 뿐 아니라 상담자를 만나서도 미진한 정보들을 더 확보하여 신뢰할 만한 상담자인지의 확신을 갖고 싶을 것이다. 상담자는 내담자의 이런 심정을 충분히 이해하고 수용해 주어야 한다. 상담자의 자격 요건에 관한 정보를 얻으려는 질문에 대해서 진솔한 설명을 해 주는 것이 좋으며, 내담자의 투자와 노력이 헛되지 않도록 최선을 다해 임하는 자세를 보여 주어야 할 것이다.

　내담자는 상담자의 자격 요건뿐 아니라 종교, 결혼 여부 등 자신을 잘 이해하기 위한 인간적인 경험을 갖추고 있는지에 대해서도 알고 싶어 할 수 있다. 상담자는 그런 정보를 내담자에게 군이 알려 줄 필요는 없다. 그러나 같은 종교이거나 결혼한 사람이거나 이혼 경험이 있어야 자신의 문제를 잘 이해할 수 있을 것 같은 느낌이 드는 내담자의 심정에 대해서는 이해하고 수용해야 한다. 그리고 내담자를 이해하기 위해서 최선을 다할 것이며 잘 이해되기를 바라는 내용이 어떤 것인지 함께 의논해 보자고 제의한다.

　어떤 내담자는 상담자의 나이, 자녀 및 부부 관계와 같은 사생활에 대해 궁금해할 수도 있다. 그러나 이런 사적인 사항들은 상담과는 별 관련이 없는 내용이므로 내담자가 궁금해하는 이유를 잘 탐색하고 그에 따라 설명을 해 주되, 불필요하게 상담자의 사생활을 노출하는 일은 자제한다. 내담자가 다음과 같은 질문을 했다고 가정해 보자.

> 내1: 선생님은 자녀가 몇이나 되세요?
> 내2: 선생님은 아내를 사랑하시나요?
> 내3: 선생님은 부부싸움 같은 건 하지 않겠지요?

　사실 이런 질문은 상담자의 사생활에 대해 알고 싶어서 했다기보다 내담자가 자신의 문제를 이야기하는 데 운을 떼기가 힘겨워 문턱을 넘기 위한 하나의 방편으로 한 것일 가능성이 높다. 내1의 질문은 자녀와의 문제를, 내2의 질문은 애정 없는 결혼생활을, 내3의 질문은 부부간의 갈등을 암시하는 질문이며, 자신의 마음의 문을 열자니 낯선 상담자가 자신을 어떻게 받아들일지 염려되는 마음이 밑에 깔려 있다고 보는 것이 옳다. 내1의 질문에 대해서는 "혹시 자녀 문제로 힘드신가요?", 내2와 내3의 질문에 대해서는 "부부관계에 대한 이야기를 하시고 싶으신가요?"와 같은 반응을 하면 내담자의 문제로 자연스럽게 넘어갈 수 있다.

내담자가 사적 질문을 해 올 때, 상담자는 우선 심적 여유를 유지하는 것이 중요하다. 그리고 스스로 시간적인 여유를 확보하여 내담자의 질문이 내담자의 입장에서 어떤 의미가 있을지 충분히 숙고해 보도록 한다. 그리고 내담자의 밑마음을 반영하여 질문 속에 들어 있는 내담자의 감정과 의도가 드러나도록 하며, 질문에 담겨 있는 내담자의 고민 내용을 풀어 나가도록 이끄는 것이 좋다.

내담자는 또한 상담이 효과가 있는지, 상담을 얼마나 해야 하는지 등 상담 자체에 관한 질문을 하기도 한다.

내: 상담이 효과가 있나요?
상: 그 점에 대해서 ○○씨는 어떻게 생각하세요?

이런 경우는 내담자에게 질문을 되돌려 주어 내담자의 생각을 충분히 끌어내도록 한다. 그러는 과정에서 내담자의 삶에 대한 회의, 인간에 대한 불신감 등 내담자의 왜곡된 사고가 드러나게 되어 다룰 수 있는 기회가 되기도 한다.

대학생이나 대학원생들을 상담하다 보면 심리학을 전공하는 것이나 상담자가 되는 것에 대한 질문을 심심찮게 받게 된다. 이들은 흔히 어느 학교가 좋은지, 상담자가 되려면 어떤 과정을 밟아야 하는지, 전망은 어떤지 등에 대해 질문을 한다.

내1: 상담자가 되려면 어떻게 해야 하나요?
내2: 어느 학교가 좋은가요?

많은 경우 내담자들은 일시적인 관심에 그치며 그것을 실천으로까지 옮기는 경우는 드물다. 내담자가 정보를 구하는 이런 질문을 할 경우 상담자는 관심은 갖되 직접 정보를 제공해 줄 필요는 없다. 상담자는 50분이라는 귀중한 상담시간 동안 그런 정보를 알려 주는 것보다 더 중요한 작업을 내담자와 해야 한다. 내담자는 자신이 진정으로 필요하다면 관련 정보를 상담자를 통하지 않고서도 얻을 수 있다. 내담자에게 진정으로 뜻이 있고 의지가 있다면 내담자는 학교나 학회의 홈페이지, 인터넷의 관련 사이트들 또는 서적이나 주변의 다른 사람들을 통해서 얼마든지 정보를 수집할 수 있기 때문이다. 그리고 상담자는 내담자가 정보를 알아보는 과정이나 그 과정에서의 어려움들을 함께 나눌 수 있다.

내담자가 상담자가 되고 싶어 할 때, 상담자는 관심을 갖고 내담자가 상담자가 되고 싶어 하는 동기가 무엇인지 그 내면의 흐름을 잘 살펴보아야 한다. 그 과정에서 내담자의 심리적인 어려움들을 이끌어 내어 다루는 기회로 활용할 수도 있으며, 내담자의 문제를 극복하고자 하는 동기를 더 강화시키는 방향으로 자극을 줄 수도 있다.

상담자는 내담자에게 자신의 의견을 이야기하지 않도록 주의해야 한다. 그럼에도 불구하고 중립적인 입장으로 임하는 상담자에게 내담자는 자격지심으로 다음과 같은 질문을 할 수 있다.

내3: 저 같은 사람도 상담자가 될 수 있을까요?
내4: 선생님은 제가 상담자가 되는 게 내키지 않지요?

내담자가 이런 질문을 할 때, 상담자는 내담자가 왜 그렇게 생각하는지 내담자의 내면의 흐름을 이끌어 내어 상담자가 되기에 바람직하지 않다고 여겨지는 내담자 자신의 내면의 모습을 다루는 기회로 삼도록 한다. 내3과 내4와 같은 질문을 받았을 때, 필자는 전혀 그처럼 생각한 바가 없었기 때문에 내담자에게 왜 그렇게 생각하는지를 물었다. 내담자는 "제가 끝까지 해내는 일이 없고 충동적이고 자기조절을 제대로 못하기 때문에 전 해도 안 될 거라고 선생님이 생각하실 거 같았어요."라고 대답하였다. 이에 필자는 "○○씨가 진정 원한다면 이 기회에 끝까지 해내서 자신의 그런 모습을 극복해 보는 것도 좋겠네요."라고 이야기하였다.

상담의 기간이나 구조에 대한 내담자의 질문에 대해서는 제7장의 '효과적인 구조화' 부분에서 상세히 다루고 있다.

3) 자신에 관한 질문

내담자가 가장 염려하는 내용은 자기 자신의 상태가 얼마나 심각한 것이며 비정상적인 것인가 하는 것일 것이다. 즉, 내담자는 자신의 문제, 심리 상태나 외모 등에 대한 객관적인 판단의 기준을 알고 싶어 한다. 그래서 자신의 문제에 대해 직접적으로 질문하지 않고 자신과 비슷한 문제로 얼마나 상담을 하러 오는지, 상담자도 자신과 유사한 고민을 하는지 등의 질문을 하여 간접적으로 판단의 기준을 얻으려 하기도 한다.

> 내1: 제 문제가 심각한가요?
> 상1: 글쎄 아직은 잘 모르겠는데, 자신이 심각하다고 생각하는 문제를 좀 더 이야기해 보세요.
>
> 내2: 제 문제가 고쳐질 수 있을까요?
> 상2: 혹시 고쳐지지 않을까 염려가 되나 보군요. 그 심정을 좀 더 이야기해 보세요.
>
> 내3: 선생님은 제 상태를 어떻게 보세요?
> 상3: ○○씨 스스로는 자신의 상태를 어떻게 생각하나요?
>
> 내4: 다른 사람들은 이런 고민 하지 않지요?
> 상4: 글쎄요, 어떨 것 같아요?
>
> 내5: 제 눈이 많이 짝짝이지요?
> 상5: 글쎄, 나는 잘 모르겠는데. ○○씨는 어떻게 생각하나요?
> 내6: 많이 짝짝이인 것 같아요.
> 상6: 많이 짝짝이인 거 같아요? 근데 눈이 짝짝이인 게 어떻게 문제가 되나요?

내담자가 자신에 대해 질문할 때는 그 질문을 계기로 내담자의 고민을 드러내어 다루는 기회로 삼아야 한다. 내5와 같이 자신의 외모에 대한 평가를 원한다면 상담자는 내담자의 모습을 관심 갖고 자세히 살펴보면서 진솔하게 답변해 주는 것이 좋다. 내담자를 위로하기 위해서 거짓으로 괜찮다고 하는 것은 좋지 않다. 상담자가 진솔하게 말해도 내담자는 자기를 위로하기 위해서 그렇게 말하는 것이라며 믿지 않는 경우도 많다. 중요한 것은 자신의 모습에 대해 내담자가 어떤 걱정을 하고 있는지를 이끌어 내어 다뤄 주는 것이다.

4) 답변할 때의 유의점

내담자가 자신의 상태나 상담에 대한 질문뿐 아니라 상담자의 종교, 결혼 여부, 자녀 등의 사생활에 대해 질문을 해 오면 초보상담자는 뭐라고 대답해야 할지 몰라서 마음이 불편해지면서 당황할 수 있다. 그래서 상담자는 상담관계에서의 적절한 거리를 유지하지 못하고 자칫 객관성을 잃게 되면서 상담자로서의 촉진적인 치료적 개입을 하기가 어려울 수 있다.

중요한 것은 내담자의 질문을 상담자 자신에 대한 것으로 연결시켜서 받아들이지 않도록 하는 것이다. 상담자는 내담자의 질문을 자신을 실험하고 평가하는 것으로 받아들이거나, 확실히 잘 알지 못하는 것에 대해 답변을 해야 하는 상황에 몰리면서 전문가로서의 실력이 들통날 것을 염려한다거나, 드러내기 싫은 사생활의 부분들을 드러내야 할 것 같은 압력을 받는다거나, 내담자가 인간적인 친분을 맺기 위해 접근하는 것으로 받아들여져서 부담을 느낄 수 있다. 그렇게 되면 상담자는 스스로 복잡한 감정에 휘말려 내담자의 질문을 객관적이고 치료적으로 다룰 수가 없다.

상담자는 내담자의 질문에 대해서도 공감적인 태도를 취하는 동시에 내담자 자신의 모습을 보도록 하는 거울의 역할을 취해야 한다. 내담자의 질문의 이면에 숨어 있는 감정과 의도를 끌어내도록 반응하며, 이를 내담자의 문제를 다루는 계기로 삼는 것이 중요하다. 조금 전에 하던 이야기와 그 질문이 어떻게 연결되는지를 묻는 것도 한 방법이다. 내담자가 진정으로 하고 싶은 이야기가 무엇인지를 이끌어 내어 그것을 함께 이야기해 나가는 것이 중요하다.

질문의 의도와 원인을 직접적으로 묻는 것은 그리 좋은 방법이 아니다. 예컨대, "그건 왜 알고 싶으세요?" "왜 질문을 하시는 건가요?"와 같이 질문을 한 이유를 내담자에게 직접적으로 물으면 내담자는 심문이나 취조를 당하는 것 같은 심정이 되어 마파람에 게 눈 감추듯 방어벽을 두텁게 하여 속마음과 의도를 감추게 된다. 그러나 상담관계가 좋아 내담자가 상담자를 깊이 신뢰하고 있다면, 그리고 상담자가 그런 질문을 부드러운 어조로 천천히 묻는다면 내담자는 순순히 자신의 의도를 이야기하기도 한다.

상담자는 내담자의 질문에 대해 자신의 자동화된 습관적인 반응을 하지 않도록 주의

해야 한다. 상담자의 습관적인 반응은 상담자 자신의 방어와 욕구 충족 방식을 드러내는 것이며, 결국은 상담자의 역전이 반응이 된다. 상담자는 자신의 반응에 깨어 있어야 하고, 자신의 반응 하나하나의 의미를 검토하고 그것이 내담자에게 미칠 영향력들을 점검해야 하며, 내담자를 위한 치료적인 개입을 해야 한다.

어떤 내담자는 상담자가 직접적인 대답을 해 주지 않고 대신 반영을 하거나 내담자의 내면을 탐색하도록 이끄는 식으로 개입을 하는 것에 대해 부담을 느끼고 답답해할 수 있다. 그리고 질문에 대응되는 답변을 직접적으로 가르쳐 주기를 요구할 수도 있다. 내담자는 공부하라는 잔소리가 진저리난다면서도 공부를 잘하려면 어떻게 하면 좋은지 알려 달라고 함으로써 또 다른 잔소리를 요구하기도 한다. 그러나 상담자가 제공할 수 있는 방법이나 조언은 상담자의 것이지 내담자의 것이 아니다. 내담자가 자신의 여건에 맞는 자신의 방식을 끌어내는 것이 최선의 것이다. 어떻게 공부하고 있는지, 잘하기 위한 어떤 노력을 시도해 봤는지 등을 탐색하는 과정에서 내담자는 자신이 열심히 하지도 않았으며 새로운 방식을 시도하지도 않고 막연히 잘하게 되기만을 바랐다든지, 상담을 받으면 상담자의 마술적인 힘으로 저절로 공부가 잘될 것을 기대하였다든지 하는 자신의 의존성과 신경증적인 모습을 통찰할 수 있다. 아울러 자신의 공부방법에서의 문제점을 발견하게 될 수도 있다. 상담자는 내담자의 손을 잡고 동반하면서 문제의 소재를 함께 들여다볼 수 있지만 답을 가르쳐 주거나 대신 해결해 주지는 않는다.

제9장
정보의 탐색과 사례개념화

　내담자가 상담에 오면 상담자는 제일 먼저 내담자의 주 호소 내용과 증상에 대해 들으면서 내담자가 겪는 문제를 접하게 된다. 그런 다음 내담자의 문제를 더 잘 이해하기 위해서 그 문제와 관련되는 여러 정보들을 탐색한다. 그리고 상담자는 얻어진 정보들을 토대로 내담자의 사례에 대한 개념을 형성해 나간다. 이렇게 형성된 사례개념화는 이후 내담자를 치료하는 데 나침반 역할을 하게 된다.

1. 내담자의 문제

　내담자의 문제를 파악하는 첫 단계는 내담자의 주 호소main complaint를 듣는 것이다. 어쩌면 내담자의 일차적인 내담 목표는 바로 이 주 호소를 이야기하기 위함일 것이다. 내담자의 주 호소를 듣는다는 것은 내담자의 상처를 들여다보는 일이므로 그 과정에서 보여 주는 상담자의 태도는 라포 형성에 큰 영향을 미친다.

　내담자는 자신의 문제(즉, 변화시킬 자신의 심리적 부분들)를 가져오는 경우도 있고, 상황이나 다른 사람에 대한 불평불만을 늘어놓으면서 자신이 바뀌기보다는 상황이나 다른 사람을 바꾸고 싶어 하는 경우도 있다. 때로는 자신이 변화하려 하기보다 진단명을 내세워 병만 치료하면 모든 것이 다 해결된다는 태도를 지닌 내담자도 있다. 뭔가 힘들기는 한데 그것이 뭔지 모르겠다는 내담자도 있고 문제가 막연해서 잘 잡히지 않는 내담자도 있다. 신체 증상을 호소하거나 있지도 않은 신체 증상에 집착하는 내담자도 있다. 내담자를 둘러싼 상황이나 환경이 너무나 혹독하고 암담한 경우도 있고, 내담자가 실제 병리적인 가족 구성원 속에서 고통을 받을 수밖에 없는 경우도 있다. 일상생활을 대처해 나가기 힘들 정도로 적응력이 떨어지면서도 자신에게 결함이 있다는 것을 수용하기에는 자존심이 너무나 약해서 자신의 문제를 인정할 수 없는 내담자도 있다. 심지어는 막연히 자신에 대해 알고 싶다거나 자신의 모르는 부분을 알고 싶다고 하는 경우 또는 문제를 감추거나 문제에 대한 탐색이 안 되는 경우도 있는데, 이런 내담자는 대체적으로 상담을 공부하는 사람들인 경우가 많다.

이처럼 내담자가 상담에 오는 이유는 다양하지만 내담 이유나 호소 내용이 곧 문제가 되는 것은 아니다. 내담자라고 해서 자신의 모든 문제를 다 알고 있는 것도 아니며, 상담자에게 자신이 알고 있는 문제를 모두 전달하는 것도 아니다. 내담자의 문제의 상당부분은 내담자가 수용하기를 거부하고 외면하거나 억압하거나 인식(의식)하지 못하는 무의식 영역의 것이다. 또 의식하고 있는 문제들도 시간이 없거나 표현할 기회가 없어서, 대화의 맥락이 적절하지 않아서, 바로 지금 떠오르지 않았기 때문에, 또는 이러저러한 이유로 표현하기가 꺼려져서 초기 상담의 몇 회기 동안 아직 상담자에게 전달하지 못했을 수 있다.

상담은 내담자의 자발적인 의사에 의해 시작되는 것이 일반적이지만 반드시 그런 것은 아니다. 미성년자의 경우에는 부모님이나 선생님이 보기에 도움이 필요한 상태라고 판단되어 상담에 올 수도 있다. 내과나 치과 또는 성형외과 등의 병원을 찾은 환자 중에 심리적인 문제가 있다고 판단되어 상담을 의뢰하거나 환자에게 직접 상담을 받도록 권유하는 경우도 있다. 때로는 부부싸움 끝에 배우자가 상담을 받는 조건으로 이혼을 보류하기도 한다. 법적인 문제를 일으켜서 상담에 의뢰되는 경우도 있다. 어떤 경우든 타인에 의해 상담에 의뢰된 경우는 자신의 심리적 문제를 가지고 자발적으로 상담에 오는 내담자에 비해 자신의 문제에 대한 인식과 통찰이 부족하여 문제를 탐색하고 합의하기가 어렵고 시간도 많이 걸리며 변화의 과정도 더디다.

2. 내담자가 가져오는 문제의 경청과 탐색

상담자는 내담자가 상담실 문을 열고 들어오는 순간부터 내담자를 향해서 주의를 기울이며 언어적인 내용뿐 아니라 내담자에게서 드러나는 비언어적인 요소까지 모두 관심을 갖고서 내담자를 마음으로 듣는다. 때로는 내담자의 말의 내용과 목소리, 어조, 억양, 표정, 몸짓 등이 서로 차이가 날 수도 있기 때문에 상담자는 내담자가 드러내는 여러 심리적 경로modality 간의 불일치도 포착할 수 있을 만큼 민감하고 섬세해야 한다.

내담자가 자신의 어려움과 상담에 온 목적을 이야기하면 상담자는 마음의 귀를 활짝 열고 내담자가 전달하려는 내용을 이해하려고 최선을 다해 노력해야 한다. 그리고 내담자의 이야기에 집중해서 경청하고 있음을 나타내는 자연스러운 표현, 예컨대 '음' '네' '에' '그랬군요' 등을 간간이 한다.

그런데 내담자의 이야기를 듣다 보면 내담자의 이야기를 이해하기 위해서 알아야 할 내용들이 더 있어서 상담자는 그 내용을 질문하여 확인하고 싶어진다. 예를 들어, "다른 사람들이 저를 거절하거나 저에 대해 호응도가 낮아지면 저는 혼자 추측하고 판단하고 오해하게 돼요."라고 자신의 문제를 이야기하는 내담자의 경우를 생각해 보자. 내담자의 이 말은 상당히 추상적이며 실제 사건에서 많은 부분이 생략되어 있다. 그래서 내담자가 다른 사람의 부정적인 반응에 민감하다는 것까지는 이해하겠지만 그 구체적인 사항들은 알 수가 없다. 내담자의 말을 잘 이해하기 위해서 집중하며 내담자의 마음을 따라갈 때, 동시에 상담자의 머릿속에는 많은 의문도 떠오른다. 그리고 내담자가 말하는 경험의 영역에 대해 상담자가 얼마나 잘 알고 있으며 분화된 시각을 갖고 있는가에 따라 내담자가 아직 드러내지 않은 부분에 대한 더 복합적이고 정교한 의문들이 떠오르게 된다.

위 내담자의 말을 들으면서 상담자의 머릿속에는 다음과 같은 의문들이 떠오를 수 있다.

(1) 모호한 내용들이 의미하는 바가 무엇인지를 규명하기 위한 질문

    - 호응도가 낮다는 것은 어떤 것인가?

    - 혼자 뭐라고 추측하고 판단하며 오해하는가?

(2) 실제 일어난 구체적인 사건들에 대한 질문

    - 자신의 어떤 행동들에 대해서 거절하고 낮게 호응하는가?

    - 내담자의 생활 속에서 거절한 사람은 누구이고, 호응도 낮게 대한 사람은 누구인가?

    - 이런 일이 얼마나 자주 일어나는가?

    - 긍정적인 평가의 경우는 어떤가? (그 빈도와 그에 대한 내담자의 반응은?)

(3) 자신의 모습에 대한 내담자 자신의 평가

    - 오해라는 것을 안다면 그 판단의 근거는?

    - 오해인 것을 알면서도 추측하게 되는 심경(또는 마음의 흐름)은 어떤 것인가?

    - 그러는 자신의 모습을 어떻게 받아들이는가?

(4) 원하는 변화 방향

    - 호응도를 높이는 쪽으로 변화를 추구하고 싶은가, 아니면

    - 추측하고 판단하는 자신의 생각을 검토하고 수정하고 싶은가?

그런데 이렇게 의문이 떠오를 때 상담자는 내담자의 말을 제지하고서 자신의 궁금증을 해결해야 하는가? 그러기에는 해야 할 질문이 너무나 많다. 그중 어느 것을 질문할 것인가? 그리고 자신의 궁금증을 해결하려고 하다 보면 상담자는 내담자의 이야기를 중지시켜야 하는데 과연 그렇게까지 해서 상담자의 의문을 풀어야 하는가.

개별 내담자의 주 호소 내용을 들으면서 떠오르는 독특한 의문 내용들도 있지만, 첫 만남에서 내담자의 문제나 증상과 관련해서 대답을 얻어야 할 질문들은 대략 다음과 같다.

    - 문제(혹은 증상)가 언제부터 시작되었는가?

    - 언제 문제와 증상이 유발되는가? (문제와 증상을 유발 및 지속시키는 자극이나 상황은?)

    - 문제와 증상의 발생 빈도, 그로 인한 괴로움의 정도는?

    - 증상을 중지시키거나 사라지게 하는 자극 또는 상황은?

    - 언제 문제가 더 악화되었으며 그 당시의 상황은 어땠는가?

- 언제 문제가 호전되었으며 그 당시의 상황은 어땠는가?
- 왜 문제가 생겼다고 생각하는가?(원인에 대한 자가 진단)
- 그렇게 진단하게 된 근거는 무엇인가?
- 극복을 위해 어떤 노력들을 해왔는가?
- 각 노력들의 결과는 어땠는가?
- 노력들이 왜 실패했다고 생각하는가?
- 그 문제들을 어떻게 받아들이는가?
- 왜 지금 내담했는가?
- 다른 어려움은 없는가?

　가장 중요한 것은 바로 내담자 자신의 이야기다. 그러므로 상담자는 자신 속에 떠오르거나 전문가로서 필요하다고 판단되는 이런 수많은 질문들을 내면에 간직하고서 내담자가 자발적으로 하는 이야기를 따라가면서 내담자가 말을 마칠 때까지 끝까지 듣는 것이 가장 좋다. 자발적으로 상담에 온 내담자는 상담자에게 자신을 잘 이해시키기 위해서 최선을 다해서 자신에 대해 전달하려고 노력하는 만큼, 내담자의 이야기를 듣다 보면 떠올랐던 의문들이 상당 부분 자연스럽게 풀리게 된다.

　내담자의 말을 끝까지 듣는다는 것은 내담자가 자신의 문제에 관해 하고 싶은 말을 다 하도록 허용하는 것을 말한다. 할 말을 다 했으면 내담자는 억양, 어조, 표정, 몸짓 등으로 자신이 말을 다 했다는 표시를 하거나 침묵을 지킨다. 그러나 내담자가 말을 끝낸 듯 보인다고 하여 상담자가 너무 빨리 말을 받아서 자신의 궁금증들을 질문하는 것은 그리 권할 만하지 않다. 내담자가 수초간 쉬었다가 다시 말을 할 수도 있기 때문에, 즉 내담자가 스스로 생각할 시간을 갖기 위해서나 말을 고르기 위해서 잠시 침묵을 한 것일 수도 있기 때문에 상담자는 내담자에게 생각할 시간을 충분히 배려해 주는 것이 좋다. 그러나 상담 초기에 내담자를 침묵 속에 너무 길게 방치하는 것은 바람직하지 않다. 여기서 너무 긴 침묵으로 울버그(Wolberg, 1994)는 대략 20초를, 로저스(Rogers, 1942)는 60초를 제시하지만, 초기에는 5초 정도로 충분하다(Matarazzo, Hess, & Saslow, 1962; 신경진, 1997b). 따라서 내담자가 자신의 말을 다 한듯 보여도 수초간의 여유를 지닌 다음에 상담자가 개입하는 것이 좋다.

내담자의 이야기를 들을 때 상담자에게 떠오른 의문 내용들을 즉석에서 해결하지 않고 인내하는 것은 여러 가지 이점이 있다. 첫째, 내담자의 발언을 중단시키지 않는다는 점이다. 내담자에게는 자신이 전달하고 싶은 내용의 이야기가 있다. 내담자는 제지받지 않을 때 그 이야기를 가장 잘 전달할 수 있으며, 상담자는 내담자의 자발적인 이야기를 따라갈 때 내담자가 경험하는 고통의 정체를 가장 잘 이해할 수 있다. 상담자의 질문이 아무리 중요한 것이라고 하여도 내담자의 이야기만큼 중요하지는 않다. 그리고 상담자가 질문을 하게 되면 그것이 비록 내담자가 하는 이야기의 주제를 벗어나지 않는 질문이라 하여도 내담자가 하려는 이야기의 흐름을 막는 측면이 있기 마련이다. 따라서 상담자는 내담자가 자발적으로 이야기하고 있는 한 가급적 내담자의 이야기를 중단시키지 않도록 한다. 둘째, 내담자가 자발적으로 끝까지 이야기하는 것을 통해 내담자의 대화 스타일과 경험을 구조화하여 상대방에게 전달하는 능력, 경험에 대한 지각과 반응, 자기표현 및 자기관찰 능력, 정서적 특징, 적응 수준 등의 중요한 특성과 역량을 파악하고 진단할 수 있다. 셋째, 내담자의 말을 끊지 않고 끝까지 이야기하도록 함으로써 내담자는 수용되고 존중받는 느낌을 가질 수 있으며 라포 및 작업 동맹의 형성이 촉진된다.

내담자가 자신의 이야기를 끝까지 했는데도 이해를 위해 아직 더 필요한 정보가 있거나 이해되지 않는 내용이 있으면 상담자는 질문을 하여 정보를 보충한다. 내담자에 대한 이해를 더 깊게 하기 위한 질문 이외의 내용에 대한 개인적인 궁금증은 참고 옆으로 제쳐놓을 수 있어야 한다.

질문은 간단하고 적게 하되 내담자로부터 최대한의 유용하고도 풍성한 정보들을 이끌어 낼 수 있는 방식으로 한다. 그리고 내담자가 하는 이야기의 주제를 벗어나지 않도록 한다. 그러기 위해서는 내담자의 이야기와 초점이 맞으면서도 더 깊이 있게 이야기할 수 있는 포괄적인 범위의 개방형 질문을 하는 것이 좋다. 예컨대, 위 내담자의 경우라면 필자는 먼저 "어떻게 추측하면서 오해하는지 좀 더 말해 주시겠어요?"라고 질문하고 나서 그에 대한 내담자의 설명을 충분히 들을 것이다.

상담자는 첫째는 빠진 정보를 수집하고 채우기 위하여, 둘째는 명확하지 않거나 애매하거나 추상적인 정보를 규명하고 갈등적이거나 혼합된 메시지를 명료화하기 위해서,

셋째는 내담자 자신의 욕구 · 평가 · 판단 · 해석 · 시각 등을 끌어내기 위해서 개방형 질문을 한다. 그러나 내담자의 의도를 묻기 위해서 '왜 그랬는가?' 식의 질문을 하는 것은 내담자가 잘못한 것에 대해서 추궁받는 느낌을 가질 수 있으므로 가급적 삼가야 하며 다른 식으로 완곡하게 질문하는 것이 좋다.

내담자가 필요한 말을 다했고, 상담자가 내담자의 말을 잘 이해하기 위해 필요한 정보를 질문해서 보충했으면, 이제 상담자는 정확성을 기하기 위해 내담자의 말을 요약하여 내담자에게 되돌려 주어 정확하게 이해했는지를 점검받는다. 즉, 상담자는 내담자의 메시지를 요약하여 전달함으로써 내담자가 말하는 의미를 정확하게 공유하려는 노력을 한다. 의미를 공유한다는 것은 메시지를 상대방과 똑같은 의미로 전달받을 때 가능하다. 요약은 이러한 공유가 일어나도록 도와준다.

내담자는 보통 상담자가 한 요약이 정확한지에 대해 자발적으로 피드백을 하지만, 상담자의 요약이 부정확하다고 느낄 때는 상담자가 자신을 잘못 이해했다는 부정적인 이야기를 하기 어려워서 피드백을 하지 않고, 마치 상담자의 이야기를 듣지 않은 것처럼 자신의 이야기를 계속해 나가기도 한다.

따라서 상담자는 내담자가 피드백을 주지 않는 경우 자신의 요약이 정확한지를 내담자에게 확인하는 것이 좋다. 내담자가 상담자의 요약이 부정확하다는 어떤 단서를 드러내면 상담자는 만족스러울 때까지 요약과 피드백의 과정을 몇 번 더 거쳐서 반드시 내담자와 의미를 공유하고 넘어가야 한다. 초기 상담에서 내담자와 의미를 공유하는 토대가 잘 마련되면 이후의 상담에서 내담자를 이해하고 치유적인 작업을 진행시켜 나가기가 수월해진다.

3. 필요한 정보

내담자는 자신의 어려움을 상담자에게 이해시키기 위해서 문제나 증상뿐만 아니라 스스로 판단하기에 문제와 관련되며 자신을 이해하는 데 도움이 된다고 판단되는 정보도 자발적으로 열심히 이야기할 것이다. 정보의 주제를 직접적으로 질문하기 전에 내담자로 하여금 중요하다고 판단되는 정보를 선택하여 제공하도록 기회를 부여하는 것이 좋다. 이 경우 다음과 같은 질문이 적절하다.

"○○씨를 상담하는 데 도움이 될 만한 내용들을 말씀해 주세요."
"○○씨를 이해하는 데 필요한 내용들을 더 설명해 주세요."

대부분의 내담자는 자신의 어려움 때문에 상담을 신청한 만큼 자신을 이해시키기 위해서 자발적으로 이야기를 해 나가면서도 여러 가지 이유로 의미 있는 정보들을 드러내지 못할 수 있다. 예컨대, 내담자는 자신의 감정에 몰입되어 있어 객관적인 시각이 부족하기도 하고, 자신의 병리적 습관이나 패턴을 미처 인식하지 못할 수도 있으며, 자존심을 보호하기 위해 형성된 편향된 시각을 지닐 수 있다. 또한 내담자는 어떤 사실이 가장 중요한지 잘 알지 못하여 중요치 않은 내용을 상세히 설명할 수 있으며, 자신의 왜곡된 시각에 익숙해져 있어서 병리적인 측면을 정상적인 것으로 받아들이기도 하며, 환경적인 스트레스 상황을 피치 못한 것으로 받아들여 언급하지 않을 수도 있다. 그러므로 내담자가 자발적으로 이야기해 주는 것만으로는 부족하다.

내담자의 문제를 더 잘 이해하기 위해서 전문가의 입장에서 필요한 정보들이 있다. 내담자가 자발적으로 그런 내용을 이야기하면 더할 나위 없이 좋겠지만 그렇지 않은 경우에는 상담자가 그것을 탐색해야 한다. 우선 내담자의 자발적 설명을 들은 다음에 상담자는 초점적인 질문pointed question을 통해 보다 구체적인 정보를 얻도록 한다.

초기 상담에서 내담자로부터 얻어야 할 정보로 알려진 것들(Choca, 1980; Wolberg, 1994)은 다음 〈표 9-1〉과 같다.

〈표 9-1〉 초기 상담에서 내담자로부터 얻어야 할 정보

1. 현재의 주 호소와 그 역사
2. 정신건강력
   -과거에 정서적 문제를 가진 적이 있었는지
   -치료를 받았다면 어떤 치료를 얼마간 받았는지
   -그 결과는 어땠는지

3. 현재의 생활 상황
    - 가족에 대해서: 가족 구성원과 그들 간의 역동, 어디서 누구와 사는지
    - 직장과 수입, 직장 동료와의 관계, 직장에서의 어려움이 있다면 어떤 것인지
    - 대인관계, 학교생활, 성적 등
    - 부부관계 및 성생활
4. 개인력
    - 어떻게 살아왔는지
    - 원가족 및 그 관계 역동, 결혼과 이혼력 등
    - 성장과정에서의 주요 사건들
5. 교육력 및 직업력: 교육 정도 및 직업 훈련
6. 사회적 상황: 평생에 걸친 인간관계

* 이 장의 '사례개념화' 부분에 인용된 〈표 9-4〉도 참조하라.

　　초보상담자들은 이처럼 많은 정보를 언제 다 얻을지 부담을 느낄 수 있다. 그리고 이런 정보를 얻으려면 상담의 분위기가 심문조로 딱딱하게 될 것이 우려될 수도 있다. 가급적 내담자의 자발적인 이야기 속에서 정보를 얻도록 하며, 개방형 질문을 하더라도 이야기를 함에 있어 내담자의 자율성을 최대한 발휘할 수 있는 방식으로 포괄적으로 질문하는 것이 좋다. 예컨대, "가족 상황은 어떻게 되세요?"보다는 "가족에 대해서 말씀해 주세요."라고 하는 것이 좋으며, "아버지와의 관계는 어떤가요?"보다는 "아버지는 어떤 분이신가요?" "그런 아버지를 어떻게 받아들이시나요?"와 같이 질문하는 것이 좋다.

　　내담자가 이야기하는 정보뿐 아니라 그것을 이야기하는 과정에서 드러나는 내담자의 태도와 행동 등의 비언어적 요소도 중요하다. 그것들은 내담자의 심리적 기능의 수준과 성격 특성을 반영하는 중요한 자료다. 관심 있게 관찰해야 할 의미 있는 내담자의 비언어적 표현으로 초카(Choca, 1980)가 제시한 내용을 토대로 필자가 우리 상황에 맞추어 〈표 9-2〉와 같이 정리하였다.

〈표 9-2〉 면접 중에 관찰할 비언어적 내용

1. 외모: 신체적 특징. 내담자의 의복이 적절한 수준의 일반적인 격식을 갖추었는지, 청결한 정도
   등
2. 상담자와의 관계성: 내담자가 편안하고 개방되어 있는지, 회피적이고 동떨어져 있는지, 의심이
   많거나 초조한지, 적절하게 눈 맞춤을 하는지 등
3. 지적 수준의 평가
   - 지남력(현실검증력)은 온전한지
   - 말에 조리가 있는지
   - 지적 능력의 적절성: 우수, 평균상, 평균, 평균하, 경계선, 정신지체 등의 개략적인 지능 수준
   - 말귀나 지시를 알아듣거나 심리검사를 실시하는 데 어려움이나 장애가 있는지
4. 사고과정의 평가: 합리적이고 논리적인 추론에서 얼마나 편향되었는지, 판단상의 왜곡이 있는
   지 등
5. 정동적 반응
   - 대화의 내용에 적절한 정서 반응을 유지하고 있는지, 어느 정도 벗어났는지
   - 지배적인 정서적 분위기: 행복, 우울, 걱정, 슬픔 등
6. 불안 수준: 내담자가 불안을 다루는 방식, 방어기제 등
7. 근육활동
   - 자세, 걸음걸이, 떨림, 제스처, 틱 등
   - 활동 수준: 활력이 있는지, 느린지 혹은 빠른지, 충동적인지
   - 말: 빠른지 혹은 느린지, 소리가 큰지 혹은 알아듣기 힘든 정도로 작은지, 웅얼거리는지, 더
     듬는지, 발음상의 문제가 있는지 등

4. 정보 수집과 치료적 상담의 조화

　　로저스(Rogers, 1942, 1961)는 문제를 경험하고 느끼며 그로 인해 고통을 받는 사람은
바로 내담자 자신이므로 내담자가 체험하는 문제가 소상히 드러나도록 내담자가 자발적
으로 하는 이야기를 따라가면서 내담자의 안내를 받을 때 가장 중요한 정보를 얻을 수
있고 가장 중요한 내용을 다룰 수 있다고 보았다. 그래서 그는 상담자에 의한 정보 탐색
이나 문제의 평가 및 진단은 필요치 않다는 입장을 취한다. 즉, 오직 내담자만이 자신의
문제를 가장 잘 알고 있기 때문에 내담자로 하여금 자신의 문제를 자발적으로 표현할 수
있는 분위기를 조성하는 것으로 충분하다는 것이다. 로저스의 이러한 주장에 따라 많은

상담자들이 내담자에 대한 평가와 진단 및 정보 탐색의 과정을 소홀히 하는 분위기가 형성되어 왔음을 부인하기 어렵다. 로저스의 비지시적 상담은 로저스가 이미 지적했듯이 스스로 문제를 해결할 능력이 있는 비교적 정신건강이 양호한 사람이 자신의 고민을 해결하고 인간적인 성장을 원할 때 유용하다. 자신의 문제를 스스로 해결하기 어려운 정도의 적응상 문제를 지닌 내담자에게는 로저스의 비지시적 상담만으로는 부족하며 내담자 중심 치료만으로는 위험할 수도 있음을 명심해야 한다. 이에 대해서는 이 책의 제17장 '공감의 위험' 부분에서 상세히 다루고 있다.

내담자는 자신의 문제로 인해 가장 많은 고통을 겪는 존재이므로 자신의 주관적 경험에는 정통하다. 그러나 문제와 증상, 정신병리 및 그 극복에 대한 전문가는 아니다. 내담자는 자신의 주관적인 감정에 몰입되어 있어서 자신의 문제에 대한 객관적인 시각을 지니기가 어렵다. 또한 내담자의 이야기에는 중요한 부분이 생략되어 있는 경우가 많다. 내담자의 편향된 시각은 자존심을 유지하기 위해 자기 정당화를 위한 증거를 찾는 경향이 있으며 그것은 세월의 흐름에 따라 습관화되고 고착된다. 그런 만큼 자신의 문제 해결을 위해 합리적이고 현실적이며 통합적인 건강한 대처를 하기도 힘들다. 내담자들이 전문상담자의 도움을 구하는 것은 바로 이러한 이유 때문일 것이다.

따라서 문제의 극복을 위해서는 내담자의 안내를 받아 전문가가 그의 문제를 객관적으로 평가하고 진단하며, 이를 위해 정보 탐색과정에서부터 전문가의 객관적인 시각과 안내가 필요할 수밖에 없다. 그러나 치료는 정보를 수집하는 과정이 아니라 내담자로 하여금 자신과 환경과 삶에 대한 인식을 확대하고 새로운 시각을 발전시키도록 돕는 과정이다. 내담자의 이력을 철저히 조사하여 정보를 탐색하는 것이 치료적으로 도움이 되지도 않으며 상담의 목표를 달성하는 데 그리 중요하지도 않다. 게다가 개인 자료를 드러내도록 할 때 내담자에게 불필요한 저항이 활성화되어 오히려 의미 있는 사건들이 감춰질 수도 있다. 울버그(Wolberg, 1994)는 상담자가 내담자에게 개인 이력을 보고하게 하면 내담자는 스스로 문제를 해결하려 하기보다 뒤로 물러앉아 상담자가 알아서 문제를 해결해 주기를 기대하는 경향이 있다고 하였다.

제한된 상담시간으로 인해서 첫 면접 중에 내담자 및 내담자의 문제와 관련된 모든 핵심 자료를 얻는다는 것은 사실상 불가능하다. 첫 면접 또는 초기 면접에서 굳이 그 모든 정보를 한꺼번에 얻어야 하는 것도 아니다. 또한 내담자마다 중요한 정보가 다르므로 기계적으로 사례사를 탐색하는 것은 치료적으로 별 도움이 되지 않을 수 있다. 더구나 내담자들은 자발적으로 이야기하기를 선호하며 상담자의 질문을 받아 상담자의 뜻에 맞추어 설명하는 것을 좋아하지 않는다. 따라서 구조화된 질문을 하기보다는 내담자가 자발적으로 내놓는 이야기의 흐름을 따라가는 것이 치료적이면서도 라포를 형성하고 작업동맹을 수립하기 용이하며 가장 유용하면서도 풍부한 정보를 얻을 수 있다.

너무 많은 질문을 하는 것은 인간적인 분위기를 해칠 수 있지만, 해당 영역에 대한 적절하면서도 초점적인 질문을 받게 되면 내담자는 자신이 하고 싶은 이야기를 할 수 있는 장이 마련되어서 오히려 편안하고 만족스럽게 자신의 속을 풀어놓을 수 있다. 상담자가 내담자의 어려움에 깊은 관심을 갖고서 전문가적인 입장에서 폭넓게 탐색해 나가면 내담자는 크게 위로받고 안심을 하면서 상담자에 대해 신뢰하는 마음을 갖게 된다.

객관적인 입장에 서 있는 상담자가 전혀 알지 못하는 낯선 내담자를 만나서 그가 지닌 문제를 정확하게 이해하기 위해서는 해당 영역에서 알아야 할 필요한 관련 정보들에 대한 지식을 잘 갖추고 있어야 함은 물론 유용한 정보를 치료적으로 이끌어 내는 역량과 기술도 필요하다.

치료 작업의 일환으로 정보를 더 깊이 있게 탐색하는 것에 관해서는 제12장부터 제16장까지에서 상세히 다루고 있으며, 여기서는 '개방형 질문'과 '주제별로 이야기를 마무리 짓는 것'에 대해서만 다룰 것이다.

1) 개방형 질문으로 내담자에게 대화의 주도권을 부여한다

필요한 정보가 포함된 넓은 범위를 포괄하는 개방형 질문open-ended question은 내담자로 하여금 주도권을 가지고서 자신이 원하는 하부 영역을 선택해서 자기 방식대로 자유롭게 이야기하도록 하기 때문에 풍부한 정보를 얻을 수 있을 뿐 아니라 그 자체로 치료적이기도 하다. 다음은 개방형 질문의 예다.

"무엇을 도와드릴까요?"

"그와 관련해서 제가 알아야 할 내용들을 말씀해 주세요?"

"언제부터 그랬나요?"

"그때의 생활은 어땠습니까?"

"이번에는 가족에 대해서 이야기해 주시겠습니까?"

"어머니는 어떤 분이신가요?"

"그런 어머니를 어떻게 받아들이십니까?"

이런 개방형 질문을 받으면 내담자가 해당 영역에서 자신의 가장 중요하고 필요한 부분을 이야기할 수 있으므로 효율적이고 시간이 절약될 뿐 아니라 내담자의 기능 수준을 파악할 좋은 기회를 가질 수도 있다. 내담자는 자기 방식대로 대답을 조직하여 말하기 때문에 자신의 성격 스타일과 정신병리 및 인지 왜곡의 정도, 자아 강도 및 자기조절 능력 등이 자연스럽게 드러나게 된다.

그러나 단서를 제공하는 질문은 좋지 않다. "지금 불안하신가요?"와 같이 단서나 대답을 제공하는 질문이나 단답식의 폐쇄형 질문close-ended question은 생산적이고 풍부한 정보를 이끌어 내지도 못하며, 대답을 하는 과정에서 내담자에게 주도권을 허용하지도 않는다. 더 나아가 내담자의 실제를 드러내도록 하기보다는 단서에 의해 유도된 대답을 할 수 있기 때문에 좋지 않다. 따라서 "지금 기분이 어떠세요?"라고 단서를 제공하지 않으면서 자유롭게 대답할 수 있는 여지를 주는 질문이 훨씬 더 좋다. 내담자의 반감을 일으키는 질문을 하거나 연발총식으로 질문을 퍼붓는 것도 생산적인 정보 수집을 방해하며 치료적 관계를 해칠 수 있어서 좋지 않다.

2) 이야기는 마무리 짓고 넘어간다

해당 영역에 대한 이야기를 거의 다 했고 상담자에게 중요해 보이는 일부 내용만을 남겨 두었을 때나 내담자의 이야기가 산만하며 무관한 다른 주제로 반복해서 벗어나는 경우에는 개방형 질문을 하되 포괄하는 영역의 범위를 좁혀서 구체적인 내용에 국한하여 질문하는 것이 효과적이다. 이러한 초점적인 질문은 내담자가 자발적으로 설명을 다 하고 난 다음에 상담자가 필요한 정보를 얻을 때 사용한다.

다음은 초점적 질문의 예다.

"모든 가족에 대해 다 이야기하셨는데 아버지만 빠졌군요. 아버지에 대해서 좀 더 이야기해 주시겠습니까?"

"아버지에 관한 이야기를 하지 않은 무슨 이유라도 있나요?"

"그때의 기분은 어땠나요?"

"언제 그런 일이 있었습니까?"

각각의 주제는 하나의 주제를 충분히 이야기하여 마무리 지은 다음에 관련된 다른 주제로 넘어가는 것이 좋다. 다루던 주제의 이야기를 미처 충분히 하지 않았는 데도 상담자가 다른 주제의 이야기를 탐색하게 되면 대화의 깊이가 없고 산만해지며 이야기의 맥이 잡히지 않아 내담자를 이해하기가 어렵게 된다. 미진하게 이야기되고 탐색된 내용은 내담자에게뿐만 아니라 상담자에게도 앙금으로 남아 충분히 이해될 때까지 반복해서 이야기되므로 비효율적이다. 하나의 주제가 충분히 이야기되면 상담자는 그에 대해 간단히 요약·정리하여 마무리 짓고 다른 주제로 넘어가도록 한다.

3) 사례 예시

다음 사례는 신청서에 제시한 내담자의 여러 문제들을 개방형 질문으로 구체화 해 나가면서 내담자의 심리적인 문제를 탐색해서 요약해 가는 과정을 보여 준다. 다음은 1회 초반의 축어록이다.

사 례　〈9-1〉 문제의 탐색 1

상1: 요즘 불편한 점은 부모님과의 경제적 문제, 이루지 못한 꿈, 대인관계, 타인 시선 의식, 남동생, 시험불안 등 여섯 가지가 문제라고 쓰셨는데, 그중 가장 힘든 점이 어떤 부분인지요?

내1: 경제적 문제예요.

상2: 경제적인 문제가 어떻게 힘드세요?(구체화를 위한 개방형 질문)

내2: 사업 실패로 집이 망하면서 장녀로서 책임감이 많았어요. 그런데 부모님이 시킨 것도 아닌데 안 해 본 일 없이 돈을 벌어 부모님을 도왔는데, 그러면서 제 정체감을 잃는 것 같았어요. 내가 정말 하고 싶은 건 연극인데 포기해야 했어요. 이젠 더 이상 일에 얽매이기가 싫어요. 그래서 올해 들어 직장 그만두고 하고 싶은 공부를 시작했는데, 여전히 경제적인 부분에 대해 엄마가 나에게 의지를 많이 하셔요. 그동안 일해서 모은 돈으로 집을 하나 사고, 지금은 공부만 하고 싶은데 엄마가 하시는 가게에 나가서 저녁에 도와야 하고, 뭐 하려고 하면 경제적인 부분들이 발목을 잡아 전에는 부모님 원망 많이 했는데, 심리학 책들을 읽다 보니까 문제가 저한테 있는 것 같기도 하고, 부모님이 내 발목을 잡은 것이 아니라 발목을 잡게끔 내가 행동을 그렇게 한 것 같아요.

상3: 어떻게 하셨는데요? (구체화를 위한 개방형 질문)

내3: 내가 남들한테 기죽는 거 싫고 자존심이 세서 사업 망하고 부모님이 힘들어하면서 돈이 없다고 하면 내가 "걱정하지 마, 내가 해결할게." 이런 식으로 강한 척했어요. 그리고 부모님이 힘들어하고 마음 아파하는 것을 못 보겠어요. 이렇게 계속 내가 해결해 주다 보니 끝이 없을 것 같아 이번에 미국에 가려고 했는데, 또 집이 힘들어지니까 포기하고 아르바이트 해야겠다는 생각을 했어요.

〈하략〉

* 이 사례는 제10장의 〈사례 10-1〉에서 계속 이어진다.

상2와 상3의 질문들은 내담자가 이야기하려는 주제를 좀 더 상세하게 설명하도록 내담자에게 길을 터 주고 있다. 내담자가 하는 이야기와 맥이 맞는 이러한 상담자의 개방적인 질문은 내담자로 하여금 자신의 속 이야기를 잘 풀어 내도록 돕기 때문에 내담자는 속이 후련해지고 감정이 정화되는 느낌을 가질 뿐 아니라 상담자로부터 수용되고 이해받는 느낌을 받게 된다.

이 사례를 계속 더 살펴보자. 다음은 2회 초반의 축어록이다.

사례 〈9-2〉 문제의 탐색 2

내1: 사실은 지난주에 취직이 돼서 아주 좋은 조건으로 이번 주부터 출근하는데, 나 스스로도 그러면 안 되는데 또 엄마한테 "엄마 내가 1, 2월에 일하니까 카드 안 쓰게 해 줄게." 이런 말을 해요. 지난주에 와서 부모님이 나에게 의지하게끔 내가 만들고, 그리고 싶지 않다고 얘기했는데 엄마한테 또 그런 얘길 하는 나를 보면서 '아, 정말 나한테 문제가 있구나.' 생각했어요. 그런 거 정말 없애고 싶어요.

상1: 안 된다는 것을 알면서도 자진해서 엄마에게 돈을 가져다 바친다는 거군요. 그러는 심경은 무엇인가요? (요약, 개방형 질문)

내2: 허풍? 그 사람에게 잘 보이기 위해 과장되게 표현하고 또 그거에 맞추기 위해서, 다른 사람에게 인정받고 사랑받기 위해서 허덕이며 쫓아가는 거 같애요. 또 걱정인 것은 이제 일을 시작하게 돼서 돈을 벌면 돈맛에 계속 돈을 벌까 봐 걱정돼요. 공부해야 되는데 다른 데를 처다본다는 것이 목표가 늦춰질까 봐 두렵고 짜증나고 불안해요.

상2: 원치 않으면서도 인정받고 사랑받기 위해서 스스로 허풍을 떨고 ○○씨에게 의지하게 만드는군요. (요약 반영)

(내담자의 모순된 욕구와 갈등을 포착하여 내담자가 사용하는 언어를 사용하여 재요약해 주면 내담자는 이해받는 느낌을 더 강하게 느낄 수 있다.)

내3: 원치 않지 않아요. 단지 불안할 뿐.

상3: 어떤 점이 불안한가요? (구체화를 위한 개방형 질문)

내4: 두 달 간 더 매진해서 공부해야 하는데, 목표가 늦춰질까 봐 불안해요.

───────────────────────────────

＊고딕체 부분은 필자가 만든 대안적인 상담지 반응임.
＊이 사례는 제10장의 〈사례 10-2〉에서 계속 이어진다.

상1의 개입은 내담자의 내면을 관찰해서 보고하도록 하는 해석적 요소가 있는 다소 강한 개입임에도 불구하고 상담 초기에 질문을 한 것은 내1에서 내담자가 먼저 자신의 문제점을 인식하고서 그것을 없애고 싶다고 하였기 때문에 가능했다. 내담자가 인식하지 못하는 부분이라면 상담 초기에 이런 식의 자기탐색적 질문은 다소 빠른 감이 있다. 이 내담자는 자신의 문제에 대한 통찰 수준이 높아서 상1의 심경을 묻는 자기탐색적 질문에 대해 자신의 내면을 잘 관찰하여 보고하고 있다.

5. 사례개념화

산의 정상에 오르는 길은 다양하다. 치유라는 정상에 오르는 길 역시 상담자의 성향과 교육 및 이론적 배경에 따라 다양하다. 정상에 오르기 위해 어느 길을 택할 것인지는 상담자의 몫이다. 사례개념화case formulation란 치유라는 정상을 향하는 길로 내담자를 안내하는 상담자가 만든 나침반이다.

상담자는 내담자에게서 얻은 정보를 바탕으로 내담자의 문제를 파악하면서 사례를 개념화해 나가게 된다. 사례개념화란 내담자의 문제와 증상에 대한 상담자의 해석이자 진단이며 일종의 가설이다. 이 가설은 상담의 시작점인 동시에 종착점을 향하는 방향키가 되며, 상담자는 그것을 토대로 상담의 목표와 치료 계획을 수립하고 치료 작업을 진행해 나가게 된다. 사례개념화를 하지 않고서 상담을 진행한다는 것은 불가능하다. 사례개념화를 하지 않는다면 상담은 전문성과 방향성을 상실한 사사로운 잡담이 되어 버릴 것이다.

사례개념화란 내담자가 호소하는 문제와 여러 정보들을 토대로 상담자가 파악한 내담자의 문제다. 사례에 대한 개념을 형성해 나간다는 것은 내담자의 문제와 증상에 관련된 여러 변인들 간의 관계를 이론적인 틀에 맞추어 통합적으로 이해해 나간다는 의미다. 이는 상담을 통해 내담자가 자아의 힘을 키워 가고 점진적으로 자신에 대한 자각의 폭을 넓혀 가면서 통찰하게 될 자신의 모습이기도 하다.

상담자는 내담자를 만나서 정보를 얻는 첫 순간부터 사례개념화를 형성하기 시작한다. 사례개념화는 내담자에 관한 정보가 누적되어 감에 따라 점진적으로 형성되는 과정이다. 그러나 상담자는 상담 초기에 내담자에 대한 정보가 어느 정도 누적되면 그것을 잠정적으로 종합하여 내담자를 통합적으로 이해하는 뼈대를 구성한다. 통상적으로 사례개념화라 함은 바로 이를 지칭하는 것이다. 상담자는 자신이 형성한 사례개념화를 토대로 상담의 목표와 치료 계획을 수립하게 된다.

1) 사례개념화를 만드는 과정

사례개념화는 초기에 얻은 정보들을 토대로 형성한 것이므로 내담자의 문제에 관한 잠정적인 가설이라 할 수 있다. 때로는 내담자의 문제를 이해하는 데 초기 상담에서 얻은 정보로는 충분하지 않을 수 있으며, 상담을 진행해 나가면서 새로운 정보를 수립하게 되면 사례개념화가 수정·보완되어야 한다. 심할 경우에는 이전의 것을 폐기하고 전면적으로 새로 작성해야 할 수도 있다. 그러나 그런 일이 있기 전까지 상담자는 초기 면접에서 얻은 정보를 토대로 치료를 이끌어 나가게 된다. 결국 가장 정확한 사례개념화는 상담이 성공적으로 종결될 때 완성된다고 할 수 있다. 그러나 상담자가 초기 상담의 끝부분에 그간 수집한 자료를 종합하여 임시적으로나마 사례개념화를 구성하지 않는다면 상담은 방향성을 잃고 산만하게 진행될 것이다.

다음은 필자가 참석한 사례회의에서 있었던 일이다. 이 사례는 새로운 정보가 수집되면서 내담자에 대한 사례개념화(진단)가 어떻게 극단적으로 변경될 수 있는지를 보여 준다.

한 소아병동 컨퍼런스에서 10세 아동의 사례가 발표되었다. 이 아동은 초등학교 2학년까지 학교에 잘 적응했고 문제 행동도 거의 없었다. 그런데 3학년에 올라가면서부터 학교에 가지 않고 동네 뒷골목을 배회하기 시작했다. 여러 병원에서 이 아동을 정신분열증, 품행장애, 적응장애 등으로 진단하고 치료하였다. 그리고 차도가 없자 마침내 이 병원으로 의뢰되었다. 여러 가지 심리검사를 실시한 결과, 아이의 지능은 정신지체(IQ 51~60) 수준임이 밝혀졌다. 지적 수준으로 볼 때, 이 아이는 학교 수업을 이해하지 못했을 것이 분명했다. 아이의 지능 수준으로 아이의 대부분의 부적응적인 문제 행동이 설명되고 이해되었다. 이 아이는 얼굴 표정이나 눈빛이 영리한 듯 보였기 때문에 이전의 의료진들은 아이의 지능에 대해 의심하지 않았으며, 또 그런 만큼 아이에게 지능검사를 실시할 필요를 느끼지 못했다. 이 일을 계기로 이 병원에서는 소아에게 개인지능검사를 상례적으로 실시하게 되었다.

상담자는 상담을 지도받거나 발표를 할 때뿐 아니라 만나는 모든 내담자에 대해 사례를 개념화해야 한다. 사례를 개념화한다는 것은 면담 초기에 내담자의 문제를 규명하고 문제의 발생 경위, 과거의 성장과정, 가족관계, 성격 특성 등을 탐색하여, 내담자의 문제를 시발·발전·유지·보호하는 데 기여한 제반 변인들의 관계를 통합적으로 이해하는 것이다.

사례개념화는 한순간에 형성되는 것이 아니다. 상담자는 내담자를 만나는 첫 순간에서부터 사례개념화를 형성하기 시작한다. 그러나 이때는 자료가 부족하므로 매우 초보적인 형태일 수밖에 없으며 부족한 부분이 많은 사례개념화가 될 것이다. 그러나 이 결함투성이의 사례개념화는 앞으로 더 필요한 정보가 무엇이며 지금 내담자가 하는 이야기에서 무엇을 더 탐색하고 파악해야 하는지에 대한 방향성을 제공해 준다. 상담자가 형성하고 있는 초보적이고 임시적인 사례개념화가 방향키로서의 기능을 할 수 있으려면, 상담자는 완성된 사례개념화에 대한 틀을 머릿속에 간직하고 있어야 함은 물론 정신병리와 성격 형성에 관여하는 주요 변인들에 대한 폭넓은 사전 지식을 갖추고 있어야 한다.

상담자는 내담자와의 첫 대면의 순간에서부터 내담자와의 만남 속에서 내담자의 이야기를 듣고 안내를 받고 따라가면서 전문가의 역량을 집결하여 사례개념화를 형성해 나간다. 내담자로부터 전달되는 정보들이 누적되면서 사례개념화는 점차 더 정교해지고 완성도가 높아간다. 내담자의 문제에 대한 보다 정확한 사례개념화는 내담자가 자신과 자신의 감정들에 대해 얼마나 솔직하고 자유롭게 말할 수 있으며, '자신의 보다 깊은 문제에 대한 단서를 얼마나 제공하는가 하는 내담자의 측면과 상담자의 지각적 능력과 경험, 전문적인 지식과 역량, 내담자의 언어적·비언어적 행동에서 풍기는 뉘앙스를 포착하는 상담자의 능력에 좌우된다.' (Wolberg, 1994)고 할 수 있다.

상담자가 아무리 노련하고 잘 훈련되었다 할지라도 치료 초기에 내담자가 호소하는 내용과 과거의 이력 및 현재의 인간관계에 대한 보고만으로 내담자의 문제에 대한 정확하고 만족스러운 사례개념화를 형성하는 것은 그리 쉬운 일이 아니다. '내담자는 자신의 증상을 유지시키는 습관적인 행동이나 사고 패턴들을 인식하는 것이 아직은 가능하지 않으며, 성격의 억압된 측면의 정확한 작용은 상담과정이 어느 정도 진행되어 내담자가 자신을 직면하거나 보다 정직하게 드러낼 수 있게 되기 전까지는 파악하기가 어렵다.' (Wolberg, 1994) 내담자는 상담자에 대한 신뢰가 깊어지면서 그간 철저하게 감추어 온 비밀 증상과 습관과 환상을 털어놓을 수도 있다. 또한 자기 인식이 커가면서 자신의 내면에 대한 더 깊은 통찰을 하게 됨에 따라 떠오르지 않았던 기억이 떠오르는 등 유용한 새로운 정보를 가져오기도 한다. 이에 따라 상담자가 초기에 형성한 사례개념화는 기각될 수도 있고, 부분적으로 수정될 수도 있으며, 처음의 것이 확증될 수도 있다.

사례개념화의 측면에서 볼 때 상담을 진행해 나간다는 것은 사례개념화를 형성하고 완성시켜 가는 과정인 동시에 가설로서의 사례개념화를 검증해 나가는 과정이기도 하다. 상담자가 형성한 내담자의 문제에 대한 가설인 사례개념화는 향후 상담이 진행해 나가야 할 방향과 깊이 다루어야 할 영역을 안내한다. 그러나 철저하게 내담자가 내놓는 자료에 근거를 두어 사례개념화를 하기보다 상담자의 개인적 감정과 욕구, 가치관과 선입견의 영향을 받아 사례개념화를 한다면, 상담은 실제의 내담자가 아닌 날조된 다른 인간을 다루는 방향으로 나아가게 되어 그 내담자에게 맞는 효과적인 치료 목표와 계획을 수립하지 못하게 될 수 있다. 사례개념화를 형성해 나감에 있어서 상담자는 공감적이면서도 연구하는 과학자로서의 객관성을 잃지 않아야 한다.

2) 사례개념화와 상담자의 이론적 입장

사례개념화의 효시는 정신분석의 역동적 공식화psychodynamic formulation일 것이다. 역동적 공식화란 현재의 증상과 문제를 존재하도록 이끈 내담자의 심리 구조물(원초아, 자아, 초자아) 간의 갈등과 방어체계가 어떻게 작용을 하고 있는지에 대한 분석가의 분석적 진단이다. 다른 심리학 이론에서는 인간의 문제를 심리 구조물 간의 갈등과 방어로 이해하지 않으므로 굳이 내담자의 역동을 진단할 필요는 없다. 대신 해당 이론 나름의 인간 문제를 이해하는 개념 틀을 활용하여 내담자의 문제를 이해하려 한다.

사례개념화는 상담자의 지각, 기술, 훈련, 경험, 이론적 선호에 따라 다양한 방식으로 수립될 수 있다. 같은 내담자가 가져오는 문제도 여러 가지 다른 관점으로 파악하여 접근하는 것이 가능하다. 각각의 관점은 내담자가 제시하는 자료를 토대로 상담자의 교육 배경과 선호하는 특정 이론에서 강조되는 내용을 뒷받침해 주는 방식으로 수립된다.

울버그(Wolberg, 1994)는 내담자의 동일한 증상에 대해 다양한 학문 배경과 이론적 입장에 따라 사례개념화가 얼마나 다양하며 그에 따라 치료 계획과 방법이 얼마나 다를 수 있는지를 잘 보여 주고 있다. 다음 〈표 9-3〉의 예시는 울버그(Wolberg, 1994)가 제시한 것의 일부를 필자가 요약하여 다시 정리한 것이다.

〈표 9-3〉 상담자의 교육배경과 이론적 입장에 따른 사례개념화의 예시

한 남성 내담자가 다가올 임원회에서의 발표를 앞두고 긴장, 불안, 두통, 소화불량을 호소한다.

상담자 A: 발표를 해야 할 때마다 습관적으로 증상이 생기는 것을 확인하고는 그의 문제를 '무대 공포증'으로 개념화함. 성공적인 발표 경험이 증상을 제거할 것이라고 판단하고 발표 준비와 발표 경험을 체계적으로 연습시킴

상담자 B: 적성검사 결과 이 내담자에게 대중연설에 적성이 없고 발표기술이 부족하다고 진단하고 웅변학원에서 발표력을 키우는 훈련을 시킴

상담자 C: 교육학적인 견지에서 내담자의 문제를 발표 과제에 대한 적절한 준비의 부족으로 진단하고서 연설발표문 작성을 잘 준비하도록 도움

상담자 D: 행동치료의 입장에서 자기주장 훈련을 통해 주장적 행동을 조성하고, 대중연설의 기회에 빈번하게 노출시킴으로써 발표공포증을 둔감화desensitization시킴

상담자 E: 내담자의 문제를 완벽주의적 성향에서 비롯된 비현실적으로 높은 기대 수준에 맞는 수행을 해내지 못함으로 인한 무력감과 예상된 타인의 비난에 대한 공포 상태로 개념화하고서, 완벽주의적 성향을 점검하고 과도한 기대를 현실적인 기대 수준으로 조정하는 방향으로 치료적 노력을 기울임

이와 같이 동일한 내담자의 문제에 대한 사례개념화가 상담자의 이론적 배경과 교육 분야에 따라 큰 차이를 보인다. 중요한 것은 각각의 이론적 배경에 근거한 치료적 개입들의 상대적인 상담 성과와 효율성(상담 기간), 재발 가능성의 정도 및 부가적으로 얻어지는 성과일 것이다. 여기서 부가적인 성과라는 것은 증상의 단순한 제거만이 아니라 상담과정에서 부수적으로 획득된 역량들을 일컫는다. 위의 예로 든 내담자의 경우 증상이 제거되었을 뿐 아니라 내담자가 자아도 강해지고 자신감과 자신에 대한 확신도 가지게 되었다면 단순한 증상의 제거 이상으로 의미 있는 일이라 할 수 있을 것이다.

3) 성격 및 정신병리와 관련되는 변인

내담자가 상담에 어떤 문제를 가지고 올지 알 수 없다. 미지의 내담자가 가져올 미지의 문제의 본질을 잘 규명해 내기 위해서 상담자는 정신병리와 이상심리에 대한 내용을 충실히 파악하고 있어야 한다.

실제로 내담자의 성장과 발달 및 정신병리에 영향을 미치는 변인들은 무수히 많다. 내담자의 문제를 파악하기 위해서는 내담자의 주 호소 내용만 듣는 것으로는 부족하며 내담자의 성격, 개인력, 성장력, 병력, 대인관계 특성, 가족력 등 내담자의 문제와 장애 증상을 가져오는 데 기여했을 것으로 판단되는 관련 정보들을 내담자로부터 충분히 이끌어 낼 수 있어야 한다. 울버그(Wolberg, 1994)는 초기 상담에서 내담자에게 얻어야 할 자료들을 〈표 9-4〉와 같이 제시하고 있다.

〈표 9-4〉 **초기 상담에서 내담자로부터 얻어야 할 자료**

통계자료	호소 내용	병인론적 요인	인성분석 강점과 약점

이름
주소
전화번호
나이
성별
결혼 여부
교육
직업
수입
	1. 주 호소(내담자가 직접 말하는)
	2. 주 호소의 역사와 경과
	  ① 그 불편이 언제 시작되었는가?
	  ② 어떤 상황에서 시작되었는가?
	  ③ 내담자가 생각하는 그 불편의 원인은?
	3. 그 밖의 호소 내용이나 증상은?
	  ① 신체적
	  ② 정서적
	  ③ 심리적
	  ④ 행동적
	4. 이전에 있었던 정서적 장애
	  ① 아동기
	  ② 최근
	  ③ 입원 경력
	  ④ 정서적 장애로부터 완전히 자유로웠다고 생각되는 기간은?
		1. 유전적 가족 병력사
		2. 가족사항: 부모, 형제관계
		3. 과거력에서의 의미 있는 사건들
		4. 현재 환경에서의 촉발 요인들: 내담자에게 스트레스가 된 정도를 결정하는 현재의 환경분석
		5. 꿈이나 증상을 통해 드러나는 내적 갈등을 포함한 그 밖의 요인들
			1. 성숙 수준
			 - 신체적 성장
			 - 교육적 성취 학업의 진척
			 - 의존성의 해결
			 - 성적 성숙
			 - 지역사회 참여
			2. 아동기의 신경증적 장애
			3. 흥미, 취미, 야망
			4. 성격 구조
			 - 안전감
			 - 권위에 대한 태도
			 - 대인관계
			 - 자신에 대한 태도
			 - 갈등을 다루는 방법

5. 현재의 기능에 미친 정서장애의 효과는? ① 신체건강, 식욕, 수면 및 성 기능에 미친 영향 ② 일에 미친 영향 ③ 가족 및 다른 대인관계에 미친 영향 ④ 흥미와 오락생활에 미친 영향 ⑤ 지역사회 관계에 미친 영향 6. 주 호소 요인의 평가 ① 불안, 우울, 심리·신체적 증상 등과 같이 적응상의 어려움의 증거 ② 적응적이든 부적응적이든 방어적 정교화가 있었는가? ③ 문제에 대한 내담자의 생각과 태도		5. 동기적 요인과 통찰 수준

출처: Wolberg(1994), pp. 504-505에서 인용.

　병원 정신과에서는 내담자의 진단과 치료를 위해서 미국정신의학회에서 편찬한 DSM에서 제시하는 분류를 이용한다. 〈표 9-5〉는 DSM-IV(1994)와 DSM-IV-TR(2000)에서 제시하고 있는 중다축 분류에 열거되어 있는 변인들이다. 축Ⅰ과 축Ⅱ는 정신과 진단을 위해서 필요한 정보들이고, 축Ⅲ은 내담자에게 존재할 가능성이 있는 신체건강상의 문제들이며, 축Ⅴ는 내담자의 전반적 적응 수준이다. 그리고 축Ⅳ는 심리사회적이고 환경적인 문제들로, 현실적이고 적절한 치료 계획을 수립하는 데 필요한 정보들이다.

　워너(Wenar, 1994)는 정신병리의 발달에 영향을 미치는 변인에 관한 연구 결과를 종합하여 정신병리의 위험요인, 취약요인, 보호요인 및 보호기제로 구분하였다.

　위험요인이란 정신병리가 발생할 가능성을 높여 주는 조건이나 상황으로 장애의 발생에 직접적인 영향을 미치는 요인들을 말한다. 위험요인에는 낮은 지능, 낮은 자기존중감과 자기효능감, 미숙하거나 낮은 자기 통제력, 안정되지 못한 부모와의 애착관계, 부부 간 또는 가족 간의 불화, 가족의 학대와 방임, 나쁜 또래관계 등이 있다. 여러 가지의 위험요인이 있을 때는 단일 요인에 비해 누가적이거나 상승적인 효과가 있다.

〈표 9-5〉 DSM-IV의 중다축 분류

축Ⅰ. 임상적 증후군

축Ⅱ. 성격장애

축Ⅲ. 일반적인 의학적 상태. 예컨대, 부상이나 전염병, 신경계나 소화계의 질병, 임신과 출산의 합병증, 당뇨병, 고혈압, 비만 등

축Ⅳ. 심리사회적 문제와 환경적 문제들

    – 1차 지원집단과의 문제: 가족 성원의 죽음, 가정 내의 건강 문제, 별거로 인한 가정의 붕괴, 이혼, 불화, 집에서 쫓겨남, 부모의 재혼, 성적·신체적 학대, 부모의 과잉보호, 아동 방치, 부적절한 훈육, 형제자매와의 불화, 동생의 출생

    – 사회적 환경과 관련된 문제: 친구의 죽음과 상실, 사회적 고립, 혼자 살기, 변화에 대한 어려움, 차별

    – 교육적 문제: 문맹, 학업 문제, 교사나 학우와의 불화, 부적절한 학교 환경, 이사, 전학, 따돌림(왕따), 낮은 성적

    – 직업적 문제: 실직, 실직에 대한 위협, 긴장된 작업 계획, 좋지 않은 작업 조건, 직업에 대한 불만, 전직, 상사나 직장 동료와의 불화

    – 주거 문제: 무주택, 부적절한 주거 환경, 안전하지 못한 이웃

    – 경제적 문제: 지나친 가난, 부적절한 재정 상태, 불충분한 복지 지원

    – 의료 서비스 문제: 부적절한 의료 서비스, 의료기관에의 접근이 어려움, 부적절한 의료보험

    – 법률 시스템/범죄와 관련된 문제: 체포, 투옥, 범죄의 희생

    – 기타 심리사회적 문제: 재난, 전쟁, 가정 밖의 도움 주는 사람(상담자, 사회사업 종사자, 의사)과의 불화, 사회 서비스 기관의 부재

축Ⅴ. 전반적인 기능 수준의 평가(100~0점으로 평가하며, 점수대별 평가 기준이 있다.)

취약요인은 위험을 매개하거나 간접적으로 영향을 주어 위험에 대한 반응을 강하게 하는 요인들이다. 나쁜 부모-자녀 관계, 애정적 양육의 결핍, 긍정적 학교 경험의 결핍 등이 취약요인에 속한다.

보호요인은 건강한 발달을 유지하고 촉진시키는 요인들을 지칭한다. 위험군 아동임에도 불구하고 잘 적응하는 경우에는 보호요인이 작용한 것으로 볼 수 있다. 보호요인으로는 평균 이상의 지능, 유능한 문제해결 능력, 사교적 성향, 긍정적이고 안정적인 양육, 유능한 성인 역할 모델의 존재 등을 들 수 있다. 보호요인이 있을 경우에는 위험에 대해 탄력적resilient이다. 장애에 탄력적이라 함은 장애의 영향을 덜 받는다는 것을 뜻한다. 여러 개의 위험요인을 지닌 아동들도 긍정적인 양육을 받았거나 유능한 성인과 긍정적

인 관계를 맺고 있을 때, 또는 공부를 잘하거나 문제 해결을 잘해 내면 장애의 영향을 덜 받는다.

보호기제는 정신병리로부터 자신을 보호하는 과정을 매개하는 기제들을 의미한다. 부모가 집 밖의 또래활동을 잘 감독하고 조절하여 위험한 영향을 줄여 주는 양육 방식을 취한다거나 아이들이 어디에 있는지 알며 놀이와 친구의 선택을 지도한다면 고위험 환경에서 자라는 아동들의 비행 가능성이 감소된다. 중요한 과제에서의 성공 경험이나 안정적이고 조화로운 부모-자녀 관계는 자기존중감이나 자기효능감을 높이며 삶의 문제를 해결할 수 있다는 자신감을 향상시켜 준다. 이러한 변화는 또한 선순환으로 작용하여 더 많은 긍정적인 기회로 이어지게 된다.

내담자로부터 얻어야 할 자료로 울버그(Wolberg, 1994)가 제시하고 있는 변인들과 DSM-IV의 중다축 내용들 및 정신병리에 대한 위험요인, 취약요인, 보호요인 및 보호기제로 구분된 요인들은 내담자의 문제와 증상 및 성격 발달과 깊이 관련된 것으로 연구된 요인들이다. 이들 요인을 개념적으로 잘 정리해서 숙지하고 있으면 내담자로부터 그것들에 대한 정보를 직접적으로 탐색하지 않더라도 내담자가 자발적으로 내놓는 이야기 중에서 중요하게 작용하는 변인들 및 그 변인들 간의 관련성들을 파악해 내도록 안내받을 수 있으며, 내담자의 문제를 통합적으로 이해할 수 있는 시각을 가질 수 있다.

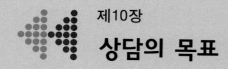

제10장
상담의 목표

상담은 치유를 목표로 한 방향성 있는 대화이며, 잡담식으로 진행되어서는 안 된다. 잡담이란 목적 없이 흘러가는 대화라는 점에서 상담과 근본적으로 다르다.

상담자는 내담자의 입장에서 내담자가 원하는 상담의 목표를 최대한 끌어내어 조율하고 합의하여 상담의 목표를 정해야 한다. 그 목표는 상담자의 도움으로 보다 분명하게 정리되지만 결국은 내담자가 상담에 온 이유이자 내담자가 원하는 내담자의 상담목표다.

1. 상담의 목표

내담자와 합의해서 끌어내는 상담목표 이외에 상담자는 전문가로서 내담자에 대한 두 가지의 다른 상담목표를 가지고 있다. 하나는 이론에 기초한 상담목표이며, 다른 하나는 상담자가 수립한 상담목표다. 상담자는 내담자와 합의하지는 않지만 이들 두 가지 상담목표를 배경에 지니고서 자신의 매 순간의 치료적 개입이 나아가야 할 지향점으로 삼는다.

1) 상담자가 수립한 상담목표

상담자는 내담자와의 만남 속에서 내담자가 원하는 상담의 목표를 내담자와 함께 세워 가지만, 그와는 별개로 전문가로서 자신이 구성한 사례개념화에 토대를 두어 내담자에 대한 나름의 상담목표를 수립해야 한다. 상담자가 수립한 상담목표는 내담자와 합의한 상담목표를 포함하고 있으나 그 이상의 것이다. 내담자가 아직은 수용하기 어려워하는 모습에 대한 부분까지를 포함하고 있으므로 그 모두를 내담자에게 전달하여 합의하기는 어렵다.

초카(Choca, 1980)는 개인상담이 다음의 네 가지 중 하나 이상의 목표를 지닌다고 하였다.

(1) 내담자에게 지지적 관계를 제공하여 보다 높은 수준으로 기능을 할 수 있게 하거나 적어도 더 악화되지 않고 현재 수준의 기능을 유지할 수 있도록 한다.
(2) 자신과 환경에 대한 내담자의 이해 수준을 증가시킨다.
(3) 내담자가 아동기의 갈등을 훈습할 수 있는 관계를 수립한다.
(4) 내담자로 하여금 생활이 덜 고통스럽게 자신과 환경을 변화시키도록 돕는다.

상담자는 사례개념화에 토대를 두어 개별 내담자에 대한 상담의 목표를 수립하지만, 지지적 관계에 역점을 두어 적응을 돕는 선에서 개입할 것인지, 장애와 증상의 제거 수준에서 개입할 것인지, 이해 수준을 높이고 통찰을 지향하는 방향으로 나아갈 것인지는 내담자 문제의 성격과 통찰 수준, 지적 수준과 여건, 내담자가 원하는 상담의 목표 등을 종합적으로 고려하여 조율해야 할 것이다.

〈표 10-1〉 **상담의 목표**

1. 내담자의 상담목표: 내담자가 원하는 것으로 상담자와 내담자가 조율하고 합의해서 수립한 상담목표
2. 상담자가 수립한 상담목표: 상담자가 만든 사례개념화에 토대를 두어 수립한 상담목표
3. 이론에 기초한 상담목표: 성격이론과 치료이론에서 제시하는 성숙한 인격의 특성들

2) 이론에 기초한 상담목표

상담에서는 개별 내담자의 개인적 목표를 수립하고 합의하였다 하여도 그것만을 추구하는 것은 아니다. 상담은 전인을 다루며 총체적인 삶을 다루는 것이다. 내담자가 지각하는 한두 부분의 어려움을 호소하였다 하여도 그와 관련된 부수적인 많은 측면의 내용들은 서로 분리된 것이 아니며, 그것들을 총체적으로 함께 다루지 않을 수가 없다.

건강한 삶을 위해 사람들이 추구하는 기본적인 방향이 있다. 상담자는 그것을 일일이 열거하여 내담자에게 설명하거나 합의하지도 않으며, 그 목적을 반드시 달성하려 하지도 않는다. 그러나 상담자는 상담을 진행해 나가면서 지향해 나가는 기준이 되는 건강한 인간상과 삶의 방향을 갖고 있으며 이를 참조한다. 그것은 내담자의 특성에 관계없이 모든 인간이 지향해 나가는 궁극적인 삶의 방향이며 여러 성격이론에 기초하여 인간이 궁극적으로 지향해 나가는 성숙된 인격의 특성들이자 건강하고도 적응적인 인간의 속성들이다.

조대경, 이관용, 김기중(1994)은 여러 학자들의 정신건강의 기준을 개괄하고서 그 공통 요소를 다음 네 가지로 요약하였다.

(1) 자기존중과 타인 존중
(2) 자신과 타인이 지닌 장점과 한계에 대한 이해와 수용
(3) 모든 행동에는 원인과 그에 따른 결과가 있다는 것의 이해
(4) 자아실현에 대한 동기의 이해

이론에 근거한 성숙한 인간상이나 정신적으로 건강한 사람의 기준과 같이 상담에서 추구하는 이론적이고 일반적인 목표는 어쩌면 개별 내담자에게는 자신의 문제와는 거리가 먼 막연하고 모호한 도덕 교과서의 이야기처럼 들릴 수 있다. 우리는 길을 찾을 때 북극성을 기준으로 찾는다. 그렇다고 우리가 북극성에 직접 가는 것은 아니다. 마찬가지로 상담자는 상담을 진행하면서 내담자에게 개입할 때 이론적이고 이상적인 인간상에 도달하는 것을 목표로 삼지 않는다. 그러나 상담자는 마음 한켠에 늘 그런 이론적이고 이상

적인 목표를 염두에 두고서 그것을 지향하는 개입을 한다.

인간중심치료나 정신분석의 경우를 생각해 보자. 인간중심치료의 입장에서 인간의 궁극적인 목적은 자아실현이다. 그러나 개별 내담자와 상담을 할 때 상담자는 자아실현을 상담목표로 정하여 상담을 하지는 않는다. 다만 내담자가 호소하는 문제와 증상을 다루어 나감에 있어서 구겨지고 억눌린 자아의 부분을 온전히 경험하고 드러내도록 하는 방식을 취한다. 그리고 그 방식은 자아실현을 지향한다. 그 과정에서 내담자의 문제와 증상이 치유된다. 정신분석에서도 마찬가지다. 최종적으로는 일과 사랑을 할 수 있는 능력을 지향하지만 그것을 개별 내담자의 상담목표로 정하지는 않는다. 개별 내담자의 상담목표는 내담자에 따라 특정 증상의 제거나 문제의 심리적 원인에 대한 통찰이나 더 나아가 그런 문제를 가져오게 하는 성격 구조의 변화를 목표로 할 것이다. 그러나 그 목표를 추구해 나가는 과정에서의 자신에 대한 자각과 통찰은 궁극적으로 일과 사랑을 하는 능력을 획득하는 것과 방향을 함께한다.

3) 내담자의 상담목표

내담자의 상담목표는 내담자로부터 끌어낸 상담목표이자 내담자와 합의한 상담목표다. 목표를 세우기 위해서는 우선 내담자가 어려움을 겪고 있는 문제와 상담에 온 목적, 도움을 청하게 된 이유 등에 대해 내담자가 자발적으로 하는 이야기를 충분히 듣고 이해하여야 한다. 내담자의 문제와 상담목표의 관계는 손바닥과 손등의 관계처럼 밀접하다.

내담자의 상담목표는 내담자가 지닌 문제의 성격, 통찰 수준을 포함한 내담자의 특성, 상담자의 이론 및 교육적 배경에 따라 차이가 있을 수 있다. 장애와 증상을 가져온 내담자의 경우, 장애와 증상은 적응과 기능을 어렵게 하고 인성의 발달을 막으므로 그것을 제거하는 것이 상담의 일차적인 목표가 되어야 할 것이다. 그들에게는 구체적인 장애나 증상에 초점을 두는 행동치료나 인지치료가 더 적합할 수 있다. 정신분석 상담이나 인간중심치료에서는 장애나 증상을 제거하는 것을 넘어서서 자신에 대한 이해와 인격적인 성숙을 지향한다. 내담자들은 장애와 증상이 제거된 이후에도 상담을 지속하고 싶어 할 수 있다. 이런 경우에는 그에 상응하여 상담의 목표를 재조정하여야 할 것이다.

구체적인 증상은 없어도 내담자가 생활 속에서 어려움과 갈등을 겪으며 그로 인해 고통 받는 경우는 갈등을 극복하고 해결하도록 돕는 것이 가장 중요한 상담목표가 될 것이다. 어떤 사람은 장애나 증상이나 적응상의 특별한 어려움이 없음에도 불구하고 자신을 좀 더 알고자, 자신의 인성의 성숙을 위해서 상담을 받기도 한다. 그들은 궁극적으로 성숙한 인격을 향해 나아가는 것이 상담목표가 될 것이다.

내담자의 상담목표는 일차적으로는 내담자의 문제를 해결하고 장애와 고통을 감소시키며 내담자의 건강한 욕구를 충족하도록 돕는 것일 것이다. 상담자는 내담자가 내놓는 문제의 특수성에 따라 그리고 내담자가 추구하는 목표와 욕구와 현실 여건을 고려하여 현실적이고 합리적인 목표를 수립하도록 돕는다. 그 목표가 각 내담자의 특성에 맞도록 설정되려면 내담자의 문제가 현실적으로 해결 가능한 방식으로 재정의되어야 한다. 그리고 현실에 맞게 재정의된 내담자의 문제를 해결하는 것이 곧 내담자의 상담목표라 할 수 있다.

내담자가 장애와 증상을 호소하는 경우, 해결 가능한 방식으로 문제를 재정의하기 위해서는 정신병리 현상에 대한 지식(증상학), 여러 성격 이론적 입장에서 보는 각 정신병리의 발생 원인과 그에 대한 치료 기법에 대한 지식이 필요하다. 이론은 편견과 선입견으로 작용하여 현상을 정확하게 보지 못하게 하는 측면이 있음을 배제할 수 없지만, 동시에 현상을 더욱 정확하고 풍부하게 볼 수 있도록 안내하는 나침반 역할을 하기도 한다.

상담에서 증상을 다루는 방식은 그것을 촉발시키거나 강화 또는 유지시킨 심리적 원인과 환경적 원인을 규명하고 그 원인을 제거하거나 그에 대처하는 것이다. 행동치료에서는 증상을 직접 치료하는 몇몇 기법을 개발했지만 그 외의 심리치료 이론에서는 증상을 직접 치료하는 방법은 별로 없다. 증상은 심리적인 원인에 의해 이차적으로 발생하는 것이므로 상담에서 증상을 다루려면 증상을 초래한 심리적 원인들을 규명하는 것이 중요하다. 그리고 그 원인을 해결하기 위한 대화가 곧 상담이다. 이 경우 문제란 증상이나 고통을 초래한 심리적인 원인을 의미한다.

예를 들어, 불면증을 호소하는 경우를 살펴보자. 심리적 원인에 의한 불면증은 이차적 증상이며 상담을 통해 불면증을 직접 치료하는 방법은 사실상 거의 없다. 불면증의 증상을 상세히 탐색하는 과정에서 내담자는 숱한 걱정거리로 잠을 이루지 못한다는 사실이 드러났다. 그러면 상담자는 내담자로 하여금 잠을 이루지 못하게 하는 걱정거리를 상세하게 듣는다. 그 고통을 수용하고 공감하고 더 나아가 걱정되는 상황을 어떻게 대처해 나갈지 함께 논의한다. 내담자는 불면증으로 인한 고통 때문에 상담에 왔지만, 상담자는 내담자의 걱정거리를 다룸으로써 불면증을 치유한다. 따라서 불면증은 걱정되는 상황에 대한 대처의 어려움으로 재정의되고, 상담자는 내담자가 걱정하는 상황을 대처하고 문제를 해결하도록 도움으로써 내담자의 걱정거리를 감소시켜 불면증을 극복하는 방법으로 내담자를 돕는 것이다.

신체 증상에 접근할 때도 마찬가지다. 예컨대, 두통을 호소하는 내담자의 경우, 두통을 신체적인 문제로 본다면 해당 병원에서 치료를 받아야 마땅하다. 병원에서 신체적 이상이 없다는 것을 확인받은 상태에서 상담에 왔다면 두통은 심리적인 원인에 의한 것이라고 볼 수 있다. 그러므로 상담자는 내담자의 두통이 유발되는 상황을 탐색한다. 두통이 더 심해지는 상황도 있고 두통을 못 느끼고 지낸 순간들도 있을 것이다. 상담자는 이런 요인들을 잘 평가하여 내담자의 두통을 유발하는 자극들과 그것을 내담자가 어떻게 받아들이고 처리하는지를 탐색한다. 그리고 두통이 분노와 연결되어 있다는 것을 확인하게 되면 내담자가 분노 상황을 다루는 방식을 함께 점검한다.

불면증이나 두통과 같은 신체 증상 자체를 내담자의 문제로 받아들여서 불면증(또는 두통)의 제거를 상담목표로 삼아서 직접적으로 고치려는 자세를 취하게 되면, 내담자는 자신의 내면을 보기보다는 자신의 증상에 더욱 집착하게 되어 근원적인 치유가 어렵게 된다. 예컨대, 불면증에 관심을 집중하게 되면 잠이 들 때 자신의 증상에 대해 점점 더 예민해지고 각성되게 된다. 그 결과 불면증을 가져오도록 이끈 원래의 걱정거리에 불면증에 대한 걱정이 추가되어 내담자는 더 잠들기 힘들게 되며, 치료는 더욱 어려워진다. 그래서 원래의 걱정거리가 문제가 아니라 불면증에 대한 걱정 때문에 잠을 못 자게 되는 이차적인 악순환이 형성될 수 있다.

2. 내담자의 상담목표를 정하는 요령

내담자의 주 호소 내용(문제와 증상과 고통)은 문제 파악의 시발점이며, 내담자의 희망 사항이나 요구와 바람은 상담목표 수립의 시발점이다. 특별한 문제를 이야기하지 않으면서 욕구 충족의 어려움에 대해 불만을 토로하는 경우는 욕구가 충족되지 않는 것이 문제이며, 상담의 목표는 결국 그 욕구들을 충족할 수 있는 역량을 키우고 여건을 만들어 가는 것이 될 것이다.

교육학이나 행동주의적 지향성을 가진 상담자는 목표를 수량화하고 목표 달성의 지표로 삼을 수량화된 기준을 설정하는 것을 선호한다. 그러나 정신역동이나 내담자중심 치료에서는 목표 달성을 위해 내담자가 할 수 있는 행동들을 내담자 속에서 이끌어 내도록 자극하고 안내하는 것을 더 선호한다. 즉, 실천방법이나 실천의 기준조차 내담자의 자유재량에 맡기며 내담자의 선택과 자유를 존중한다. 상담자는 내담자가 자신의 문제를 풀어 가는 과정에 깊은 관심과 존중의 태도로 임하면서 시의적절하게 자극을 주고 공감하며 해석을 한다. 그리고 내담자가 자신의 문제를 풀어 나가는 과정에 동반하면서 내담자를 따라간다.

1) 내담자가 원하는 내용을 포함해야 한다

내담자가 진정 도달하기를 원하는 어떤 상태에 도달할 수 있다는 희망은 상담에 대한 동기를 높여 준다. 내담자의 이야기에 토대를 두지 않고 상담자가 임의로 자신의 가치관과 선입견에 근거하여 내담자가 원치 않는 방향의 상담목표를 정해서는 곤란하다. 내담자가 원치 않는 상담목표는 상담의 동기를 저하시키거나 결국 때 이른 종결로 이어지게 된다. 예컨대, 내담자는 자신의 동성애를 바꿀 마음이 없는데도 가톨릭 신자인 상담자가 내담자의 동성애 경향성을 바꾸는 것을 목표로 삼는다면 기본적인 상담 계약에 위배되는 것이므로 상담이 더 이상 유지되기 어려울 것이다. 내담자는 상담자의 가치관과는 다른 가치관을 지녔으며 자신이 변하고 싶은 내용이 있어서 상담에 온 것이다. 그러므로 상담자는 내담자의 가치관이 자신과 다르다고 하여도 그것을 있는 그대로 수용하고 존중해주어야 한다. 마찬가지로 성적 영역에 취약한 여성 상담자가 내담자의 성적 고민을 외면한다면 이 역시 내담자가 원하는 목적를 다루지 못함으로써 상담은 머잖아 때 이른 종결을 할 수밖에 없다.

내담자는 자신의 문제를 일목요연하게 설명하지 못한다. 자신도 무엇이 자신의 문제인지 잘 모를 수 있으며, 몇 가지 불편한 것을 여기 찔끔 저기 찔끔 이야기하기도 한다. 어떤 때는 말에 일관성이나 조리가 없는 것 같기도 하며, 별로 중요하지 않은 것 같은 이야기를 길게 해대기도 한다. 상담전문가도 자신이 내담자로 상담을 받을 때 자기 문제를 깔끔하게 잘 정돈해서 설명하기가 쉽지 않다는 것을 경험한다. 내담자가 한 번도 설명해 보지 않은 자신의 문제를 일목요연하게 잘 설명하기를 기대할 수는 없다. 상담자는 내담자의 설명을 듣고 중간중간 요약하고 정리해 주는 동시에 공감적으로 탐색해 나가면서 내담자로 하여금 진정으로 극복하기를 원하는 자신의 문제를 끌어내고 자신이 원하는 목표를 세울 수 있도록 도와주어야 한다.

다음 사례는 1회 축어록으로, 내담자의 문제를 탐색하면서 내담자의 목표를 이끌어 내는 과정을 잘 보여 주고 있다.

 사례   〈10-1〉 **내담자의 문제와 상담의 목표**

상1: (신청서를 보며) 요즘 불편한 점은 부모님과의 경제적 문제, 이루지 못한 꿈, 대인관계, 타인 시선 의식, 남동생, 시험불안 등 여섯 가지가 문제라고 쓰셨는데, 그중 가장 힘든 점이 어떤 부분인지요?

내1: 경제적 문제예요.

상2: 경제적인 문제가 어떻게 힘드세요?

내2: 사업 실패로 집이 망하면서 장녀로서 책임감이 많았어요. 그런데 부모님이 시킨 것도 아닌데 안 해 본 일 없이 돈을 벌어 부모님을 도왔는데, 그러면서 제 정체감을 잃는 것 같았어요. 저는 그림을 그리고 싶었는데 포기해야 했어요. 이젠 더 이상 일에 얽매이기가 싫어요. 그래서 올해 들어 직장을 그만두고 하고 싶은 그림 공부를 시작했는데, 여전히 경제적으로 엄마가 나에게 의지를 많이 하셔요. 그동안 일해서 모은 돈으로 집을 하나 사고, 지금은 그림만 그리고 싶은데 엄마 가게에 나가서 저녁에 도와야 하고, 뭐 하려고 하면 경제적인 부분들이 발목을 잡아서-, 전에는 부모님 원망 많이 했는데, 심리학 책들을 읽다 보니까 문제가 저한테 있는 것 같기도 하고, 부모님이 내 발목을 잡은 것이 아니라 발목을 잡게끔 내가 행동을 그렇게 한 것 같아요.

상3: 어떻게 하셨는데요? (구체화)

내3: 내가 남들한테 기죽는 거 싫고 자존심이 세서, 사업 망하고 부모님이 힘들어하면서 돈이 없다고 하면 "걱정하지 마, 내가 해결할게." 이런 식으로 강한 척했어요. 그리고 부모님이 힘들어하고 마음 아파하는 것을 못 보겠어요. 이렇게 계속 내가 해결해 주다 보니 끝이 없을 것 같아 이번에 미국에 가려고 했는데, 또 집이 힘들어지니까 포기하고 아르바이트 해야겠다는 생각을 했어요.

상4: 부모님이 힘들어하면 ○○씨가 나서서 해결해 드리려고 해 왔고, 그러다 보니 ○○씨가 하고 싶은 걸 포기해야 했군요.

내4: 부모님도 내가 도움을 주는 것을 마다하지 않으셨어요. 영업일을 해서 돈을 많이 벌었는데, 버는 돈을 모두 다 줬어요. 그런데 엄마가 "됐다. 너도 힘든데." 이러시지 않고, 내가 갖다드린 돈을 따로 저축해 주지도 않으시고.

상5: 번 돈을 모두 드렸는데도 내 장래를 위해 저축도 안 해 주시고 힘든 것도 알아주지 않고. (바꾸어 말하기/반영)

내5: 나중에는 나도 돈을 좀 모아야겠다 싶어서 딴주머니를 찼는데, 결국 그것도 아빠의 제안으로 집을 사는 데 다 쓰고. 이젠 허탈하죠. 그 돈이 있었다면 외국 가서 공부도 했을 거고 지금 아르바이트 안 해도 될 텐데 하는 생각이 들어요. 집이 있어서 부모님이 기뻐하시는 거 보면 뿌듯하기도 하지만 나를 생각하면 이룬 게 하나도 없어서 공허하죠. 나에겐 집이 있다는 것이 그다지 좋지도 않아요. 돈 문제를 생각하면 자꾸 화가 나요.

상6: 내 스스로 챙겨야겠다는 걸 깨달았는데 또 빼앗기고. 모두 다 드렸는데, 내 것을 챙겨주지 않은 부모님께 서운하기도 하고 화도 나고.

내6: 네. 무의식에서 부글부글 끓어요. (눈물) '더 이상 어쩌라고, 나 이제 공부 막 시작했는데 어쩌라고! 난 계속 이렇게 살라고?' 하는 생각에 화가 나요. 이제 나를 그만 터치하고 독립적으로 살도록 해 주셨으면 좋겠는데 부모님이 너무 자식들을 품안에 감싸서 부담스러워요. 나중에 하고 싶은 걸 하려고 오디션도 보고 해서 됐는데, 나 없는 몇 개월 동안 힘든 것을 부모님이 내게 계속 말씀을 하시면 난 또 그걸 그만두고 부모님을 돕게 되요. 내가 해결해 줄 것을 알고 부모님도 내게 그런 말씀을 하셨던 것 같고요. 대인관계에서도 그런 면이 있어요. 외로움이 많고 사랑받고 싶어서 내가 손해를 보더라도 다른 사람이 원하는 대로 맞춰줬어요. 그렇게 다른 사람이 원하는 걸 해 주고 나서도 사실 그리 뿌듯하지도 않아요. 이런 점을 정말 고치고 싶어요. 사실 부모님이 나한테 돈벌어 달라고 한 적은 한 번도 없죠. 계속 '힘들다, 다음 달엔 돈을 어디서 빌리나.' 이런 말씀을 하시는데 그게 너무 싫어요. 내가 꿍쳐 둔 돈으로 부모님과 6개월 정도 떨어져 지낸 적이 있는데 그때가 제일 행복했어요. 부모님의 생활고에 귀를 막고, 하고 싶은 일을 하며 지내는 그때가 제일 행복했어요.

상7: 부모님이 돈을 달라고 요구한 적은 없지만 힘들다고 한 말을 외면할 수가 없었군요.

내7: 네.

상8: 외면하면 어떻게 될 것 같았나요?

내8: 저희 집이 상당히 잘 살았었는데 부모님이 기죽는 게 싫었어요. 잘살다가 망하니까 친척들도 다 등을 돌리더라고요. 나까지 등을 돌리면 안 된다는 생각이 컸나 봐요.

(눈물) 내 안에 한이 많은 것 같아요. 근데 돈 벌어서 다 엄마 갖다주다가 나중에 2년 정도 딴주머니 찼는데, 그때가 좋았죠. 죄책감 들지 않고 잘했다는 생각이 들었어요. 미국에 가려는 것도 공부보다는 80% 정도는 부모를 등지고 살고 싶다는 마음 때문이었어요.

상9: 부모님께 휘말려 돈을 가져다드리게 되지만, (문제) 이제는 내가 원하는 내 인생을 살고 싶군요. (목표)

* 고딕체 부분은 필자가 만든 대안적인 상담자 반응임.

이 사례에서 상담자가 요약한 내담자의 발언의 핵심 메시지는 곧 내담자의 문제인 동시에 상담의 목표이기도 하다. 상9에서 상담자가 요약해서 반영해 준 내용에는 내담자의 문제와 상담의 목표가 정리되어 있다. 즉, '부모님께 휘말리는 것'은 내담자의 문제이고, '내 인생을 살고 싶은 것'은 내담자의 상담목표이자 내담자의 건강한 욕구인 것이다. 이런 식으로 상담자는 내담자의 발언 속에서 내담자의 문제와 상담목표를 찾아내어 합의해 가는 동시에 내담자의 건강한 모습을 캐내어 그것을 키워 나가도록 돕는다.

2) 내담자의 여러 문제들을 포함하여야 한다

상담을 하다 보면 내담자가 처음에 호소한 내용과는 다른 어려움들을 이야기하는 경우를 흔히 보게 된다. 그리고 나중에 이야기하는 고민이 내담자의 진정한 내담 이유인 경우도 적지 않다. 그러므로 내담자가 처음에 말한 한두 가지 문제에만 초점을 맞추기보다는 내담자의 어려움에 대한 이야기를 모두 듣고 나서 전체적인 맥락을 파악해 공통적인 문제들을 연결해서 상담목표를 설정하는 것이 좋다. 상담자는 내담자가 자발적으로 내어놓는 어려움들을 충분히 들은 다음, 그 외의 다른 어려움이나 불편함은 없는지를 확인하여 다른 어려움에 대해서도 충분히 듣는다. 이런 식으로 내담자의 어려움을 하나하나 들어 가다가 다 듣고 나면 지금까지 이야기한 어려움이 전부인지 혹은 더 있는지를 확인하여 가능한 한 내담자의 모든 어려움을 다 끌어내어 들도록 한다. 그리고 그 어려움들을 주제별로 묶어서 상담의 목표에 반영한다.

또한 상담목표는 융통성이 있어야 한다. 최종 목표를 달성하는 데는 여러 가지의 과정상의 목표들이 포함되어 있을 수도 있다. 상담이 진행되면서 문제가 세분화되고 심리적인 걸림돌들이 드러나며, 새로운 문제와 자료가 발견됨에 따라 그리고 치료에 대한 내담자의 반응과 호전의 정도에 따라 상담의 목표는 수정되고 추가될 수 있고 더 세분화될 수도 있다. 상담자는 이런 변화를 상담의 목표에 융통성 있게 반영해야 한다.

3) 실천 가능한 현실적인 목표를 정하도록 돕는다

내담자가 원하는 목표가 추상적이거나 비현실적이거나 병리적일 때는 목표를 설정하는 과정을 좀 더 길게 갖고서 충분히 논의하는 것이 좋다.

예를 들어 보자. 20대의 여성 내담자가 자신이 '취직을 못하는 것은 얼굴과 영어실력 때문이며, 성형을 하고 영어학원을 다녀야 하는데 돈이 없는 것이 문제'라고 한다. 턱교정을 받기 위해 어디어디를 성형해야 하고 그러려면 얼마의 돈이 들고, 영어학원을 다니려면 학원비가 얼마인데, 가난한 것이 문제라고 한다. 이 내담자는 자신의 모든 문제는 오직 돈이 없기 때문이며 돈만 있으면 아무 문제가 없다는 입장이다. 내담자는 자신의 무능력과 열등감을 전혀 인식하지 못하고 있기 때문에 초보상담자는 그에 대해 감히 어떻게 임해야 할지 감을 잡기 어려울 수 있다. 내담자의 말 속에는 상담을 통해서 돈을 많이 벌 수 있게 되기를 바라는 비현실적인 갈망이 들어 있다. 그러나 상담은 돈을 벌도록 해 주는 것이 아니며, 내담자로 하여금 돈을 많이 벌게 하는 것을 상담의 목표로 삼을 수는 없다. 내담자로부터 현실적인 목표를 끌어내는 첫 단계는 돈이 없는 것과 관련해서 상담에서 무엇을 기대하는지, 상담의 결과로 어떻게 되고 싶은지에 대한 내담자의 분명한 의견을 묻는 것이다. 돈이 많아졌으면 좋겠다는 부적절한 기대를 내담자가 여전히 하고 있다면 그다음 단계는 돈이 많아지기 위해서 상담에서 어떻게 해 줄 것을 기대하는지를 묻는 것이다. 돈을 벌 수 있도록 도움받기 위해서 왔다면 그런 문제는 상담에서 다루지 않는다고 설명을 하고 취업 관련 기관을 소개해 줄 수 있다. 또는 "돈을 많이 벌기 위해서 상담에 오신 건가요?"라고 노골적으로 질문할 수도 있는데, 이때 건강한 자아의 부분이 남아 있는 내담자라면 상담자를 통해 언급된 자신의 비합리적인 목표를 듣고 그것이 잘못되었다는 것을 인식할 수 있다. 이때 보이는 내담자의 반응을 보면서 "그럼 상담에 오신 이유(목적)는 무엇인가요?"라며 내담자의 보다 건강하고 합리적인 자아의 부분으로 하여금 자신의 내면을 관찰하도록 자극할 수 있다. 상담자는 이런 방법을 사용하여 실천 가능한 합리적인 목표를 내담자와 함께 세워 나갈 수 있을 것이다.

마찬가지로 신체 증상을 치료하는 것이나 다른 사람을 바꾸는 것과 같이 상담에서 다룰 수 없는 문제에 대해서도 불가하다는 것을 내담자에게 분명히 알려 주어서 자신을 움직이고 조절하여 해결할 수 있는 현실적인 상담목표를 세우도록 돕는다.

4) 목표는 위계적이며 연결된 여러 요소들을 포함해야 한다

문제는 목표를 포함하고 있다. 문제와 상담의 목표는 손바닥과 손등처럼 짝을 이룬다. 내담자의 문제는 여러 가지 갈등되고 모순되는 요소들을 포함할 수 있는데, 그 각각의 요소들에 대해서도 목표가 세워져야 한다. 즉, 목표 달성을 위해서 포기해야 하는 것과 걸림돌을 제거하는 것도 목표에 포함시켜야 한다. 그리고 통합된 최종 목표를 달성하기 위해서는 문제의 하위 요소들을 다루는 하위 목표들이 위계적이고 유기적으로 상호 연결되어 있어야 한다.

내담자의 문제를 구체화하면서 탐색해 들어가다 보면 그 문제는 보다 작은 여러 개의 문제가 얽혀 있는 것을 알 수 있다. 즉, 내담자의 건전한 성장을 방해하거나 보다 적응적인 삶을 살지 못하도록 막는 내면의 심리적인 걸림돌들이 드러난다. 이러한 심리적인 걸림돌 하나하나가 바로 내담자가 변화해야 하고 이겨내야 할 내담자 자신의 모습들이다.

다음의 사례는 앞에 제시된 〈사례 10-1〉의 2회 축어록이다.

사 례 〈10-2〉 심리적 걸림돌과 상담의 목표

내1: 사실은 지난주에 취직이 돼서 아주 좋은 조건으로 이번 주부터 출근하는데, 나 스스로도 그러면 안 되는데 또 엄마한테 "엄마 내가 1, 2월에 일하니까 카드 안 쓰게 해 줄게." 이런 말을 해요. 지난주에 와서 부모님이 나에게 의지하게끔 내가 만들고, 그러고 싶지 않다고 얘기했는데 엄마한테 또 그런 얘길 하는 나를 보면서 '아, 정말 나한테 문제가 있구나.' 생각했어요. 그런 거 정말 없애고 싶어요.

상1: 안 된다는 것을 알면서도 자진해서 엄마에게 돈을 가져다 바치고 있군요. 그러는 심경은 무엇인가요?

내2: 허풍? 그 사람에게 잘 보이기 위해 과장되게 표현하고 또 그거에 맞추기 위해서, 다른 사람에게 인정받고 사랑받기 위해서 허덕이며 쫓아가는 거 같애요. 또 걱정인 것은 이제 일을 시작하게 돼서 돈을 벌면 돈 맛에 계속 돈을 벌까 봐 걱정돼요. 공부해야 되는데 다른 데를 쳐다본다는 것이 목표가 늦춰질까 봐 두렵고 짜증나고 불안해요.

상2: 원치 않으면서도 인정받고 사랑받기 위해서 허풍을 떨고 ○○씨에게 의지하게 만드신다는 거군요.

내3: 원치 않지 않아요. 단지 불안할 뿐.

상3: 어떤 점이 불안한가요?

내4: 두 달간 더 매진해서 공부해야 하는데, 목표가 늦춰질까 봐 불안해요. 또 돈이 있으면 제가 또 쓰거든요. 화장품, 옷, 다른 사람에게 베풀고. 제가 모순이 있는 것 같애요. 일하면 너무 진이 빠져서 다시는 안 한다고 했었는데, 지금 계획은 일하는 동안

일 끝나고 회사 옆 도서관 가서 공부하는 건데 잘해 낼 수 있을까 걱정돼요. 그치만 등록금도 벌어야 하고, 우선은 많이 버는 게 더 나을 것 같고. 그래야 내년에 돈 때문에 포기 안 하니까.

상4: 내가 원하는 인생을 살려면 허풍도 안 떨고 돈도 안 쓰고 참아야 할 것 같은데, 그 조절하는 게 잘 안 되고 자신 없고.

내5: 회사의 기대가 큰 것도 부담이에요. 하루에 70통의 전화를 해야 해서 되게 힘들어요. 이번 만큼은 한눈팔지 않고 공부만 하고 싶은데 그게 안 될까 걱정이에요.

상5: 엄마에게 큰소리치며 돈 주는 생각할 때 어떤 기분이었는지?

상5: 내 꿈을 향해 나가고 싶은데 또다시 주변의 인정과 기대에 꺾이게 될까 걱정되는군요.

내6: '엄마 딸 잘났지.' 하는 희열 느껴져요. 엄마가 어디 가서 꿀리는 게 싫어요. 엄마한테 내가 먼저 내 입으로 "엄마 좀만 참아. 내가 이제 돈 버니까 다음 달에 돈 갖다 줄 수 있을 거야." 말하니 자동적으로 엄마아빠는 나한테 기댈 수밖에 없어요. 그것도 다른 사람에게 잘 보이기 위한 것 같아요.

상6: 허풍이라고 했는데, 지금 말씀하시면서는 엄마에게 그렇게 말했던 내 모습이 어떻게 생각이 되나요?

상6: 인정받고 싶어 허풍을 떨어 기대게 만들고 희생하느라 결국에는 진정 내가 원하는 삶을 살지 못하게 되는군요.

내7: 말하는 순간 엄마의 반응을 볼 때는 희열을 느껴요. 아빠는 늘 다정다감하고 사랑한다는 표현도 많으신데, 엄마는 그런 게

없어요. 어릴 때부터 엄마한테 그런 표현을 받기 위해 되게 노력했던 것 같아요.

상7: 허풍이라고 표현했지만 사실은 그게 엄마의 사랑을 얻기 위한 노력이었네요.

내8: 그랬죠. 일단 엄마가 힘든 게 싫으니까. 엄마 아빠가 싸워도 엄마 편만 들었어요.

상8: 엄마 힘든 걸 ○○씨가 대신 짊어졌군요.

내9: 망하고 나서 엄마가 친구가 없어요. 아빠가 젊을 때 바람도 많이 피고 엄마는 불쌍하게 살았어요. 아빠가 회사 그만두고 사업 망하고 뒷수습을 항상 엄마가 했어요. 엄마가 안 해 본 게 없어요. 아빠는 계속 일을 벌이고 엄마가 장사하면서 그 뒤치다꺼리를 다 했어요. 엄마가 너무 불쌍해서 엄마를 내가 안아 줘야 할 것 같은 느낌인데, 그게 되게 심해요. 고등학교 때 아빠가 바람 핀 것을 알았을 때부터 엄마가 불쌍하게 생각됐어요. 그때 엄마랑 베란다에서 붙들고 운 기억이 나요. 아빠는 결혼해서부터 계속 여자가 있었어요. 그걸 알기 전까지 아빠를 되게 좋아했었는데, 그때부터 아빠가 싫어졌어요. 배신감이 컸어요.

상9: 엄마가 너무 약하고 불쌍해서 ○○씨가 대신 보호해야 할 것 같은 심정이었군요.

내10: 그런 것 같아요. 그런데 이제는 아빠도 나에게 기대요. 얘기하다 보니 내가 엄마에 대한 의무감이 정말 컸네요. 엄마를 지켜줘야 한다는 의무감이 되게 심한 것 같아요.

상10: 엄마가 불쌍해서 애가 타고, 또 지켜주느라 자신의 인생을 살지 못하게 되고.

내11: 아, 우울해요. (눈물) '아- 나도 기대고 싶은데.' 그런 생각. 그냥 막 불쌍해요. 엄마가 진짜 고생을 많이 했어요. 장사해서 손 다 부르트고, 그러니까 '내가 잘 돼야겠다.' 이런 생각. 우리 엄마 무시하는 사람 다 복수해 주고 싶고, 등 돌린 친척들에게도. 엄마를 보호하려 했던 게 맞는 것 같아요. 그걸 짊어지고 가려니 나도 버거운데… 답답하죠. 끝날 시간이 되니 또 답답하네요. 몇 회기까지 이렇게 답답할까요?

* 고딕체 부분은 필자가 만든 대안적인 상담자 반응임.

내담자는 사실 엄마가 불쌍해서 보호하고 지켜줘야 할 것 같은 느낌으로 자청해서 도와주고 있으며(내담자의 문제), 그러느라 자신의 인생을 살지 못하고 있다(문제의 결과). 내담자의 문제는 다음의 세 가지로 나뉜다. (1) 약한 엄마를 보호하고자 하는 마음, (2) 허풍을 떨어서라도 인정받고 싶은 욕구와 주변의 인정과 기대에 휘말리는 것, (3) 돈 쓰는 것을 참고 조절 못하는 행동. 내담자는 이러한 자신의 행동에서 벗어나서 자신의 인생을 살고 싶다(내담자의 상담목표). 즉, 엄마로부터 분리되지 못한 내담자가 엄마로부터 분리되어 독립하는 것이 내담자가 원하는 상담의 최종 목표다. 그러기 위해서 내담자는 (1) 어머니를 보호하고자 하는 마음을 이겨내고 거리를 유지할 수 있게 되어야 하고, (2) 인정받고 싶은 욕구를 포기할 수 있어야 하며, (3) 인내심을 갖고서 돈을 조절해서 사용하는 등의 하위 목표를 이루어 내야 할 것이다. 상담자는 그동안 협력해서 내담자 속에서 끌어내어 온 상담목표를 다음과 같이 정리해서 내담자에게 돌려줄 수 있을 것이다. "엄마로부터 벗어나서 원하는 자신의 인생을 살려면 엄마를 보호하고자 하는 마음도 이겨낼 수 있어야 하겠고, 인정받고 싶은 욕구도 좀 포기할 수 있어야 하겠고, 힘들겠지만 돈도 좀 조절해서 쓸 수 있게 되어야겠군요. 그렇게 되도록 함께 노력해 나갑시다."

3. 목표 달성을 위한 과정상의 목표

목표를 달성할 수 있으려면 내담자는 우선 자신의 문제의 원인을 자기 내부로 귀인시킬 수 있어야 한다. 원하는 목표를 이루기 위해서 자신의 일부를 변화시킬 마음을 먹어야 한다. 그런 다음 억눌린 감정을 드러내어 자신의 감정을 느낄 수 있어야 한다. 막아놓은 감정에 피가 돌고 활기를 되찾을 수 있어야 한다. 그리고 변화를 막는 내면의 걸림돌들을 파악하고 그에 대처한다. 그러는 가운데 목표를 이룰 수 있는 내적인 힘을 키워나가야 한다.

1) 단계 1: 문제의 원인을 내부로 돌린다

우리는 오직 우리 자신만을 조절하고 변화시킬 수 있으며, 심리상담은 자신을 조절하고 변화하여 원하는 상태에 도달하는 방법을 취한다. 따라서 외부에 원인이 있음직해 보이는 내담자의 증상과 문제라 하더라도 그에 대해 내담자가 기여하는 부분을 이끌어 내는 질문을 해야 치료적 작업의 토대를 마련할 수 있다. 즉, 내담자가 자신의 문제에 대해 내부 귀인을 할 때만이 상담을 통한 치료가 가능하므로 상담자가 가장 먼저해야 할 치료적 작업은 내담자로 하여금 문제를 초래하는 데 기여하는 자신의 내부의 심리적 원인을 파악하도록 돕는 일이다. 이는 환경적인 문제에 대해서도 마찬가지인데, 이 경우는 환경에 대처하는 내담자의 역량을 다룬다.

우울증과 같은 마음의 병의 원인에 대해 정신의학에서는 뇌 전달물질로 설명하기도 한다. 유명 연예인이 자살한 경우 매스컴에서는 정신과 전문의를 내세워 우울증이란 뇌 전달물질이 작용하는 질병이므로 약으로 치료했어야 한다고 말한다. 그러나 사람의 기분이 좋아지거나 생각이 긍정적으로 바뀌게 되면 호르몬도 바뀌고 뇌 전달물질에도 영향이 미친다. 기분이 좋고, 긍정적이거나 낙관적으로 생각하면 뇌 전달물질의 일종인 베타 엔도르핀이 나온다는 것은 매스컴의 영향으로 이제 상식이 되었다. 증상이나 문제의 원인이 환경이나 외적 요인에 기인되었다 하더라도 심리상담에서는 외부 환경을 변화시키거나 약을 투여하는 방법을 사용하지 않는다. 자신의 조절능력을 키우기보다는 외부의 힘으로 자신의 상태를 변화시키고 싶은 사람은 심리상담의 대상이 아니다.

심리상담은 자신을 변화시켜 원하는 것을 얻으려는 사람만을 그 대상으로 한다. 자신을 직면할 용기를 지닌 사람만이 심리상담을 받을 수 있다. 심리상담은 내담자의 생각이나 행동이나 태도를 변화시킴으로써 외부 환경을 바꾸거나 체내 물질에 영향을 주는 방법을 취하므로 상담자는 마음을 바꿈으로써 환경을 바꾸고 신체 상태에 변화를 가져올 수 있다는 입장에서 상담에 임해야 한다. 그리고 내담자가 자신의 문제의 원인에 대해 외부 귀인을 한다면 그 첫 과정목표는 내부 귀인을 하도록 돕는 것이다.

2) 단계 2: 억눌린 감정을 드러내어 자신의 감정으로 느낀다

내담자의 문제와 고통은 많은 부분 자신의 감정을 수용하지 못하는 것과 관계가 있다. 맺히고 억울한 감정을 해소하지 못하면 두통이나 화병과 같은 신체 증상이 일어나기도 한다. 감정을 정화시키는 것, 소화되지 못한 힘들고 고통스러운 경험들이나 내담자의 맺힌 감정들을 드러내어 소화시키고 자신의 체험으로 받아들이도록 돕는 것 역시 가장 기초적이면서도 중요한 치유 작업 중의 하나다. 상담자가 밑 감정을 질문하였음에도 내담자가 감히 표현을 하지 못하면 그 감정의 표현이 내담자에게는 두렵거나 위협적인 것이기 때문이다. 이때는 그 위험 수위를 낮추어 주어 내담자가 감정 표현을 좀 더 용이하게 하도록 돕는다. 예컨대, "그런 경우 나 같으면 굉장히 화나고 배신감을 느꼈을 것 같은

데 ○○씨는 어떤가요?" 또는 "그런 경우 대부분의 사람들은 억울하고 화가 나지요."라고 하여 과도하게 도덕적인 내담자가 좀 더 편한 마음으로 자신의 분노 감정을 표현할 수 있도록 문턱을 낮춰 준다. 이는 내담자의 강한 초자아를 축소시키고 자아에 힘을 실어 주어 심리 구조물 간의 균형을 맞추는 작업이기도 하다.

3) 단계 3: 변화를 막는 걸림돌을 파악하고 그에 대처한다

변화로 인해 어떤 부정적인 측면이 발생할 때, 내담자는 변화하고 싶으면서도 상담과정에서 변화에 저항하고 변화를 회피하려 할 수 있다. "접근-회피 갈등 상황의 경우, 갈등은 실제하는 것일 수도 있고 상상의 것일 수도 있다. 환자가 피하고자 하는 변화의 결과가 실제하는 것이라면 환자로 하여금 상황을 명확하게 이해하고 그에 대한 실존적인 결단을 내리도록 도와줄 수 있다. 갈등이 상상적인 것이라면 그 기원을 찾아서 그에 포함된 감정과 체험들을 훈습하도록 도와야 한다." (Choca, 1980, p. 114)

예컨대, 미혼의 여동생인 내담자는 부모의 생계뿐 아니라 결혼한 오빠의 가계까지도 부양하고 있는데, 이제는 가족 생계의 책임을 떠맡고 싶지 않다. 그런데 하다 보면 자신도 모르게 휘말려서 가족의 생계를 짊어지고 있게 된다. 이 내담자의 갈등은 여러 가지 내면의 걸림돌인 하위 문제들을 내포하고 있다. 내담자가 갈등을 극복하고 독립된 자신의 삶을 사는 것이 다른 여러 문제와 맞물려 있기 때문에, 하위 문제들이 모두 함께 극복되지 않고서는 내담자의 갈등이 극복될 수 없으며 독립된 자신의 삶을 꾸려 나가는 것도 불가능하다. 이 내담자는 갈등을 극복하기 위해서 적어도 다음 세 가지의 목표를 함께 이루어야 한다. (1) 가족의 생계를 떠맡지 않고, 휘말리지 않고, 자기중심을 지키며, 그러기 위해서는 (2) 경제적 책임을 지는 대가로 얻어진다고 생각하는 애정욕구를 포기할 수 있으면서 동시에 (3) 경제적 책임을 내려놓음으로써 느껴지는 죄책감을 견디어 내는 것이 가능해야 한다. 즉, 내담자는 애정 욕구와 죄책감으로부터 결연한 이별 작업을 하지 않고서는 자신의 인생을 살 수가 없다. 따라서 상담자는 내담자로 하여금 애정 욕구와 죄책감을 잘 이겨내도록 도와야 한다.

4) 단계 4: 건전한 성장 욕구를 활성화시킨다

많은 내담자들이 조건적 가치 속에서 진정한 자신의 모습으로 살지 못하여 왔다. 많은 경우 사랑을 얻기 위해서 자신이 원하는 것들을 포기해야 했다. 그러면서 내담자들은 자신이 진정으로 무엇을 원하는지를 억눌러야 했고, 심지어는 자신이 무엇을 원하는지조차도 잘 모르는 상태에 이르기도 한다. 어떤 내담자는 자신이 무엇을 원한다는 것, 자신으로 산다는 것에 죄책감을 느끼기까지 한다. 그러면서 자신의 욕구를 드러내는 것을 두려워하고 부모나 다른 주요 인물들의 욕구에 맞추어 살아왔으며, 자신의 성장 욕구와 성장 잠재력을 억눌러야 했다.

그러나 상담에 문제를 가져온다는 것, 문제를 고치고 싶어 한다는 것은 이미 그 이면에 더 이상 이대로는 살 수 없으며 건강하게 살고자 하는 건전한 성장 욕구가 바탕에 깔려 있는 것이다. 내담자는 자칫 자신 속에 있는 건강한 부분들에 대해 인식하지 못할 수도 있다. 그러나 상담자는 자신의 섬세한 눈으로 내담자 속에 숨어 있는 건강한 측면과 건전한 성장 욕구를 자극시키고 활성화되도록 격려하고 그것을 키워 나가도록 도와야 한다.

4. 문제에 따라 다양한 내담자의 상담목표

내담자의 문제에 따라 내담자의 상담목표는 다양하다. 다음의 사례들은 내담자 나름의 독특한 문제를 반영하는 여러 가지의 다양한 상담목표를 예시해 준다. 다음의 사례들은 초기 상담의 것이기 때문에 상담 중반으로 가면서 목표가 수정되거나 분화되거나 새로운 목표가 세워지는 과정을 보여 주지는 못한다. 다만 초기에 내담자가 내어놓는 문제와 경험들을 따라가면서 자연스럽게 내담자의 다양한 문제와 어려움에 해당되는 상담목표를 설정해 가는 과정을 부분적으로 보여 주고 있다.

1) 사례 1: 억눌린 분노 감정 표현하기

이 내담자는 중학교 시절 선생님에게 부당하게 따귀를 맞았는데, 그 후 그 선생님의 눈을 쳐다볼 수가 없었고 고교 시절부터는 다른 사람들의 눈까지도 보기가 어려워졌다고 호소하였다. 따귀를 때린 선생님에 대한 감정이 해소되지 않고 있으므로, 상담자는 내담자의 해소되지 않은 억눌린 감정들을 표현하도록 도와서 그 감정을 해소시킬 수 있을 만큼 충분히 드러내게 하는 것이 일차적인 상담목표가 되어야 할 것이다.

내담자는 선생님에게 억울하게 따귀를 맞은 이후 오랫동안 분노 감정을 억누르며 살아와야 했고 그와 관련하여 사람들의 눈을 쳐다보지 못하고 있다. 이 내담자의 일차적인 목표는 억울한 감정을 충분히 드러내어 분노 감정을 해소시킴으로써 사람들을 편하게 쳐다볼 수 있도록 하는 것이다.

 사례 〈10-3〉 **억눌린 감정의 표현**

내1: 중학교 때 수학시간에 선생님께 따귀를 맞았어요. 옆 친구와 잠깐 잡담을 했다가 걸려서 맞게 됐어요. 수업시간에 나오라고 해서 아무 생각 없이 나갔는데, 갑자기 때려서 쓰러졌는데 다시 또 일으켜 때렸어요. 옆 친구와 같이 떠들었는데, 나만 맞았어요.

상1: 지금 그런 일이 생겼다면 선생님께 뭐라고 했을 거 같나요?

상1: 같이 떠들었는데 나만 때리고, 쓰러진 걸 일으켜서 또 때리고. 그래, 그때의 심정이 어땠어요?

내2: 제가 맞을 정도로 행동했다면 정말 죄송하죠, 하지만 좀 심한 거 같아요. 아무리 생각해도 지나친 체벌 같고, 왜 그런 건지 정중하게 묻고 싶어요.

상2: 듣고 싶은 얘기는?

상2: 선생님이 ○○씨에게 너무 편파적이고 과하게

체벌을 해서 몹시 억울했겠군요.

내3: 선생님 속마음은 별로 튀는 애도 아니라 중요하게 생각지도 않고, 자존심도 상하니까 '그냥 넘어가도 되겠지.' 하셨겠지만, 어떤 이유로 이렇게 체벌했는지 얘기를 듣고 싶어요. 만약 오해가 풀린다면 그냥 일상적인 일로 없었던 일로 되었을 것 같아요. 그 당시 내가 찾아가서 솔직한 대화를 나누었다면 이렇게 힘들게 살진 않았을 거 같기도 해요.

상3: 이유를 모르고 억울한 일을 당한 경험이 또 있나요?

상3: 그때의 억울한 감정을 못 풀어 지금껏 오랫동안 고통을 받아 왔군요. 그 즉시 대화로 풀지 못한 것이 후회되기도 하고.

---

* 고딕체 부분은 필자가 만든 대안적인 상담자 반응임.

그러나 상담자는 내담자의 억울한 심정이 드러나도록 개입하기보다는 상1, 상2, 상3의 반응을 통해 논리적으로 문제를 해결하는 방식으로 접근을 하고 있다. 내담자의 억울한 감정에 관심을 갖기보다는 무슨 이야기를 듣고 싶은지, 다른 억울한 일은 어떤 것인지 질문함으로써 내담자의 억울한 심정이 겉으로 드러날 수 있는 길을 터 주지 못하고 있다. 필자가 대안적으로 제시한 바대로 개입을 한다면 이 내담자의 억울한 분노 감정을 충분히 드러내어 다룰 수 있을 것이다.

2) 사례 2: 의존성을 벗어나 자율적이고 독립적이 되기

두 발로 서서 진정한 자신의 삶을 사는 것, 주변의 많은 방해에도 불구하고 내담자로 하여금 자신에게 충실하고 온전히 자기의 삶을 살도록 이끄는 것, 그리고 종국에는 자신의 세계를 구축하도록 돕는 것이 특히 중요한 내담자도 있다.

한 내담자가 '자기가 비정상인지, 자신이 동생을 너무 의존적으로 만드는 게 아닌지 상담자가 들어보고 판단해 달라.'며 상담을 신청하였다. 이때 상담자는 내담자가 염려하는 비정상성에 대한 내용과 동생을 의존적으로 만드는 내용에 대해 충분히 이야기를 들어봐야 할 것이다. 그런 다음 그에 대해 내담자 자신은 어떻게 받아들이는지 내담자 자신의 생각과 의견을 이끌어 내야 할 것이다. 의존적 성향이 강한 내담자는 자신의 판단이나 선택을 신뢰하지 못하고 상담자에게 의탁하려 할 수 있다. 자신으로 살지 못하고 남의 생각으로, 남에게만 맞추어 살아온 내담자에게 스스로는 어떻게 생각하는지 자신의 생각을 드러내도록 자극하는 질문을 하는 것은 내담자가 자신의 두 발로 세상을 사는 첫발을 떼게 하는 것에 해당된다. 상담자는 내담자로 하여금 안전한 상담시간에 작은 한 가지라도 스스로 선택해 보도록 하는 것이 중요하다. 이 내담자는 자신의 판단을 믿지 못하고서 자신에게 변화가 있어 보이는지 상담자에게 묻기까지 하였다. 이때 상담자는 내담자의 질문을 내담자에게 되돌려 스스로는 어떻게 생각하는지 내담자의 생각을 끌어내어야 한다. 중요한 것은 내담자의 생각이고 상담자는 바로 이 만남의 순간에 내담자가 자기 자신 속에서 스스로 생각을 끌어낼 수 있도록 돕는 것이다. 내담자가 원한다고 상담자가 대신 생각하고 판단해 주는 것은 순간적으로 내담자를 편안하게 해 줄 수는 있겠지만, 이는 상담자가 내담자의 삶을 대신 살아 주는 것이며 여지껏 해 오던 내담자의 의존적인 삶의 방식을 반복하는 것에 불과하다. 이런 식으로는 내담자에게 변화를 기대할 수 없다. 이 내담자에게 있어서 치유란 자율적이고 독립적이 되는 것이다. 미숙한 대로 내담자 스스로 자기 생각을 끌어냈다면 그것이 바로 내담자가 이룩해 낸 변화인 것이다. 이에 상담자는 새롭게 형성되는 내담자의 독립적이고 자율적인 자아를 거울 반영 mirroring해 주어 그 싹을 건강하게 키워 나가야 할 것이다.

이 단계를 지나가면 내담자의 진짜 문제가 드러날 수 있다. 판단을 타인에게 의탁하는 그 저변에는 내담자 자신의 욕구와 생각이 드러나는 것에 대한 두려움과 불안이 도사리고 있다. 그런 감정을 다루어 가다 보면 상담자는 내담자의 진정한 문제를 만날 수 있을 것이다.

3) 사례 3: 내면의 모순과 갈등을 이겨내고 통합하기

자신이 원하는 대로 행동할 수 있다면 진정한 자유인이다. 사람들은 외부의 현실적인 제약 내에서 자신이 원하는 바를 행동할 수밖에 없다. 그러나 어떤 사람은 자신 속에 있는 내면의 걸림돌로 인해서, 양립 불가한 모순된 욕구 때문에, 혹은 자신 내면에 능력과 태도가 개발되어 있지 않아서 자신이 원하는 대로 행동할 수가 없다. 그렇게 되면 자신의 모습에 대해 불만을 갖게 되고 자신을 비하하게 되며 스스로 자존심의 손상을 입게 된다.

원하는 바와 실제의 자신의 모습이 다를수록 갈등이 심하고 그로 인한 고통도 크다. 이런 문제를 지닌 내담자들은 상담을 통해 갈등을 조화롭게 타협하여 이겨내도록 도움받을 수 있다. 그러나 그것만으로는 부족하다. 진정으로 갈등을 이겨내려면 현실이 허용하는 가능한 방법으로 조화롭게 욕구들을 충족할 수 있는 능력도 함께 터득해야 한다.

어린 시절의 이야기만 나오면 눈물을 흘리면서 자신에게 무관심했던 어머니에 대한 서러움을 토로하곤 했던 내담자는 넘어져서 다친 자신의 딸을 보듬어 주지 못하고 오히려 "너는 왜 나를 방해하니?"라고 나무랐다며 서글프게 울었다. 내담자는 좋은 엄마가 되기 위해서 평생을 자녀양육에만 힘써 왔다. 그러느라 사회생활을 하면서 자신의 능력을 발휘하고 싶은 욕구를 오랫동안 억눌러 왔다. 그녀는 자녀들이 어느 정도 성장한 얼마 전부터 봉사활동을 시작하였다. 그런데 아이가 넘어져 다치는 바람에 외출하기 어려운 상황이 되어 버린 것이다. 그 순간 내담자는 아이의 고통보다 자신의 외출을 방해받은 것이 더 속상해서 순간적으로 딸에게 짜증을 냈다. 그리고 바로 다음 순간, 내담자는 자신의 어머니가 자기에게 했던 대로 딸을 대했음을 깨닫고 죄책감이 들었다.

상담자는 (1) 사회생활 속에서 자신의 능력을 발휘하고 자신의 욕구를 충족하는 것에 대한 내담자의 생각을 검토하고, (2) 자신에게 부과하는 좋은 어머니상이 현실적인 것인지 아니면 지나친 것인지를 점검하며, (3) 자신의 욕구를 충족하면서도 좋은 엄마가 되는 방법을 자신 속에서 이끌어 낼 수 있도록 도와야 할 것이다.

4) 사례 4: 삶의 설계도를 완성하기

내담자는 자기 나름의 추구하는 삶의 모습이 있지만 대부분의 경우 내담자의 삶의 설계도는 부분적이고 미완성이며, 막연하고 추상적이며, 비현실적이고 이상적이며, 모순을 포함하고 있기도 하다. 설계도는 단편적이고 모호하고 비현실적일수록 실천하기가 어렵다. 때문에 상담자는 현실적이면서도 합리적이고 만족스러운 삶의 설계도면을 완성해 나가도록 내담자를 도와야 한다. 상담자는 내담자가 원하는 삶을 명확하게 규명하도록 돕고 그 삶의 설계가 현실적이고 구체적인지를 함께 검토해 나가야 할 것이다. 원하는 삶의 설계도가 명확하고 현실적이고 구체적이라면 내담자는 그에 맞추어 비로소 자신이 원하는 삶이라는 집을 조금씩 지어 나갈 수 있게 될 것이다.

다음의 사례에서 내담자는 주변의 어른들의 모습에 크게 실망하며 살아왔고, 자신은 그런 어른이 되고 싶지 않다. 그러면서 내담자는 자신이 되고 싶은 어른의 모습을 조금씩 드러내고 있지만 그 모습은 아직 단편적이고 모호하다. 이 내담자에게 가장 중요한 것은 자신이 존경할 수 있고 본받고 싶은 어른 모델을 찾는 것이다. 상담자는 내담자가 되고 싶은 어른의 모습을 내담자 속에서 잘 이끌어 내어 명확하게 규명하고 정리하여 충분히 영글도록, 더 나아가 실천할 수 있도록 도움으로써 내담자가 진정 자신이 되고 싶은 어른으로 인생을 살아나갈 수 있도록 도와야 할 것이다.

4. 문제에 따라 다양한 내담자의 상담목표

이 내담자에게는 (1) 자신이 되고픈 원하는 어른의 모습을 규명하고, (2) 그 모습의 실현 가능성을 검토하여 현실화시키며, (3) 현실화된 어른의 모습을 실천해 나가도록 돕는 것이 상담의 목표가 되어야 할 것이다.

 사례 〈10-4〉 **상담목표: 삶의 설계도 완성하기**

내16: 네, 맞아요. 대한민국은 민주주의 공화국이다. 그런데 민주공화국은 아니네요. 촛불 시위하는 사람들 다 불법이라며 다 처벌하겠다고 했단 말예요. 그럼 지네들도 법을 어겼으니 그럼 감옥 가야겠네요. 전에 친구가 '어떤 어른이 되어 가느냐?' 라는 질문을 했는데 - 아직도 그 답을 찾아가고 있는 거 같아요.

상17: ○○씨는 어떤 어른이 되고 싶은가요?

내17: 그냥 어린애들 앞에 섰을 때 적어도 부끄럽지 않은 어른이 되고 싶어요. 만약 내가 선생이라고 하면 윤리를 가르쳤을 때 떳떳할 수 있는 어른이었으면 해요. 제가 배워 가는 단계라서 그렇겐 못하겠지만.

상18: 부끄럽지 않은 어른이라면 어떤 어른일까요?

내18: 술을 마셔도 깨끗하게, 개가 되지 않고 깨끗하게. 사람이- 놀아도 즐길 만큼 즐기는 정도? 뭐 그런 거?

상19: 개가 된다는 거, 즐길 만큼 즐긴다는 게 어떤 건가요?

내19: 어느 정도 수위가 있다는 거죠. 예를 들어, 남자들이 술 마시다가 좀 취하면 여자들을 부르잖아요. 그건 부끄러운 짓이에요. 아저씨들이 대부분 그러고 놀잖아요. 그렇게는 놀지 말자는 거죠. 재미나게 놀아

도 내 수위 안에서, 이 공간 안에서만 놀지 밖에까지 끌고 나가는 건 싫어요. 술 먹고 길거리에 토하고, 아유! 그런 거는 싫어요. 그런 거는 아닌 것 같아요. 적당히 기분 좋게-그런 어른.

상20: ○○씨는 어른이 되기 싫다고 했잖아요. ○○씨 바람은 그렇지만 몸은 어른이 돼 가고 있고 나이도 원하든 원하지 않든 먹어 가고 있잖아요. 그럼 그러기 위해서 어떻게 해야 될 것 같아요?

상20: 그러니까 ○○씨는 민주적이고, 술을 마시되 깨끗하게, 적당히, 과하지 않게, 즐길 만큼 즐기는 그런 어른이 되고 싶군요.

내20: 일단 제일 큰 게 평생 공부하면서 살다가 죽는 거? 적어도 자기 하는 분야에서는 최고가 되자 이거죠. 내가 있는 분야에서 말을 해도 능숙하게, 맡은 일은 잘하자 이거죠. (음) 회사 사람들이랑 대화하다 보면 (음) 휴, 한심하죠. 휴.

상24: 그런 사람들이 있다는 건가요?

상24: 유능한 최고가 되고 싶고.

내24: 네. 제가 무슨 말하면 너는 정말 똑똑한 것 같아. 하지만 저는 똑똑한 게 아니거든요. 사람이 뇌를 얼마큼 활용하고 쓰느냐에 따라 틀려진단 말예요. 그러니까 공부를 더한 놈이 멍청한 놈을 지배하잖아요.

근데 이 회사는 오래 짱 박혀 있으면 위로 올라가는 회사예요. 사람들이 일하는 거 보면 다 멍청해요. 정말 완전 수동. 자동이 아니라 수동 그 자체. 그니까 사람들이 힘든 거예요. 맨날 야근하고, 맨날 6~7일 일하고. 그게 뭐냐! 이거예요.

상25: 음- 그러면 최고가 되고 싶고 멍청이가 되고 싶지 않다 얘기했는데- 그럼 혹시 지금은 최고가 아니란 말이잖아요.

상25: 최고가 되고 싶고, 머리를 활용해서 효율적으로 일하고 싶네.

내29: 그니까, 위에 있는 사람들한테 농락당하지 말자 이거죠. 적어도 내 소신대로 나가야지. '너 이거 해. 저거 해.' 한다고 해서 시키는 대로 하면 바보죠. 위에 있는 사람한테 휘둘리진 말자는 거죠. '바빠요.' 라고 한마디 말은 할 수 있는.

상30: 그러면 혹시 어른이 되기 싫은 부분이 ○○씨 의사가 아니라 수동적인 게 싫고 하라는 대로 해야 되고, 아직은 본인이 원하는 그런 모습이 아니기 때문에, **어른이 되고 싶은 걸 싫어하거나 두려워하는 마음이 있는 건 아닐까요?**

상30: 농락당하거나 휘둘리지 않고 소신을 펴는 그런 사람이고 싶고.

내31: 좀 추잡해 보여요. 말 좀 안 예쁘게 하거나, 어른들 노는 거? 서로서로 욕하고 서로서로 친한 척하고- 완전 가식이잖아요.

상32 : 음, 가식적인 모습이.

상32: 가식 아닌 진실된 모습으로 살고 싶고.

내32 : 정말 추해 보여요. 〈중략〉

상36: ○○씨 성향이 명확하게 구분 짓는 거 선호하고- 성격도 그렇고요. 명확하고 분명

하고, 딱 정해져 있는 거 좋아하고, 그런 특성이 와 닿는 것 같네요. **저는 아까 얘기하던 거 더 얘기하고 싶은데, 어른이 되길 좋아하지 않는거, 왜 그럴까요?**

상36: 민주적이고, 술을 마시되 깨끗하게 적당히 즐길 만큼 즐기고, 그러면서도 순수한 호기심을 지니면서, 자기 분야에서 최고인, 그러면서도 농락당하거나 휘둘리지 않고, 의사표현을 제대로 하고, 가식적이지 않고 진실되고. ○○씨는 바로 그런 사람이 되고 싶군요.

내36 : 그게, 그게- 그것밖에 없는 거 같은데요. 나이 먹어서- 두근거림은 없어지고 그것부터가.

상37: 어른이 돼서도 아이 같은 호기심, 모험심이 있다면 어떨 것 같아요?

상37: 어른이 되더라도 두근거림이나 설렘이 있으면 좋지요.

내37: 사는 데 심심하진 않을 것 같아요. 적어도 세상을 바라보는 데 있어서- 좀 틀릴 것 같아요. 계속 뭔가 배우고 움직여야 하잖아요. 활발한 게 좋은 거 같아요. 아무 호기심도 없이 가만히 있는 건 아닌 것 같아요. 그럼 배만 나오겠죠. 먹을 거 옆에 끼고 가만히 앉아서.

상39: 음, ○○씨가 피터팬 이야기 했잖아요. ○○씨 말대로 하고 싶은 거 다 해 보고 결과는 생각지 않고 일단 해 보고, 그러면 사건사고가 더 많지는 않을까요? 어린 시절에는 누군가 보호해 줄 사람이 있어 가능할지 모르는데, 스스로 책임지고 해결해야 하는 게 어른이잖아요. 호기심과 새로움을 추구하는 데 중점을 둔다면 인생에 사건사고가 많을 것도 같은데 그런

점은 어떻게 생각해요?

내39: 물론 그런 한계점이 있겠죠. 제가 돌 같은 거 모으는 취미가 있어요. 화석 같은 거요. 제가 돌을 하나 주웠어요. 이게 어디에 속해 있는 돌일까? 이게 현무암일까 화강암일까를 두고 생각하는 – 그런 호기심을 말하는 거예요. 예를 들어, 화석이 있다고 하면 아프리카 쪽에 이름이 긴 식물이 하나 있는데, 그 식물의 화석이 그 쪽에 많이 있대요. 그런 걸 보러 간다거나, 얘가 어떻게 화석이 되었을까 – 하는 좀 더 과학적인 부분이겠죠. 제가 말하는 거는 그런 거 –. 제가 과학을 많이 좋아해요. 인간이 어떻게 진화되었나를 생각할 수도 있고, 그런 거겠죠.

상40: **어른이 되어서도 그런 순수한 호기심을 간직하며 살고 싶군요.**

---

* 고딕체 부분은 필자가 만든 대안적인 상담자 반응임.
* 굵은 글씨는 상담자가 특히 반치료적으로 개입한 부분을 표시한 것임.

이 사례에서 상17, 상18, 상19는 내담자가 불만스러워하는 어른의 모습을 부분적으로 잘 탐색해 나갔다. 그러나 상담자는 내담자의 건강한 부분을 짚어서 키워 주고 구체화시키며 실현 가능한 것으로 함께 만들어 가도록 협력해 나가기보다는 내담자가 원하는 모습에서 부정적인 측면을 문제 삼아 바꿔 주려 하며(상36) 내담자의 건강한 성장 욕구를 신뢰하지 못하고 있다(상37, 상39). 내담자가 지닌 희망과 비전을 강화시켜 내담자가 원하는 어른으로 성장하도록 돕기보다 내담자의 잘못된 것을 지적하고 고쳐 주려고 함으로써(상37) 내담자를 위축시키는 방향으로 나아가고 있다(상39). 그럼에도 불구하고 내담자는 내39에서 여전히 순수한 호기심을 간직하며 살고 싶은 자신의 마음을 이야기한다. 이 내담자의 고집 역시 내담자의 힘이고 강점이고 건강한 부분이다. 주변의 형편없는 어른의 모습에 실망하면서 불평하는 이 내담자의 마음속에 자신은 멋진 어른이 되고 싶으며 멋있고 바르게 인생을 살고 싶어 하는 열망이 깔려 있다. 상담자는 내담자가 원하는 건강한 어른의 모습에 대한 생각들을 이끌어 내어 잘 정리하고 통합하도록 도움으로써 내담자가 원하는 상담의 목표를 달성하도록 도울수 있을 것이다.

5. 사례 예시: 문제와 목표의 합의과정

내담자의 문제를 파악하고 상담목표를 합의하기 어려워했던 한 초보상담자의 사례를 살펴보자. 이 사례는 첫 상담에서 내담자의 문제를 파악하여 상담목표를 정하기까지의 과정에서 내담자의 말을 알아듣고 그 핵심 메시지를 따라가며 반영해 주는 것이 얼마나 중요한지를 보여 준다. 상담자의 개입 뒤에 필자가 대안적인 개입과 그에 대한 설명을 덧붙여 놓았다. 다음 사례는 9회 축어록이다.

 사 례   〈10-5〉 **문제와 목표의 합의**

내1: 나한테 문제가 있나 이런 생각을 하고 있는데 집중이 잘 안 되는 거예요. 어디서 무슨 소리가 들린다 그러면 또 금방 깨지고 깨지고, 되게 그런 게 많더라구요.

상1: 음- 집중이 안 돼서?

상1: 집중이 어렵군요.

내2: 아, 내일은 어떻게 해야 되지? 또 이런 생각나고, 그거를 집중해서 생각하질 못하고. 그런 거를 보니까 제가 되게 수동적이었어요. 그니까 친구를 만나서 뭐를 먹을까 물어보지 한 번도 제가 '그거 먹고 싶어, 그거 먹으러 가자.' 이렇게 얘기해 본 적이 없는 거 같아요. 제가 자라 왔던 환경이 항상 수동적으로 '하라' 그러면 하고, 그래서 그렇게 나의 생각으로 내 판단으로 했던 일들이 별로 없었던 것 같아요. 그리고 그런 부분들이 되게 생각을 안 해서 나 혼자 스스로 해야 될 때는 되게 충동적이고.

상2: 스스로 생각을 하고 결정을 할 때는 충동적이라는 거예요?

상2: 수동적으로 남에게 맞춰 주는 식으로만 살아왔고 자기 할 일은 집중해서 생각을 못하겠고.

내3: 흰 도화지에다가 글을 쓰면서 '첫째 오늘은 뭘 하고, 둘째 뭘 하고' 이렇게 하면은 하나하나 지워 나가는 그런 쾌감으로 하는데, 이 머릿속에서 그게 그려지지가 않는 거예요. '도대체 내가 문제가 뭐지?' 이렇게 잠깐 생각하는 사이에도 '아, A한테 먼저 전화해야 되겠다.' 그런 거 있잖아요. 그니까 오래 생각을 좀 집중을 해서 못하는 경향이 되게 많은 거 같아요. 그리고 오면서 생각이 들었는데, '나를 치료를 해야겠다는 어떤 목적의식 없이 내가 여길 다닌 게 아니었나?'라는 생각이 들었어요. 저는 무슨 일을 하든 항상 모든 사람들한테 물어보는 것 같아요. 그니까 제가 어떤 상황이고 어떤 기분인지 내 주변 사람들은 다 알아요. 제가 되게 말 많이 하고- 네.

상3: 물어보죠? 내가 지금 이런데 어떻게 할까?

상3: 자기가 할 일을 남에게 묻고.

내4: 아뇨. 어떻게 할까라는 걸로는 정답이 없다는 걸 알겠어요. 어차피 그거는 내가 스스로 판단을 해야 되니까. 근데 하다못해 내가 기분 나쁘면 꼭 위로받아야 되고, 그리고 내가 기분이 좋으면 너도 같이 기뻐해 줘야 되고. 저는 하루에 한 번도 휴대전화가 울리지 않으면 되게 내가 인생을 헛 산 거 같고 나를 찾아주는 사람이 없다는 느낌. 이러다가 내 인간관계가 다 끊어지지 않을까라고 걱정되고. 서로 편한 사이에서 말 안 해도 편해야 되는데 막 되게 불편하고, 힘들고 지치면서도 '나 이렇게 잘 살고 있다.' 그러면서 '앞으로 계획은 뭐고-' 막 그렇게 보여 주려고 하고. 내가 힘들면 '집에 가자.' 이렇게 먼저 얘기할 수도 있는데 그냥 그가 먼저 집에 가자고 얘기해야 '어, 그럴까?' 이렇게. 모든 대인관계에서 되게 그래요.

상4: 일관적인 패턴을 발견하셨네요.

상4: 혼자 있는 걸 못 참고, 수동적이고, 누군가 날 알아줬으면 좋겠고, 힘들고 불편하면서도 잘 살고 있는 것처럼 꾸며서 말하고, 원하면서도 쉬지도 못하고.

내5: 그렇게 수동적일 수밖에 없는 건 제 생각이 없는 거죠. 깊게 생각을 못하니까.

상5: 아, 그러니까 집중을 못하는 거하고, 수동적인거 하고 그렇게 관련이 되는군요.

내6: 네. 그러니까 저 안의 무엇을 바라고 무엇을 하고 싶은지에 대한, 저를 알아차리지 못하는 거죠. 그런 생각이 되게 많이 들었어요. 근데 꿈에서는 제가 하고 싶은 걸 다 해요. 남자도 먼저 꼬시고, 친구한테 막 화도 확 내보고, 예를 들자면, 뭐, 무슨 무슨 얘기를 했는데, 그때 당시에는 기분도 안 나쁘고 했는데, 꿈속에서 그게 되게 기분 나빠서 막 또 화를 내거나, '그때 왜 그렇게 했어!' 따지거나. 이렇게 꿈에서 그렇게 하더라구요, 제가.

상6: 현실이랑은 다르네요. 반대네요.

상6: 현실에서는 수동적으로 남에게 의탁해서 맞추면서 살다가 꿈속에서 비로소 자기가 하고 싶은 대로 할 수 있군요.

내7: 네. 제 무의식에 저를, 그니까 암튼 저는 여기 다니면서 치료하는 목적이 없었던 거 같고, 이렇게 좀 저를- 이렇게 좀- 관찰할 수 있는 시간을, 목표를 좀 세우고, 이렇게 좀 저를, 저 자신한테- 길게 연장해서 저에 대해서 알아차리는 부분들이 좀 필요하지 않을까라는.

상7: 네. 수동적으로 남만 따라갔었는데, (내담자의 문제) 이제는 꿈속에서만이 아니라 실제 삶 속에서도 내 생각을 알고 내가 원하는 대로 살 수 있었으면 좋겠군요. (내담자의 상담목표)

---

* 고딕체 부분은 필자가 만든 대안적인 상담자 반응임.

　　필자가 수정한 상담자의 말은 내담자의 말을 따라가면서 핵심 메시지를 요약·반영한 것에 지나지 않는다. 필자가 수정한 상담자의 말을 추려서 모으면 결국 내담자가 언급한 내담자의 문제와 상담목표를 간략하게 서술한 것이 된다. 내담자가 자발적으로 내어놓는 자신의 문제를 집중하고 경청하면서 핵심 메시지를 잘 따라가면 대개의 경우 자연스럽게 내담자가 다루기 원하는 문제를 합의하고 상담의 목표를 수립해 나갈 수 있다. 회기가 진행되면서 이야기의 내용이 보다 구체화되고 상세하게 드러나면서 내담자의 문제와 목표는 조금씩 더 세분되어 나갈 것이다. 이에 대한 자세한 내용은 제15장 '구체화 작업과 탐색'을 참조하기 바란다.

제11장

치료 계획과 상담 계약

1. 치료 계획

치료 계획이란 효율적으로 상담목표를 달성하기 위한 상담자의 개입 계획이며 상담 중기에 이루어질 것으로 판단되는 치료 작업에 대한 개요이자 윤곽이다. 내담자의 문제를 파악하고 목표를 수립하는 과정은 내담자의 적극적인 협조와 참여를 요하는 작업인 반면, 치료 계획은 상담자가 형성한 사례개념화에 토대를 두어 수립하는 것으로 내담자의 상황과 여건을 고려하되 상담자의 전문적 역량과 재량이 보다 많이 발휘되는 부분이다.

1) 치료 기법의 다양화

환자 '안나 오Anna O.'는 브로이어Breuer의 치료를 받는 중에 '말을 하면 증상이 사라지는 현상'을 발견하고 이를 talking cure라고 불렀다. 그리고 1895년 브로이어는 프로이트와 협조하여 '안나 오'의 치료과정을 출판함으로써 『안나 오 사례』가 세상에 빛을 보게 되었다(Breuer & Freud, 1953). 이로써 대화에 의한 심리적 증상의 치료라는 개념이 인류 역사상 처음으로 대두되었다. 이후 1900년대 들어서 많은 치료이론이 등장하였다. 변화의 표적으로 삼는 인간의 측면modality도 다양해졌다. 정신분석이나 인간중심치료와 같이 정서에 초점을 두는 치료이론도 있고, 인지치료와 RET와 같이 인간의 사고 내용과 사고과정에 초점을 두는 이론도 있다. 행동치료는 인간의 행동 변화에 초점을 둔다.

여러 대조적인 이론의 등장과 함께 1960~1970년대에는 각 이론의 상담 성과를 비교하는 연구가 활발히 진행되었다. 그러나 이론 간 치료 효과에 별다른 차이가 없는 것으로 최종 결론이 내려짐으로써 이론 간 비교연구는 막을 내리게 되었다. 1980년대 들어서면서 상담의 성과 연구는 보다 세분화되고 미시적인 치료 기법의 효과를 검증하는 쪽으로 방향이 전환되었다. 그와 함께 상담 실제에서는 여러 치료이론에서 효과가 있는 것으로 검증된 기법들을 빌려다 쓰는 이른바 방법론적 절충주의가 성행하게 되었다. 기법들은 이론보다는 최선의 치료 성과를 가져오는 방향으로 실용적인 치료를 추구해 나가면서 정교화되어 갔다. 그와 함께 치료이론도 절충적이 되어 가고 있으며(예: RET는 REBT로, 인지치료는 인지행동치료로), 이러한 흐름 속에서 라자루스(Lazarus, 1981)는 인간의 여러 측면 각각에 적합한 치료 기법들을 효과적으로 절충해서 사용하는 방법과 원리도 제시하였다. 그리고 특정 이론의 입장에서 내담자의 문제를 진단하되 특정 증상이나 뿌리 깊은 습관의 제거에 효과가 좋은 것으로 검증된 다른 이론의 기법들을 부분적으로 차용해서 쓰는 등 방법론적인 융통성이 발휘되고 있다. 정신분석적 행동치료나 정신분석적 인지치료와 같이 정신분석적 이론의 틀로 내담자의 문제를 이해하여 사례개념화를 하고서 필요에 따라 부분적으로 행동치료적 기법이나 인지치료적 기법을 사용하기도 하는 것이다.

여러 이론과 기법이 개발되고 분화되고 다양해진 만큼, 내담자의 문제와 심리적 특성 및 상황에 대한 총체적 평가가 이루어진 토대 위에서 내담자에게 최선의 효과를 가져올 수 있는 치료적 개입을 선택하는 것이 전문상담자로서 취할 방향일 것이다.

2) 치료 계획의 수립

목표로 삼고 있는 내담자의 변화 수준에 따라 필요한 상담 기간이나 횟수, 개입의 방식, 상담자와 내담자 간의 관계의 성질과 몰입 정도가 달라지게 된다. 따라서 치료 계획을 수립할 때는 상담의 목표와 보조를 맞추어 수립하되 다음의 사항들이 종합적으로 검토되어야 한다.

(1) 내담자가 지닌 문제, 증상, 적응 수준
(2) 내담자의 심리적 특성
　－동기와 통찰 수준 및 장애로 인해 고통을 느끼는 정도
　－심리적 심성psychological mindedness
　－성격 특성, 자아 강도, 방어 스타일
　－연령, 교육 및 지적 수준
　－그 외 내담자의 강점과 취약점
(3) 내담자의 여건: 경제적, 사회적(직업, 가족, 대인관계), 환경적 여건
(4) 상담자의 이론적 입장과 특정 기법에 대한 상담자의 숙련도

상담자가 어떤 이론적 입장과 훈련 배경을 지니고 있는가에 따라서 내담자에 대한 구체적인 치료 계획을 수립하는 것이 가능하지 않을 수도 있다. 정신역동적 치료나 인간중심치료적 입장은 그 이론에서 추구하는 목적이나 개입 방식의 특성상 구체적인 치료 계획을 수립하기가 사실 어렵다. 그러나 효과적인 상담 성과를 가져오려면 상담자는 목표 달성을 위한 치료 방향의 윤곽을 어느 정도 설정할 필요가 있으며, 매 시간 또는 일정 기간에 한 번씩 자신의 치료적 개입의 성과를 점검하고 평가할 필요가 있다. 이렇게 본다면 상담자의 치료 계획은 치료를 진행하고 평가하는 하나의 지침이라 할 수 있다.

통찰 수준과 지적 수준이 높고 심리적 심성이 잘 갖추어져 있으며 경제적인 여건이 받쳐 준다면 자신과 환경에 대한 이해의 수준을 증가시키는 통찰 지향적 상담이 바람직하다. 이 경우는 내담자의 이해 수준이 높아짐에 따라 어떤 변화가 필요한지가 차츰 분명하게 드러나며, 때로는 내담자의 통찰이 증가함에 따라 별 어려움 없이 자연스럽게 원하

는 변화들이 동반되어 일어나기도 한다. 그러나 통찰 지향적 상담은 자신에 대해 부정적인 것과 과거에 방어해 왔던 것들을 직면해야 하기 때문에 내담자에게 상담과정이 보다 힘겹고 때로는 위협적으로 느껴질 수도 있다. 통찰 지향적 상담 중에서도 내담자의 성격 구조상의 '상당한 실질적인 변화를 가져오는 것까지를 목표로 삼는 경우에는 상담 회기를 보다 자주 하며 몰입적인 집중적 심리치료를 계획해야 한다.' (Choca, 1980, p. 114)

내담자가 갈등 상태에 있을 때는 그 갈등을 극복하는 과정이 내담자에게 강한 유인가를 주는 어떤 것을 포기하는 것을 포함하고 있을 수가 있다. 이런 경우에는 아무리 변화하려는 동기와 통찰 수준이 높은 내담자일지라도 변화를 원하면서도 한편으로는 변화에 저항하게 된다. 이때는 내담자로 하여금 갈등 상황을 명확하게 인식하고 이해하게 하여 선택과 결단을 내리도록 도와야 한다. 내담자가 자신의 독립과 성장을 위한 변화를 이루기 위해서, 상담자는 내담자로 하여금 자신의 병리적 욕구나 습관, 분리불안 또는 가족의 의존이나 애착, 습관화된 기대 등을 포기하는 결단을 내리도록 도와야 한다.

지적 수준이나 통찰 수준이 낮을 때는 통찰 지향적인 접근보다는 지지적인 접근이 더 효과적으로 도움을 줄 수 있다. 지지적 관계는 내담자로 하여금 가능한 한 편안하게 수용되는 느낌을 느낄 수 있도록 하는 관계를 말한다. 지지적 접근에서는 자신과 환경에 대한 이해를 추구하기보다는 적응 수준을 높이고 문제를 해결하도록 돕는 개입을 위주로 한다. 지지적 접근에서는 내담자의 심리적 성향의 역동을 탐색하고 이를 변화시키려고 시도하기보다는 그 특성을 있는 그대로 인정하고 수용한다. 예컨대, 폐쇄적인 성향의 내담자에게 그런 성향에 대한 통찰과 변화를 요구하기보다는 내담자의 대인관계에 대한 무능력과 무관심을 수용하며, 상담관계에서 피상적이고 거리를 두며 뚱하게 있는 것을 허용한다. 또한 진행 중인 논의를 유지하기 위해서 상담자가 보다 적극적인 역할을 하기도 하며, 내담자가 편안하게 침묵을 지킬 수 있도록 허용하기도 한다. 회피적인 성향의 내담자는 거부에 대해 매우 민감한 특성이 있다. 그러므로 상담자는 내담자가 거부되지 않고 긍정적인 관심과 존중을 받을 것에 대한 확신을 심어 주는 노력을 하여야 한다. 내담자가 가까워지려는 시도를 하지 않는 것에 대해서도 어느 정도 허용해야 한다. 그리고 상담자 자신이 회기 중에 가능한 한 긴장을 풀고 편안하게 있도록 노력한다. 아울러 상담자 쪽에서 약속을 취소하는 것과 같이 내담자를 향해 관심이 부족하거나 거부하는 듯한 느낌을 줄 수 있는 행동은 최대한 삼가도록 한다(Choca, 1980).

지지적 관계를 형성하기 위해서 내담자의 기본적인 성격 스타일과 보조를 맞추되, 상담자는 필요한 최소한의 지지만을 하며 그 이상은 하지 않도록 주의한다. 그 이상의 지지는 내담자의 특정 성향을 더 키울 수 있기 때문이다. 예컨대, 상담자는 의존적 성향의 내담자를 치료할 때 지배적 역할을 하며 내담자에게 지시를 하고 싶은 욕구를 느낄 수 있다. 내담자가 스스로 결정할 수 있는 상황에서 상담자의 이러한 행동은 내담자의 의존성을 더 키우고 결과적으로 내담자의 병리성을 더 조장하는 방향으로 작용하게 되므로 삼가야 한다.

아울러 상담자는 내담자의 기본적인 성격 구조나 성향을 과도하게 거스르는 개입을 하거나 성향과 맞지 않는 행동을 키워 주려 하여 내담자를 고통스럽게 하는 것도 자제해야 한다(Choca, 1980). 예컨대, 폐쇄적이거나 회피적인 성향의 내담자에게 과도하게 자신을 개방하도록 요구하거나 사교적인 행동 습관을 키우도록 압력을 가하는 것은 내담자의 성향과도 맞지 않을 뿐더러 내담자를 지나치게 고통스럽게 하는 것이므로 적절하지 않다. 그러나 지지적 관계를 형성한다 하여 통찰을 자극하는 개입이 전혀 불가능한 것은 아니다. 제한된 범위 내에서 내담자 자신의 특성에 대한 인식과 통찰을 하도록 도울 수 있으며, 생활을 해 나감에 있어서 그런 특성을 고려하도록 도울 수 있다.

통찰력이 부족하거나 나이가 어리거나 지적 수준이 낮은 내담자의 경우는 심리 내면의 관찰을 중시하는 인간중심치료나 정신역동적인 상담보다는 장애나 증상의 제거에 초점을 두는 행동치료나 인지치료를 사용하는 것이 더 효과적일 것이다.

문제 행동이나 습관을 변화시켜야 하는 경우라면 행동적 접근이 특히 효과적이다. 이때는 바람직하지 못한 반응을 이끄는 자극, 이를 대체할 적절한 다른 반응, 연합을 해제시키는 데 사용될 수 있는 강화체계를 확인하여 행동수정을 실시한다. 행동장애는 내담자의 행동 산출을 통제하는 인적 · 물적 환경을 조성하는 것이 상담의 성과를 좌우한다. 따라서 강화 자극을 효과적으로 통제하기 위해서 상담자는 내담자와 그 가족이 임한 자리에서 상담실 바깥에서의 내담자 행동을 조절할 수 있는 환경을 조성하도록 협조를 구할 수 있다(Kanfer & Saslow, 1965).

성인 대상의 개인상담에서는 단순히 행동수정만을 하는 경우는 드물다. 전체 상담 속에 부분적으로 행동수정적 요소를 포함시켜 바람직한 행동과 적응에 필요한 기술들을 습득시키고 훈련시키는 방식으로 상담을 진행하는 것이 일반적이다. 이들 훈련 중에는 자기표현 훈련, 효과적인 공부방법의 습득, 문제 해결 전략의 개발 등이 있다. 성인상담의 경우에는 환경에 직접 개입하여 강화를 조작하거나 가족의 협조를 얻기 어려운 경우도 있고, 내담자가 가족의 협조를 거부하는 경우도 있다. 성인 내담자의 경우는 자유 의사와 자율성을 최대한 존중하고 활용하는 것이 중요하다. 그래서 내담자와 함께 변화시킬 행동이나 기술들의 목록을 만들어 가는 과정에는 실천할 의지와 용기에 대한 다짐, 실천 계획, 그 가능한 결과 및 효과에 대한 추측, 그 행동으로 인해 포기해야 하는 것들을 포기할 결단과 다짐 등도 함께 포함시킬 때 더 큰 효과를 거둘 수 있다. 환경 속에서 강화를 얻는 일도 내담자로 하여금 환경을 활용하고 대처하여 강화를 얻도록 돕는 간접적인 방법을 취하는 것이 좋다.

문제 해결을 도울 때는 그 문제가 내담자의 삶에 끼치는 부정적인 결과들을 탐색함으로써 내담자의 문제 해결에의 동기를 자극시켜야 좋은 성과를 거둘 수 있다. 그리고 내담자의 생활 속에서 문제를 유발하거나 악화시킬 가능성이 있는 상황들이 있는지를 탐색하고 그에 대처할 수 있도록 돕는 것이 중요하다.

이론에 따라 특정한 문제와 장애 및 증상에 대해 보다 설득력 있는 설명을 제공하는 이론도 있으며, 보다 효과적인 것으로 연구된 특정 이론에 입각한 기법들도 있다. 예컨대, 불안이나 공포증에는 행동주의 원리에 입각한 단계적 둔감법systematic desensitization이 효과적이며 강박 행동에는 노출 기법이 효과적인 것으로 보고되었다. 그러나 노출 기법으로 효과를 보지 못하는 강박 행동도 있는데, 그런 경우에는 그 강박 증상이 정신역동적인 의미를 지니고 있을 가능성을 검토해 보아야 한다.

또한 각 이론에 토대를 두고 있는 치료 기법들은 대상으로 하는 요소와 측면이 다양하므로 내담자의 성격 특성이나 취향, 현실적인 여건 등을 고려하여 내담자에게 적절한 치료 기법을 선택하는 것이 좋다. 강박증의 예를 살펴보자. 정신역동적 입장에서 강박증이란 고통스러운 감정을 분리·고립시키는 방어적 행동이므로 내담자의 감정을 찾아주고 소외된 감정들을 통합시켜 주는 작업을 꾸준히 해 나가면 강박 증상들이 점차 줄어들게 된다. 그리고 강박 증상으로 덮고 있던 내담자 내면의 취약한 부분에 대한 작업을 함께

해 나간다. 그러나 행동치료적 입장에서는 강박 증상을 강화시키는 요인을 찾아서 제거하거나, 회피하는 자극(예: 병균의 오염)이 주는 상상적 고통을 없애기 위해서 그 자극에 대한 적극적 또는 강제적 노출을 실시할 수 있다. 고립시킨 고통스러운 정서를 되찾는 어려움과 회피하던 자극에 노출되는 고통 중 어느 것을 택하는 것이 좋을지는 상담자의 이론적 배경과 기법 활용 역량, 내담자의 성향과 통찰 수준, 현실 여건 등을 종합적으로 고려하여 상담자가 세우되, 내담자와 의견을 조율하는 과정을 거쳐야 할 것이다.

　당면한 심리적 문제의 원인이 되거나 그에 기여하는 것으로 판단되는 신체적 질병을 평가하고 적절한 치료를 받고 있는지 확인하는 것도 중요하다. 심장병이나 당뇨병 또는 신장병 등의 심각한 신체 질병은 내담자의 정신건강과 적응을 크게 저해하며 삶을 힘들게 하고 좌절감을 줄 수 있다. 갑상선 기능이 저하되면 심리적 원인 없이도 심한 우울 증상을 동반할 수 있다. 갑상선 제거 수술을 받은 경우 약물로 호르몬 조절이 적절하게 이루어지지 못하여 발생하는 우울 증세를 심리적인 것으로 오인해서 상담을 잘못 이끌고 나갈 수도 있으므로 예의 주시해야 한다.

　상담자로 하여금 치료 계획을 수립하고 자신의 상담을 평가하는 데 사용할 수 있도록 치료 계획 수립에 고려할 항목들을 〈표 11-1〉에 제시하였다. 이 표에 열거된 항목들의 영역은 상호 중복되는 부분을 포함하기도 한다. 모든 내담자들에게 그 항목들이 모두 적용되는 것도 아니다. 그러나 내담자에 따라서 하나 이상으로 더욱 역점을 두어야 할 항목이 있을 것이다. 이 표를 참고하면 미처 고려하지 않고 넘어갈 수 있는 영역에 대해서도 간과하지 않고 치료 계획에 포함시킬 수 있는 이점이 있다. 각 내담자에 해당되는 항목을 선택해서 상담 계획을 수립하고 내담자의 진전을 평가하는 데 참고하기 바란다.

〈표 11-1〉 치료 계획의 내용

항목	선택	항목	선택
1. 환경 변화: 문제의 발생이나 유지에 기여하는 것으로 판단되는 환경적 측면을 감소시키고, 치유적이라고 판단되는 환경적 측면을 증가시키기 위한 작업들 　-환경적 강화 　-긍정적 환경 변화 　-환경의 활용 2. 자기 자각과 이해의 증진 　-문제의 내부 귀인 　-자신과 환경에 대한 이해 수준의 증가 　-문제의 원인에 대한 통찰과 동기의 강화 　-정서, 행동, 사고, 욕구의 관찰과 표현 　-이차 이득들의 탐색 　-현재의 역동 탐색 　-역사적 역동 탐색 　-심리적 걸림돌의 인식과 해결 　-비합리적 신념과 인지적 왜곡의 인식 및 수정 3. 통제력과 자기조절 　-자기효능감 증진 　-자기유능감 증진 　-자기 암시와 자기 강화 　-욕구의 지연과 인내 　-건강한 욕구 충족 방식의 터득 　-정서와 충동의 언어적 표현 　-행동의 부정적/긍정적 결과들의 탐색		4. 적응 수준 향상 　-생활상의 고통 감소 　-증상의 감소 　-기회의 개방과 활용 　-환경에 대한 인내심의 증진 　-문제의 해결 　-능력의 개발 　-대안의 창출과 가능한 결과 예측 　-대안의 실천 및 결과 분석 5. 행동 변화 　-나쁜 습관의 제거 　-좋은 행동의 습득 　-좋은 행동 빈도의 증가 　-훈습(노출, 동화, 자동화 포함) 　-행동적 기술의 습득 6. 정보 제공 　-타 분야와의 협조 　-신체 질병의 평가와 치료 　-정신과적 약물 처방 　-약물중독	

2. 상담 계약

상담이 상담자와 내담자 간의 인간적인 만남에 초점이 맞춰지면서 상담의 계약관계적인 요소를 소홀히 다루는 흐름이 생긴 것 같다. 그러나 상담은 엄연히 하나의 계약관계다. 상담이 성립되려면 시간·공간·비용 등의 조건이 맞아야 하고, 문제와 목표가 합의되어야 하며, 상담자의 치료 계획에 내담자가 동의하고 치료의 전 과정에 협조하여야 한다. 상담 계약은 이 모든 내용과 과정을 포함한다. 상담은 다른 사무적인 계약관계처럼 한순간에 이루어지는 것이 아니라 하나의 절차이고 과정이다. 그리고 계약을 하는 과정은 치료의 한 부분으로서 치료적으로 이루어지고 치료적 진척에 기여하여야 한다.

초보상담자들은 상담이 계약에 토대를 두고 있다는 인식이 특히 부족할 수 있다. 때로는 상담의 인간관계적 속성에 파묻혀서, 때로는 자원상담원에 의한 상담이거나 비용을 받지 않고 상담을 하는 경우에 상담의 계약관계적 속성은 자칫 무시될 수 있다. 때로는 계약관계라는 딱딱한 관계가 부담스러워 계약관계라는 사실을 애써 외면하고 싶어 할 수도 있다.

그러나 계약관계를 무시하면 상담의 기본 요건과 조건 및 한계가 흐트러지기 쉬우며, 그 목적성과 목표 달성을 위한 동기가 흐지부지해지고 사적인 대화로 흐를 가능성이 높아진다. 그리고 상담 계약의 구조화를 하지 않으면 치료과정에서 내담자의 협조를 충분히 얻기도 어렵거니와 내담자에게 변화의 주체로서의 책임의식을 심어 주기도 어렵다. 상담자는 내담자의 문제와 상담 목표가 어느 정도 합의되면 본격적으로 변화를 위한 치료적 개입을 하는 중기 상담으로 넘어가기 전에 상담이 문제를 해결하고 목적을 달성해 나가는 작업 동맹적 계약관계임을 내담자에게 분명하게 인식시켜 주어야 한다.

1) 상담의 계약과정

상담 계약은 내담자와 상담자가 내담자의 현재 문제를 논의하고 상담 목표와 치료방법에 관한 어느 정도의 이해와 합의에 도달하는 과정을 포함해야 한다(Choca, 1980). 상담에서 다룰 내담자의 문제와 도달할 목표에 대한 합의가 이루어지면, 상담자는 내담자에게 그에 대해 일목요연하게 정리하여 설명해 주어야 한다. 그리고 목표에 도달하기 위해서 어떤 과정과 방법을 사용하며 내담자는 어떤 자세로 임하고 어떤 역할을 해야 하는지에 대해 종합하여 설명해 주어야 한다. 이러한 설명에 대한 내담자의 입장을 듣고 상담자는 치료과정에 대한 내담자의 의견을 수렴한다.

상담을 계약하는 과정에서 이루어지는 작업을 이해하기 쉽도록 정리하여 〈표 11-2〉에 제시하였다. 각 과정은 하나가 끝나고 다른 하나가 시작되는 것은 아니다. 전 과정은 서로 어우러져 이루어지는 하나의 통합적인 과정이라고 할 수 있다.

〈표 11-2〉 **상담의 계약과정**

내담자로부터 정보 얻기
1. 내담자의 어려움(문제)과 관련 정보를 듣는 과정
2. 내담자의 욕구와 원하는 결과(상담목표)를 듣는 과정

전문가로서 상담자의 작업
1. 내담자의 문제에 대한 평가, 진단, 사례개념화
2. 사례개념화에 토대를 두어 목표 설정
3. 사례개념화와 목표에 토대를 두어 치료 계획 수립

상담 계약을 하는 과정
1. 상담의 조건(시간, 장소, 비용) 합의
2. 내담자와 함께 내담자의 문제를 규명하고 합의
3. 내담자와 함께 상담의 목표를 수립하고 합의
4. 치료 계획에 대한 설명과 의견 조율
5. 종합적인 구조화: 합의한 문제와 목표, 치료 계획과 방향, 상담자와 내담자의 역할, 다음 시간부터는 내담자가 원하는 이야기를 한다는 것 등을 종합하여 설명해 준다.

* 종합적인 구조화를 끝으로 초기 상담은 끝을 맺게 되며, 이후 변화를 위한 치료 작업을 하는 중기로 넘어가게 된다.

---

2) 상담에서 다룰 문제의 합의

내담자의 문제에 대한 합의는 내담자의 문제를 탐색하는 과정에서부터 시작된다. 내담자가 내어놓는 문제를 내담자가 안내하는 대로 잘 따라가게 되면 순조롭게 문제를 합의할 수 있다. 상담에서 다룰 문제를 내담자로부터 이끌어 내어 합의하는 것은 변화를 이끌어 가는 주체가 바로 내담자 자신이기 때문이다. 만일 고쳐야 할 내담자의 문제를

상담자 혼자만 짐작하고서 상담을 진행한다면 상담자가 내담자를 등에 업고 등산을 하는 것이나 다름 없으며, 내담자는 자신의 문제 극복의 책임을 상담자에게 의탁하고서 문제 해결을 위한 노력을 소홀히 하고 의존성을 더욱 키워 나가게 될 것이다.

상담에서 고칠 수 없는 문제, 예컨대 신체적 고통이나 환경 및 타인의 문제를 다루기로 합의한다든지, 자신의 문제를 상담자가 해결해 줄 것이라고 상담에 대한 잘못된 인식을 갖고 상담에 임하는 내담자는 상담자를 지나치게 이상화할 수 있다. 그러나 내담자가 꿈꾸는 상담자에 대한 이러한 환상은 종국에는 깨어질 수밖에 없으며, 실제 모습과의 괴리가 클수록 상담자에 대한 실망과 좌절감도 크게 되어 자칫 상담이 난국으로 흐를 수 있다. 그렇게 되면 내담자는 상담에 대해 부정적인 인식을 갖게 될 뿐 아니라 상담자에 대한 실망과 불신감을 깊게 새기게 될 수 있다. 그리고 이러한 상담 경험은 내담자가 향후 다른 상담자와 상담을 하는 데도 지속적으로 영향을 미칠 수 있다.

상담자가 파악하고 있는 내담자의 모든 문제를 내담자와 합의하는 것은 적절하지도 않을 뿐더러 치료적이지도 않다. 내담자가 아직 인식하지 못하고 있는 문제를 다루자고 상담자가 요구하게 되면 힘이 없고 거절을 잘 못하는 내담자는 얼떨결에 또는 내키지 않으면서도 상담자에게 휘말려 동의하게 될 수 있다. 상담자가 세운 사례개념화의 어떤 부분은 내담자에게는 아직 무의식의 영역에 속해 있는 것이므로, 상담자의 입장에서는 내담자의 무의식의 모습이 분명하게 인식되었다 하더라도 그것을 내담자에게 전달하는 것은 성급한 해석을 하는 것과 같이 위험할 수 있다. 정신역동적 입장의 사례개념화인 역동적 공식화psychodynamic formulation는 특히 그렇다. 분석가가 형성하는 피분석가에 대한 역동적 공식화는 피분석가가 최종적으로 통찰해야 할 자신의 무의식의 모습이기 때문이다. 이는 아직은 그것을 감당할 만한 자아의 역량이 부족한 내담자에게 큰 고통을 안겨 줄 뿐 아니라 내담자로 하여금 견고한 방어를 형성하도록 작용하여 이후의 치유 작업을 더욱 어렵게 할 수도 있다.

또는 상담자가 내담자의 이야기를 충분히 들어보지 않고 처음에 가져온 피상적인 이야기만 듣고서 내담자가 별로 중요하게 여기지 않는 문제나 별로 원하지 않는 문제를 다루자고 제의하고 힘없는 내담자가 마지못해 그에 합의한다면 내담자는 향후 상담에 소극적으로 참여하게 될 것이다. 내담자가 아직 인식하지 못하는 문제나 중요하지 않은 문제 또는 원치 않는 문제를 다루기로 합의하게 되면, 내담자 속에는 문제에 대한 불편한 심경과 그런 문제를 다루어 가는 상담자에 대한 거부감이 잠복해 있다가 나중에 표출되거나 상담에 대한 동기가 줄어들고 때 이른 종결로 이어질 수 있다.

그러면 상담자가 이해한 내담자의 문제, 즉 상담자가 형성한 사례개념화 내용 중 어느만큼을 내담자에게 전달하고 합의해야 하는가? 초기 상담에서 상담자는 내담자가 인식하고 있는 문제 중에서 내담자가 상담자에게 전달한 부분만큼을 상담에서 다룰 문제로 합의하는 것이 적절하다. 그 이유는 내담자가 원하는 문제를 다루기 때문에 내담자도 상담에 적극적으로 참여하려 할 뿐 아니라 성급하게 무의식을 건드리는 위험도 적기 때문이다. 그 과정에서 상담자는 내담자로 하여금 자신의 문제들과 관련된 내용들을 구체화하도록 노력을 기울이지만, 신체 증상을 호소하거나 상황 또는 타인에 대한 불평을 주로 하는 내담자의 경우에는 모호하고 조야한 형태로나마 자신의 심리적인 문제로 전환할 수 있도록 잘 이끌어 나가야 할 것이다.

상담자만 사례개념화를 만드는 것은 아니다. 내담자도 자신의 문제와 증상에 대해서 나름의 원인을 추론하며 순진한naive 사례개념화를 형성한다. 우리는 그것을 통상 자가 진단이라고 부른다. 병이 생기면 우리는 모두 그에 대한 순진한 자가 진단을 한다. 그리고 이 자가 진단은 전문가인 의사가 진단을 내리는 중요한 기초 자료가 된다. 상담에서 내담자가 내린 자가 진단은 내용 자체로도 중요한 정보가 되지만 그것을 통해 자신의 문제에 대한 내담자의 통찰 수준과 사고능력을 파악할 수 있어 더욱 중요하다. 내담자가 형성한 사례개념화는 상담자가 내담자와 문제를 합의할 때 상담자가 형성한 사례개념화 내용을 어느 선까지 설명해 줄 수 있는가를 가늠하는 중요한 기준이 될 수 있다.

문제를 합의하면서 상담자는 내담자가 현재 의식하고 있는 가장 중요하고 절실한 심리적인 문제를 다루어야 하며, 그것이 무엇인지를 내담자와 협력하여 이끌어 내고 규명해 내야 한다. 문제라는 배낭을 짊어지고 극복이라는 정상을 향해 올라가는 사람은 상담자가 아닌 내담자 자신이다. 그러므로 내담자가 짊어질 배낭을 꾸리는 주체는 내담자 자신이 되어야 할 것이다. 상담자는 내담자와 함께 내담자가 원하는 문제라는 짐을 잘 꾸리도록 돕는 역할을 한다. 상담자는 내담자가 자신의 언어로 말한 내용 중에서 내담자와 함께 문제를 정리해 나가는 것이 중요하다. 그 과정에서 상담자는 내담자가 문제라는 짐을 잘 싸도록 그리고 배낭에 불필요한 짐이나 엉뚱한 짐을 꾸려 넣지 않도록 돕는다.

상담이 진행되면서 내담자는 초기 상담에서 미처 이야기하지 못한 다른 문제들을 이야기할 수도 있다. 진짜 문제를 덮고 있던 초기에 가져온 문제들이 해결되거나 걷히게 되면 내담자의 진짜 문제가 드러나게 될 수 있다. 또는 미처 의식하지 못하던 영역의 문제들을 내담자가 자각하게 되고 통찰 수준이 높아지면 상담 중반이라 하여도 새로운 문제가 드러날 수 있다. 이런 경우 상담자는 그 문제들을 추가 합의하여 상담에서 다루어 나가도록 한다. 추가 합의한다고 하여서 무슨 복잡한 절차가 있는 것은 아니다. "아, 그런 문제도 있군요. 그것도 함께 다루어 나가도록 하지요." 정도의 언급으로 충분하다.

3) 상담목표의 합의

상담자는 내담자와 만나서 내담자가 원하는 상담목표를 세워 가지만 그와는 별개로 자신이 형성한 사례개념화에 토대를 두어 내담자에 대한 나름의 상담목표를 수립한다. 이 외에도 상담자는 인간이 궁극적으로 지향하는 건강하고 성숙한 인간에 대한 이론적인 목표도 지니고 있다. 즉, 상담자는 내담자의 상담목표와 상담자 자신이 수립한 상담목표 그리고 이론에 기초한 상담목표의 세 가지 목표를 지니고 상담에 임한다. 그러나 이들 목표를 모두 내담자와 합의하는 것은 아니다.

이론적 목표는 모든 내담자의 상담에 공통되는 것으로서 궁극적으로 인간이 나아갈 방향이므로 내담자와 굳이 합의하거나 설명할 필요가 없다. 내담자에게 설명한다고 하여도 그것은 막연하게만 느껴질 뿐 내담자의 당면한 문제와 욕구에서 너무 동떨어져 있어서 별로 와 닿지 않을 것이다.

상담자가 수립한 상담목표는 내담자가 원하는 상담목표를 포함하고 있으나 그 이상의 것이다. 여기에는 내담자가 아직은 수용하지 못하는 자신의 부분에 대한 것도 포함되므로 그것을 모두 내담자와 합의하거나 내담자에게 설명해 주는 것은 위험하다. 내담자와 합의하는 상담목표는 상담자가 내담자와 대화하면서 이끌어 내며 내담자가 명백하게 인식하고 있는 범위 내에서 합의하는 것이 안전하고 바람직하다.

4) 치료 계획에 대한 설명

상담자의 치료 계획은 내담자와 합의하기 어려운 상담자의 전문 영역이라 할 수 있다. 내담자는 상담자의 치료적 역량을 기대하고 상담에 온다. 내담자는 여러 가지 방법을 사용하여 나름의 노력을 한 다음에 별 효과를 거두지 못했기 때문에 마지막 방법으로 전문가인 상담자를 찾아온 것이다. 그러니까 내담자가 전문가를 찾아온 핵심 이유는 원하는 목표를 이루는 보다 효과적인 방법을 전문가가 알고 있으리라는 기대 때문이라 해도 과언이 아니다. 다시 말해, 내담자가 상담자를 찾아온 궁극적 목적은 상담자의 효과적인 치료방법, 즉 치료 계획과 그것의 실행에 대한 기대 때문인 것이다. 그만큼 치료 계획이란 내담자가 인정해 주고 사회적으로 권위가 부여된 상담자의 전문 영역이며 내담자와 합의할 대상이 아니다.

다만 내담자의 현실 여건을 고려하여 치료 계획을 부분적으로 조율할 필요는 있다. 내담자의 경제적·환경적·직업적 상황, 신체적 건강, 내담자의 통찰 수준 등은 상담의 횟수나 기간을 결정할 때 반드시 고려하여 내담자와 조율하는 과정을 거쳐야 할 것이다.

상담자가 내담자에게 하는 작업은 구체적인 형태와 틀을 갖춘 것이 아니기 때문에 그것을 내담자에게 설명하여 전달하기가 대단히 어렵다. 내담자는 분명한 것을 잡고 싶어 하고 알고 싶어 하지만, 구조와 형태를 갖추지 않은 상담적 작업의 속성으로 인해 등산에서의 나침반, 동굴 탐사 등과 같은 비유를 통해서 설명할 수밖에 없다. 그래서 내담자는 상담이 지니는 모호함을 견디고 그에 대한 인내심을 키워 나가야 한다. 그런데 무정형의 모호함이라는 것은 바로 우리 인생이 지니고 있는 큰 특징 중의 하나인 만큼 내담자는 상담과정을 통해서 인생의 모호함에 대한 인내심을 키워 나갈 수 있다. 상담자는 그 과정에서 궁금해하며 알고 싶어 하는 내담자의 심정을 잘 이해하고 공감적으로 반영하면서 내담자로 하여금 모호함을 잘 견디도록 격려하는 것이 중요하다.

상담자가 내담자에게 치료 계획을 구체적으로 설명하고 의견을 조율해야 하는 경우는 특정한 행동 기법이나 인지치료 기법 등 구체적이고도 분명한 절차와 방법이 있는 기법을 사용하는 경우다. 이런 경우는 그 기법으로 인해 내담자가 겪게 되는 고통(혐오조건형성이나 노출 기법의 경우)이나 준비하고 실천해야 할 과제들이 있기 때문에 내담자로 하여

〈표 11-3〉 문제, 목표 및 치료 계획에 대한 상담자와 내담자의 인식 내용과 합의 내용의 비교

	내담자가 지각하는	합의 및 계약에 의한	상담자가 평가/진단/수립한
문제	주관적, 부분적, 왜곡된	내담자가 원하는, 인식하는, 수용하는	사례개념화 객관적, 전문적, 이론적, 종합적
목표	문제와 갈등의 극복, 증상의 제거, 막연한, 이상적인, 비현실적인	내담자가 원하는, 개략적인, 희망을 주는, 현실적, 합리적, 실천 가능한	사례개념화에 토대를 둔, 이론적, 총체적, 현실적, 합리적, 실천 가능한, 단계적, 위계적,
치료 계획	내담자의 극복 노력, 잘 모르는, 막연한, 난감한, 막막한	현실적, 합리적, 실천 가능한, 희망을 주는, 협력적인	전문적, 이론적, 기법적, 효과적, 체계적, 종합적,

금 마음의 준비를 하고 실천할 수 있도록 잘 설명해 주어야 한다. 구체적인 기법들은 상담자의 지시사항을 분명하게 전달받아 실천하지 않으면 성과를 보기가 어려우므로 치료 계획에 대해 내담자에게 구체적으로 상세히 설명해 주어야 한다.

　개념적인 이해를 돕기 위해서 내담자가 지각하는 자신의 문제와 상담목표, 상담자가 전문가로서 판단하고 평가하고 수립하는 내담자의 문제와 상담목표 및 치료 계획, 그리고 상담자와 내담자가 합의하고 조율하는 상담 문제와 목표 및 치료 계획이 어떻게 다른지 그 특성을 비교하여 〈표 11-3〉에 제시하였다.

5) 상담 계약

　상담 계약은 민주적이고 허용적인 분위기에서 이루어져야 한다. 내담자가 자신의 의견을 자유롭고 편안하게 이야기할 수 있는 분위기가 조성되어야 한다. 초기 상담을 마무리 짓고 중기 상담으로 넘어가기 직전, 상담자는 합의와 조율 과정을 거친 문제와 목표와 치료 계획에 대해서 내담자가 사용하는 구어체의 쉬운 말로 간결하게 잘 정리해서 종합적으로 설명해 주면서 앞으로의 상담에 내담자가 어떻게 임하고 협조해야 하는지 마

음의 준비를 다지도록 돕는다.

어떤 치료 기법은 내담자의 사전 동의가 특히 더 필요하다. 예컨대, 강박증에 대한 노출 기법이나 혐오조건형성과 같은 내담자의 고통을 유발하는 기법들을 사용할 경우, 상담자는 그에 대해 내담자에게 상세히 설명해 주고 내담자의 동의와 협조를 구하며 내담자에게 사전에 마음의 준비를 시켜야 할 것이다. 내담자의 동의가 없으면 치료 기법을 수행하는 데 내담자의 협조를 얻기가 어려워 좋은 성과를 내기가 힘들다.

일반적으로 상담 계약은 구두로 이루어진다. 그러나 내담자 또는 치료 기법에 따라 엄격한 계약서를 작성할 필요가 있는 경우도 있다. 법률적 문제를 지닌 내담자의 경우는 문서화된 엄격한 계약서가 조기 종결을 줄이고 목표를 달성하는 데 효과적일 수 있다. 예컨대, 성범죄자나 폭력 가장이 상담에 의뢰된 경우를 생각해 보자. 상담을 받는 조건으로 감옥에 가는 것이 면제되었을 때 그들이 상담을 받는 조건에 대한 상세한 계약 조항을 법의 테두리 내에서 상호 협의할 수 있다. 계약서에는 그들이 상담에 오는 것과 관련된 의무사항, 상담목표 달성 기준, 의무의 준수 및 상담목표 달성 시 그들이 얻게 될 이득과 보상 내용, 계약을 어겼을 경우 그들이 받게 될 불이익 등에 대한 내용이 조목조목 상세히 들어 있어야 할 것이다. 그리고 상담자는 이에 대해 내담자와 함께 토론과 협의를 거치고 문서로 작성하여 상호 사인을 해서 각자 1부씩 보관한다.

때로는 이 계약서를 서로 보기 편한 곳에 붙여 놓는 것도 한 방법이다. 이것은 아동이나 미성년자의 경우 좋은 효과를 거둘 수 있다. 토큰경제token economy 기법을 사용하여 문제 행동을 감소시키고 바람직한 행동의 빈도를 증가시키고자 할 때는 보상받을 행동들, 행동별 보상받을 토큰 개수, 토큰으로 교환할 물품 및 행동의 목록(예: 원하는 TV 프로 하나 보기, 게임 30분 하기), 물품당 교환할 토큰 개수, 토큰을 회수할 문제 행동 목록, 행동별로 회수할 토큰의 수 등을 기술하여 쌍방이 날인하고 눈에 잘 띄는 곳에 붙여 놓으면 내담자의 실천 동기가 자극된다. 내담자의 실천에의 의지는 토큰으로 살 수 있는 강화물이 얼마나 내담자가 원하는 것인가뿐만 아니라 계약서를 작성하는 데 내담자의 의견이 얼마나 반영되었는가에 좌우된다.

상담 계약은 민주적인 합의과정을 거친다는 기본적인 원칙 내에서 상당한 융통성을 지녀야 한다. 상담 초기에 계약 내용의 윤곽이 정해지지만 그 이후에도 변화 불가능한 것은 아니다. 상담과정에서 중요한 정보가 새롭게 드러나거나 내담자에게 상당한 호전이 있거나 생활상의 의미 있는 변화(이사, 결혼, 취직, 전학 등)가 일어나면 그에 맞추어 융통성 있게 계약 내용을 다시 논의할 수 있다. 상담자는 이러한 내용에 대해 언제든지 협의해서 조정할 수 있다는 것을 내담자가 인식하고 있도록 한다. 그리고 논의가 더 필요하다고 판단되는 사안이 나타나면 상담 초기가 아니라도 상담 계약에 관한 주제를 논의하여 현실에 맞게 수정한다.

PART | 4

변화를 위한
대화 기법

초보상담자들은 상담 초기에 내담자에 관한 여러 정보들을 얻고 내담자의 문제와 목표에 대한 합의를 하고 난 다음, 상담을 어떻게 이끌어 가야 할지 힘겨워한다. 치유를 위한 대화를 어떻게 이끌어 가야 하는지에 대한 기본 원리가 터득되어 있지 않기 때문이다. 제4부는 초보상담자들로 하여금 이러한 어려움을 잘 극복할 수 있도록 특별히 배려하였다.

제4부에서는 상담에 임하는 상담자의 자세와 태도, 상담에서 사용하는 대화의 언어적 특성, 주제를 정하고 대화를 이끌어가는 기본적인 원리들, 변화를 위한 대화 기법들을 소개한다. 제12장 '치료적 대화의 특성', 제13장 '대화 주제 정하기', 제14장 '이야기 풀어가기' 등은 치료적 대화의 기본 원리를 설명한다. 제15장 '구체화 작업과 탐색', 제16장 '자기탐색적 질문'에서는 중기 상담 중에서도 비교적 초반에 사용하는 대화 기법들을 다룬다. 제17장 '공감 반응'과 제18장 '해석'은 중기 중에서도 비교적 후반에 주로 사용하는 기법이다. 그러나 공감과 해석은 제12장에서 제16장까지 서술한 기초적인 치료 작업이 선행되지 않고서는 효과적으로 실행하기 어려운 기법들이다. 그러므로 제4부에서 다루는 대화 기법들은 모두가 상호 연결되어 있는 기법들이라고도 할 수 있다. 순서대로 한 장 한 장 정독을 해 나가면 대화를 통해 내담자를 어떻게 치유해 나가는지의 그 기본 원리를 터득하는 데 도움이 될 것이다.

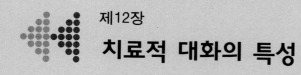

제12장
치료적 대화의 특성

1. 면접에 임하는 상담자의 기본 자세

1) 면접의 준비, 집중 및 경청

내담자를 만나면 상담자는 앉아 있지만 몸과 마음으로 내담자를 향하여 기민하게 주의를 기울이면서 내담자가 이야기하는 핵심적인 생각들을 마음으로 따라간다. 내담자의 변화에 주목하고, 내담자의 발언 내용을 이해하려 노력하며, 이해한 바를 요약하여 전달하고, 이해되지 않는 내용에 대해서는 질문을 한다. 생각은 말보다 훨씬 빠르므로 상담자는 내담자가 말하고 있는 것을 마음으로 따라가면서 그에 관해서 내담자가 어떻게 느낄지를 깊이 생각할 수 있다.

면접에 임하여서 상담자는 주의집중을 잘하기 위해 전화 등 주의를 산만하게 하는 물건들을 치우고 묵묵히 내담자를 이해하고 돕는 일에만 집중한다. 그리고 상담의 집중을 방해하는 상담자 자신의 심리 내적인 흐름, 개인적 욕구와 감정과 호기심 등이 발동되어 내담자를 향한 집중을 방해하지 않도록 특별히 인내하여야 한다. 내담자가 마음을 열어 자신을 편안하게 드러내놓을 수 있도록 상담자는 조급한 결론으로 비약하거나 감정적으로 반응하지 않고 편견 없는 개방된 마음으로 내담자를 대하여야 한다. 상담자는 내담자가 자신을 있는 그대로 드러내는 데 역기능적으로 작용하는 상담자 자신의 선입견을 끊임없이 점검해야 한다. 이에 더하여 상담자는 내담자가 말한 내용의 의미를 파악하고 이해할 수 있어야 한다. 이는 말과 그 기저의 내용들을 함께 듣는다는 것을 의미한다. 내담자를 완전하게 이해하지 못하게 되면 상담자는 엉뚱한 질문을 하거나 주제를 바꾸어 내담자로 하여금 불필요하게 더 많은 것을 이야기하게 할 수 있다. 그럼으로써 상담자는 내담자에게 집중하지 않았으며 내담자의 이야기를 이해하지 못했다는 것을 내담자에게 드러낼 뿐 아니라 상담이나 상담자에 대한 실망감을 안겨 주게 된다.

초심자들의 축어록을 살펴보면 내담자가 생각을 고르도록 인내심을 갖고 충분히 기다려 주지 못하고 내담자의 말을 가로채는 경우도 많고, 문제를 충분히 파악하기도 전에 성급하게 충고를 주는 경우도 심심찮게 접하게 된다. 다음은 하이든과 허슨(Heiden & Hersen, 1995)이 상담 면접에서 좋은 경청자를 구분하기 위해 만든 질문들이다. 자신은

〈표 12-1〉 당신은 얼마나 좋은 경청자인가

다양한 경청 행동들을 기술하고 있는 다음의 질문들에 답해 보라

1. 당신은 반응하기에 앞서 내담자가 자신에 관해 말할 충분한 시간을 주는가?
2. 비록 당신은 대수롭지 않다고 생각될지라도 내담자가 심각하게 말하고 있는 것을 자신도 그렇게 받아들이고 있는가?
3. 내담자에게 충분한 주의를 기울이는가? (즉, 내담자가 이야기하고 있는 동안 간단한 사무처리를 한다든지 책상 위의 물건들을 정리하지는 않는가?)
4. 때때로 고개를 끄덕이고 미소 짓고, '음' 하며 주의를 기울이고 있다는 것을 보여 주고 있는가?
5. 필요하고 관련된 질문을 하는가?
6. 내담자를 쳐다보고, 자주 눈을 맞추며, 시계를 보는 것을 삼가고 있는가?
7. 내담자가 문제점을 이야기할 때 가로막는 일은 없는가? 문제점에 관한 논쟁을 피하는가?
8. 당신은 주제를 바꿈으로써 내담자의 문제나 호소를 기피하는가?
9. 내담자가 할 말을 찾고 고르고 있을 때 당신은 말을 이어받지 않을 만큼 충분히 인내하고 기다리는가?
10. 말하기 전에 생각하는가? '즉각적인' 충고를 피하는가?

내담자를 얼마나 잘 경청하고 있는지 자문해 보고 자신의 태도를 가다듬는 데 참조하기
바란다.

2) 나는 당신이 말해 주어야 압니다

상담자는 상담에 임하여 "상담자인 나는 내담자인 당신이 말로 설명해 주는 것만큼만
당신을 이해할 수 있습니다. 나는 당신이 나에게 말해 주지 않은 내용은 알지 못합니다.
그러니 당신에 대해서 설명하여 나에게 알려 주시기 바랍니다."라는 태도를 견지하는
것이 대단히 중요하다. 사실 상담자는 내담자가 말하지 않아도 이해할 수 있는 부분이
있으며, 예민한 상담자는 비언어적 경로를 통해 내담자가 말한 것 이상의 내용을 감지할
수 있다. 그러나 상담자는 내담자에게 '말해 주어야 이해할 수 있다.'는 입장을 취하는
것이 중요하다. 이러한 태도는 상담 초기에 특히 중요한데, 그 이유는 내담자가 자신의
경험을 상담자 혹은 상대방에게 이해 가능하고 전달 가능한 방식으로 언어화하여 설명
하는 태도와 습관과 능력을 키우기 위함이다. 상담 초기에 이런 좋은 태도가 형성되면
나중에는 굳이 그렇게 하라고 시키거나 질문을 하지 않아도 내담자가 자연스럽게 자신
의 내면을 관찰하여 자신의 경험과 그에 대한 생각과 감정을 자발적으로 설명하게 된다.
내면을 관찰하여 표현하는 언어화 과정은 자아의 내부와 외부의 경계를 견고하게 다지
는 데 대단히 중요한 작업이다. 내담자는 자신의 내면을 관찰한 바를 말로 전달하면서
자아의 표피를 튼튼하게 다져갈 수 있다.

초보상담자들은 내담자가 자신의 입장과 경험을 충분히 설명하지 않았음에도 불구하
고 "나는 당신을 잘 이해하고 공감할 수 있습니다."라는 태도를 곧잘 취할 수 있는데, 이
것은 여러 가지로 반치료적일 수 있다. 우선 자신을 관찰하여 설명할 수 있는 실습 기회
가 제한되므로 내담자의 자기 관찰 역량과 언어화 역량이 덜 키워지며 자아도 그만큼 강
건해질 기회를 얻지 못하게 된다. 그렇게 되면 상담의 목표는 내담자의 건강과 유능함일
진대 내담자가 충분히 표현하지 않았음에도 불구하고 내담자를 공감해 내는 초보상담자
의 섣부른 유능함에 가려서 내담자가 유능해질 기회는 상대적으로 차단될 것이다.

더 나아가 상담자의 때 이른 공감 반응은 '내가 말하지 않아도 상담자가 나를 잘 이해

한다.' 는 잘못된 생각을 내담자에게 심어 줄 수 있다. 이는 이심전심으로 의사소통을 하게 하는 마술적인 의사교환 방식을 만들게 되어 심한 오해와 비현실적인 환상을 만들어 내고 종국에는 상담을 난국으로 치닫게 하는 결과를 낳을 수도 있다. 또한, 특히 상담초기에 내담자가 상담자에게 말하지 않은 내용까지도 상담자가 깊이 있게 이해하는 모습을 보여 주면, 의심이 많거나 과민한 내담자는 표현하지 않은 자신의 내면의 치부를 들킬까 두려워 마음의 문을 닫게 되거나 상담을 중단하려 할 수도 있다.

이와 관련하여 필자가 내담자에게 들어본 최악의 평가는 "그렇게 이해를 못해서 상담을 어떻게 하세요?" 라는 것이었다. 그러나 필자는 속으로 혼자 추측해서 그럴 것이라고 막연히 생각하는 것은 치료적이지 않다고 생각했으며, 내담자가 모호하게 설명하는 것 자체가 내담자의 방어이자 문제점 중의 하나라고 판단했다. 그리고 내담자가 그때까지 설명한 내용만으로는 충분한 이해가 어렵다는 확신과 더불어 내담자의 입으로 사태를 정확하고도 상세하게 설명하는 것이 치료적인 동시에 치료적 작업을 진행하는 데 중요한 닻을 내릴 수 있는 토대를 마련하는 작업이라는 확신을 갖고 있었다. 그래서 필자는 내담자의 그 말을 듣고 기죽지 않았다. "글쎄 말예요. 근데 내가 아직 이해를 못했으니 어쩌지요? 내가 이해할 수 있을 때까지 ○○씨가 더 설명을 해 주는 수밖에." 그렇게 해서 내담자는 그의 인생에서 단 한 번도 설명해 본 적이 없는 자신의 내면세계의 내용들을 이해력이 부족한 상담자에게 우쭐대면서 상세하게 설명해 주지 않으면 안 되었다.

3) 나는 당신이 가르쳐 주어야 압니다

상담자는 내담자를 대할 때 "당신은 당신에 관한 한 전문가이며, 나는 당신에 대해 문외한입니다. 그러니 당신에 관해서 나에게 가르쳐 주세요. 나는 당신으로부터 배우겠습니다."라는 자세를 취해야 한다. 상담자는 마음을 비우고 내담자를 배우는 좋은 학생이 되려는 자세를 취하는 것이 좋다. 마음을 비운다는 것은 상담자가 자신의 욕구와 생각과 감정, 자신의 사생활, 내담자에 대한 느낌, 낯선 내담자를 대함에 있어 느끼게 되는 어색한 분위기와 불안, 불편감, 두려움 등에 좌우되거나 영향을 받아서 먼저 주제를 정하거나, 내담자가 하고 있는 내용의 이야기에서 중요치 않은 부수적인 내용으로 이야기의 흐

름을 바꾸거나, 자신이 말하고 싶은 내용의 주제로 바꾸지 않는다는 것을 의미한다. 상
담자는 자신의 마음을 비우고 내담자의 손을 잡고 내담자와 함께 동반하며, 내담자가 이
끄는 곳으로 따라가서 내담자가 보여 주는 것을 함께 들여다보는 것이 중요하다.

　상담자는 내담자로 하여금 상담자를 이해시킬 수 있게 말하도록 요구하여야 하며, 이
해하지 못했을 경우에는 질문을 하여 정확하게 알고 넘어가야 한다. 역으로 내담자가 상
담에 임해서 해야 할 가장 중요한 역할은 자신에 대해 상담자에게 알려 주는 일일 것이
다. 상담자는 내담자로 하여금 자신의 역할에 충실하게 임할 수 있도록 요구하는 동시에
충분한 기회를 주어야 한다. 알지 못하면서 마치 잘 이해하고 있는 듯한 태도를 취하게
되면 상담자와 내담자는 서로 다른 이야기를 하면서 같은 이야기를 하고 있다는 착각을
하게 되고, 이런 착각이 누적되면 종국에는 되돌리기 어려운 상태에 이르게 될 수 있다.
또한 상담자가 자신의 이해능력을 과시하여 내담자의 생각이나 감정을 넘겨짚어서 알아
맞히는 식의 행동도 위험할 수 있다. 내담자가 충분히 설명하지도 않았는데 마치 내담자
의 문제를 다 알고 있는 듯한 언행을 취하면 내담자는 말하지 않아도 상담자가 다 알 것
으로 생각하며 제대로 설명해 주지 않을 수 있다. 이러한 태도는 향후 내담자의 자기탐
색적 역량을 키우는 데 방해가 된다.

　일반적으로 상담을 받으러 오는 내담자들은 위축되어 있게 마련이다. 도움을 받는 입
장에 서 있는 내담자는 도움을 주는 입장인 상담자에게 권위와 힘을 부여한다. 내담자는
상담자를 학식 있고 전문성과 권위를 지닌 존재로, 자신은 나약하고 위축된 무능한 존재
로 인식하는 경향이 있다. 그런데 자신이 권위를 부여한 상담자가 "당신은 당신에 관한
전문가입니다. 당신에 관해 나에게 가르쳐 주세요."라는 입장을 취한다면 상담자를 가
르치는 입장에 서게 된 내담자로서는 자존감을 회복할 수 있는 계기가 된다. 내담자는
학식 있는 전문가라고 생각해 온 상담자에게 자신에 대해 가르쳐 주면서 자부심을 느끼
게 될 뿐 아니라 그 과정에서 자기 자신을 관찰하는 작업도 함께해 나가게 된다. 가장 좋
은 치료 작업은 내담자가 스스로 자기 자신을 관찰하여 알아가는 것인데, 내담자는 상담
자에게 자신을 알려 주는 작업을 하면서 자존감을 회복하는 동시에 스스로를 관찰하는
치유 작업을 착실히 해 나갈 수 있는 것이다.

　"당신에 대해 나에게 가르쳐 주세요."라는 입장으로 상담자는 내담자에 관한 강의를

내담자로부터 들으면서 좋은 학생으로서 그 말을 잘 알아듣고 요약·정리해서 머릿속에 숙지하고 있어야 하며, 동시에 요약·정리한 내용을 간간이 내담자에게 반영해 주면서 제대로 알아들었는지 내담자의 점검을 받는 시험도 치러야 한다. 수차례의 시험에 통과하고 내담자에 대한 정확한 지식이 누적되면 차츰 내담자에 대한 보다 깊은 공감이 가능해진다.

상담 초기에 상담자는 내담자로부터 내담자에 관해 얼마나 충실히 배웠는지, 그리고 내담자는 상담자에게 자신의 전문 영역에 대해 얼마나 진실된 강의를 했는지의 여부가 상담의 성패를 좌우한다고 하여도 과언이 아닐 것이다.

상담자가 내담자를 치료하고 고쳐 주려는 권위적인 자세로 임하게 되면 상담자는 내담자가 보여 주는 것을 보지 못하고 상담자 자신이 보고 싶어 하는 것 위주로 보면서 내담자를 자의적으로 끌고 가게 되기 쉽다. 로저스는 내담자로부터 상담자가 원하는 반응을 유도해 내지 말도록 강력하게 경고한다(Mucchielli, 1972). 반응을 유도하는 것은 있는 그대로의 내담자를 만나지 못하게 하므로 상담자 자신은 공감을 한다고 해도 내담자는 이해받는 느낌을 가지기가 어렵다. 자신의 삶에 대해서 전문가인 내담자를 교사로 생각하여 내담자로부터 배우는 자세로 내담자의 마음을 경청하면, 상담자는 내담자가 이끄는 길을 함께 걸어갈 수 있으며 그 길에서 내담자가 상담자에게 전달하고 보여 주고 싶은 것이 무엇인지, 내담자가 진정 무엇으로 고통 받게 되는지, 그리고 원하는 것이 무엇인지를 마음 깊이 공감할 수 있게 된다. 그렇게 내담자를 따라가다 보면 상담자도 어느덧 내담자에 관한 전문가가 되게 된다. 상담자는 그렇게 얻은 내담자에 관한 지식의 바탕 위에서 심리상담자로서의 전문 역량을 내담자를 치유하는 데 백분 활용할 수 있게 되는 것이다.

내담자로부터 가르침을 받으려는 상담자의 이러한 태도는 여러 가지 이점을 지닌다. 첫째, 내담자는 수동적으로 상담자의 도움만을 받는 그런 존재가 아니라는 인식이다. 상담자에게 자신을 전달하여 이해시키는 것은 내담자 자신의 몫이자 책임이며, 상담에서의 치유란 내담자의 적극적인 협조하에서만 가능하다는 전제가 포함된다. 둘째, 내담자는 상담에서 중요한 역할을 담당하는 존재, 즉 권위가 있는 전문가인 상담자를 가르치는 가치 있는 존재로 존중된다. 매 시간 이런 태도로 임하게 되면 내담자는 알게 모르게 더 이상 위축되고 힘없는 무기력한 존재가 아니라 자신에 대해 상담자를 가르침으로써 치료에 적극적으로 동참하는 가치 있는 존재가 되어 나간다. 상담에 임하는 태도와 역할에서 내담자는 기본적으로 자신이 가치 있고 존중받는 존재임을 은연중에 터득하게 되며, 이는 중요한 치료적 진전 중의 하나가 된다. 자신을 무가치하게 여기는 내담자의 자기가치감을 증진시키기 위해 어떤 특별한 기법을 구사하지 않아도, 내담자는 상담자로부터 매 시간 이러한 대접을 받게 되면서 차츰차츰 구겨진 자기가치감을 회복하게 된다.

셋째, 상담자의 안내를 받아 내담자가 자신에 대해 상담자에게 설명해 나가는 '언어화verbalization 작업을 통해 내담자는 자아를 건강하게 다져 나갈 수 있다.' (Blanck & Blanck, 1974) 자신의 내면을 다른 사람에게 설명한다는 것은 자신의 내면을 외부와 부딪쳐 경계를 확인하는 작업이며, 이는 자아의 경계를 공고히 하는 작업이다. 달리 말해, 이전에는 한 번도 설명해 보지 못하고 막연하고 모호하게만 인지하고 있던 내담자의 내적 경험은 경계를 지니지 않고 아직 피막이 입혀지지 않은 무형의 것이다. 그러나 내담자가 이러한 경험들을 상담자에게 알려 줌으로써(언어화함으로써) 모호했던 경험들이 경계가 만들어지고 구체화되어 가며 형체를 지니게 된다. 반복적인 언어화 작업은 자아를 더욱 단단하고 응집력 있고 탄력 있게 만드는 데 도움을 준다.

넷째, 내담자의 언어화된 자기 경험은 상담자에게 내담자를 이해하고 공감할 수 있는 자료가 된다. 상담자는 내담자가 겪은 객관적인 경험뿐 아니라 그 경험을 보는 내담자의 지각 세계까지도 설명해 주도록 내담자를 자극해야 한다. 상담자는 내담자의 자신에 대한 설명을 충분히 듣고 그 자료를 토대로 내담자를 깊이 공감할 수 있게 된다. 내담자의 내적 경험과 지각체계에 대해 전달받지 않고서 내담자를 공감한다는 것은 불가능하다. 상담 초기와 중기 초반은 이러한 자료를 축적하는 데 힘을 모으는 시기로 내담자의 주요 문제와 경험 내용을 탐색하는 데 역점을 두게 된다. 상담의 전반부에 이런 자료가 충분히 축적된 바탕 위에서 내담자에 대한 진정한 공감이 가능해질 수 있다.

내담자로부터 배우는 자세를 취함에 있어 상담자가 불편하고 자존감의 손상을 받거나 내담자에게 열등감을 느낀다면 이는 상담자의 문제라고 할 수 있다. 상담자는 내담자 위에 군림하면서 치료하는 존재가 아니다. 상담자 자신의 과시욕, 열등감, 자존감 등의 문제는 개인상담이나 집단상담 등 개인적 작업을 통해서 반드시 극복해 내어야 할 상담자의 몫이다.

4) 평가하지 않는 태도

'평가하지 않는다는 것'은 로저스식으로 표현하자면 조건적 가치를 부여하지 않는다는 것을 의미한다. 도덕적이고 윤리적인 가치판단을 하지 않을 뿐 아니라 좋아하거나 싫어하거나 경멸하는 등 상담자의 개인적인 가치관과 취향에 따라 판단하고 그에 따른 감정을 드러내지 않는 것을 의미한다. 아무리 집중하여 경청하고 내담자로부터 배우는 태도를 지닌다 하여도 내담자가 드러내는 어떤 내용에 대해서 상담자가 싫어하거나 내켜하지 않는다면 내담자는 자신에 대해 드러내려 하지 않을 것이다. 그리고 상담자가 옳다거나 좋아하는 것만을 선별적으로 드러내려 할 것이다. 그렇게 되면 상담자는 내담자의 실제 모습에 접근할 수가 없다. 진실된 내담자의 모습을 만날 수 없다.

내담자가 상담에 가져오는 중요한 내용들은 내담자가 오랫 동안 수치스러워하며 감춰오던 내용들인 만큼, 상담자가 그것을 접하고 싫어하거나 경멸하는 태도를 드러낸다면, 또는 충격을 받아 감당하지 못한다면 내담자는 두 번 다시 그런 자신의 모습을 보여 주려 하지 않을 것이다. 반대로 내담자가 드러내는 어떤 모습에 대해서 상담자가 반가워하거나 좋아하고 기뻐한다면 내담자는 상담자를 즐겁게 하기 위해서 자신의 다른 중요한 내용들을 제쳐놓고 상담자가 좋아할 만한 내용을 우선적으로 보고하려 할 것이다. 예컨대, 퇴보한 것, 실천이 잘 안 되는 것, 뜻대로 되지 않는 것, 힘든 것 등에 대해서는 보고하지 않고 잘한 것, 호전된 것만을 보고할 수 있다.

더 나아가 상담자는 내담자가 가져오는 이야기에 대해 인간적인 감정을 드러내지 않아야 한다. 즉, 내담자에게 감정적으로 휘말리지 않아야 한다. 상담자는 내면에 두터운 심리적인 범퍼를 지니고 있어야 한다. 자신의 가치관과 취향도 배경으로 처리할 수 있어야 한다. 설혹 내담자가 자신과 다른, 또는 자신이 싫어하는 가치관과 취향을 지니고 있다 할지라도 상담자는 그것을 수용하고 함께 나눌 수 있어야 하며, 자신의 가치판단과 취향은 배경으로 물리고 보류함으로써 영향을 미치게 하지 않을 수 있어야 한다. 내담자의 경험에 대해서는 오직 내담자 자신의 가치관과 취향으로 평가하고 판단할 수 있도록 허용해 주어야 한다.

2. 상담적 대화의 언어적 특성

1) 언어의 일치

상담적 대화의 가장 큰 특징은 일방향적 의사소통이라는 점일 것이다. 내담자는 주로 드러내고 말하고 표현하며, 상담자는 듣고 반영하고 비춰 준다. 대부분의 대화는 양방향의 상호적인 의사소통이지만 상담에서의 의사소통은 내담자의 경험에 접근하기 위한 상담자의 끊임없는 노력으로 이루어진다. 그런 만큼 상담을 함에 있어서 상담자와 내담자가 같은 언어를 사용하는 것은 매우 중요하고도 필수적이다.

같은 문화권 속에서 한국어라는 같은 언어를 사용함에도 불구하고 사람들은 서로 다른 개인적, 사회적 환경 속에서 저마다의 독특한 경험을 하면서 나름의 개념을 형성하게 된다. 상담자와 내담자는 교육 수준, 문화적 배경, 사회경제적 수준, 세대 차이 등에서 언어가 다를 수 있다. 심지어 같은 단어에 대해서도 경험의 차이에 따라 상담자와 내담자가 그 단어에 부여하는 의미에 차이가 있을 수 있다. 따라서 같은 단어를 사용함에도 불구하고 우리는 저마다 다른 의미로 그 말을 사용하는 경우가 많다. 상담자는 내담자를 정확하게 이해하기 위해 내담자의 언어체계를 배우고 이해해야 한다. 상담자와 내담자의 언어가 다르면 상호 의사 전달이 안 되고 서로를 이해할 수 있는 접점이 줄어들게 되며 치료적 작업의 진행이 어려워진다.

『끝없는 사랑Love without end』(Green, 1998)이란 책이 있다. 이 책은 예수의 사랑에 관한 책이다. 『끝없는 사랑Endless love』(Spencer, 1999)이란 책도 있다. 이 책은 연인 간의 사랑 이야기다. 또한 『사랑만으로는 살 수 없다Love is not enough』(Beck, 1988)라는 책은 부부간의 사랑에 관한 책이고, 『사랑만으로는 결코 충분하지 않다Love is never enough』(Bettleheim, 1950)라는 책은 부모의 자녀교육에 관한 책이다. 독자는 이 책들에서 말하는 사랑이 각기 다른 의미를 지니고 있다는 것을 이미 간파하였을 것이다. 이처럼 같은 단어도 그것에 부여된 의미가 서로 다를 수 있다. 서로 다른 의미를 지닌 단어를 혼용해서 쓴다면 의사소통이 제대로 되기 어렵다. 상담자와 내담자 사이에 이런 일이 발생하지 않도록 언어를 통일하는 작업은 치료적 작업을 해 나감에 있어 대단히 중요하다.

때문에 상담에서 가장 중요하고도 기초적인 작업 중의 하나는 내담자와 상담자의 언어를 일치시키는 일일 것이다. 내담자가 전달한 말을 상담자가 내담자와는 다른 의미로 받아들인다면 같은 언어를 사용하는 외양을 띠고는 있어도 정서적인 만남은 없을 것이며 이후의 치유 작업 역시 불가능할 것이다.

필자가 대학원 공부를 할 때의 일이다. 그 당시 필자는 한 내담자를 상담하면서 그 내담자의 말을 잘 이해하고 있다고 생각했는데, 얼마 지나 그것은 착각이었음이 여지없이 드러났다. 그 내담자와의 상담이 난국에서 허우적거리던 어느 날, 속으로는 분노 감정에 허덕이면서도 그것을 절대로 표현하지 못하는 내담자를 향해 필자는 "그런 상황에서는 나라도 화가 나겠는데 화를 너무 억누르지만 말고 좀 표현해 보세요."라고 했다. 내담자는 펄쩍 뛰면서 '어떻게 화를 내느냐?'고 했다. 이를 계기로 필자는 그 내담자가 사용하는 '화'의 의미와 필자가 사용하는 '화'의 의미에 큰 차이가 있다는 것을 감지하기 시작했다. 그리고 내담자와의 상담이 난국에 빠진 것은 그 내담자가 사용하는 '화'를 비롯한 감정의 언어들에 대해 내담자가 부여하는 의미와 필자가 부여하는 의미가 서로 다른 것에 기인한다는 것을 점차 분명하게 인식할 수 있었다. 내담자와 상담자인 필자는 같은 단어로 서로 다른 의미의 말을 하고 있었던 것이다.

필자는 '화'란 자신의 분노 감정을 의미하므로 다른 감정과 마찬가지로 말로 표현할 수 있다고 생각하고 있었다. 따라서 폭발할 것 같은 분노감을 두려워하며 간신히 억누르고 있는 그 내담자에게 '화를 너무 억누르지만 말고 적당히 표현'하도록 권고하는 필자의 조언은 먹혀들 수 없었을 뿐 아니라 오히려 내담자를 제대로 이해하지 못하는 것을 증명할 뿐이었다. 그래서 필자는 내담자가 생각하는 화가 어떤 것인지를 알아보기 시작했다. 그 내담자에게 '화'란 폭발적인 공격성과 파괴를 의미하는 것이었기 때문에 그러한 자신의 화를 드러내면 자신의 인생이 끝장난다는 것을 내담자는 잘 알고 있었던 것이다. '화'에 대해 부여하고 있던 필자와 내담자의 의미가 서로 현저히 달랐으므로 화를 표현해 보라는 상담자의 이야기는 그 내담자에게 커다란 위협으로 다가왔을 것이다. 그리고 이 일을 계기로 필자는 내담자와 언어를 일치시키는 것, 내담자가 주요 단어에 부여하는 의미의 미세한 차이를 포착하는 일이 얼마나 중요한지를 깨닫게 되었다.

내담자의 말은 알아듣기가 쉽지 않다. 대부분의 내담자는 자신을 설명하고 표현하는 데 미숙하다. 자신의 내면세계를 능수능란하고 매끄럽게 상대방이 잘 알아들을 수 있도록 배려하며 표현할 수 있는 내담자는 거의 없다. 내담자의 언어는 연습되거나 준비되거나 정서된 것이 아니다. 더구나 자신의 치부를 가리고 방어를 하며 때로는 비밀스럽고 은밀하게 많은 내용을 얼버무리고 생략해서 이야기를 하기도 한다. 그런 만큼 내담자의 이야기를 잘 이해하려면 상담자는 언어 이해력이 우수해야 하고, 행간을 읽을 수 있어야 하며, 내담자에게 집중하고 경청하여 내담자의 마음의 흐름을 잘 따라가야 한다.

상담자는 내담자의 언어를 배워서 자신의 언어를 내담자의 언어에 일치시켜 나아가야 궁극적으로 내담자를 진단하고 이해하며 더 나아가 공감하는 일이 가능해진다. 즉, 상담에서는 내담자가 상담자의 언어를 배우는 것이 아니라 상담자가 내담자의 언어에 적응하여야 한다. 어떤 상담자는 내담자에게 심리학 용어를 열심히 설명하는 경우도 있는데, 내담자에게 상담자의 언어를 가르치는 것은 적절치 못하며 상담이라고 하기도 어렵다. 내담자의 언어를 배우기 위해서 상담자는 내담자가 사용하는 단어나 개념의 의미에 대해 질문을 하면서 내담자의 언어를 터득해 나가야 한다.

상담자가 내담자의 말을 맞추는 작업은 전 상담에 걸쳐 이루어져야 하겠지만 상담 초기에 특히 중요하다. 상담자가 상담 초기에 내담자의 언어를 잘 습득하면 이후의 상담이 수월해진다. 상담자가 내담자의 언어에 일치해 나가는 가장 기본적인 원리는 구체화 탐색이다. 스트레스나 병명과 같이 내담자가 쓰는 포괄적인 단어는 반드시 그 실체를 파악하여 내담자가 어떤 의미로 그 단어를 사용하는지를 구체적으로 규명하고 넘어가야 한다.

언어의 일치를 위해, 때로는 라포 형성을 위해 상담자는 내담자가 사용하는 어휘를 차용해서 쓰는 것도 필요하다. 내담자가 사용하는 어휘를 상담자가 사용하면 내담자는 깊이 이해받는 느낌을 갖게 된다. 예컨대, 청소년을 상담하는 상담자가 내담 학생과 인터넷 게임에 대해 이야기할 때 청소년들이 사용하는 인터넷 용어를 사용하면 학생은 마음을 열고 자신의 인터넷 게임과 관련된 경험들을 신나게 이야기할 것이다.

초보상담자 중에는 심리학적 개념을 사용하여 내담자의 문제를 설명해 주기도 하는데, 상담에서는 가급적 심리학 용어를 사용하지 않는 것이 좋다. 대개의 내담자는 심리학 개념을 이해할 만큼 지적이지 않다. 심리학 서적을 많이 읽은 고학력의 내담자일지라도 심리학 용어를 사용하면 상담이 자칫 지적 토론으로 흐를 수 있어 내담자의 정서적 체험에 접근하는 것이 방해될 수 있다.

상담에서 사용하는 언어는 의사소통의 편의를 위해 쉬운 구어체를 사용하는 것이 좋다. 내담자들이 이해하기 쉬운 평이한 단어와 간단하고 간결한 구어체의 문장을 사용하도록 한다. 같은 말을 하더라도 어려운 단어와 복문을 사용하게 되면 말을 이해하기도 어려울 뿐 아니라 정보처리를 하는 데 불필요하게 에너지를 낭비하게 되어 상담 작업에 방해가 된다.

해석을 하거나 과제 등을 내주는 과정에서 피치 못하게 심리학 용어나 개념을 설명해 주어야 할 경우에는 내담자에게 그 이해한 바를 다시 설명하도록 요구하여 내담자가 제대로 이해하였는지를 확인하고 넘어가도록 한다. 인지치료를 하는 과정에서는 이런 일이 흔히 발생할 수 있다. 내담자가 제대로 이해하지 못했을 경우에는 다른 단어를 사용하여 다른 방식으로 다시 설명을 해 주고 또다시 내담자의 이해 여부를 확인해야 한다. 내담자가 이해하지 못한 해석이나 과제가 그 효력을 발휘하기를 기대할 수는 없다.

상담을 할 때 초보상담자들은 심리학을 공부하는 과정에서 터득하게 된 복잡하고 학문적인 내용을 사용하여 내담자에게 영향을 미치고 싶어 하는 욕구가 생길 수 있다. 그러나 이러한 욕구가 상담 실제에서 발동되면 상담이 난국에 빠질 수 있으므로 상담자는 자신에게 그와 같은 욕구가 작용하고 있는지를 수시로 검토해야 한다. 가능한 한 꾸밈없는 담백한 구어체를 사용하면 상담에서의 의사소통이 무리가 없고 편안하게 치료 작업이 진행될 수 있다.

2) 비언어적 행동

비언어적 행동 역시 중요한 의사소통 수단이다. 혹자는 비언어적 의사소통의 중요성을 강조하여 인간 의사소통의 80% 이상이 비언어적인 의사소통에 의해서 이루어진다고 주장하기도 한다.

비언어적 행동에는 걸음걸이, 자세, 표정, 몸짓, 매너리즘, 억양과 어투 등이 포함된

다. 그리고 비언어적 행동들은 언어적 표현을 회피하는 자신의 측면을 드러낸다
(Wolberg, 1994). 사람들은 서로의 행동을 관찰함으로써 내면의 혼란이나 의식하지 못했
던 태도와 감정에 대한 중요한 단서를 얻을 수 있다. 그래서 상담자는 내담자가 하는 이
야기뿐만 아니라 비언어적 행동에도 관심을 갖고 주의를 기울이는 것이 필요하다. 그러
나 상담자는 관심을 갖고 관찰을 하되 이들 관찰 내용을 덤덤히 넘겨서 내담자가 현미경
속의 표본처럼 주시되고 있다는 느낌을 받지 않도록 주의해야 한다. 상담자가 관찰하는
내담자의 비언어적 행동에 대해서는 제9장의 〈표 9-2〉 '면접 중에 관찰할 비언어적 내
용'에 상세하게 정리되어 있다.

　상담자가 내담자의 비언어적 행동을 통해 언어화되지 않은 감정 상태를 인식할 수 있
는 것과 마찬가지로 내담자도 상담자의 비언어적 동작을 통해 상담자의 감정 상태를 인
식할 수 있다. 다시 말해, 내담자는 상담자의 언어 표현과 비언어적 행동이 불일치되는
것을 감지하여 말과는 다른 상담자의 기저의 감정들을 읽어 낼 수 있다.

　그런 만큼 상담자는 이따금씩 자신의 비언어적 동작을 검토하여 자신도 모르게 내담
자를 거부하거나 권태로워하거나 짜증스러워하고 있지는 않은지 점검할 필요가 있다.
상담자의 이러한 태도와 표정은 내담자에게 부정적인 영향을 미치는 만큼 반치료적이기
때문이다. 머리 끄덕임이 '음' '으음' '음, 그래요' '네, 그렇군요' 등의 언급과 함께
일어나면 내담자에게 관심을 갖고 내담자를 이해하고 수용한다는 표현과 긍정의 신호가
된다. 억양이나 어조 또는 어투subvocal utterance 역시 면접에서 상대방에 대한 긍정
과 부정의 여운을 실어 전달될 수 있다. 내담자는 상담자가 자신을 인정하는 음조와 몸
짓을 한 영역의 발언 빈도를 유의미하게 증가시킨 반면, 거부하는 음조와 몸짓을 보낸
영역의 발언 빈도는 현저히 감소시켰다는 연구(Frank, 1961) 보고도 있는 만큼, 상담자는
비언어적 표현으로 자신도 모르게 의도하지 않은 엉뚱한 효과가 나타나지 않도록 주의
를 기울여야 하며, 자신의 억양과 동작에 관한 나름의 훈련을 할 필요가 있다.

3) 호칭

　상담의 당사자를 제3자가 지칭할 때는 통상적으로 상담자와 내담자라고 한다. 그러나

상담자와 내담자가 서로 상대방을 부르는 호칭은 통상적으로 내담자는 상담자에게 선생님이라고 부르며, 상담자는 내담자의 이름에 씨자를 붙여 '○○씨'라고 부른다. 내담자를 좀 더 공손하게 부를 때는 성까지 붙여서 '김○○씨' '이○○씨'라고 부른다. 내담자의 나이가 연하라면 성을 빼고 이름에 씨자를 붙여 '○○씨'라고 부르기도 한다.

내담자와 상담자가 서로를 부르는 '선생님'과 '○○씨'라는 호칭은 상담자와 내담자의 역할에 대한 사회적 관례가 작용한 것이라 볼 수 있다. 호칭은 그것을 부름으로써 역할이 규정되고 몸에 배며, 그런 호칭을 불러 줌으로써 은연중에 행동이 구속되는 측면이 있음을 무시할 수 없다. 상담자를 '○○씨'라고 부르거나 내담자를 '학우님'이라고 부를 때, 상담자와 내담자의 역할은 은연중에 깨어지게 된다. 내담자가 상담자를 '○○씨'라고 부를 때, 그 상담자의 치료적 개입은 '선생님'이라고 부르는 상담자의 치료적 개입만큼 권위를 부여하지 않을 것이며 또 그런 만큼 그 개입의 성과도 적을 것이다.

학교 상담실이거나 자발적으로 상담을 신청한 경우, 또는 상담자가 연상이고 내담자가 연하일 경우, 대부분의 사람들은 가르쳐 주지 않아도 상담자를 선생님이라고 부르며 이를 당연하고도 자연스럽게 받아들인다. 대학 상담소나 상담자의 직업이 교수이거나 상담자에게 더 큰 권위를 부여하고 싶은 욕구를 지닌 내담자인 경우에는 상담자를 교수님이라고 부르기도 한다. 상담자를 교수님이라고 부르는 경우 필자는 굳이 고쳐 주려 하거나 제지하지는 않는다.

'선생님'과 '○○씨'는 매우 상식적이고 통상적인 호칭임에도 불구하고 때때로 도전을 받기도 한다. 상담자로서의 자신의 능력에 자격지심을 느끼거나 자신감을 갖지 못하는 초보상담자의 경우 자신보다 나이 많은 내담자를 상담할 때 내담자를 당당하게 ○○씨라고 부르지 못하고 다른 호칭, 예컨대 학우님이나 선배님으로 부를 수 있다. 실제로 5장의 〈사례 5-3〉에서 상담자는 내담자를 '학우님'이라고 부르고 있다. 상담자가 상담에 임하여 준비를 충실히 하고 실력을 키우는 일을 게을리하지 않으며 전문상담자로서의 자신의 역량을 성심껏 쌓아 나가면서 기본을 충실하게 실천해 나가다 보면 호칭과 관련된 문제는 어렵지 않게 극복될 수 있다. 상담에 강제로 왔거나 연상의 내담자일 경우, 결혼 적령기에 있는 상담자와 내담자가 만난 경우, 또는 권위에 대한 갈등이 있는 내담자의 경우에는 호칭에서 도전을 받기도 한다. 필자의 대학원 시절에 필자보다 두 살 아래의 학부생을 상담한 적이 있었다. 그 당시 필자와 그 학생 모두 결혼 적령기였고, 필자는 실제의 나이보다 어려 보이는 앳된 외모를 지녔다. 그 학생은 자신보다 어려 보이며 연애 상대가 될 수 있을 만한 나이의 여성인 필자에게 상담을 받는 것이 자존심 상하는 것처럼 보였다. 그런 만큼 그 내담자는 필자를 '선생님'이라고 부르는 것이 내키지 않으면서도 마지못해 선생님이라고 불러 주는 것 같았다. 그 내담자는 필자가 '자기보다 나이가 더 아래인 것으로 밝혀지면 자기는 몹시 기분이 상할 것'이라고도 말하였다. 그런 경험과 함께 인생의 경험이 미숙했던 그 당시 필자로서는 나이 많은 내담자들을 상담하는 것이 부담스러웠다. 그러나 필자가 나이가 들어가고 상담 경험도 깊어 감에 따라 그런 일은 다시 일어나지 않았다. 상담을 배우는 초창기 몇 년 동안 잠시 벌어진 일이었을 뿐이다.

　자존감이 몹시 낮았던 필자의 한 내담자는 자신이 이상화하는 상담자가 자신을 '○○씨'라고 존중하여 부르는 것이 편치 않았다. 그러더니 마침내는 자신을 '○○야'라고 낮춰 불러 줄 것을 간곡하게 요구했으며, 더 나아가 자신의 의견을 묻지 말고 그냥 자신에게 명령을 내려 달라고 부탁하기도 하였다. 이럴 경우 내담자의 요청을 들어주는 것은 바람직하지 않다. 내담자의 그 요청을 들어주게 되면 상담자를 이상화하는 내담자의 비현실적인 인간상이 강화될 것이다. 그보다는 내담자가 그런 요구를 하게 되는 심경을 알아보고 그것을 드러내어 함께 다루는 것이 중요하다.

　다음은 호칭 문제에 걸려 있는 내담자의 사례다. 이 사례에서 내담자는 상담자를 '선생님'이라고 부르지 않고 'S씨'라고 불렀으며, 상담자의 사생활에 대해서 알고 싶어 하였다. 다음은 1회 상담의 끝부분이다.

 사 례　〈12-1〉 **상담자의 호칭 1**

〈상략〉

상42: 오늘 어떠셨어요.

내42: 제가 말을 조리 있게 못한 것 같고요. (네, 그러셨어요?) 그리고 S씨죠? S씨에 대해서 알고 싶다고 생각했는데 개방을 해 줄 수 있는지 궁금해요.

상43: 음. 어떤 게 궁금하신데요.

내43: 기본적인 사항에 대해서. 회사 다니세요? 사는 데는 어딘지, 나이가 몇인지, 결혼은 하셨는지-

상44: 왜 그게 궁금하신지?

내44: 음. 일단은 그냥 알고 싶은데요.

상45: 음. 어떤 이유로? 지금은 상담을 받으러 오신 건데 어떤 이유로 궁금하신지 그 부분이 더 궁금하네요.

내45: 사람이 만나면 서로를 알아가잖아요. 나는 어디 살고 무슨 일을 하고 결혼을 했고 안 했고, 그런거. 근데 결혼은 하셨어요?

상46: 아니요. 그런 부분에 개방을 해야지 믿을 수 있다는 건가요?

내46: 아니요, 그건 아니에요. 믿고 안 믿고가 아니고요.

상47: 어떻게 그런 마음이 드셨을까요?

내47: 일단, 음, 신뢰를 해야, 믿을 수 있나 없나를 보려는 건 아니고. S씨에 대해서 좀 알고- 사람은 기본적으로 알고 있어야 되잖아요. 제가 다른 의도가 있는 건 아니고.

상48: 네, 그러세요? 제가 말씀드리는 건 '사람을 만나서 나랑 맞아야지 친하게 지낸다.'고, '안 맞는 사람하곤 얘기를 안 한다.'고 하셔서 그런 부분과 연관선상에 있는 건 아닌가 해서 여쭤 보는 거예요.

내48: 그건 아니고요. 지난번 전화 주셨을 때 목소리를 듣고 뭔가 사람의 이력이랄지 그런 부분보다는 정서적으로 맞는 거 그게 중요하다고 생각이 들어요. S씨는 정서적으로 특별히 안 맞고 그런 건 없는 거 같은데. (네.) 나보다 뭐 못나고 잘나고 그런 거는 신경을 안 써요. 그런 차원에서 나하고 맞나 안 맞나 판단을 하기 위해서 물어본 건 아니에요.

상49: 근데 결혼을 했나 안 했나가 정서적으로 연관이 있다고는 생각이 안 드는데요. (웃음)

내49: S씨가 결혼했나 안 했나 그게 중요하죠. 결혼을 했으면 아무래도 결혼생활에 대해서 알고, 제가 고민하는 것도 결혼은 하고 싶은데 못하고 있고, 거기에 대해서 좀 더 고민을 얘기하고 풀 수 있는데, 결혼을 안 하셔서 그런 얘기를 잘 못 풀잖아요.

상50: 아, 그런 고민도 있으신가 보군요.

내50: (웃음) 아니요. 전에는 그랬는데 지금은 뭐 그렇지도 않아요.

상51: 음. 결혼생활 부분은 저도 잘 모를 수 있어요. 상담이란 게 제가 어떤 답을 드리고 그런 거는 아니기 때문에 먼저 그렇게 생각하지는 마시고 하나씩 얘기해 보도록 해요.

내51: 아, 제가 그렇게 생각하는 거는 아니고. **다음 내담자가 있는 건 아니지요?** C씨(접수면접자)한테 저랑 비슷한 여자분을 해 달라고 했어요. 왜 그랬냐면요. 나보다 나이가 너무 많거나 어리거나 하다 보면 공유하는 부분이 없을 거 같아 그랬거든요.

상52: 아, 이해받고 싶은 마음이 있으신 건가요?

내52: 이해를 받는다기보다는- 물론 상담자와 내담자로 만났지만 어떤 문제에 대해서 서로 이해하는 시간이 됐으면 좋겠어요.

상53: 네. 그러세요. 오늘은 시간이 다 돼서 다음에 더 이야기해 보기로 해요.

내53: 네.

이 내담자가 상담자를 대하는 태도는 마치 미팅에서 비슷한 또래의 여자 아가씨를 만나서 파트너를 정하고 인터뷰하는 것 같은 느낌을 주며, 상담자로 인정하는 느낌은 별로 주지 않는다. 내담자와의 상담관계를 처음부터 바로잡지 않으면 대인관계에서 외로운 내담자가 상담자와 데이트하는 기분으로 상담을 이용할 수도 있다. 따라서 호칭을 바로잡는 것에서부터 상담관계를 바르게 수립해 나가는 것이 이 내담자에게는 특히 중요해 보인다. 더 나아가 이 내담자는 내51에서 다음 내담자가 있는지를 묻고 내담자가 없으면 상담자의 시간을 자기 마음대로 사용해도 된다는 생각을 갖고 있는 만큼 내담자에게 상담자의 시간이 통제되지 않도록 주의할 필요도 있다.

계속해서 위 사례의 2회 축어록을 살펴보자.

 사례 〈12-2〉 **상담자의 호칭 2**

내7: 장소도 장소지만 그냥- 상담 장면이 생각보단 되게- 좀- 의사소통- 교감되는 게 생각보단 편안한 건 아니네요. 그 상당히 어려운 작업인 것 같아요, 상담이란 자체가.

상8: 음. 그럼 상담에 대해서 ○○씨가 생각했던 건 어떤 거였는지 얘기해 보시겠어요.

내8: 음. (18초) 이렇게 나에게 뭔가를 물어보는 사람이 없었어요. 근데- 대상자로서 느끼는 기분이 썩 좋은 기분은 아닌 것 같아요.

상9: 음. 말하기 싫은데 얘기하는 것 같나요? 대인관계가 어렵고 그걸 극복하길 원해서 오신 거잖아요. 근데 막상 오시니까 불편하신가 봐요.

내9: **전 그 얘기보다도 다른 얘기를 하고 싶은데-** (네.) 제가 지난 상담하고 집에 갔을 때 좀 불편했어요. 맨 처음에 S씨(상담자)가 나한테 ○○씨라고 했잖아요. 그게 나한텐

하대하는 걸로 느껴지고- S씨가 그렇게 부르니까 나이도 비슷해 보여 나도 S씨라고 부른 거거든요

상10: 음. 그러셨군요. 그럼 호칭에 대해서 얘기를 해 볼까요. 여기는 ○○씨가 상담을 하기 위해 오신 거잖아요. 이 50분은 ○○씨를 위한 시간이에요. 아무리 제가 비슷한 나이 또래로 보일지라도 저는 상담자이고, 그래서 선생님으로 불러 주셨으면 좋겠어요.

내10: 선생님이라고 부르라고요!! (언성이 높아진다.) 허허.

상11: 왜, 뭔가 걸리는 게 있으신가요? 그거에 대해 얘기해 보시겠어요?

내11: 음. 아무리 그렇다 해도 그렇게 부르라고 하는 건 좀 무례한 거 아닌가요?

〈하략〉

호칭보다 더 중요한 것은 내담자가 상담자에게 '선생님'이라고 부르기를 거부하는 심정이다. 상담자가 '선생님'이라고 불러 주기를 당당하게 요구하자(상10), 내담자는 그럴 수 없다며 자신의 입장을 고수하였다. 더 나아가 상담자가 자신을 성을 빼고 '○○ 씨'라고 부른 것에 대해서도 기분이 상했다고 말한다. 상담자는 선생님이라고 부르는데 마음에 걸리는 것이 있는지 묻고 그것을 다루려고 하였는데(상11), 이는 매우 적절한 개입으로 보인다. 이를 계기로 내담자는 자신의 '권위에 대한 거부감'을 이야기하기 시작하였다. 권위에 대한 내담자의 태도는 대인관계에서 그가 겪는 어려움과 관계가 있을 수 있으므로 잘 다루어야 한다.

상담자가 호칭에 대해 아무런 이의를 제기하지 않고 'S씨'라는 호칭을 수용했다면 권위에 대한 내담자의 태도를 드러내어 다루는 계기를 마련하기 어려웠을 것이다. 상담자는 상례에서 벗어나는 내담자의 호칭 사용에 이의를 제기하였고, 그로 인해 선생님이라고 부르기를 완강히 거부하는 내담자의 입장과 그 기저에 깔려 있는 권위에 대한 거부적인 태도를 전달받을 수 있었다.

4) 존댓말

존댓말은 상대방을 존중하는 대화체의 언어다. 상담자는 내담자를 대할 때 기본적으로 존댓말을 사용하는 것이 좋다. 내담자가 아동일 때는 반말을 사용할 수도 있지만 18세 이상의 성인이라면 존댓말을 사용하는 것이 치료적으로 좋다. 연하의 내담자에게는 반말을 사용하더라도 상대방에 대해 예우를 하는 높임 반말을 사용하는 것이 치료적으로 도움이 된다. 언어를 통해 내담자가 성인으로서의 대우를 받게 되면 내담자는 스스로 책임을 지는 성인으로서의 입장을 취할 수 있는 쪽으로 자연스럽게 나갈 수 있게 되며, 상담자의 존중을 받게 되면 은연중에 자신감이나 자존감도 향상될 수 있기 때문이다.

내담자는 의존적이고 자존심이 낮고 열등감이 있는 경우가 많아서 자신이 존중되는 대우를 받는 것이 어색하고 부담스러울 수도 있다. 자존심이 낮고 죄책감이 있었던 한 내담자는 필자에게 자신의 이름을 부르고 명령조로 말을 해 달라고 부탁했던 적도 있다. 그 내담자는 '○○씨'라는 호칭으로 성인으로 대접받는 것과 존댓말로 자신이 존중받는 것이 부담스러웠던 것이다. 자신을 비하하고 위축되어 있는 내담자의 태도가 은연중에 상담자에게 전달되어 상담자는 자신도 모르게 내담자에게 하대를 하게 될 수도 있으므로 상담자는 때때로 자신의 어투를 점검해 볼 필요가 있다. 내담자가 처음에는 한동안 존댓말과 호칭에 어색해하더라도 익숙해지게 되면 삶에서 그리고 관계에서 자신의 역할을 받아들이고 제 위치를 찾아가는 데 은연중에 언어의 영향을 받게 될 것이다.

제13장
대화의 주제 정하기

　상담에서 대화의 주제를 선택해서 이끌어 가는 방식은 초기 상담과 중기 이후의 상담에서 현저히 다르다. 상담 초기는 내담자의 문제를 파악하고 내담자에 관한 여러 가지 정보를 수집하여 상담의 목표를 정하며, 내담자에게 상담의 구조에 관해 설명해 주는 단계다. 그런 만큼 개방형 질문을 하여 내담자로 하여금 자신의 이야기를 자유롭게 하도록 최대한 허용한다고 하여도, 대화의 주제를 정하는 것과 대화의 주도권은 전문가인 상담자에게 있을 수밖에 없다. 상담자는 내담자의 어려움이 무엇이고, 그것이 어떻게 시작되고 진행되었는지, 내담자의 가족력과 성장력은 어떤지 등 내담자에 대한 제반 사항에 관한 질문을 하고 그에 대해 내담자의 답변을 이끌어 낸다. 상담자는 필요한 정보를 얻어 내기 위해서 적절한 질문을 하며, 내담자가 답변을 잘 하도록 안내하고, 내담자의 이야기에서 모호하거나 생략된 부분을 더 이끌어 내기 위해서 필요한 질문을 추가로 하여 정보를 얻는다.

　내담자의 문제를 탐색하고 내담자에 관한 제반 정보를 얻고 나서 상담적 치료에 대한 계약과 합의를 포함한 구조화까지 마치고 나면 이제부터 상담은 중기로 접어들었다고 할 수 있다. 중기는 본격적인 치유를 위한 상담 단계다.

　초기 상담의 끝마무리에 내담자의 문제와 상담의 목표 및 치료 계획에 대한 구조화를 해 준 다음, 상담자는 다음 시간부터는 내담자가 원하는 이야기를 하라고 주제 선택에 관한 구조화도 해 준다. 그러나 초보상담자는 그다음 회기가 되면 막상 무엇을 어떻게 해야 할지 막연하고 난감한 상태에 빠질 수 있다. 당장 손에 잡히는 할 일과 주제가 주어지지 않는 빈 시간으로서의 상담시간에 임하여 내담자를 마주하게 되면, 그리고 내담자가 주제를 정하기까지 수초간의 침묵이 흐르면, 초보상담자는 불안해지면서 지푸라기라도 잡고 싶은 심정이 될 수도 있다. 특히 내담자를 고쳐 주어야 한다는 상담에 대한 잘못된 생각을 갖고 있는 상담자의 경우는 내담자에게 무엇을 어떻게 도와주어야 할지 감이 잡히지 않아 그 순간이 더욱 힘들 수 있다. 그래서 고쳐 줄 단서를 최근의 생활에서 찾고자 자신이 평소 사교적인 대화에서 하는 것과 같은 질문, 예컨대 "그동안 어떻게 지내셨어요?" (또는, "오늘 기분은 어떠신가요?")와 같은 의례적인 질문을 속으로는 내키지 않으면서도 어색함을 모면하고 자신의 불안에 떨쳐내기 위해서 하게 될 수 있다.

초심자의 입장에서는 그런 인사말이 상담을 시작할 때 내담자의 말문을 열게 하기 위해 별 생각 없이 가볍게 던지는 관례적인 말이라고 쉽게 생각할 수도 있다. 그러나 그런 인사말은 치유적이지도 않으며 내담자에게 도움되지도 않는다. 그보다는 많은 경우 상담자의 불안을 감추기 위한 의도가 숨어 있다고 보는 것이 더 옳다. 그리고 내담자의 입장에서 볼 때도 그 인사말은 대답하기 그리 편한 말도 아니다. 흔히 그런 식의 인사말은 지난 한 주 동안을 어떻게 지냈는지 보고하라고 요구하는 것으로 들릴 수 있다. 게다가 그동안 잘 지낸 것인지 아닌지를 평가하도록 요구하는 것으로 해석되어 뭐라 얘기할지 감을 잡기 어려운 부담스러운 말이기도 하다. 그러니까 그 인사말은 지난 한 주 동안 어떤 일이 있었고 그 일들로 미루어 볼 때 지난 한 주를 잘 지냈는지 못 지냈는지 평가해 보도록 압력을 가하는 측면이 있는 만큼, 내담자가 진정으로 하길 원하는 이야기를 상담 초장에서부터 하지 못하게 막는 작용을 하는 측면이 있음을 부인할 수 없다. 그리고 내담자가 지난 일을 보고하는 과정에서 상담자는 자신이 궁금한 것을 탐색하면서 지난주의 사건들로 상담시간을 채우고 나면 내담자는 자신이 진정으로 하고 싶은 이야기는 하지도 못한 채 허탈한 마음으로 상담을 끝내고 돌아가야 할 수도 있다.

필자가 상담을 했던 한 강박증 청소년은 상담에 와서 지난 일주일 동안 매일 자신의 강박 증상의 빈도가 얼마나 늘었고 줄었는지를 기계적으로 상세히 보고하는 것으로 상담시간을 채웠다. 자신의 요일별, 시간별 강박 증상의 증감을 보고하는 내담자의 이런 행동은 그 자체가 그가 새로 개발한 강박 행동인 것 같이 생각될 정도였다. 필자는 아무런 정서적인 교감도 느낄 수 없는 그 기계적인 보고가 지겨웠고 시간 낭비 같았다. 3회에서도 내담자는 변함없이 지난 한 주 동안 매일의 수업시간에 자신의 강박 증상이 어느 정도로 일어났는지를 기계적으로 보고했다. 말없이 그 이야기를 다 듣고 나서 필자는 '왜 그렇게 매일의 증상에 대해서만 보고하느냐?'며 '다른 하고 싶은 이야기는 없느냐?'고 물었다. 내담자는 '상담을 원래 이렇게 하는 것 아니냐?'며 '자신은 그렇게 하는 것으로 알고 있다.'고 하였다. '어떻게 해서 그렇게 알게 됐느냐?'고 물어보니 '지난번 상담자가 그동안 어떻게 지냈느냐고 물어서 늘 그렇게 해 왔다.'고 했다. 이 사례는 '그동안 어떻게 지냈는가?'를 묻는 상담자의 질문이 왜 문제가 되는지를 잘 알려 주는 극적인 한 예다.

1. 말문 열기

매 회기의 상담은 늘 새로워야 하며, 대화 주제의 선택은 전적으로 내담자의 자유이자 책임이다. 매 시간 그 순간에 가장 중요한 내용은 내담자만이 알 수 있으며, 상담자는 다만 내담자가 가장 중요하게 다루고 싶어 하는 주제를 끌어내어 다룰 수 있도록 기다려 주고 도와주어야 할 것이다.

초기 상담에서 문제를 탐색하고 구조화를 해 주면서 다음 시간부터는 내담자가 하고 싶은 말을 하라고 하였다고 해서 다음 시간에 내담자를 만났을 때 상담자가 아무런 말도 하지 않고 내담자가 말하기만을 기다린다면, 내담자는 이런 방식을 처음 접하는 까닭에 어떻게 해야 할지 몰라 당황할 수 있다. 따라서 구조화를 한 후 한두 회기 동안의 서두에는 구조화 내용을 가볍게 다시 얘기해 주고서 내담자가 스스로 이야기할 때까지 기다려 주는 것이 큰 무리가 없고 자연스럽다.

자신이 하고 싶은 이야기를 하라는 상담자의 지시에 대한 반응은 내담자에 따라 각양각색이다. 어떤 내담자는 기다렸다는 듯이 봇물 터지듯 자신의 이야기를 하는 반면, 또 어떤 내담자는 무슨 말을 할지 몰라 긴장하고 당황해하며 "무슨 이야기를 할까요?"라거나 '전처럼 질문을 해 달라.'고 상담자에게 부탁하기도 한다. 그렇지만 내담자가 불편해 한다고 해서 상담자가 내담자의 요구를 들어주는 것은 좋지 않다. 내담자는 자신의 삶을 스스로 살아가야 할 주체가 되어야 하는 것처럼, 상담에서 대화의 주제를 선택하는 것도 내담자 자신의 몫이자 책임이기 때문이다. 내담자의 편리를 위해 또는 잠시 마음 편하려 고 내담자가 할 일을 상담자가 대신 해 주는 것은 순간의 어려움을 모면하는 것일 뿐 진 정으로 내담자를 위하는 것이 아니다. 이때 상담자는 모호함과 침묵과 내담자의 불안을 견딜 수 있는 힘과 여유와 인내심을 지녀야 한다. 충분히 인내하고 기다렸음에도 불구하 고 내담자가 자신의 주제를 마련하기 힘들어하면, 상담자는 주제를 제시해 주지 않으면 서도 내담자로 하여금 주제를 이끌어 내도록 촉진하거나 분위기를 부드럽게 하는 발언 을 하는 것도 좋다. "글쎄요. 무슨 이야기를 하는 게 좋을까요?" "무슨 말을 할지 잘 떠 오르지가 않나 보네요." "말문을 열기가 힘들지요?" 등의 말이 적당하다.

다른 사람 앞에서 정해진 이야기의 주제도 없는 상태에서 자신의 이야기를 한다는 것 은 결코 쉬운 일이 아니다. 별 어려움 없이 주제를 선택해서 이야기하는 내담자도 있지 만 처음에 이야기하기를 어려워하는 내담자도 있다. 이런 경우 초보상담자는 내담자에 게 주제를 주고 싶은 강한 유혹을 느낄 수 있다. 그러나 이는 금물이다. 내담자는 자신의 주제를 마련하기까지 뜸들일 시간이 필요하다. 상담자는 내담자에게 깊은 관심과 집중 을 하면서도 내담자가 자신의 주제를 선택해서 이야기하기를 담담하게 기다려야 한다.

내담자가 말할 때까지 충분히 기다려 주지 못하고 상담자가 먼저 말을 꺼냈다면 상담 자는 그 말을 한 자신의 심정이 어떤 것인지 심각하게 들여다보아야 한다. 상담자의 말 이 내담자에게 어떻게 영향을 미치는지, 상담자가 자신의 불안을 방어하는 것인지, 침묵 을 못 견디는 것인지, 내담자의 불안에 쫓겨서 침묵을 말로 메우기에 급급한 것인지, 자 신의 호기심 욕구를 충족하는 발언을 하고 있는 것인지, 집안일에 정신이 팔려 상담과는 무관한 쓸데없는 말을 하고 있는 것인지 자신의 내면을 들여다보고 검토해야 한다. 그리 고 지금 여기에서 이 내담자에게 이 상황에서 해야 할 말은 무엇인지, 무슨 말로 개입을 하는 것이 가장 적절하고 치료적일지를 끊임없이 성찰하여야 한다.

상담자들 역시도 상담을 시작할 때 처음 하는 말을 무엇으로 할지 말문 열기를 어색해 하고 어려워하는 경향이 있다. 사회생활에서 통용되는 인사말들이 상담 장면에서는 그리 적절하지 않은 측면이 있는데, 아마도 상담이 일상 사회에서 통용되는 예의를 벗어나 있는 내담자의 내면의 대화에 해당되는 만남이기 때문일 것이다. 그럼에도 초기 상담에서는 비교적 사회생활에서 통용되는 인사말로 상담을 시작하게 된다. 그러나 주제 선택권을 내담자에게 넘겨 준 중기부터의 상담에서는 통상적인 인사말이 적절하지 않으며 때로는 거추장스러운 겉치레이자 시간 낭비이기도 하다.

내담자에게 주제 선택권을 넘겨 준 직후의 몇 회기 동안은 주제 또는 주제의 범위를 정해 주지 않으면서 단순히 관심을 갖고 반기는 의미로 "어서 오세요?"라거나, 내담자의 발언권을 존중하는 의미로 "시작할까요?"라거나, 내담자에게 원하는 이야기를 하라는 발언 초대의 의미로 "오늘은 무슨 이야기를 할까요?" 등의 말로 상담을 시작하는 것이 일반적이다. 그러나 딱히 정해진 말은 없다. 상담자의 취향과 선호도에 따라 담담하게 맞이하면서 특정 주제를 암시하지 않고 대화를 시작하도록 초대하는 발언이면 족하다. 이런 식으로 몇 회기를 지내면 내담자는 상담에 와서 자신이 하고 싶은 이야기를 자유롭게 하는 것이라는 것을 터득하게 된다. 이쯤 되면 상담자는 차츰 눈인사로 인사말을 대신하게 되거나 내담자가 자리에 앉는 것을 바라보거나 그냥 아무 말 하지 않고 내담자가 이야기를 시작하도록 기다리는 것으로 충분하다. 상담자가 말하지 않아도 내담자는 알아서 자신이 하고 싶은 이야기를 하게 된다.

구조가 없는 매 회기의 상담시간은 정해진 구조와 틀이 없는 우리네 인생에 비유될 수 있다. 내담자는 한 회기 한 회기의 상담시간을 무슨 대화로 어떻게 꾸려 나갈지 스스로 터득해 나가면서 구조도 정답도 없으며 불분명하고 모호한 자신의 인생을 살아가는 나름의 구조를 자기 내면에 조금씩 만들어 가게 된다. 그러면서 내담자는 자신의 성장을 위해서 상담시간을 활용하는 노하우와 자신의 삶을 다루어 나가는 지혜를 터득해 나가게 된다.

2. 대화 주제의 선택은 내담자가 한다

내담자에게 주제를 선택하도록 하는 데는 여러 가지 이유가 있다. 내담자가 하고 싶은 이야기를 하게 함으로써 내담자를 정확하게 이해할 수 있을 뿐 아니라 내담자의 문제와 내담자가 다루고 싶어 하는 문제를 정확하게 파악할 수 있다. 현재 어려움을 겪고 있으며 그것을 극복해야 할 사람은 바로 내담자이므로 상담 진행의 주체는 바로 내담자이어야 한다. 그런 만큼 상담의 주제는 당연히 내담자가 선택해야 한다. 더 나아가 생활을 하면서 부딪히는 자신의 어려움도 내담자만이 알고 있으며 그것에 대한 극복의 노력을 하는 과정을 직접 체험하는 사람도 역시 내담자이기 때문에 오직 내담자만이 그 시점에 가장 중요한 주제를 선택할 수 있는 유일한 존재인 것이다.

상담의 주제를 선택할 자유를 내담자에게 주게 되면 처음에는 주제 선택을 힘들어하지만 그 고비를 넘기면 내담자는 차츰 자신의 의견과 욕구가 존중되고 자율성이 발휘되는 것을 즐기면서 자존심을 키우고 자아의 힘을 비축해 나가게 된다.

초보상담자는 내담자가 처음에 가져온 중요해 보이는 문제를 빨리 다루어 주고 싶은 욕구가 앞설 수 있다. 그래서 내담자가 이미 이야기했던 문제 중에서 상담자가 판단하기에 중요해 보이는 내용을 주제로 삼고 싶을 수 있다. 그러나 내담자가 서두를 꺼내지 않는 주제를 상담자가 임의로 끌어내어 이야기하는 것은 바람직하지 않다. 예컨대, 눈 맞춤이 안 되어 직장생활이 어렵다고 호소하는 내담자의 경우, 첫 시간에는 내담자가 가져온 문제인 눈 맞춤의 어려움에 대해서 이야기를 듣고 관련 내용에 대한 질문과 탐색을 하게 된다. 그러나 상담 계약적인 구조화를 한 다음이라면 상담자는 눈 맞춤의 문제를 좀 더 깊이 파고들어 가서 다루고 싶은 마음이 생겨도 인내하고 내담자가 자발적으로 이 주제를 꺼낼 때까지 기다려야 한다. 내담자가 자발적으로 가져오는 이야기는 내담자의 생활 속에서 자극되어 상담자를 만나고 있는 바로 그 시점에 내담자의 내면에 활성화되어 있는 것이므로 깊이 있게 다루기가 용이하다. 기회가 왔을 때 깊이 있게 다루지 못하면 그것을 다시 다룰 수 있는 기회는 그리 쉽게 오지 않는다. 100회의 상담시간이 흘러서야 기회가 다시 올 수도 있기 때문에 상담자는 내담자가 이야기를 꺼 냈을 때 이를 놓치지 않고 경청하여 그 내용을 깊이 있게 다루는 것이 정말 중요하다. 상담자가 초조하여 내담자가 얘기하지도 않는데 또는 내담자가 이야기하기를 원하지 않는데 상담자가 중요하다고 생각한 주제를 이야기하면, 그 주제가 내담자의 생활 전체로 볼 때 아무리 중요한 내용일지라도 그 내용은 지금 현재 내담자의 심리적 상황 속에 활성화되어 있는 것이 아니므로 깊이 있게 다루어지지 않게 된다. 따라서 상담의 주제는 내담자가 가져오는 이야기로 하는 것이 중요하다. 상담자는 자신이 중요하게 생각하면서 다루고 싶은 주제가 있다면 마음 한켠에 간직하고 있다가 내담자가 자발적으로 그 주제의 이야기를 꺼낼 때까지 인내하며 기다릴 수 있어야 한다.

   다음에 제시한 세 개의 축어록은 중기 상담의 회기 시작 부분들이다. 처음 두 사례는 내담자에게 주제 선택권을 주었고 내담자는 자신이 원하는 주제를 선택하여 이야기하고 있다. 상담자는 내담자가 선택한 주제의 이야기를 따라가면서 더 깊게 이야기하도록 맥락에 맞는 관심 어린 질문을 하고 있어 내담자는 자율적으로 자신이 하고 싶은 이야기를 펼쳐 나가고 있다. 그러나 세 번째 축어록은 내담자에게 주제 선택의 자유를 주지도 않았고, 대화를 이끌어 가는 방식도 상담자가 주도하고 있으며, 내담자는 상담자의 지시를 잘 따르는 착한 내담자로서의 역할을 수행하고 있는 느낌을 풍긴다.

 사 례   〈13-1〉 대화 주제의 선택 1

상1: 뭐부터 얘기하면 좋을까? 네가 할 얘기가 있을 거 같애.
내1: 여자친구 얘기요.
상2: 응. 그보다 더 급한 일이 있을까 싶어.
내2: 저번에 상담한 날 기분이 나빠서 술을 많이 마셨는데, 그날 필름이 끊겼어요. 다음 날 내가 메시지를 보낸 걸 보니까 여자친구한테 헤어지자 뭐 이런 글이 있었어요.
상3: 정확하게 무슨 얘기를 보냈다고?

   이 사례에서 내담자가 하고 싶은 이야기를 상담자가 반겨 주자(상2), 내담자는 신이 나서 여자친구 이야기를 열심히 한다.

 사 례   〈13-2〉 대화 주제의 선택 2

상1: 오늘은 무슨 얘기를 먼저 할까요?
내1: 지난주에 하던 이야기를 이어서- 자세히 관찰해 보니까 생각보다 더 심각하더라고요. 신경 쓰고 제가 하는 행동을 보니까 그렇게 결심하고 갔음에도 불구하고 같은 일이 계속 반복됐어요, 거의 매일. 그러면 이게 계속 그랬겠구나, 그동안도. 제가 신경을 썼던 몇 개의 사건이 사실은 아주 심각하구나 하고 느꼈어요. 어제도, 그러니까 거의 매일이었어요.

상2: 관찰해 본 게 효과가 있었네요.

내2: 예, 이 정도로 심각한 줄은 저도 몰랐는데, 꽤 저를 괴롭힌다고는 알고 있었지만, 결심한 거랑 전혀 상관없이 정말 0.1초 안에 대답이 먼저 나가더라고요. 어떤 생각을 하거나 보류를 하거나 하기 전에 먼저 대답이 나가더라고요. 그 이후 혼자 괴로워하면서 수습이 안 돼서 계속 그랬어요.

상3: 지난주에 어떤 일을 관찰했는지 좀 얘기해 볼까요?

이 사례에서 상담자는 내담자로 하여금 하고 싶은 이야기를 하도록 권유하였고, 내담자가 한 이야기에 관심을 보이면서 그 이야기를 더 상세히 하도록 권하고 있다.

다음 사례의 상담자는 내담자에게 주제를 선택하도록 하지 않고 '어떻게 지냈는지'를 질문함으로써 주제를 제시해 주었다. 내담자가 상담실에 들어와 앉는 것을 바라보며 "어서 와요." 정도의 인사말로 충분하며, "오늘 무슨 이야기를 할까요?" 정도로 말문을 여는 것이 적당하다.

 사 례 〈13-3〉 대화 주제의 선택 3

상1: 어떻게 지냈어요?

내1: 제가요, 그때 목요일에 상담을 하고요, 금요일에 엄마랑 얘기를 했어요.

상2: 아, 그래. 무슨 얘길 했어요?

내2: 그냥- 대체적으로 다 얘기한 거 같아요. 어렸을 때 속상했다. 중학교 때 왜 그런 말 했냐?

상3: 맺혔던 얘기 거의 다 했어? (예.) 하고 나니까?

내3: 중학교 때 받고 싶었는데 못 받았던 게 뭔지 알 것 같아요. 엄마 아빠한테 인정받고 싶었는데 한 번도 칭찬을 안 해 주니까- 내가 하고 싶다는 건 다 별 볼일 없는 걸로 생각하니까 나를 별 볼일 없는 걸로 생각하는 것 같고, 엄마한테 그렇게 얘기하니 엄마가 아니라고, 엄마 아빠가 널 얼마나 대단하게 생각하는지 모른다고.

상4: 그 말 듣고 나서 어땠어요?

내4: 그 말을 완전히 믿을 수는 없지만 엄마 아빠가 나를 어느 정도는 인정해 주는구나.

위 사례에서 상담자는 내담자가 자발적으로 이야기를 하도록 충분히 기다려 주지 않았다. 상담자는 내담자가 자진해서 할 이야기 직전에 질문을 하여 자신의 질문에 대한 대답 형식으로 이야기하도록 유도함으로써 내담자의 자발성을 손상시키고 있다. 상2,

상3, 상4의 질문은 불필요하며 내담자를 기다려 주는 것이 더 좋았을 것이다. 상담자가 굳이 질문을 하지 않아도 내담자는 필요한 이야기들을 자발적으로 했을 것이다.

3. 내담자가 주제를 정할 때까지 충분히 기다린다

발언권이 주어졌다고 하여 내담자가 즉시 이야기를 시작하는 것은 아니다. 이야기할 기회를 얻은 것을 좋아하며 기다렸다는 듯 자신의 이야기를 하는 사람도 있지만 할 이야기가 떠오르지 않는 경우도 있고, 여러 가지가 떠올라서 그중 어떤 이야기를 할지 고르고 선택해야 하는 경우도 있으며, 어떤 경우에는 자신의 이야기를 하는 데 있어서 마음 속에 여러 걸림돌들이 일어나서 하고 싶은 이야기들이 억눌러지고 억제되어 말이 막히는 경우도 있다.

내담자는 무슨 이야기를 할지 생각하고 음미하고 뜸을 들이는 작업시간이 필요하다. 상담자는 내담자가 자신의 주제를 선택할 때까지 담담하고도 편안한 자세로 충분히 기다려 주어야 한다. 내담자가 주제를 정해서 발언을 하는 도중에도 생각을 다듬을 필요가 있는 순간들이 많으므로 내담자가 말을 할 때까지 상담자는 충분한 시간을 주고 기다려 주어야 한다.

그러나 내담자가 20초가 지나도 말을 하지 않으면 내담자가 침묵시간을 치료적 작업시간으로 활용하고 있는 것이 아닐 수도 있으므로, 상담자는 내담자의 생각을 검토함으로써 내담자 내면에 작용하는 걸림돌들을 알아볼 필요가 있다. 이럴 때는 "지금 무슨 생각을 하세요?"라고 질문하는 것이 좋다.

내담자는 말을 하는 도중에도 멈추어 침묵하기도 한다. 이런 경우에도 상담자는 10~20초 정도 기다린 다음에 내담자가 직전에 하던 몇 단어를 반복하면서 끝의 억양을 올리면 대개의 경우 내담자는 자신이 하던 이야기를 이어서 하게 된다.

여기서 침묵을 다루는 핵심은 내담자의 이야기 주제에 대해 상담자가 어떠한 영향력도 발휘하지 않는다는 점이다. 다만 침묵이 극단적으로 길어질 때에 한하여 침묵 중에 내담자의 머릿속에 무슨 생각이 떠올랐는지 알아보고, 그래도 침묵이 지속되면 내담자가 침묵하게 되는 마음의 흐름을 알아보는 쪽으로 탐색해 나간다. 그럼에도 내담자가 계속 침묵하면 상담자는 내담자의 침묵을 받아들여 조용히 함께 있도록 하며 상담자가 대화의 주제를 바꾸지는 않도록 한다. 침묵에 대처하는 방법은 제14장의 〈표 14-1〉 '내담자의 침묵을 다루는 방법'에 상세히 제시되어 있다.

4. 내담자가 선택한 주제는 존중한다

상담의 주제를 정하는 데 있어 상담자가 영향력을 행사하는 것은 좋지 않다. 그 회기에 무슨 이야기를 할 것인지의 주제를 정하는 것은 내담자의 몫이며 내담자의 권리로 주어져야 한다. 상담자는 내담자의 주제 선택의 자율권을 가급적 침해하지 않도록 한다.

상담자는 내담자가 지금 현재 자발적으로 이야기하는 내용이 내담자에게 가장 중요한 주제라고 보는 것이 옳다. 가장 와 닿는 내용은 내담자만이 알고 있기 때문이다. 상담자가 보기에 내담자가 하는 이야기가 중요하지 않은 듯 보여도 상담자는 그에 대해 관심을 갖고 경청하여 내담자가 전하려는 그 메시지를 이해하려고 노력해야 한다. 상담자가 미리 판단하고서 그것을 무시하게 되면 내담자는 자신이 원하는 이야기를 하지 않고 상담자가 원하는 이야기에 맞추려고 하게 되어 내담자에게 진정으로 중요한 이야기를 다룰 수 없게 된다.

다음 사례를 살펴보자. 이 사례는 4회 초반의 축어록이다. 상담자는 내담자에게 주제를 선택하도록 초대하였다(상3). 자기주장을 잘 하지 못하는 내담자는 상담자의 요구에 부응하여 힘겨우면서도 수줍은 듯 자신의 주제를 말하였다. 그러나 내담자가 말을 꺼냈을 때 상담자는 내담자의 주제가 마음에 들지 않았고 그것을 중요하지 않다고 두 차례나 거부하였다(상4, 상6). 그래서 내담자는 상담자가 원하리라 생각되는 이야기를 하려고 노력하였다(내6~17) 그러나 내담자는 어느 주제의 이야기에도 이내 흥미를 잃었으며 급기야는 할 얘기가 없어지게 된다(내18). 분위기가 썰렁해지자 상담자는 마침내 내담자에게 이야기할 주제를 제시해 주기에 이른다(상19).

사례 〈13-4〉 내담자의 주제를 거부한 상담자

상3: 오늘은 무슨 이야기를 할까요?

내3: 글쎄요. 음- 지금까지 살아오시면서 시간이 금방금방 지나갔나요? 갑자기 궁금한 게 떠올라서 물어보는 거예요.

상4: **음. 상담은 저를 위한 게 아니라 ○○씨를 위한 거니까 되도록 자신의 이야기를 하는 게 더 많이 도움이 될 수 있거든요? 근데 그런 건 어떤 이유에서 궁금한 거예요? 혹시 시간이 잘 안 간다고 느껴지세요?**

상4: 그 생각을 좀 더 이야기해 볼까요?

내4: 아니, 금방 가는 거 같아요. 지금 계획을 어떻게 하면 잘 쓸까 그런 생각이 나서.

상6: **지금 이 시간은 ○○씨를 위한 거니까 항상 얘기하고 싶었던 거를 얘기해 보시는 게 좋을 거 같아요.**

상6: 아, 계획을 세워서 시간을 잘 활용하고 싶군요.

내6: (30초) 저는 이제 지난주에 했던 거는요, 화요일부터 오늘까지 거의 인제 직장생활을 한 거밖에 생각이 안 나요, 일 관련으로. 이제 내근직으로 바뀌어서 서류정리도 좀 하고- 카메라는 막 저번에 동호회다, 공부 동아리다 뭐 그런 거 얘기했었잖아요? (네.) 카메라 샀어요.

상7: 아, 카메라 사셨어요?

내7: 네. 몇 번 매뉴얼 읽어 보고 했는데, 처음엔 재미있었는데 지금은 별로 재미없네요. 흐흐.

상8: 얼마 안 되셨는데.

내8: 기계 같은 걸 사는 걸 되게 좋아해서 카메라 사기 전에 또 e-book이라고 있는데 종이책 말고 전자책. (예.) 그거 샀는데,

그것도 사고 나서 별로 안 쓰고 있어요. 전자사전도 샀고 그거가 있었고, 전시회 했어요.

상9: 전시회요?

내9: 네. 일요일 날 63빌딩- 63빌딩은 밖에서만 지나갈 때 봤는데 실제로 가본 건 처음이었는데, 3층에서 해서 3층 이상으로 올라가지 않은 거예요. 그래서 그때 갔는데 3층에만 있다 왔어요.

상10: 무슨 전시회를 하셨나요?

내10: 왜, 이름은 이제 치과 관련 학회 전시회, 거기 부스가 강연장 안이어서 본의 아니게 강연을 들었어요. 다들 똑똑하고 공부도 많이 했다는 그런 생각이 들더라구요. 그리고 (17초) 아쿠아리움 가 보고 싶었는데 못 가서 아쉬웠어요. (네.) 3층에만 있다 보니 60층을 못 올라가지고.

상11: 누군가와 같이 한번 가서야겠네요.

내11: 가야죠. 한 번. 내년- 한 첫 분기 안에 어떻게 (음) 뭔가 동호회든지 활동을 해서 꼭 갔으면. **그렇게 단기적으로 계획을 어떻게 추진해야 되겠다-**

상12: 카메라가 재미없어졌다고 그러셨는데요, 어떤 그 사진을 직접 찍어 보시거나 그러셨던 거였어요?

상12: (충분히 기다려 준 다음) 단기적으로 계획을 추진하려는데- 그런데?

내12: 네. 100컷? 그 수동 기능이 있는 그런 전문가급의, 준전문가급? 그런 거를 사고 싶어요. 또 지금은 수동 기능이 별로 없거든요. 렌즈도 또 광각으로 댕기는 그런

렌즈도 사고 싶고. 기능을 다 파악하고
나면 제가 또 그, 그 이렇게 싫증을 내는.

상13: 그러면 어떤 기계에 대해 흥미를 굉장히
많이 가지고 계시고, 그런 걸 다 파악하
고 나면 싫증이 나고, 더 좋은 기능을 갖
고 싶은 이런 마음이시네요.

내13: 예전에는 컴퓨터 같은 경우에는 되게 심
해서 (네.) 내가 사고 싶은 건 어떻게 열
심히 벌어서 사거나 이렇게. 그런 게 그
러다 보니 그랬을 수도 있을 거 같아요.
(네.) (15초) 인테리어가 이렇게 더 되었
나요, 상담실이?

상14: 어떻게 느껴지시는데요?

내14: 둘러본 기억이 없어서 그런지 그림은 좀
생긴 거 같고, 좀 포근해졌고, 화분도 좀
많이 생긴 거 같고.

상15: 주변에 관심을 두지 않았나 봐요. 바뀌
지는 않았고, 이쪽에 있던 칸막이만 없어
졌어요.

내15: 기억이 안 나네요. (네.) 시계가 예쁘네
요. 흐흐.

상16: 이런 상황이 어떠세요?

내16: 상황이? 그때는 여유가 없었으나 이런 생
각이 들어요. 아니면 지금이 더 편한가,

상담을 편하게 이끌어 주셔서, 흐흐. 그
때는 그런 걸 생각을 안 했던 거 같은데,
저 그림이 멀리 있고 가까이 있고 그런
걸. 화가가 나무 가까이 있는 거 같고, 길
도 마찬가지로 가까이 있는 거 같고.

상17: 지난번보다 조금 여유롭고 편안해서 그
런 거라고 얘기하셨는데, 좀 어색해 보이
기도 하네요. 제가 얘기를 해 보시도록
하니까 어색해서 주변에 더 관심이 가시
는 건 아닌가-.

내17: 아, 그럴 수도 있겠네요. 하하.

상18: 지금 마음은 어떠세요?

내18: 마음이요? 말하라면 좀 부담이 돼요. 한-
딱- 할 말이 없어요. 물으면 대답하고 이
렇게 수동적인- 그게 익숙한 거 같아요.

상19: 음, 그러면 어렸을 때 얘기를 한번 주욱
해 보시는 건 어떠시겠어요?

내19: 어렸을 때는- 태어났는데 산부인과에 안
가고 자연분만으로 태어났었구요, 자연
분만으로 태어난 게 더 건강하게 산다고
해서- 그걸 알았을 때 막 '나는 건강하게
살겠구나.' 그런 좋아했던 생각이 떠올
랐어요.

〈하략〉

---

* 고딕체 부분은 필자가 만든 대안적인 상담자 반응임.

상담자는 내담자에게 하고 싶은 이야기를 하라고 제의했지만 내담자가 힘겹게 내놓은
이야기를 두 번이나 거부함(상4, 상6)으로써 이중구속을 하였다. 마침내 내담자는 상담
자가 원하는 활력 없는 일상 생활사를 보고하게 되었고(내6~17), 내담자는 그 주제에 흥
미를 가질 수 없었다. 내11에서 내담자는 다시 처음에 이야기하려던 주제인 '계획을 세
워서 추진하는 것'에 대한 자신의 생각을 힘겹게 말하려 한다. 그런데 상담자는 또다시

카메라로 주제를 돌려 내담자의 말을 무시하였다(상12). 내18의 내용을 보면 상담자가 자율성이 부족한 내담자의 자율성을 또다시 훼손시켰다는 것을 알 수 있다. 이렇게 해서 할 말이 없어진 내담자에게 상담자는 결국 자신이 원하는 이야기인 어린 시절의 이야기를 하라고 내담자에게 주제를 제시해 주게 된다. 결국 하고 싶은 말을 하라는 상담자의 제안(상3)은 내담자에게 주제 선택의 자율성을 주는 듯한 외양을 띠고는 있으나, 실제로는 상담자가 원하는 주제가 있었고 내담자가 눈치껏 알아서 그 주제를 말해 주기를 바랐다는 것을 알 수 있다. 그리하여 내담자는 상담자에 의해 자신이 하고 싶은 이야기를 할 기회를 가질 수 없었다. 내담자는 여러 가지 이야기를 하였음에도 불구하고 진정으로 자신이 하고 싶은 이야기는 전혀 할 수 없었다.

5. 내담자의 이야기는 끝까지 경청한다

상담은 내담자의 말과 상담자의 말로 구성된다. 초기 상담이 아닌 한 상담자는 내담자에게 가급적 자유롭게 발언을 하도록 허용해야 하며, 내담자가 말하기 시작하면 말을 다 할 때까지 끝까지 그리고 다 했다는 신호를 보낼 때까지 충분히 듣는 것이 좋다. 내담자가 이야기를 잘하고 있으면 상담자는 굳이 개입할 필요가 없으며, 불필요한 개입을 하여 그 흐름을 깨지 않도록 한다. 내담자의 이야기를 듣는 중에 상담자의 머릿속에는 여러 가지 의문사항이 떠오를 수 있다. 그러나 상담자는 가급적이면 내담자가 말을 끝마칠 때까지 그 의문을 간직한 채 내담자의 말을 따라가는 것이 좋다. 내담자가 말을 다 마쳤는데도 의문이 풀리지 않았다면 그때 질문함으로써 내담자의 말의 흐름이 끊어지지 않도록 최대한 노력해야 한다.

내담자가 말을 다 했다는 신호는 대개 대화에서 통상적으로 쓰이는 미세한 단서들로 알아차릴 수 있다. 말끝을 높이고 상담자에게 발언을 하라는 몸짓 신호를 표시하고서 입을 다물고 침묵에 돌입하는 것으로 '이제 나는 말을 다 했으니 당신이 말을 하세요.' 라는 메시지를 보내는 것을 알아차릴 수 있다.

상담은 자신의 내면을 보는 작업이니만치, 내담자가 자신의 말을 끝냈다고 해서 늘 상대방에게 발언권을 전달하는 것은 아니다. 상대방이 말을 이어서 해도 좋고 아니어도 좋다는 식으로 발언권 이양 단서가 모호한 경우도 많다. 또한 자신의 내면을 읽어서 말을 하다가 생각을 하느라 잠시 말을 중단할 수도 있는데, 이 경우에는 생각이 정리되면 자신이 계속 말을 하겠다는 의미로 끝말을 길게 끌어서 발음을 하다가 침묵을 한다. 이처럼 내담자가 자신의 발언권을 확보하는 표시를 하면 상담자는 이를 존중해서 내담자가 자기 탐색 작업을 끝낼 수 있도록 충분한 침묵을 허용하는 것이 좋다.

내담자가 '나는 말을 다 했고 이제는 당신이 말할 차례'라는 신호를 보내지도 않았고 말을 멈춘 뒤 충분한 침묵이 흐르지도 않았는데 상담자가 말을 가로채는 경우에는 상담자 자신의 내면을 살펴볼 필요가 있다. 내담자와 상담자 간의 대화에 상담자의 욕구, 불안, 사적 호기심, 선입견이나 편견 등이 작용하지는 않았는지 살펴볼 일이다. 이러한 상담자의 심적 상태는 내담자를 경청하지 못하게 방해하며 내담자의 이야기의 맥을 쫓아가지 못하게 할 뿐 아니라 내담자로 하여금 이야기의 흐름을 벗어나게 하고 겉돌게 함으로써 치료적 작업을 방해한다. 단순히 참을성과 인내심이 부족한 것이었다면 상담자는 속도를 천천히 하고 인내심을 기르는 훈련과 노력을 기울여야 할 것이다.

그러나 내담자가 다 말할 때까지 상담자가 무반응으로 가만히 있으면 내담자는 상담자가 자신의 말을 경청하지 않는다는 느낌을 받을 수 있다. 따라서 상담자는 자신이 경청하고 있다는 신호를 내담자의 발언의 흐름을 방해하지 않는 범위 내에서 간간이 표시하는 것이 좋다. 사실 상대의 발언을 경청하고 있으면 '음'이나 '네' 등 경청하고 있다는 의미의 반응이 자연스럽게 나오게 마련이다.

다음은 분노 조절이 어려워 상담을 신청한 40대 남성의 사례다. 이 사례에서 상담자는 내담자의 발언을 인내심을 갖고 충분히 기다려 주지 못하고 있다. 내담자가 자신의 내면의 흐름을 힘들여 관찰하고 있는 만큼 상담자가 내담자에게 작업할 시간을 충분히 허용한다면 내담자는 자발적으로 이야기를 이어 나갈 수 있었을 것이다. 같은 내담자의 말이라도 자발적으로 하는 것과 상담자의 질문에 대한 답변으로 반응하는 것은 자율성의 측면에서 커다란 차이가 있다.

사례 〈13-5〉 상담자의 성급한 개입

내1: 지난주에 저한테 그만큼 자원이 있다는 말씀해 주셔서 힘이 많이 났고, 어머니와의 관계에서도 어떤 리드 할 수 있는 부분하고 (9초) 어린아이가 아닌 지금 40대의 어른으로서 대하는 부분이나 어머니와의 밀착되어 있는 관계나 분화되지 않은 부분에 대해서 제가 생각하다가도 어느새 저도 모르게 상황 속에 빠져서 진행 반복이 되고, 좀- 객관적으로 볼 수 있는 계기가 된 것 같아요. 지난 한 주 동안 저를 객관적으로 보고 저에 대해서 생각을 많이 했고, 할 수 있다는 것에 대해 기쁜 마음이 들었어요.

상1: 네, 그랬군요. 아까 반복이라고 하셨는데 그 반복은 어떤 거죠?

상1: 그랬군요. 생각한 걸 좀 더 이야기해 보시겠어요?

내2: 음. 이제 아직, 제가 한 주 동안 그런 연습을 한 것 같아요. 이제 화나는, 어떤- 제가 기분 나쁘게 느끼게 된 상황에 대해 정말로 그러한 상황인가 대해서 객관적으로 좀 **연습했고-**

상2: 구체적으로 얘기할 수 있어요? 연습을 어떻게 하셨는지.

내3: 예를 들면, 여기 오는데 음- 길에 어떤 사람들이 있더라고요. 기억이 정확지 않은데요, 길에서 제가 어떤 생각을 했는지는 구체적으로 기억이 나지 않는데 제가 혼자 생각으로 추측을 해서 그 사람들의 그냥 일반적인 그들의 반응인데, 그 사람들은 아무 상관이 없는데 저 혼자 생각하고 판단하고 기분 나빠하는 패턴이 있다는 것을

알게 되었는데-

상3: 일반적인 반응이 어떤 거죠?

상3: (10~20초 정도 충분히 기다려 주고 나서) 기분 나빠하는 패턴이 있다는 걸 알게 되었는데-?

내4: 침을 뱉는다거나 뭐, 일례로 한 사람이 침을 뱉었어요.

상4: 침 뱉는 게 ○○씨에 대한 반응이에요? 반응으로 느껴지신 거예요?

내5: 네. 음, 그전에 어떨 것이다라고 혼자 추측을 한 거 같아요.

상5: 어떤 추측을 했는지

상5: (충분한 침묵 후) 혼자 추측을 했는데-?

내6: 제가 어떤 생각을 했는지는 구체적으로 생각했는데, 일반적인 반응, 뭐 **침을 뱉는다거나-**

상6: (10초) 혹시 그 사람들을 만나기 전에 기분 나쁘신 일은 없었나요?

상6: (10~20초) 침 뱉는다거나-

내7: 그전에 기분 나빴던 게 아니고 침을 뱉은 것에 대해서 기분이 나빴어요.

상7: (6초) 그러니까 그때 그 침 뱉은 순간에 기분이- 어떤 감정이 올라왔는지.

상7: 침 뱉은 것을 어떻게 받아들였기에 기분이 나빴나요?

내8: (27초) 반항이나 나에 대한 거부나 그런 건데, 제가 생각하기에는 저의 기분이 아닌가 싶어요.

상8: 거부당한 느낌이라면, 음, 아까 침 뱉어서 기분 나빴다고 말씀하신 게 거부당해서 기분 나쁘셨다는?

내9: 제가 거부당한 느낌이 든 것은 아닌데요.

제가 (8초) 그럴 것이다라고 혼자 생각한
거예요. **그런데-**

상9: 그럴 것이다라고가 뭐죠?

상9: (충분히 기다려 준 다음) 그런데-?

내10: 그 사람이 이러이러한 생각을 할 것이다.
제가 생각하는 거에 있어서 그런 생각을
하면은 그런 생각을 할 것이다, 제가 어떠
어떠 그럴 것 같다고 (9초) 생각하는 것
에 있어 그럴 것 같다.

상10: 침 뱉은 사람이 '그럴 것이다.' 라는 그럴

것이 뭐라는 뭐죠?

내11: 그건 상황에 따라 다른데요.

상11: 오늘 아침에 느꼈던 거는요?

내12: 기억이 정확지 않네요.

상12: 오늘이 아니면 다른 때는 생각나나요.?

내13: (37초) 제가- 음- 어떤 생각을 하고 그럴
때 그 사람이 제 생각을 알아서 '그런 생
각을 왜 지 맘대로 해.' 하며 기분 나빠할
것이다라는 생각이 들은 거죠.

〈하략〉

---

* 고딕체 부분은 필자가 만든 대안적인 상담자 반응임.
* 굵은 글씨는 내담자가 자신의 발언권을 확보하기 위해 끌어서 발음한 부분을 표시한 것임.

이 사례의 내담자는 자신의 내면을 들여다보는 치료적인 작업을 자발적으로 잘해 나
가고 있다. 그리고 그 작업을 하는 가운데 간간이 침묵을 하는데, 이 침묵은 내면을 들여
다보는 작업에 집중하는 시간으로 보인다. 내담자는 이야기 도중에 침묵을 하면서, 자신
이 내면을 탐색하는 작업을 마치면 계속 이어서 이야기를 하겠다는 의사를 상담자에게
전달하기 위해서 말을 끝맺지 않고 마지막 단어의 발음을 길게 늘여 자신의 발언권을 확
보하고 있다(내 2, 3, 6, 9). 그런데 상담자는 내담자를 충분히 기다려 주지 못하고 이해하
지 못한 부분을 성급하게 질문하여 내담자의 작업을 방해하였으며, 그럼으로써 내담자
의 자발성을 훼손시키고 있다. 게다가 내담자는 이해 못한 상담자의 계속된 질문에 답변
하느라 자신이 원래 상담자에게 전하려고 했던 이야기가 무엇인지 충분히 이야기할 기
회를 가질 수가 없었다. 내담자에게 몇 초까지 침묵을 허용할 수 있는지를 단정적으로
말하기에는 많은 변수가 작용한다. 울버그(Wolberg, 1994)는 대략 20초를, 로저스
(Rogers, 1942)는 60초까지도 줄 수 있다고 하였지만, 내8과 내13의 반응시간을 고려한
다면 이 내담자는 자신의 내면을 관찰하는 작업에 보다 많은 침묵시간을 필요로 하는 것
같다. 이 내담자는 열심히 생산적인 작업을 하고 있으므로 상담자는 부수적인 내용을 구
체화하는 질문을 하기 전에 내담자가 자신의 모든 이야기를 끝마칠 때까지 충분히 기다
려 주는 것이 좋았을 것이다. 그러고 나서 구체적인 내용을 질문해도 늦지 않는다. 상담

자는 내담자의 발언을 이해하지 못하는 부분이 있다고 해도 의문을 간직한 채 내담자의 이야기를 따라갈 수 있을 만큼의 인내심을 지녀야 한다. 이해되지 않아 생기는 의문들을 당장 풀지 않고도 그 의문을 간직한 채 견디고 자제할 수 있어야 한다.

6. 상담자가 주제를 제시하는 경우

다시 말하지만, 초기 상담을 제외한 대부분의 상담에서 대화의 주제는 기본적으로 내담자가 선택한다. 그러나 자주는 아니지만 상담자도 이따금씩 할 이야기가 생기게 된다.

상담자가 주제를 제시하는 가장 대표적인 경우는 구조화가 필요할 때다. 상담자든 내담자든 피치 못하게 약속 시간과 날짜를 바꿔야 할 일이 생길 때도 있다. 상담이 여러 해 계속되는 경우에는 상담비를 조정해야 하기도 한다. 상담 초기에 내담자에게 나름대로의 구조화를 해 주었음에도 불구하고 내담자는 상담의 조건이나 한계를 깨는 경우가 종종 발생한다. 종결을 준비하기 위해서, 상담의 횟수를 줄이거나 추수상담을 하는 것에 대해서, 또는 내담자의 의뢰와 관련해서 내담자와 논의해야 할 경우도 있다. 이와 같이 상담에 대해 구조화가 필요할 때 상담자는 적절한 시기에 그 주제를 꺼내어 다루어야 한다.

내담자는 저항의 방식으로 상담의 한계를 깨기도 한다. 내담자는 지각하거나 예고 없이 결석을 할 수도 있다. 시간을 자주 바꾸고 상담비를 내지 않거나 밀리기도 한다. 이런 행동은 내담자의 저항이나 상담자에 대한 반감을 반영하는 행동일 수 있다. 상담자는 이런 행동을 반드시 다루어 그 밑에 감추어진 내담자의 상담자에 대한 부정적 감정이나 저항을 그때그때 다루어야 한다.

새롭게 구조화를 하거나 저항을 다룬다고 하여도 상담자는 가급적 내담자의 이야기의 흐름을 깨거나 방해하지 않는 방식으로 그 주제를 다루는 것이 좋다. 상담을 시작할 때나 마무리할 때 그 주제를 꺼내서 다루면 내담자의 이야기를 방해하지 않고 다룰 수 있어서 좋다. 내담자가 늦거나 빠졌을 때, 보통 내담자는 자발적으로 그 이유를 이야기한다. 이런 경우는 내담자의 이야기를 다 듣고 난 다음 그 외의 다른 이유는 없었는지, 부분적으로라도 상담이 부담되거나 오고 싶지 않은 마음이 없었는지 짚고 넘어가서 저항이나 상담자에 대한 부정적 감정이 불필요하게 커지는 것을 막도록 한다.

7. 상담자에 의한 잘못된 주제 전환

내담자의 언어가 이해되지 않으면 상담자는 맥이 통하지 않는 엉뚱한 질문을 하거나 내담자가 하는 이야기의 요지와 맞지 않는 발언을 하여 대화의 응집성을 떨어뜨리거나 자신도 모르는 사이에 지금까지 해 오던 내담자의 발언을 회피하고 주제를 바꾸게 된다. 그렇게 되면 내담자는 상담자를 이해시키기 위해서 불필요한 시간과 에너지를 낭비하면서 더 많이 설명해야 하는 불편한 상황에 놓이게 된다.

다음 사례를 살펴보자. 내담자는 중년의 세련된 가정주부다. 상담자는 내담자의 모호한 이야기 밑에 가려져 있는 중요한 내용, 즉 남편과의 대화를 불만스러워하는 내담자의 심정을 탐색하지 못하고 중요치 않은 이야기를 탐색하였다(상2). 그리고도 내담자의 말을 알아듣지 못하고서 엉뚱한 주제를 질문함으로써 이야기의 흐름을 바꾸었다(상3). 그 결과 이야기의 깊이가 없어지고 있다.

 사례 〈13-6〉 상담자에 의한 잘못된 주제 전환

내1: 남편하고 새벽 2～3시까지 얘기하다 보니 피곤해요

상1: 남편과 어떤 얘기를 나누시느라?

내2: 불만이- 남편과 겉도는 얘기는 잘되요.

상2: 겉도는 얘기?

상2: 겉도는 얘기는 잘되지만 남편과의 대화에 뭔가 불만이 있군요.

내3: 세상 얘기, 자기 얘기, 제가 다 받아주니까 남편은 다 해요. 피상적인 얘기는 잘 들어 줘도 제가 하고자 하는 얘기는 수용이 안

되는 듯한 느낌이 들어서 속상해요. 부부라고 해서 잘 맞는 것 같은데 끝까지 날 바라봐 주고 믿어 주고 지원을 좀 해 줘야 하는데 그게 안 되니까 막 서운한 거예요. 지금도 다 해소가 된 것은 아니에요.

상3: 지금 일하시는 것에 대해서는?

상3: 그렇군요. 남편에게 이해받고 싶은, 하고 싶은 이야기가 있군요.

내4: 준비하는 기간이 상당히 길었어요. 남편입장에서는 한 달에 70～80만 원이라도 고

정적으로 벌어오는 게 좋지, 언제까지 해　　　싫어했어요.
야 되는지도 모르는 걸 계속하니까 처음엔　　〈하략〉

* 고딕체 부분은 필자가 만든 대안적인 상담자 반응임.

　　내1과 내2의 발언 요지는 남편과 하고 싶지 않은 쓸데없는 이야기를 2～3시까지 하느라 피곤한데 정작 하고 싶은 이야기는 하지 못해서 불만이라는 것이다. 따라서 잘되고 있는 겉도는 이야기를 탐색할 필요는 없다. 남편과의 대화에서 내담자의 불만 내용이 어떤 것인지, 남편에게 어떤 이야기를 전달하고 싶은지, 자신이 남편에게 하고 싶은 이야기를 전달하지 못하는 흐름은 어떤 것인지를 내담자에게 이야기하도록 하는 것이 중요하다. 그러기 위해서는 필자가 상2와 상3에 대안적으로 제시한 상담자의 반응과 같이 그에 대한 시기적절한 탐색적 질문을 해서 내담자로 하여금 진정한 고민내용을 이야기할 수 있는 장을 마련해 주어야 할 것이다.

　　그러나 이 사례의 상담자는 내담자가 불만스러워하는 남편과의 대화 내용이 어떤 것인지에 전혀 접근하지 못하였다. 내담자는 남편과의 대화의 어려움을 이야기하고 있는데(내1～3), 상담자는 전혀 다른 주제인 '내담자가 하는 일'에 대해 질문(상3)을 함으로써 대화의 흐름을 차단하고 이야기의 맥을 끊어 버렸다. 그 결과 상담자는 내담자가 고통을 받고 있는 남편과의 대화에서의 불만 내용이 어떤 것인지 전혀 파악하지도, 이해하지도 못한 채 엉뚱한 주제로 넘어갔다. 그리고 내담자는 자신이 하고 싶은 이야기인 '남편과의 대화에 있어서의 불만스러운 내용'에 대해 전혀 이야기를 꺼낼 기회도 가지지 못하였고 이를 극복하기 위한 그 어떤 도움도 받을 수가 없었다.

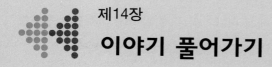

제14장
이야기 풀어가기

　상담시간은 내담자의 시간이며 상담자는 오직 내담자가 진정으로 원하는 내담목표를 달성할 수 있도록 기여하기 위해서만 개입을 해야 한다. 그러기 위해서 상담자는 자신의 욕구와 감정 그리고 자신의 습관적인 반응 방식을 자제할 수 있어야 한다. 상담자의 개입은 그 하나하나가 모두 내담자를 보다 깊이 이해하고 내담자를 드러내며 내담자의 목표 달성을 향하여 나아가는 의미를 지녀야 한다.

　초기 상담과 본 상담은 그 목적이 다른 만큼 상담자의 역할과 대화를 이끌어 가는 방식에서 현저히 구분된다. 초기 상담은 내담자의 문제를 확인하고 진단을 하며, 상담의 목표를 정하고 내담자에게 상담에 대해 알려 주며 협조적 치료관계를 수립하는 데 그 목적이 있다. 내담자의 문제를 확인하고 진단을 하기 위해 상담자는 관련 정보를 탐색하기 위한 질문을 하고, 내담자는 그에 대해 대답하는 입장을 취하게 된다. 내담자에게 상담에 대해 알려 주기 위해서 상담자는 상담이 어떻게 진행되고 내담자와 상담자는 어떻게 임하는지에 관해 설명해 준다. 즉, 초기 상담은 탐색적 질문과 설명이 위주가 되기 때문에 상담자가 대화의 주제를 선택해야 하는 경우가 많다. 그렇다고 해도 상담자는 내담자로 하여금 최대한 자유롭게 자신의 이야기를 할 수 있도록 개방형으로 질문하여 탐색하여야 한다.

　　일련의 정보 탐색과정이 끝나면 상담자는 상담의 구조에 대해 내담자에게 설명해 준다. 상담자는 내담자의 이러저러한 문제를 특정한 방식으로 다루어 나가되, 앞으로는 내담자가 하고 싶은 이야기를 하라고 내담자에게 이야기의 주제 선택에 대해서도 구조화를 해 주고 본 상담, 즉 변화 자체를 목적으로 한 중기 상담으로 넘어가게 된다.

　　중기 상담으로 넘어가면 이후의 대화 주체는 주제 선택권을 부여받은 내담자의 몫이 된다. 즉, 중기 상담으로 들어서면서부터는 대화의 주제를 정하고 대화를 이끄는 주체는 내담자이며, 상담자는 내담자가 대화의 주도권을 지니도록 설명(구조화)해 줄 뿐 아니라 행동으로도 이끌고 보여 주어야 한다. 상담자는 내담자를 따라가면서 내담자가 자신의 이야기를 편안하게 충분히 그리고 온전히 할 수 있도록 심적 환경을 제공하는 데 역점을 둔다. 상담자는 내담자에게 집중하고 경청하며, 내담자로 하여금 자신의 내적인 경험을 온전히 언어로 표현하여 드러내도록 돕는 다양한 언어적 자극을 제공한다.

1. 상담자는 언제 개입하는가

　　사실 상담자는 굳이 말을 많이 할 필요가 없다. 상담자는 내담자가 하고 싶은 이야기를 다 할 때까지 기다렸다가 다 이야기했는지를 확인하고, 내담자의 이야기의 핵심 메시지를 요약·반영하여 상담자가 내담자의 이야기를 제대로 이해했음을 알려 준다. 그리고 제대로 이해하지 못했을 시에는 내담자로 하여금 수정할 기회를 주어 상담자가 내담자에게 집중하고 있으며 진정 이해하려고 노력하고 있음을 전달한다. 상담자의 이러한 태도는 내담자로 하여금 상담자를 믿고 따르게 한다. 내담자가 이야기를 끝까지 하지 않았는데도 상담자가 내담자의 이야기를 중간에 끊고 개입하게 되면 내담자가 하려는 이야기의 흐름이 방해되고 맥이 끊기게 되며 이야기에 대한 내담자의 자율권이 침해되게 된다. 상담자는 내담자의 이야기를 끝까지 들어야 하며, 끝까지 다 들었는데도 내담자의 이야기에서 모르는 내용이 있으면 그때 질문하여 보충한다. 내담자가 자율적으로 자신의 이야기를 조직하여 상담자에게 끝까지 충분히 전달하게 하는 것은 내담자의 대화스타일과 자기 경험을 구조적으로 조직하는 내담자의 역량을 파악하는 데 매우 중요할 뿐 아니라 내담자로 하여금 자신의 경험을 언어화하도록 함으로써 자아의 경계를 공고히 하는 데 도움을 준다. 내담자의 이야기를 끝까지 다 듣고서 생략되었거나 모호한 부분에 대해 상담자가 하는 질문은 내담자로 하여금 이후 자신의 경험을 더 알차게 조직하여 전달하는 역량을 키워 주며 그 자체만으로도 상당한 치료적 진척을 가져온다.

축어록을 보다 보면 굳이 말할 필요가 없는 말들을 상담자가 하고 있는 경우를 종종 볼 수 있다. 말할 필요가 없는 말이란 아무런 도움이 되지 않는 발언이거나 치료적 효과는 없으면서 오히려 역기능적인 영향을 미치는 발언을 말한다. 여기에는 내담자의 경험을 더 깊이 이해하기 위한 탐색적 효과도 없고, 내담자가 한 이야기를 요약·정리하거나 소화하는 측면도 없으며, 내담자로 하여금 자신의 내면을 들여다보거나 생각을 이끌어 내도록 자극하는 측면도 없고, 내담자의 갈등을 대비시켜 주어 극복하도록 이끄는 효과도 없으며, 그 외의 어떤 치료적 효과를 기대하기 어려운 발언들이 포함된다. 치료적 효과를 기대할 수 없을 뿐 아니라 오히려 내담자의 자발성과 독립성을 방해하고 의존성을 키우며 내담자의 작업과 집중을 방해하고 연상의 흐름과 맥을 깨뜨려서 이야기를 산만하게 하는 발언을 하는 경우도 흔히 있다. 이러한 상담자의 반응은 내담자를 충분히 이해하지 못했거나 내담자의 발언의 핵심 메시지를 알아듣지 못해서 또는 내담자가 이야기하고 있는 중인데도 미처 기다리지 못하고 성급하게 질문할 때, 그리고 상담자 자신의 불안·호기심·욕구·감정 등 역전이적 요소에 의해서 일어날 수 있다.

2. 촉진적인 자극을 준다

이야기를 곧잘 하던 내담자도 때로는 이야기가 막힐 수 있고 생각이 전개되지 않을 수도 있다. 내담자가 불편해한다고 해서 상담자가 관심을 갖는 다른 주제를 제안하거나 이야기의 주제를 바꾸는 것은 치료적이 아니다. 이야기가 막힐 때 내담자는 상담자가 지켜보는 가운데 자신의 주제를 더 끌어내고 발전시키는 역량을 키워 나갈 수 있어야 한다. 이야기가 막힐 때 상담자는 내담자가 스스로 자신의 해결책을 끌어내어 대처하도록 충분한 시간(침묵)을 허용하여야 한다.

상담자는 내담자의 말이 막힐 때 내담자를 힘 있게 받쳐 주고 인내하며 기다려 줄 수 있어야 한다. 여기서 힘 있게 받쳐 준다는 것은 말로 하는 것이 아니며, 상담자의 인성에서 풍겨나오는 힘이라고 할 수 있다. 상담자가 말없이 침묵 속에서 당당하고 힘 있는 태도로, 그러면서도 내담자에게 온정 어린 관심을 갖고 기다려 주면 내담자는 편안하게 자신의 내면을 탐색하여 원하는 주제를 끌어낼 수 있을 것이다. 상담자가 침묵을 불안해하거나 내담자를 너무 살피는 듯한 태도를 취하면 내담자도 불안해져서 편안하게 자신의 내면을 탐색하는 데 방해를 받게 된다.

충분히 기다려 주었음에도 불구하고 내담자가 여전히 침묵을 지킨다면 상담자는 내담자가 한 마지막 문장이나 문구를 반복함으로써 내담자로 하여금 상담자가 자신의 말에 관심을 갖고 기다리고 있음을 알려 준다. 이에 대한 예로 제13장의 〈사례 13-5〉의 대안적인 상담자 반응 상3, 상5, 상6, 상9를 살펴보기 바란다.

내담자가 하고 싶은 이야기를 더 잘 드러낼 수 있도록 자극하고 격려하는 개입으로는 그동안 내담자가 한 일련의 이야기를 요약하고 정리해서 돌려주거나, 내담자가 그동안 한 이야기 속에서 내담자의 심정을 느껴 보면서 내담자의 감정을 반영하거나 내담자의 갈등을 짚어 주는 것이 적절하다. 이러한 모든 개입은 내담자의 주제를 바꾸지 않는 동시에 그것을 더욱 심화시키는 방향으로 이루어져야 할 것이다.

내담자가 하던 이야기가 막히는 데는 여러 가지 이유가 있을 수 있다. 그 어떤 이유건 내담자의 침묵이 지나치게 길어지면 침묵을 하는 이유를 탐색하는 쪽으로 나아가는 것도 필요하다. 내담자는 상담자의 반응이 신경 쓰이거나 염려되는 측면도 있어 용기를 내지 못하고 침묵할 수 있다. 상담자는 내담자가 이야기를 다 하고 난 다음에는 중립적이면서도 온정적으로 이해하고 수용함으로써 내담자가 말한 것에 대해 후회하는 느낌을 최소화할 수 있도록 돕는다.

다음은 울버그(Wolberg, 1994)가 면접 중에 내담자가 침묵할 때 사용하도록 제안한 방법들이다. 울버그(Wolberg, 1994)는 좋은 상담에서는 내담자가 길게 침묵하는 일이 극히 드물다고 하였다. 그럼에도 침묵이 지속되면 상담자가 다음과 같은 방법을 사용할 것을 제안하였다.

〈표 14-1〉 내담자의 침묵을 다루는 방법

1. 충분히 기다린 다음 "으음." 이나 "네에." 라고 말하고 기다린다.
2. 내담자가 말했던 마지막 몇 단어를 강조하여 반복한다.
3. 그래도 침묵하면 내담자가 마지막으로 말한 문장 전체를 강조하여 반복한다.
4. 그럼에도 말을 안 하면 내담자가 이야기한 마지막 부분의 전체 내용을 요약해 준다.
5. 무언가 다른 것이 있는지 알아보기 위해서 "그런데?" "그래서?"와 같이 질문식으로 말한다.
6. 그래도 내담자가 여전히 침묵하면 "이야기하기가 어려운가 보군요." 라고 하여 내담자의 관심의 초점을 말 막힘에 둔다.
7. 그렇게 해도 응답이 없을 때는 "왜 침묵을 하고 있는지 궁금하군요." 라고 말한다.
8. 이어서 "침묵하는 무슨 이유라도 있나요?"
9. 그런 다음 "아마도 무슨 말을 할지 모르겠나 보군요?"
10. 그러고는 "무슨 말을 할지 생각하고 있는 건가요?"
11. 그다음에는 "혹시 속으로 당혹감을 느끼시는 건지?"
12. 그래도 여전히 아무 반응이 없다면 내담자의 저항을 직접 다룬다. "아마도 마음속에 있는 말을 꺼내기가 두려운가 보군요."
13. 그러고는 "마음속에 있는 말을 할 때 혹시 내(상담자)가 어찌 받아들일지가 마음에 걸리는 건지도 모르겠고–."
14. 그래도 침묵이 계속되면 끝으로, "혹시 저(상담자)에 대해서 생각하고 계신 건가요?"
15. 매우 극단적으로 드문 경우이기는 하나, 그래도 내담자가 여전히 말을 하지 않고 있다면 상담자는 내담자의 침묵을 존중하고서 그와 함께 앉아 있는다. 그 어떤 경우에도 내담자를 꾸짖거나 거부하거나 화를 내지 않도록 한다.

여기서 침묵을 다루는 핵심은 내담자의 이야기 주제에 대해 상담자가 어떠한 영향력도 발휘하지 않는다는 점이다. 다만 침묵이 극단적으로 길어질 때에 한하여 주제를 침묵을 하게 되는 흐름을 알아보는 쪽으로 나아갔을 뿐이며, 상담자에 의한 주제 전환은 없다.

그러나 내담자가 오랜 침묵 끝에 주제를 바꾸어 이야기한다면 상담자는 바뀐 주제의 내용이 내담자가 직전에 하던 이야기와 어떻게 연결되는지를 확인하여야 한다. 의미상의 연결성이 있는지 혹은 무관한 다른 주제인지를 반드시 짚고 넘어가야 한다. 그리고 그에 대한 내담자의 설명을 들어야 한다. 직전 이야기와 연결되는 내용이라면 어떻게 연결되는지 그 연결고리를 찾아서 직전에 하던 이야기와 의미상의 통합을 해 나가야 할 것이다. 그러나 무관한 다른 주제의 이야기라면 주제를 바꾸게 된 내담자의 설명을 듣는 것이 필요하다. 내담자는 중요한 내용이 드러나는 것에 대한 방어나 회피로 주제를 바꿀 수도 있다. 그런 경우라면 상담자는 내담자가 좀 더 직면하도록 격려하는 개입을 할 수도 있을 것이다. 그러나 더 이상 생각이 전개되지 않아서 대안적인 다른 이야기를 하기로 내담자가 스스로 결정하여 주제를 바꾸는 경우라면 상담자는 그것을 따르는 것이 좋다.

3. 이해되지 않을 때는 질문한다

상담이란 진실을 추구하며 진실에 접근하는 작업인 만큼 내담자가 하는 말이 잘 이해되지 않을 때는 질문이나 탐색을 하여 정확하게 이해하고 넘어가야 한다. 질문은 가급적 내담자가 말을 다 끝내면 하도록 한다. 질문을 하는 것은 내담자의 말을 보다 정확하고 깊게 이해하고, 이야기에서 빠진 부분을 보충하게 하며, 관련 내용에 대해 보다 심도 있는 생각을 하도록 자극하기 위함이다.

예컨대, 어떤 내담자가 "다 고치고 짠하고 나타나고 싶어요."라고 말했다면, "고치고 싶은 것들을 모두 이야기해 보세요."라고 개방형 질문을 하여 탐색할 수 있다. 개방형 질문을 받으면 대개의 경우 내담자는 주도적으로 자신의 문제를 구체적으로 규명해 나가기 위해 자기 내면을 관찰하기 시작한다.

또 다른 예로, 어떤 내담자가 신청서에 "꼬여 있는 부분이 많다."고 기록하였다. 이 말은 내담자의 주관적인 경험을 기술한 것이므로 자신의 꼬여 있는 부분에 대해 오직 내담자만이 정확한 지식을 가지고 있으며, 상담자는 내담자의 설명을 듣기 전에는 그것이 무엇을 의미하는지 알 수가 없다. 내담자의 문제를 파악하기 위해서는 내담자의 문제를 담고 있는 실마리가 되는 그 말 속에 내담자가 함축해 넣은 의미를 상세히 파악하여야 한다. "꼬여 있는 부분이 많다고 하셨는데, 그게 어떤 것인가요?"라고 상담자가 개방형 질문을 하면 내담자는 자신의 꼬여 있는 부분에 대해 설명해 줄 것이다. 만일 내담자가 대답을 회피하고 다른 이야기를 하여 꼬여 있는 부분에 대한 정보를 얻을 수 없었다면 상담자는 원점으로 돌아와 확인하고 넘어가야 한다. "지금 하신 이야기들이 꼬여 있는 부분과 어떻게 관계되나요?" 내담자가 별로 관계없는 이야기인 것 같다고 답한다면 상담자는 "그럼 꼬여 있는 부분에 대해 말씀해 주세요."라고 다시 질문하여 그 내용을 구체적으로 파악하여야 할 것이다. 때로 상담자는 내담자의 장황한 이야기에 휘말려 내담자가 지금 무슨 이야기를 하고 있는지, 대화가 어디로 가고 있는지 자칫 길을 잃기 쉽다. 그러나 상담자는 내담자와의 대화에서 진행되는 대화의 주제와 흐름 그리고 지금 무엇을 하고 있는지를 내담자의 마음을 따라가면서도 정확하게 정리하여 인식하고 있어야 한다. 상담자는 질문을 하였으면 내담자의 답변을 듣고 잘 음미하여야 하며, 질문에 상응하는 답변을 얻지 못했다면 그에 대해 납득이 갈 만한 합당한 이유를 파악하고 나름의 마무리를 짓고 넘어갈 수 있어야 한다.

치유라는 집을 지어 나갈 반석 같은 토대를 다지려면 내담자의 이야기를 통해 내담자의 경험과 실제 사건과 내면세계를 정확히 전달받아야 한다. 그러나 초보상담자는 질문해야 할 기회를 잡지 못해서, 내담자의 이야기를 듣다가 잊어버려서, 또는 자칫 자신의 미숙함이 드러날까 염려되어서 내담자가 하는 이야기를 정확하게 이해하지 못한 채 그냥 넘어가는 경우가 있다. 그렇게 되면 내담자를 정확하게 이해하지 못하게 되는 것은 물론이거니와 정확한 진단이 어려워 치유를 향한 출발 지점의 토대가 충분히 다져질 수 없다. 그러므로 향후 치유적 작업을 진행해 나가기가 어렵게 된다. 이는 마치 모래 위에 치료라는 집을 짓는 것과도 같은 형국이다.

모호하고 추상적인 말은 투사 자료의 성격을 띠고 있어 듣는 이마다 서로 다른 의미를 부여하여 받아들이게 된다. 상담자는 내담자가 하는 말을 전혀 다른 의미로 해석하여 받아들이고는 내담자도 당연히 자신처럼 생각하고 한 말이라고 여기고 그에 대해 전혀 의문을 품지 않을 수 있다. 그러나 내담자와 상담자 사이의 이런 의미상의 차이가 교정되지 않은 채 누적되면 상담은 해결하기 어려운 난국으로 치달을 수 있다.

그러나 질문을 하다 보면 자칫 내담자의 이야기의 흐름이 끊기거나 빗나가게 될 수가 있다. 게다가 내담자가 상담자의 질문에 답을 하다 보면 내담자가 하고 싶은 이야기를 미처 하지 못한 채 다른 주제의 이야기로 넘어가게 될 수도 있다. 따라서 상담자는 내담자가 이야기하는 주제를 더 풍성하게 표현할 수 있도록 맥락에 맞는 질문을 하는 동시에 내담자의 발언의 흐름을 깨지 않는 범위와 시점을 잘 포착해서 질문해야 한다. 그리고 질문으로 인해서 주제에서 벗어났으면 상담자는 내담자가 원래의 주제로 돌아와 이야기를 계속 할 수 있도록 내담자의 말과 내면의 흐름에 집중하고 있어야 한다.

현재 내담자가 하는 말을 이해하기 위해서 지금 즉시 질문하여 확인해야 하는 내용도 있다. 내담자의 말 속에 대명사가 여러 개이고 참조하는 명사도 여러 개인데 대명사가 구체적으로 지칭하는 것이 무엇인지 몰라서 내담자가 지금 하는 말을 따라갈 수 없는 경우라면, 나중에 질문하여 확인하는 것이 불가능하므로 지금 즉시 재빨리 확인하고 원래 하던 이야기로 돌아와야 한다.

내담자가 추상적이고 이론적이고 모호하고 불분명하게 이야기할 때, 내담자가 말하는 내용이 지나치게 주관적이거나 왜곡되어 있을 때, 내용상의 비약이 있거나 환상과 상상이 뒤섞여 있을 때, 상담자는 내담자 말의 내용을 알아듣기가 힘들다. 또한, 비어나 속어를 사용하는 경우, 통상적으로 사용하는 단어의 의미와 내담자가 사용하는 단어의 의미가 현저히 다른 경우, 내담자가 속한 세대 또는 특수한 사회집단의 문화나 전문 영역이나 특수 영역의 이야기를 하는 경우에도 알아듣기 어렵다. 그러나 그에 대한 질문과 탐색은 대명사에 대한 질문처럼 당장 확인해야 하는 것은 아니다. 내담자가 말을 일단락 지을 때까지 기다렸다가 적절하게 질문하여 내담자가 전하고자 하는 내용을 총체적으로 응집력 있게 파악해 나가도록 한다.

4. 발언의 요지를 요약해 준다

상담자의 가장 중요하고도 본질적인 역할은 내담자가 자신의 내적인 경험을 온전히 언어로 표현하여 드러내도록 돕는 것일 것이다. 그러기 위해서는 내담자의 이야기 내용 중에 생략되거나 모호하거나 모르는 내용을 질문하여 탐색해야 하는데, 그에 못지않게 혹은 그보다 더 중요한 것이 내담자가 하는 말을 잘 알아듣는 것이다. 탐색도, 문제 파악과 목표도, 기법도, 공감도, 해석도 내담자의 말을 알아들어야 비로소 가능하다. 내담자의 말을 잘 알아듣기 위해서는 집중하고 경청하는 것뿐만 아니라 상담자의 언어적 역량도 필요하다. 우수한 언어 이해력은 상담자의 중요한 자질 중의 하나라 할 수 있다. 상담자의 언어 이해력은 상담을 공부하기 전에 어느 정도 이미 갖추어져 있어야 하는 부분이기도 하지만, 상담을 공부하면서도 끊임없이 갈고 닦아 나가야 할 부분이다.

내담자의 발언은 연습된 바도 없고 준비된 적도 없으며 사전에 쓰인 원고나 각본도 없으므로 세련되지 못하고 산만하며 때로는 버벅거리기도 한다. 내담자는 이해받고 싶으면서도 동시에 치부를 감추고 싶어 하기 때문에 이야기를 하면서도 생략을 많이 하고 모호하게 표현하기도 한다. 내담자의 이야기 중에는 한 번도 다른 사람에게 이야기해 본 적이 없는 내용도 많이 있다. 내담자의 이야기를 듣고 있다 보면 단 한 번도 자신의 속마음을 다른 사람과 의논해 본 경험이 없던 것처럼 느껴지는 경우도 있다. 그런 만큼 내담자가 전달하려는 내용의 핵심을 파악하는 것은 그리 쉬운 일이 아니다. 내담자의 이야기를 알아듣는 것은 다른 어떤 내용을 이해하는 것보다 더 큰 언어적 역량이 요구된다.

내담자가 이야기를 시작하면 끝까지 듣고 내담자의 고통과 갈등이 무엇인지, 내담자가 지금 왜 그 이야기를 하는지, 내담자가 이야기하려는 의중과 심경을 충분히 음미하고서 그 이야기를 통해서 내담자가 전달하려는 메시지가 무엇인지의 핵심을 이해하려고 노력해야 한다. 내담자의 이야기를 끝까지 다 들었음에도 불구하고 많은 것이 생략되고 모호하게 전달되어 핵심을 이해하기 어려운 경우에는 정보를 보충하고 구체화하기 위한 탐색적 질문이 필요하다. 그러나 그 탐색적 질문도 내담자가 하는 이야기의 맥락과 일치하며 핵심을 꿰는 것이어야 내담자가 전달하고자 하는 내용을 제대로 다룰 수 있다. 피를 뽑을 때 여기저기 헤집지 않고 한 번에 뽑는 것이 상처와 고통이 적어서 좋은 것처럼, 고통스러운 경험을 이야기할 때도 때를 놓치지 않고 내담자의 말의 흐름을 방해하지 않으면서도 맥락이 맞는 적절한 시점에 충분히 탐색해서 내담자의 내적 경험이 온전히 드러날 수 있도록 다루어야 한다. 이야기가 나왔을 때 충분히 이해하지 못한 채 넘어가게 되면 내담자의 고통스러운 상처가 자꾸 헤집어지기만 하고 별로 도움되는 것이 없으므로 결국 내담자가 상담을 회피할 수도 있다.

상담자는 내담자의 발언을 이해할 뿐 아니라 자신이 이해한 것을 내담자에게 전달해야 한다. 이는 내담자의 발언을 정확하게 이해하였는지를 내담자로부터 점검받는 것일 뿐 아니라 상담자가 내담자를 정확하게 이해하고 있음을 알려 주는 것이기도 하다. 상담자 혼자만 이해하고 있고 그것을 내담자에게 전달하지 않으면 내담자는 자신이 이해되었는지 알 수가 없다. 그래서 막연히 추측하게 되는데, 추측은 오해를 불러일으키므로 밀착된 의사소통이 이루어지지 않는다. 자신이 이해한 바를 내담자에게 요약하여 전달하여 내담자로부터 정확하게 이해되었는지를 점검받는 것은 상담자와 내담자의 언어를 일치시키는 좋은 방법이며, 아울러 내담자의 메시지를 잘못 이해하는 오류를 미연에 방지할 수 있을 뿐 아니라 내담자의 의사소통 능력을 증진시키는 효과도 있다. 더 나아가 내담자는 상담자의 입을 통해서 요약된 자신의 발언을 통해 상담자에게 비춰진 자신의 모습을 보게 되며 스스로 자신을 교정하려는 심적 작용이 일어나게 된다.

상담자가 자신의 마음을 잘 이해했다는 것을 전달받게 되면 내담자는 자신이 수용되는 느낌과 지지되는 느낌을 받으면서 안정감을 찾아가게 되며, 자신의 내면을 탐색하면서 점점 더 깊은 속 이야기를 할 수 있게 된다.

반면 상담자가 자신을 잘 이해하지 못한다는 느낌을 받게 되면 내담자는 자신의 이야기를 더 깊이 하기 어렵거나 하다가 막혀 버리거나 목이 메이게 된다. 또는 내담자가 그동안 이해받기 위해서 자신을 전달하려고 취해 왔던 나름의 방식을 사용하며 상담자를 이해시키려는 노력, 즉 자기 자신을 이해받고자 하는 노력을 기울이게 된다. 그리고도 안 되면 다른 이야기를 하거나 전달하려는 노력을 포기하거나 상담에 오지 않게 된다. 그런 만큼 내담자의 말을 잘 이해하는 것은 너무나도 중요한 기본적인 일이다. 그리고 누적된 이해가 모여 깊은 공감이 되고 해석이 가능해지는 것이다.

상담자가 내담자의 발언의 요지를 전달할 때는 최대한 압축하여 단순하고 간결한 문장으로 전달해 준다. 그러나 내담자가 하는 모든 말을 일일이 다 요약해 줄 필요는 없다. 대체적으로는 내담자와 상담자가 서로 말을 교환하다가 내용상 일단락 짓는 즈음에 그간 전개된 내용을 요약해서 정리하는 시간을 갖는다. 내담자가 말을 길게 해서 상담자가 이해하기 힘들어지려고 하는 즈음에도 핵심을 요약해서 이해한 바를 중간 점검받는 것이 좋다. 그리고 회기의 끝부분에는 마무리 정리 요약을 해 주면 좋다.

앞 장에서 인용되었던 〈사례 13-4〉의 일부를 다시 살펴보자. 내4의 발언은 아직은 구체적으로 응결되지 않은 내담자의 막연한 욕구를 담고 있다. 상담자가 상5에서 내4의 발언을 요약해서 분명한 문장으로 만들어 줌으로써 내담자의 시간을 잘 활용하고 싶은 건강한 욕구가 보다 분명하게 구체화될 수 있다. 상5의 요약을 들으면 내담자는 자신이 그동안 시간을 잘 활용하려고 생각해 온 것들을 신이 나서 이야기하게 될 것이고, 그럼으

사례 〈14-1〉 발언 요지의 요약

내3: 음- 선생님은 지금까지 살아오시면서 시간이 금방금방 지나갔나요? (상담자가 의아한 표정을 지었으므로 내담자는 상담자의 이해를 돕기 위해 부연설명을 해 준다.) 갑자기 궁금해서 물어보는 거예요.

상4: 그런 건 어떤 이유에서 궁금한 거예요? 혹시 시간이 잘 안 간다고 느껴지세요?

내4: 아니, 금방 가는 거 같아요. 지금 계획을 어떻게 하면 잘 쓸까 그런 생각이 나서….

상5: 아, 계획을 세워서 시간을 잘 활용하고 싶군요.

* 이 사례는 제13장에 인용된 〈사례 13-4〉의 일부다.

로써 시간을 잘 활용하는 것과 관련된 자신의 생각들을 더 발전시켜 나갈 수 있을 것이다. 그리고 종국에는 시간을 잘 활용하는 것을 실천에 옮길 수 있을 것이다.

또 다른 사례를 살펴보자. 다음 사례는 내담자의 길고 산만한 말을 상담자가 짧게 요약해 준 것이다. 내3, 내4, 내5를 상4, 상5, 상6에서 핵심 메시지를 요약하여 반영해 주고 있다. 상담자의 요약·반영을 접한 내담자는 비판됨 없이 자신이 수용되고 이해됨을 느끼면서 감춰 온 자신의 분노 감정을 점점 더 분명하게 드러낼 수 있게 된다.

 사례 〈14-2〉 핵심 내용의 요약

〈상략〉

내2: 부모님이 내 발목을 잡은 것이 아니라 발목을 잡게끔 내가 행동을 그렇게 한 것 같아요.

상3: 어떻게 하셨는데요?

내3: 내가 남들한테 기죽는 거 싫고 자존심이 세서, 사업 망하고 부모님이 힘들어하면서 돈이 없다고 하면 내가 "걱정하지 마, 내가 해결할게." 이런 식으로 강한 척했어요. 부모님이 힘들어하고 마음 아파하는 것을 못 보겠어요. 이렇게 계속 내가 해결해 주다 보니 끝이 없을 것 같아 이번에 미국에 가

려고 했는데, 또 집이 힘들어지니까 포기하고 아르바이트 해야겠다는 생각을 했어요.

상4: 굳이 부모님이 원하는 것도 아닌데 ○○씨가 나서서 해결해 드리려고 해 왔고, 이젠 그러기가 싫군요.

내4: 부모님도 내가 도움을 주는 것을 마다하지 않으셨어요. 영업일을 해서 돈을 많이 벌었는데, 버는 돈을 모두 다 줬어요. 그런데 엄마가 "됐다. 너도 힘든데." 이러시지 않고, 내가 갖다드린 돈을 따로 저축해 주지도 않으시고.

상5: 번 돈을 모두 드렸는데도 내 장래를 위해 저축

도 안 해 주시고 힘든 것도 알아 주시지 않고.

내5: 나중에는 나도 돈을 좀 모아야겠다 싶어서 딴주머니를 찼는데, 결국 그것도 아빠의 제안으로 집을 사는 데 다 쓰고. 이젠 허탈하죠. 그 돈이 있었다면 외국 가서 공부도 했을 거고, 지금 아르바이트 안 해도 될 텐데 하는 생각이 들어요. 하지만 집이 있어서 부모님이 기뻐하시는 걸 보면 뿌듯하기도 하지만, 나를 생각하면 이룬 게 하나도 없어서 공허하죠. 나에겐 집이 있다는 것

이 그다지 좋지도 않아요. 돈 문제를 생각하면 자꾸 화가 나요.

상6: 내 스스로 챙겨야겠다는 걸 깨닫고서도 또 빼앗기고. 모두 다 드렸는데, 내 것을 챙겨 주시지 않은 부모님께 서운하기도 하고 화도 나고.

내6: 네. 무의식에서 부글부글 끓어요. (눈물) '더 이상 어쩌라고, 나 이제 막 공부 시작했는데 어쩌라고! 난 계속 이렇게 살라고?' 〈이후 내담자는 억눌려 있던 부모님과의 갈등을 길게 이야기하였다.〉

---

* 이 사례는 제10장 '상담의 목표'에 인용된 〈사례 10-1〉의 일부다.

초기 상담에서부터 내담자의 발언의 핵심을 요약하면서 맥을 잡아가다 보면 내담자의 문제의 핵심이 파악되고 그에 따라 내담자가 진정으로 도달하고자 하는 상담의 목표를 자연스럽게 끌어낼 수 있다. 맥을 잡아간다는 것은 내담자가 말하는 핵심 주제를 파악하는 것을 의미하는데, 핵심 주제를 파악해 나가다 보면 내담자에게서 반복해서 나타나는 어떤 패턴이 드러나게 된다.

5. 필요한 치료적 개입을 한다

상담자는 내담자가 이야기를 전개해 나가는 것을 보면서, 그리고 내담자의 통찰 수준을 확인해 가면서 적절한 치료적 개입을 해 나간다. 앞서 언급하였듯이, 내담자가 하는 이야기에서 모르는 내용이나 모호한 내용을 잘 이해하기 위해 구체화하거나 명료화하기 위한 탐색적 질문을 할 수도 있고, 내담자가 침묵에 잠기거나 이야기를 잘 풀어 나가기 어려워할 때 촉진하는 자극을 줄 수도 있다. 또한 상담자는 내담자가 지금까지 한 이야기를 잘 이해하였음을 알려 주고 그에 대한 내담자의 점검을 받기 위해서 내담자가 한 이야기의 내용을 요약·반영해 줄 수도 있다.

그리고 상담자는 한 발 더 나아가 맥락에 적절한 치료적 개입을 해 나간다. 상담자는 내담자로 하여금 자신의 내면을 더 탐색해 보도록 하는 질문을 할 수도 있다. 내담자가 처한 상황과 입장에 대한 내용을 전달받아 내담자의 심정이 충분히 이해될 때 공감하고 있음을 전달해 줄 수 있으며, 그럼으로써 내담자로 하여금 더 깊은 수준으로 마음의 문을 열고 자신의 내면을 관찰해 나가도록 도울 수 있다. 그리고 내담자에게 충분한 힘이 생기고 내담자가 고통스러워 꼭꼭 억누르고 외면해 왔던 경험들에 많이 접근하여 거의 의식하기 직전의 수준까지 올라왔다면 상담자는 이를 지적하여 알려 줄(즉, 해석해 줄) 수 있다. 이런 치료적 개입에 대한 내용들은 제15장부터 제18장까지에서 상세히 기술할 것이다.

제15장
구체화 작업과 탐색

문제는 초기 상담에만 가지고 오는 것이 아니다. 내담자는 매 시간 문제를 가지고 온다. 내담자가 초기 상담에서 내놓은 문제는 아무리 자세하게 탐색했다고 하여도 문제의 범위나 윤곽에 해당되는 내용들이다. 초기 상담을 마무리 짓고 중기로 접어들어 내담자에게 원하는 이야기를 하게 하면 내담자는 자신의 생활 속에서 부딪힌 문제들을 이야기한다. 그러나 그 이야기들은 많은 부분이 생략되고 편향되거나 왜곡되어 있으며 부분적이다. 내담자가 이야기한 내용에서 실제로 일어난 사건을 확인하기 위해서는 그 사건이 구체적 수준에서 파악되어야 한다.

1. 구체화 작업

구체화 작업은 건축으로 치자면 기초공사에 해당되는 것으로, 이후에 이루어질 치료 작업의 초석을 단단히 다지는 작업이다. 구체화란 어떤 일이 있었는지 실제로 벌어진 사건의 실체를 구체적인 수준까지 규명하는 작업이다. 내담자가 하는 이야기는 주관적인 경험이며 실제의 사건은 그 밑에 축약되어 숨어 있다. 내담자의 주관적 경험과 보고하는 사건과 실제의 사건 사이에는 상당한 차이가 있다. 내담자의 주관적인 경험을 이해하고 수용하는 것도 중요하지만 그 경험이 실제 사건과 얼마나 차이가 있는지를 아는 것도 중요하다. 그 차이만큼이 곧 왜곡이다.

구체화란 상담자와 내담자 간의 의사소통상의 생략, 오해, 왜곡, 주관성을 최대한 배제하여 그 안에 들어 있는 원자료를 얻어 나가는 과정[2]이자 내담자와 상담자 간에 언어를 일치시켜 가는 과정이라고 할 수 있다. 문제를 구체적으로 규명해 나간다는 것은 내담자가 경험한 실제 사실과 사건을 확인해 나가는 과정이다. 즉, 내담자를 둘러싼 세계 속에서 객관적으로 어떤 일이 벌어졌으며, 관여한 사람은 누구이고, 그 사건과 경험 속에서 내담자가 실제로 담당했던 역할과 행동은 무엇이며, 그 사건을 내담자는 어떻게 지각하고 해석하였는지의 진실에 접근해 가기 위한 탐색을 하는 것이다. 상담자는 그렇게 하여 내담자가 경험하는 인적 환경과 상황들을 파악하고 내담자의 지각체계와 사고체계에 접근하여 내담자의 경험을 이해하는 것이 가능하다. 그리고 이러한 구체화 작업은 내담자를 깊이 공감하기 위한 초석을 다지는 작업이다. 구체화 작업이 탄탄하게 되어 있어야 공감적인 치유 작업도 해석도 가능할 수 있다. 그리고 변화하여야 할 것은 바로 내담자의 지각체계와 사고체계인 것이다.

사람들은 자신의 치부를 감추고 보호하려 하며 자신을 방어하는 방향으로 실제 사건을 왜곡되고 편향되게 보고한다. 의미를 모호하게 흐리는 식의 언어 표현 방식은 두려워하고 거부감을 갖던 자신의 감정과 문제를 직면하기보다는 외면하고 회피하는 심정의 한 표현이며, 회피·외면·생략함으로써 내담자는 고통을 덜 느끼고 자존심의 손상을 줄이며 책임을 회피하고 자신을 정당화하려 한다.

내담자가 자신의 이야기를 할 때 실제의 생생한 경험과 고통스러운 감정을 덜 느끼기 위해서 흔히 사용하는 방식은 우선 개인적인 경험을 일반화시키거나 대명사를 많이 사용하거나 추상적인 단어를 사용하여 모호하고 막연하게 묘사하거나 의미를 얼버무리는 것이다. 두 번째는 관련된 인물, 시간, 장소, 빈도, 해당 상황에서 자신이 어떤 언행으로 개입하였는지 등의 정보를 생략하는 것이다. 마지막은 스트레스와 같은 포괄적인 명사

---

2) 김계현의 『카운슬링의 실제』(1995)에서 원자료에 효과적으로 접근하는 질문 기법에 대해 잘 설명하고 있다.

를 사용하여 문제 발생에 대한 자신의 책임을 외부에 전가시키는 것이다.

　개인상담에서는 대개 특정 상황에서 벌어진 사건과 경험을 오직 내담자를 통해서만 전달받게 되므로 상담자가 내담자의 이야기만을 듣고서 실제로 무슨 일이 일어났는지 그 진실을 알아내기가 어렵다. 따라서 상담자는 내담자가 자기 방어를 위해 감추거나 가리고 있는 그 밑의 생략되고 모호하게 처리된 부분의 정보들을 끌어내어 확인하는 작업이 필요하다.

　내담자가 자신의 경험을 구체적으로 설명하지 못할 경우, 상담자는 내담자가 자신의 생생한 경험을 잘 설명할 수 있도록 내담자의 설명에서 생략된 부분이나 모호한 내용을 규명하도록 도와야 한다. 상담자의 도움을 받아 내담자가 자신의 생생한 경험을 정확하게 전달할 수 있으면 내담자는 고통스러우면서 동시에 상담자에게 자신이 정확하게 이해되어 속이 시원해지고 안심하는 마음이 생길 수 있다. 부끄러워하는 자신의 모습을 상담자가 평가하지 않고 수용하고 반영하면 내담자는 외면하던 자신의 모습을 보다 분명하게 인식하고 수용할 수 있게 된다. 내담자의 생생한 경험이 잘 드러나도록 상담자가 구체화 작업을 하지 않으면 내담자의 경험과 문제를 명확하게 파악하는 것이 불가능할 뿐 아니라 내담자가 자신의 모습을 통찰하도록 하기 위한 기초적인 토대를 마련할 수가 없다.

　내담자가 흔히 사용하는 포괄적인 명사의 대표적인 예로 스트레스가 있다. 위에서 언급했듯이, 스트레스는 내담자가 자신의 증상을 설명할 때 자신의 책임을 회피하기 위해 흔히 사용한다. 스트레스가 많아서 어떻다고 말할 때 자신의 어려움이 자신의 언행 때문이라기보다는 스트레스라는 외부 환경 때문이라고 탓하는 것이다. "스트레스가 많아서 머리가 아파요."라고 자신의 문제를 설명하는 내담자는 자신의 삶 속에서 머리 아픈 것과 자신의 스트레스가 연결되는 것이 자연스럽고 당연하게 여겨질 수 있다. 매스컴에서도 많은 의료전문가들이 나와서 스트레스 이야기를 하니, 사람들은 자신을 들여다보기보다 외부의 스트레스를 탓하게 되고 그것을 당연하게 생각하면서 자존심을 보호한다. 그런데 스트레스가 많아서 머리가 아프다는 내담자의 말 속에는 문제의 원인에 대한 진단과 그에 대한 대처방법이 모두 포함되어 있다. 즉, 머리 아픈 것을 고치려면 스트레스를 줄이면 된다는 치료의 방향이 들어 있는 것이다. 따라서 치료의 관건은 스트레스를 줄이는 것이므로 내담자가 겪는 스트레스를 규명해 내야 할 것이다. 상담자는 내담자가 겪는 스트레스의 내용이 무엇이며, 내담자는 그러한 스트레스를 어떻게 대처하고 있는 지를 상세하게 규명해 내야 한다. 그리고 스트레스의 내용과 양, 그리고 내담자가 자신 의 스트레스를 받아들이는 태도와 그것을 다루고 대처하는 방식을 규명해 내면 그 안에 서 스트레스를 어떻게 줄일 수 있는지에 대한 해답을 얻을 수 있을 것이다.

내담자의 행동 자체가 스트레스를 많이 만든다면 행동을 조절하여 스트레스가 적게 발생하도록 한다. 평범한 스트레스임에도 그것을 크게 느끼면서 압도되고 있다면 스트 레스에 취약한 내담자의 사고방식을 다루면서 문제해결 능력과 자아의 힘을 키워 나가 는 것이 필요할 것이다.

스트레스 운운하며 오는 내담자는 신체 증상을 가지고 상담에 오는 내담자만큼이나 자신의 심리적 문제에 대한 통찰이 부족하다고 할 만하다. 스트레스란 대단히 모호한 개 념이며, 내담자가 스트레스에 대해 말하였을 때는 반드시 그 내용이 구체화되어야 하는 동시에 그 스트레스를 가져오는 데 기여하는 내담자 자신의 행동이 규명되어야 한다.

스트레스 이외에도 내담자가 사용하는 대부분의 병명이나 정신병리를 지칭하는 단어 는 내담자의 구체적인 특성으로 규명되어야 한다. 예컨대, "제가 화병인 것 같아요."라 고 내담자가 말을 한다면 "어떻기에 화병이라고 하시는지요?"라고 질문하여 내담자가 화병이라고 묘사한 내용에 해당되는 내담자의 경험의 실체를 규명해 내어야 그것을 극 복할 길이 열릴 수 있다.

실제 사례를 통해서 구체화 과정을 살펴보자. 구체화 작업의 깊이는 내담자가 가져오 는 문제에 대한 내담자의 통찰 수준에 따라 상당한 차이가 있다.

1) 통찰 수준이 높은 내담자의 구체화 탐색

"대인관계에서 사람들의 시선에 많이 집착하며 가끔 거짓말을 한다."는 내담자의 호 소 내용을 접하게 되면 상담자는 내담자로부터 구체화하거나 이끌어 내야 할 내용으로 수많은 의문이 떠오르게 된다. 물론 상담자에게 떠오른 의문들은 내담자가 자발적으로 하는 이야기를 따라가다 보면 상당 부분 자연스럽게 해결되기도 한다.

이 내담자의 문제를 듣고 떠오르는 필요한 질문들은, 첫째, 실제로 발생한 사건에 대

〈표 15-1〉 **통찰 수준이 높은 내담자의 구체화 예시**

주 호소 내용: "대인관계에서 사람들의 시선에 많이 집착하며 가끔 거짓말을 한다."

1. 실제 벌어진 구체적인 사건을 확인하기
    - 집착하게 되는 다른 사람들의 시선이란 어떤 것인가?
    - 실제로 어떻게 했는가? 어떤 거짓말을 하였으며, 그 결과는?
    - 누구의 시선을 가장 의식하는가?
2. 그 당시의 내담자의 내면의 흐름 확인하기
    - 그 시선에 집착하게 되는 내적 흐름은 어떤 것인가
    - 거짓말을 하게 되는 흐름은 어떤 것인가
3. 자신의 모습에 대한 생각 끌어내기
    - 남에게 맞추어 거짓말을 하는 자신의 모습을 어떻게 받아들이는가?
    - 어떻게 되고 싶은가? 되고 싶은 자신의 모습은?
    - 어떻게 하고 싶은가?
    - 그렇게 하기 위해서는 어떻게 해야 하는가? 포기할 것과 용기를 내야 할 것은?
    - 원하는 모습이 되는 것을 방해하는 걸림돌들은(환경적인 것, 자신 내면에 존재하는 것)?
    - 걸림돌들을 어떻게 이겨낼 수 있는가?

한 내용들, 둘째, 내담자의 내면의 흐름과 생각에 대한 내용들, 셋째, 자신의 언행과 생각에 대한 내담자 자신의 평가와 소망wish에 관한 내용들이다. 이들 내용에 대한 질문들이 〈표 15-1〉에 자세하게 정리되어 있다.

　자신의 불편의 원인을 내면에 두고 있는 통찰 수준이 높은 내담자의 경우에는 실제로 일어난 사건을 규명하기 위한 구체화 질문보다는 내면을 탐색하는 질문에 더 많은 비중을 두게 된다는 것을 알 수 있다. 내면을 탐색하는 질문에 대해서는 이 책의 제16장 '자기탐색적 질문'에서 더 자세히 다룰 것이다.

2) 통찰 수준이 낮은 내담자의 구체화 탐색

　다음 사례의 내담자는 남편과 돌아가신 시어머니에 대한 불만을 호소하였다. 7회에서 내담자는 남편과 대화가 안 된다는 이야기로 상담을 시작하였고, 오로지 남편 때문에 대화가 안 된다는 입장을 취하며 자신의 문제에 대한 통찰이 없다. 여기서 상담자가 알아야 할 내용은 우선 남편과 내담자 사이에 대화가 어떤 식으로 이루어지고 있으며, 아내인 내담자는 그에 어떻게 기여하고 있는가 하는 것이다. 부부관계에 기여한 내담자의 행동이 드러난 바가 없으므로 그에 관련된 내담자의 내면의 흐름이나 자신의 모습에 대한 내담자의 생각을 이끌어 내는 것은 현재로서는 불가능하다. 자신의 문제에 대한 통찰이 부족한 내담자에게는 실제 벌어진 사건에 대한 구체화 작업을 하는 것이 우선적이며 매우 중요하다. 이 내담자의 호소 내용을 듣고 구체화하여야 할 질문 내용들이 〈표 15-2〉에 정리되어 있다.

〈표 15-2〉 **통찰 수준이 낮은 내담자의 구체화 예시**

주 호소 내용: "남편과 대화가 안 된다."

1. 실제 벌어진 구체적인 사건을 확인하기
   - 남편과 대화가 안 된다는 것은 어떤 것인가? 어떤 식으로 대화를 하였는가? 아내는 어떤 태도로 뭐라고 말했고, 그에 대해 남편은 어떤 태도로 뭐라고 반응하였는가? 또 그에 대한 아내의 반응은 어땠는가?
   - 대화가 가능했던 경우는 없었는가? 있었다면 당시의 상황은 어땠는가?
2. 그 당시의 내담자의 내면의 흐름 확인하기
   - 대화가 안 되는 것은 오직 남편만의 잘못인가?
   - 자신이 기여한 부분이 있다면 어떤 점들인가?
3. 자신의 모습에 대한 생각 이끌어내기

이 내담자의 실제 축어록을 살펴보자. 이 사례는 통찰력이 없는 내담자에게 구체화 작업을 하는 것이 이후의 치료 작업을 진행해 나가는 데 얼마나 필수적인지, 그리고 구체화 작업을 하지 않으면 치료적인 작업을 진행해 나가는 것이 불가능하다는 것을 잘 보여주고 있다.

사례 〈15-1〉 **구체화 탐색의 중요성 1**

내7: 남편과 저는 대화가 이루어지지 않아요. 즉흥적이고 뭐든지 자기중심적으로 이야기를 끌고 가는 통에 도대체 어떻게 시도를 할 수가 없거든요. 자꾸 저도 짜증만 나고 성질만 나게 되니 말을 않고 지내는 것이 더 속 편한 걸요. 말을 해 보려고 하다가 삼천포로 가고, 다시 말을 제대로 해 보려 하면 "너는 엄마를 싫어하는구나. 나는 내 엄마를 싫어하는 여자와 더 이상 살 수 없어." 이런 식으로 반응을 하니 **너무 답답하고 신경질만 나고, 그런 사람과 무슨 대화를 어떻게 할 수 있겠어요.**

상8: 그렇군요. 그러면 남편이 그런 반응으로 나올 때 ○○씨가 입을 다물고 말을 않으면 남편도 말을 않고 가만히 있나요?

상8: ○○씨가 뭐라고 말씀하신 것에 대해서 남편이 그렇게 반응을 했나요?

내8: 자기가 할 말은 다 하고 남의 염장을 지르지요. 아니면 단답형으로 끝내구요.

상9: 정말 많이 답답하셨겠네요. 속이 터지고. 그런데 남편은 어머니만 생각하고 ○○씨에겐 진짜 관심이 없는 걸까요? 아이에게 도 관심이 없다고 하셨는데 아이도 관심이 없는 걸까요? 그런 건가요?

상9: 남편이 그러면 ○○씨는 어떻게 하나요?

내9: 저는요 결혼해서 지금까지 남편이 저를 위해 주고 이해한다는 면을 제대로 느껴 보지 못했어요. 뭔가 제 입장을 말하면 얘기를 하다 오히려 제가 상처를 받게 되니까 입을 다물게 되고, 차츰 남편에게 정작 해야 할 말을 속 시원하게 하기보다는 걸러서 말하고 정면 충돌을 피하는 거에요. **제가 무얼 강하게 전달하려면 사자처럼 발톱을 곤두세워서 관철시키는 것도 이젠 지겹구요.** 신경이 곤두서면 불안증도 오고 두려움도 엄습해 오고 심장도 벌렁벌렁해져요. **주식 폭락한 후로 심장이 벌렁벌렁거리는 증세가 다시 시작되더라구요.** 공포 같은 것도 생기고, 어떤 때에는 공황장애 같은 것도 있구요. 신랑하고 제대로 교류가 되지 않으니 혼자 참고 억누르고 살아가야 하니 답답증이 쌓여서 그런 것 같아요. 이렇게 매일 울화가 치밀고 억울하고 속이 터지니.

〈하략〉

---

* 고딕체 부분은 남편과 내담자 사이에서 어떤 상호작용이 일어나고 있는지를 구체화해 나가는 상담자의 반응을 보여 주기 위해서 필자가 만든 것임.
* 굵은 글씨는 주의해서 들어야 할 내담자의 발언임.

계속해서 이 사례를 더 살펴보자.

〈15-2〉 **구체화 탐색의 중요성 2**

내12: 불면증으로 고생하던 그때에 너무 힘들고 무서웠거든요. 다시 그때로 돌아갈까 정말 두려워요. 그래서 제가 스스로에게 불안은 미리 하는 걱정일 뿐이라고 자꾸 마음을 가다듬고 괜찮을 거라고, 잠들 수 있을 거라고 달래면 잠을 자게 되고 불안도 좀 가라앉고 그래요. 이유 없이 그저 불안해지고 두렵고 그러니까 막 힘이 드는 거예요. 화병인지 모르겠어요, 화병.

상14: 어떻기에 화병이라고 하시는지요?

내14: 신랑하고 제대로 교류가 되지 않으니 혼자 참고 억누르고 살아가야 하니 답답증이 쌓여서 그런 것 같아요. 도대체 말이 되지를 않고 겉돌게 되고. 이렇게 매일 울화가 치밀고 억울하고 속이 터지니-, **요즈음은 주식 때문에 남편에게 눈치를 보고 있잖아요. 제가 주장을 해서 남편의 퇴직금을 펀드에 다 넣었고 지금은 반토막이 되어 있고.**

상15: 남편에게 주장을 해서 원하는 것을 하기도 하는군요. 그리고 ○○씨가 주장해서 펀드를 산 것 때문에 남편에게 면목이 없고.

내17: 네, 남편이 처음 연애를 할 때에는 참 명랑하고 말도 잘했고 진짜 리더십도 있어 보였고 그랬는데, 살면서 너무 굳어 버린 것 같아요. **한번 속이 뒤집히면 제가 할 수 있는 것은 입을 다물고 가능하면 더 걸리적거리지 않고 넘어가고 편한 대로 조용히 혼자 해결하는 것뿐이었어요. 어떻게 뭘 할 수가 없었으니까. 그러다가 극도로 화가 나면 치받고 강하게 으르렁거리면 저쪽에서 꼬리를 내리고 말더라구요. 하하하.**

상18: 입 다물고 말을 아예 안 하거나 속이 뒤집혀 강하게 으르렁거리거나 둘 중 하나군요. 강하게 으르렁거린 경우를 더 이야기해 보실까요?

내18: 어떤 때는 치고받고 막 큰 소리 내고 부수고 막 싸움을 했으면 더 시원할 것도 같은데 그렇게 하려면 에너지가 너무 들어가잖아요. 제가 그런 성격이면 자연스레 할 텐데 저는 한번 소리를 지르고 으르렁 거리고 나면 진이 다 빠져 버리고 힘이 너무 들어 잘 못하겠어요.

상19: 실제 있었던 경우를 말씀해 보세요.

〈하략〉

---

* 고딕체 부분은 필자가 만든 대안적인 상담자 반응임.
* 굵은 글씨는 주의해서 들어야 할 내담자의 발언임.

이 사례에서 내담자는 대화가 안 되는 것도, 사자처럼 달려들게 되는 것도, 가슴이 벌렁거리고 불면증이 있는 것도 다 남편 때문이라는 논리를 펴고 있다. 그러나 가슴이 벌렁거리고 불면증이 생긴 것은 사실 자신이 남편에게 사자처럼 달려들어서 투자하게 한 주식이 폭락하면서 생긴 죄책감과 좌절감에서 비롯되었다는 것을 내담자의 말을 통해서 알 수 있다(내9, 내14, 내17).

앞의 사례에서 상담자는 내담자의 말에 휘말려 내담자의 실제 모습을 탐색하고 확인하기보다는 남편에 대한 내담자의 답답하고 괴로운 감정을 반영하고 공감하는 방향으로 나아갔다(상9). 공감은 사건의 전모가 밝혀지고 그에 대한 내담자의 시각과 감정이 드러난 다음에야 비로소 가능하다. 내담자의 왜곡된 시각에서 비롯된 감정을 공감해 주면 진실에의 접근은 멀어지고 그런 왜곡된 시각을 정당화시켜 주는 결과가 된다. 따라서 초기 상담에서 정황이 충분히 탐색되고 파악되지 않은 상태에서 반영이나 공감을 하는 것은 그리 적절한 개입이라고 하기 어렵다.

이 내담자는 남편과 대화가 안 되는 문제로 상담에 온 것인 만큼, 상담자는 부부 사이에 대화가 어떻게 안 되며 구체적으로 어떤 일이 벌어졌는지, 대화가 안 되는데 내담자가 어떻게 기여했는지의 실제 상황을 우선적으로 탐색했어야 했다. 그러나 상담자는 구체화하기 위한 탐색을 하지 않았다. 그런데 내담자의 말을 통해서 간간이 드러나는 내담자의 행동을 추론해 본다면, 내담자의 대화 방식은 꾹 참고서 아무 말도 안 하거나 사자처럼 달려들어 으르렁거리는 두 가지의 극단적인 방식을 취하고 있다는 것을 알 수 있다. 이때 상담자가 내담자의 말을 통해서 '그렇구나' 또는 '그랬구나' 하고 머리로만 이해하고 넘어간다면 내담자에게 치료적인 진척이나 변화가 일어날 수 없다.

변화가 일어나기 위해서는 내담자가 부부간의 대화에서 자신이 무슨 일을 하고 있는지를 인식하게 되어야 한다. 내담자가 자신의 모습을 인식하는 가장 좋은 방법은 내담자 자신의 입을 통해서 자신이 어떻게 행동했는지를 이야기하도록 하는 것이다. 내담자가 자신의 행동을 자발적으로 말하지 않는다면 상담자는 내담자가 말하는 각각의 상황에서 자신이 어떻게 했는지를 구체화하는 질문을 해서 이끌어 내도록 해야 할 것이다. 그런 다음 상담자는 내담자의 말 속에 들어 있는 내용들, 즉 "남편에게 말하지 않고 참고 입을 다물고 있거나 혹은 사자처럼 발톱을 곤두세워서 으르렁거리는 식으로 표현하시는군요."와 같이 남편과 대화하는 내담자의 방식을 요약해 준다면, 내담자는 상담자의 입을 통해서 반영된 자신의 모습을 보고 자신의 행동과 마음의 모습을 알게 된다. 그리고 그 모습을 가다듬게끔 자극을 받을 수 있다. 내담자가 자신의 행동 모습을 잘 인식하는 정도로 발전했다면 상담자가 "말을 참고 안 하거나 사자처럼 으르렁거리는 것 말고 달리 표현해 볼 수는 없을까요?'와 같이 내담자의 대화 방식에 도전하는 질문을 하여 내담자가 대안적인 새로운 방식을 이끌어 내도록 자극을 줄 수도 있을 것이다. 이처럼 구체화 탐색은 내담자로 하여금 자신을 들여다보고 변화의 출발점을 향해 나아가는 데 있어서 상담자가 취하는 가장 기초적인 치료적 작업이다.

2. 구체화 작업의 요령

1) 내담자의 협력을 끌어낸다

실제의 사건을 경험한 존재는 내담자이며 그 경험을 가르쳐 줄 수 있는 존재도 오직 내담자뿐이다. 내담자가 상담자에게 협력하여 실제의 사건들을 알려 주지 않는 한 상담자는 결코 그 사건에 접근할 수 없다. 내담자는 실제의 사건을 구체화하기 위한 질문뿐 아니라, 자신의 내면을 탐색케 하는 상담자의 질문을 듣고 그에 협력하여 수치스럽더라도 정보들을 알려 줄 수 있어야 한다. 그러기 위해서 내담자는 자신의 윤리 판단이나 가치체계, 또는 방어체계로 거르지 않고 자신의 이야기를 상담자에게 설명하려고 노력해야 한다. 고통스럽더라도 외면했던 자신의 부분들을 들여다볼 수 있어야 한다. 내담자의 이러한 태도를 중시하여 정신분석에서는 초기상담을 마무리하고 본 상담으로 넘어가기 직전에 내담자에게 '떠오르는 내용이 아무리 보잘것없고 수치스럽게 느껴질지라도 거르지 말고 이야기해 줄 것'을 요구하는 구조화를 해 준다. 상담자는 내담자의 이러한 노력을 촉진하기 위해서 내담자의 상태와 고통을 배려하면서 내담자의 손을 잡고 비판적이지 않은 태도로 내담자에게 임해야 한다. 상담자가 진정으로 비판적이지 않으면 내담자는 시간이 지남에 따라 점진적으로 그 사실을 깨달을 것이다. 상담자는 평가를 두려워하는 내담자의 마음을 수용하고 반영해 줌으로써 내담자로 하여금 상담자가 도덕적이거나 비판적이지 않다는 것을 보다 빨리 인식하고 체험할 수 있도록 이끌며, 그럼으로써 생략하고 감추던 부분들을 좀 더 솔직하게 드러낼 수 있도록 돕는다.

2) 주제를 벗어나지 않는다

구체화 작업을 해 나가는 과정에서 상담자가 가장 역점을 둘 사항은 내담자가 이야기하는 주제의 흐름을 벗어나지 않도록 하는 것이다. 구체화하는 질문은 내담자가 설명하는 내용을 보다 풍성하고 온전하게 전달받기 위한 상담자의 노력이다. 그것은 내담자가 설명하는 바를 충실히 이해하려는 노력의 일환으로 질문하는 것이어야 한다. 내담자가 하는 이야기의 흐름과 맥락에 맞게 던져진 개방적인 탐색적 질문은 내담자가 하는 이야기의 체험을 더욱 깊이 있고 생생하게 다룰 수 있도록 돕는다.

내담자가 이야기하고 있는 주제에서 벗어나거나 현재 하는 이야기와 맥락에 맞지 않는 질문을 하는 것은 구체화 작업이라 할 수 없다. 상담자의 욕구 충족을 위한 질문이거나 사적인 궁금증을 해소하기 위한 질문 역시 구체화 작업이 아니다. 이야기의 흐름을 바꾸는 질문은 내담자로 하여금 원하지 않는 이야기를 하도록 유도한다. 이야기의 흐름을 바꾸는 질문을 받으면 내담자는 이야기가 막히거나 이야기를 하고 싶지 않은 마음이 생기게 된다. 그리하여 상담의 분위기는 맨송맨송해지고 시들해지게 되며 이야기의 내용은 응집성이 반감된다. 게다가 내담자는 이해받지 못한다는 느낌과 함께 거부되는 느낌을 받게 되어 작업 동맹도 손상을 입게 된다.

3) 개방형 질문을 사용한다

개방형 질문open-ended question은 내담자의 자발적인 표현의 여지를 극대화하도록 한다. 내담자의 문제는 상담자가 대신 진술해 주는 것보다 내담자가 스스로 자신의 내면을 관찰하여 말할 수 있을 때 가장 정확하며 치유적이다. 상담자는 내담자로 하여금 자신의 문제를 구체화하여 설명하도록 유도하고 안내하는 탐색적 질문을 하되, 내담자가 자유재량을 가지고 자신의 문제를 설명할 수 있도록 개방형으로 질문한다.

개방형 질문을 던질 때 처음에는 그 범위를 보다 폭넓게 하여 내담자에게 자유재량의 여지를 많이 주는 것이 좋다. 그러다 이야기가 진행되면서 해당 내용에 대한 정보가 보다 많이 드러나게 되면 개방형 질문을 던지더라도 포함하는 범위가 점차 줄어들게 된다.

앞에서 제시했던 예를 다시 한번 살펴보자. 이 대화는 앞의 예를 토대로 필자가 가상적으로 만든 대화다. 내담자의 경험을 탐색해 가면서 상담자는 이야기 내용의 범위를 점점 좁혀서 질문을 하게 된다.

> 내1: 대인관계에서 사람들의 시선에 많이 집착하며 가끔 거짓말을 해요. 그런 제 모습이 싫어요. 고치고 싶어요.
>
> 상1: 어떻게 고치고 싶으세요?
>
> 내2: 거짓말을 하지 않았으면 좋겠어요. 남의 시선도 신경 쓰지 않고 싶고요.
>
> 상2: 다른 사람의 시선이 어떻게 신경 쓰이시나요?
>
> 내3: 저를 자꾸 깔보고 무시하는 것 같아요.
>
> 상3: 어떤 때 그런 느낌이 드세요?
>
> 내4: 모르겠어요. 평소에 늘 그런 거 같은데- 막상 이야기할래니 잘 생각이 안 나네요.
>
> 상4: 어떤 때 특히 더 심한가요?
>
> 내5: (5초) 잘 모르겠는데요.
>
> 상5: 깔보고 무시하는 느낌이 늘 똑같은가요, 아니면 더 심한 경우가 있나요?
>
> 내6: 늘 똑같지는 않은 것 같아요. 어떤 때 더 심한 경우도 있는 것 같아요.
>
> 상6: 어떤 때 더 심한지 좀 더 생각해 보세요. 실제로 있었던 경우를 예를 들어 보면 더 잘 떠오를 수도 있지요.

상1에서 상6까지 상담자의 탐색적인 개방형 질문이 포함하는 경험의 범위가 이야기의 맥락에 따라 점점 더 좁혀지는 것을 관찰할 수 있다.

4) 생생한 경험의 실체가 드러나도록 한다

내담자가 생략하고 일부만 이야기한 부분들을 거의 육하원칙의 수준으로 탐색하게 되면 내담자의 실제 경험이 보다 생생하게 드러나게 된다. 언제, 어디서, 누구와 그런 일이 있었는지, 거기서 내담자는 누구에게 어떤 행동을 하였으며 어떻게 느꼈는지 내담자의 언행과 내면의 느낌들이 잘 드러나도록 탐색해 들어가야 한다.

내담자의 경험에서 빠진 부분들이 채워지고 점점 더 분명해지는 것에서 더 나아가 감정에 생기가 불어넣어지면 내담자의 경험은 상담 장면에서 더욱 생생하게 되살아나게 된다. 그리고 그 경험의 행간에 스며 있는 내담자의 내면의 모습들에 접근하여 관찰하는 것이 보다 용이해진다. 그 과정에서 실제의 사건과 환경 자극뿐만 아니라 그에 대한 내담자의 주관적인 판단과 생각들도 좀 더 자세하게 전달받을 수 있게 된다. 그리고 내담자가 경험한 실제 사건과 그에 대한 내담자의 해석과 지각을 더 잘 구분하여 파악할 수 있게 된다. 그러면서 내담자의 문제의 본질이 점점 더 분명하게 드러나게 된다.

5) 무리한 탐색은 하지 않는다

내담자가 민감하게 여기는 사항에 대해서 말하도록 강요하거나 내담자가 말할 때까지 지나치게 긴 침묵을 지킴으로써 무리하게 탐색하는 것은 바람직하지 않다. 내담자의 강한 저항에 부딪히면 일단 탐색을 보류하고서, 내담자가 무엇을 두려워하고 부담스러워하는지 저항의 기저에 감춰진 심경을 파악하는 것이 중요하다. 내담자의 민감한 부분에 대한 섣부른 탐색은 내담자의 방어벽을 두텁게 할 수 있다.

자신의 문제를 보기보다는 다른 사람에 대해 불평하는 사람은 자신이 문제에 기여하는 바에 대한 심리적인 통찰력이 부족하다. 그들에게 구체화 작업은 자신의 모습을 보도록 직면시키는 정도가 너무 커서 자칫 감당하기 어려울 수도 있다. 그들은 자신의 경험을 구체화해 가는 과정이 고통스러워 저항하며 협조적이지 않을 수도 있다. 이럴 때는 내담자의 상태와 심정을 세심하게 배려하며 공감적인 태도로 점진적으로 접근해야 하며, 성급하거나 무리하게 탐색하지 않도록 조심한다. 내담자가 적극적으로 답변을 거부하는 경우에는 내담자의 의사를 존중해 주며 마음이 내킬 때 이야기하도록 허용한다.

6) 상담자의 풍부한 경험이 뒷받침되어 있어야 한다

구체적인 내용을 끌어내기 위한 탐색적인 질문을 잘하기 위해서는 인간사에 대한 풍부한 경험과 지식이 잘 갖추어져 있어야 한다. 내담자의 문제와 관련된 영역에서 상담자의 경험과 지식이 풍부하고 특정 영역에 대한 생각들이 분화되고 정교하게 발달되어 있으면, 상담자는 내담자의 이야기를 폭넓게 이해할 수 있을 뿐 아니라 내담자의 이야기를 들으면서 추가적으로 더 알아야 할 의문들이 풍성하게 떠오르게 된다. 그리고 질문의 방향을 잘 잡아 나갈 수 있다. 상담자가 그런 의문들을 배경에 갖고서 내담자의 경험담을 들으면 내담자의 경험을 포괄적이고 조직적으로 이해할 수 있는 동시에 탐색해야 할 중요한 사안에 대해 안내를 받는 데 도움이 된다. 그렇다고 상담자에게 떠오른 의문 내용을 모두 질문해야 하는 것은 아니다. 내담자가 자발적으로 이야기를 전개해 나가는 것을 들으면서 그리고 내담자의 반응과 상태를 보아가며 부족한 내용은 나중에 보충할 수도 있다.

제3장의 '불평을 늘어놓는 내담자' 부분에 인용된 사례를 다시 살펴보자. 내담자는 남편과 별거를 하고서 남편이 자신의 이름으로 빌린 빚을 청산하기 위해 소송을 하여 자기와 함께 온 가족이 살던 남편 명의의 집을 경매처분하였다. 내담자는 남편의 집이 경매로 넘어가던 날 변호사 사무장이 찍어 온 남편의 집 사진 속에 자신의 그림이 땅바닥에 방치되어 있는 것을 보고 남편과 일말의 합칠 생각조차도 없어졌다며 몹시 섭섭해하였다. 만일 상담자가 경매의 과정에 대한 사전 지식을 갖고 있었다면, 경매로 집이 넘어가서 온 가족이 쫓겨나 길바닥에 나앉게 되는 상황에서 그 누구도 내담자의 그림을 챙겨줄 경황이 없으리라는 것쯤은 잘 알 수 있을 것이다. 그리고 이 경우, 섭섭해하는 내담자의 심정은 경매당한 가족의 입장을 전혀 이해하지 못하는 자기중심적인 생각에서 비롯된 감정임을 상담자는 쉽게 이해할 수 있었을 것이다. 이러한 맥락에서 상담자는 내담자의 섭섭한 심정을 이해하는 것도 중요하지만 다른 가족이 처한 입장이 어떤지를 생각해 보도록 내담자를 안내하고 자극을 주는 것이 필요하다.

3. 구체화 작업의 치료적인 힘

내담자가 전달하고자 하는 내용을 분명하고도 충실하게 이해하는 데 부족한 정보들을 보충하기 위해 상담자는 내담자의 자발적인 이야기를 충분히 듣고 나서 맥락에 적절한 탐색적 질문을 한다. 그러면 내담자는 상담자가 자신을 더 깊이 이해하기 위해서 노력한다는 느낌을 받게 되면서 기꺼이 협조하고자 하는 마음을 갖게 된다.

　　구체화 탐색이 특히 중요한 경우는 대인관계 상황이라 할 수 있다. 예컨대, 내담자가 다른 사람의 언행에 대해 불평할 때는 그 상호작용을 할 당시의 내담자의 언행을 탐색해야 한다. 불평하는 일의 발단은 어떻게 일어났고, 자초지종은 어땠으며, 상대방의 언행에 대해 내담자 자신은 어떻게 반응하였고, 자신의 반응과 행동에 대해서 스스로는 어떻게 받아들이는지 등 불평하는 상황에서 내담자의 언행으로 시선을 돌려 관찰하도록 자극을 주는 것이 중요하다. 이는 그 상황에 내담자가 기여한 부분이 없는지 살피는 기회가 되며, 불만스러운 타인의 행동을 자신의 행동과 연결 지어 볼 수 있고 변화의 소재와 책임 그리고 그 상황을 변화시키는 주체가 바로 내담자 자신임을 인식하도록 자극하는 계기가 된다.

　　구체화 작업은 내담자에게 실제 일어난 사실과 그에 대한 내담자의 해석을 구분하도록 돕는다. 상담자는 그와 같이 실제 사건과 그에 대한 내담자의 해석을 구분함으로써 내담자의 정신병리나 왜곡의 정도 및 현재의 생각과 느낌, 작업 정도, 통찰 정도를 파악할 수 있고, 앞으로의 치료 개입의 방향을 잡을 수 있는 근거를 마련할 수 있다.

　　그리고 내담자는 상담자와 함께 자신의 경험들을 구체화하는 과정에서 자신이 외면하고 생략했거나 미처 보지 못하고 있던 자기 경험의 여러 측면을 보도록 자극을 받는다. 상담자의 도움으로 내담자는 자신의 모습을 점점 더 직면하게 되고 자신의 문제에 대한 책임감을 갖게 된다. 실제로 무슨 일이 있었는가를 규명해 내는 작업은 내담자의 방어와 왜곡의 내용과 정도를 파악하며 내담자로 하여금 자신의 왜곡을 보고 수정하도록 자극을 주는 대단히 중요한 작업이기도 하다. 더 나아가 변화는 구체적인 현실 속에서만 비로소 가능한 것이므로 그런 현실 사건들을 정교화하게 되면 내담자가 생활 속에서 자신의 언행을 어떻게 바꿔야 할 것인지에 대한 통찰이 촉진되면서 변화를 실천하는 것이 보다 용이해지게 된다.

・　아울러 내담자는 상담자의 구체화 질문을 통해 안내를 받아 자신의 경험을 구체적으로 설명하는 역량을 키워 나가게 된다. 상담자와의 이러한 작업은 내담자를 자신의 경험들을 자발적으로 상세하게 설명할 수 있는 좋은 내담자로 성장시킨다. 이런 과정을 통해

서 내담자는 자신의 경험을 보다 진실되게 직면할 수 있으며, 이와 병행하여 실제 생활 속에서의 의사소통 능력도 키우게 된다. 필자와 구체화 작업을 충실히 해 나갔던 한 내담자는 "어느 날은 보니까 전 같으면 하지 못하고 속으로만 삭이고 있을 말들을 제가 부장님께 하고 있더라고요. 도무지 그 이유를 모르겠어요. 선생님이 저에게 특별히 뭘 해 주신 것도 없는데 말이에요!"라며 자신의 변화된 모습에 감격하기도 하였다.

상담 초기에 구체화 작업과정을 통해서 내담자가 자신의 경험을 분명히 전달하는 노하우를 터득하지 못하면 그 상담은 성공을 기대하기 어렵다. 구체화 작업은 내담자의 변화를 위한 초석이자 공감과 해석 작업을 하기 위한 기초를 다지는 작업이기도 하다. 자기 직면적인 이러한 구체화 작업이 누적되면 내담자는 외면하던 자신의 부분을 통찰하고 그것을 전체 자신의 모습 속에 통합할 수 있는 토대를 다져 나가게 된다.

4. 구체화 탐색의 걸림돌

상담 경험이나 인생 경험이 부족한 상담자는 내담자의 이야기를 구체적으로 탐색하는 것이 어려울 수 있다. 내담자가 대인관계 또는 성적 영역에서 어려움을 이야기하는 경우를 예로 들어 보자. 상담자가 대인관계의 속성이나 구조에 대해서 잘 알고 있으면 내담자가 하는 이야기에서 무엇을 더 탐색하여 설명을 들어야 내담자의 대인관계의 특성과 경험에 대한 충분한 그림을 그릴 수 있을지 판단을 할 수 있다. 성적 경험에 대한 것도 마찬가지다. 상담자가 일반적인 성적 경험의 특성과 구조에 대한 어느 정도의 윤곽을 머릿속에 갖고 있어야 내담자의 이야기에서 어떤 내용들을 더 보충적으로 탐색해야 맥락에 맞으면서도 내담자의 성적 경험과 그에 대한 생각과 감정들을 충분히 이끌어 내어 이해할 수 있을지 가늠할 수 있다. 내담자가 이야기하는 영역에 대한 분화된 인식이 발달되어 있지 않으면 상담자는 내담자의 이야기를 알아듣는 것도 어려울 뿐 아니라 내용이 충분히 드러나도록 구체화하는 탐색을 해 나갈 수도 없다. 상담자는 삶의 여러 국면, 여러 영역에 대한 풍부한 경험과 해박한 지식이 필요할 뿐 아니라 각 영역의 경험에 대한 생각들이 충분히 분화되어 있어야 한다.

탐색능력의 미숙으로 인해 상담자는 적절한 시점에 적절한 질문을 하지 못할 수 있다. 한편으로는 어떻게 그 문제를 치유하고 해결해 주어야 할지 감이 잡히지 않기 때문에 문제가 구체화되는 것을 회피하는 측면이 있을 수도 있다. 또한 상담자는 자신의 언어 이해 및 언어 구사 능력의 부족, 대인관계 기술의 부족, 자신감의 부족, 전문상담자로서의 정체성의 미확립, 자신에 대한 자신감과 신뢰감의 부족 등의 경우에도 내담자에게 필요한 탐색을 차분하고 담담하게 해 나가지 못할 수 있다.

상담자의 집착과 선입견이나 맹점(역전이)도 맥락에 맞는 적절한 구체화 탐색을 방해한다. 남편의 외도와 폭력으로 고통 받아 왔다거나 다른 어떤 이유에서 남자들의 외도와 폭력에 진저리가 나 있는 여성 상담자의 경우 비슷한 문제를 가져온 여성 내담자의 문제를 객관적인 시각을 갖고 파악하는 데 어려움이 있을 수 있다. 이런 상담자에게 내담자가 남편의 외도와 폭력을 호소하면, 상담자는 내담자와 동일시하여 그 구체적인 내용과 진실성 여부를 미처 파악하지도 않은 채 내담자의 말을 진실로 믿고서 내담자를 피해자로, 남편을 가해자로 받아들일 수 있다. 그러나 이때 내담자가 실제로 경험한 남편의 모습과 내담자가 지각하리라고 상담자가 추측하는 남편의 모습은 전혀 다른 모습일 수 있다.

제3장의 〈사례 3-2〉를 보면 술 마시고 거칠게 행동하고 화를 내는 것에 대해 상담자는 내담자의 편을 들어 남편을 비난한다. 이러한 상담자의 반응에 대해 내담자는 자신의 말투와 억양, 표정 때문에 남편이 화가 났을 것이라고 거듭 말한다. 그러나 상담자에게는 내담자의 그런 말이 들리지 않는다.

5. 구체화 작업이 적절하게 이루어진 사례

다음 사례에서 내담자는 선배와의 관계를 모호하게 이야기하였고, 상담자는 그 관계의 성질을 이해하기 위한 구체화 작업을 착실하게 잘 진행해 나갔다(상1~상6).

사례 〈15-3〉 적절하게 이루어진 구체화 작업

내1: 제가 정신적으로 억압된 삶을 너무 오래 살아오면서, 진취적인 저의 모습이 억압과 조화가 안 되면서 살아와서 저의 그런 성향도 잘 표현을 못하는 것 같애요. 너무 도가 지나치거나 연기적인 면도 있고. 학교 다닐 때도 사람에 대해 너무 이상적인 생각을 많이 하고 이상 세계 속에 있는 것 같은 생각을 많이 해요.

상1: 어떤 이상 세계?

내2: 쉽게 말씀 드리면 너무 감성적인 거예요. 어떤 사람과 대화를 하는데 그 사람은 결론을 내렸는데, 저는 그 사람이 여지가 있다고 생각하고 자꾸 대화를 하는 거예요.

상2: 잘 이해가 안 되는데 좀 구체적으로 말씀을-.

내3: 제가 좋아하는 사람이 있었는데, 제가 남자친구랑 교제를 별로 안 해 봤고 이성에 대해서 관심도 없었구 별로 사귀고 싶은 마음도 없었는데, 학교에서 스터디하면서 한 선배를 알게 됐어요. 근데 제가 서툴다 보니 대화 같은 것도 좀 맞춰 주고 해야 되는데, 저는 당연히 남자가 여자한테 맞춰 줘야 한다고 생각을 했던 거예요. 그래서 멀어졌어요.

상3: 구체적으로 어떤 문제 때문에?

내4: 대화가 안 통한다고 말을 했어요.

상4: ○○님이 그분께? 아니면 그분이 ○○님께?

내5: 제가 그분께요. 근데 그게 상처가 됐나 봐요. 그것도 저는 용납이 안 됐어요. 그런 걸로 상처를 받았다는 게. 그분과는 대화가 안 되고.

상5: 어떤 식으로 대화가 안 되나요?

내6: 저는 감정 표현을 못하는 사람이었어요. 그래서 더 멀어질 수밖에 없었던 것 같아요. 사람들을 대할 때 어떻게 대해야 할지 모르겠는 거예요. 사람들 얘기를 다 받아들여 혼자 상처 받고, 그게 또 회복이 안 되고 반복되고 그러다 보니까 일하는 것도 힘들고, 그러면서 그 선배님과 연락이 끊어졌어요. 1년 동안 저 혼자 좋아한 거예요.

상6: 연락 끊어진 지는 얼마나?

내7: 한 두 달. 스터디 모임에서 만나고 따로 만난 적은 없었어요. 근데 그분이 토요일마다 전화를 해서 힘든 게 있는지 물어봐 주고 일상적인 얘기들도 물어보고. 이성한테 그런 말을 들으니까 제가 하도 사랑을 못 받아 봐서 그런지 얘기하면 다 받아줄 거 같은 느낌이 들고. 다른 사람에게는 느껴보지 못한 편안함이에요. 〈중략〉 직장 다니면서 대학원 시험도 봐야 되니까 "여자 사귈 처지가 아니다. 그냥 후배일 뿐이다."라고 얘기했는데도 그 말이 믿기지가 않고 저를 좋아한다고 생각이 되고 받아들여지지가 않는 거예요.

상7: 그분께서 분명히 의사를 밝혔음에도 누구에게서도 느껴 보지 못한 편안함을 느끼면서 그분께 집착하게 되고 관계를 정리하기가 힘들군요. (5초) 그럼 그분과의 관계 때문에 상담을 신청하신 건가요. 아니면 다른 어려움이 있으신지요?

내8: 그분 때문에 상담을 신청한 건 아니에요. 제가 워낙 오랫동안 힘들었기 때문에 그 문제를 해결받고 싶어서. 제가 해결받지

못한 문제가 모든 문제를 야기한다고 생각
했거든요. 제가 그 선배님에게 집착한 것
도, 그리고 남자를 사귀지 않고 이성을 멀
리한 것도 다 제 자신에게 이유가 있어서

그런 게 아니겠어요?

상8: 그렇군요. 그럼 해결받지 못한 자신의 문
제를 이야기해 볼까요?

〈하략〉

선배와의 관계가 규명되자 상담자는 내담자와 그 선배와의 관계의 성격을 정리해서
반영해 주었다(상7 앞부분). 그리고 그 관계 때문에 상담을 신청한 것인지를 질문함으로
써 (상7 뒷부분) 상담자는 상담을 하게 된 내담자의 보다 근원적인 문제를 드러내게 하는
장을 마련할 수 있었다.

제16장
자기탐색적 질문

치유과정에 임하는 상담자는 소크라테스의 산파에 비유될 만하다. 상담자는 내담자로 하여금 자신의 감정, 시각, 생각, 판단 등 내면의 모습을 끌어내어 표현하도록 끊임없이 자극한다. 이미 형성되어 있는 생각과 판단만이 아니라 아직 형성되어 있는 않은 생각이나 판단 등도 질문을 통해 이끌어 내도록 자극을 준다.

문제가 실제의 사건fact 수준으로 구체화된 경우에도 그에 대한 내담자의 시각과 판단이 함께 탐색되지 않는다면 내담자를 공감할 수 없으며, 변화를 위한 치료적 작업을 진행시켜 나가기도 어렵다. 내담자의 문제와 그에 대한 내담자의 시각이 충분히 구체화되지 않은 상태로 어려움의 영역만을 이야기한 것을 가지고, 초보상담자들은 흔히 자신이 배운 어떤 기법(대인관계 훈련, 나-전달법 등)이나 지식(성교육 등)을 가르쳐 주어 변화를 시도하기도 한다. 그러나 치유는 지식과 기술을 알려 준다고 해서 이루어지는 것이 아니다. 치유는 바깥에 멀리 있는 것이 아니라 내담자 자신의 내면에 있다. 상담자는 내담자가 자신의 심경을 잘 관찰하도록 자극하며, 그리하여 내담자가 자신의 마음의 모습을 인식할 수 있는 데서 치유는 시작된다고 할 수 있다. 상담자는 내담자의 이야기 속에 감추어진 내담자의 진실된 내적 경험에 접근하여 내담자로 하여금 그것을 언어로 온전하게 표현할 수 있도록 탐색하는 나름의 역량을 잘 발달시켜야 한다.

1. 자기탐색적 질문이란

구체화 작업은 크게 두 종류로 나뉠 수 있다. 하나는 내담자가 일반화시키고 단편적으로 서술한 경험들에서 생략되고 회피된 구체적인 사실들을 확인하여 내담자가 직접 경험한 실제의 생생한 사건으로 재생해 내는 작업이고, 다른 하나는 그 경험에 동반된 내담자의 감정이나 사고 등 내면의 흐름을 규명해 내는 작업이다. 일반적으로 구체화 작업이라 하면 전자를 일컫는 것으로, 내담자의 구체적인 경험 속에서 모호하게 처리되거나 생략된 사실을 확인하는 작업을 의미하는 경우가 많다.

개인의 내면을 관찰하고 그 흐름을 확인하도록 요구하는 질문은 구체화 탐색이라고 하기보다는 흔히 자기탐색적 질문이라고 부른다. 자기탐색적 질문은 개인으로 하여금 자신을 객관화해 보도록 자극한다. 반영이 상담자에 의해 내담자의 모습을 비춰 주는 작업이라고 한다면, 자기탐색적 질문은 내담자로 하여금 스스로 자신을 관찰하고 객관화시켜 보도록 한다. 이런 점에서 자기탐색적 질문은 내담자의 내면에 자신의 거울을 만드는 작업이라고도 할 수 있다.

내담자가 자신의 모습을 관찰하여 알게 되는 방법은 크게 다음의 네 가지로 구분 지을 수 있다.

(1) 내담자의 자발적인 자기 관찰
(2) 상담자의 자기탐색적 질문에 의한 자기 관찰
(3) 상담자에 의해 반영된 자신의 모습을 보기
(4) 상담자의 공감과 해석에 의해 자신의 모습을 통찰하기

자기탐색적 질문은 개인의 자기 자신에 대한 지식을 얻도록 자극하며 상위 인지적 요소가 강하다. 상위 인지라 함은 개인이 자신의 생각이나 감정 등 자신의 내면을 관찰하고 인식하여 내면세계에 대한 지식들을 습득하는 것, 그리고 자신에 대해 판단, 평가, 조절을 하는 고등 정신 기능을 일컫는다.

　자기탐색적 질문은 내담자로 하여금 자신의 심리 내면에 대한 관찰과 탐색을 촉진하여 자신에 대한 지식을 쌓도록 자극한다. 내담자가 이전에는 생각해 보지 못했던 감정이나 생각의 흐름, 심경이나 밑마음 등을 상담자의 질문을 조명 삼아 들여다보도록 자극한다. 또한 내담자의 감정, 욕구, 생각의 흐름, 소망에 대해 관찰하고, 실제 사건과 내담자의 감정적 또는 행동적 반응 사이를 연결하는 내담자의 내적 흐름들을 관찰하는 것뿐만 아니라 내담자의 행동, 감정, 생각, 소망 등에 대해 판단하고 평가하도록 하며, 자신의 가치관, 지각체계, 사고방식 등에 대한 의견을 이끌어 내는 것도 자기탐색적 질문이라고 할 수 있다. 자기탐색적 질문은 내담자로 하여금 자신의 내면의 모습과 흐름들을 거리를 두고 객관화시켜 보도록 자극한다.

　충동 조절의 문제를 호소하는 내담자에게 치유란 내담자 자신이 자신의 충동을 조절해 내는 역량을 터득하는 것이다. 그래서 내담자가 적절한 시점에 자신의 충동을 조절할 수 있게 되어야 할 것이다. 그러기 위해서는 충동을 자신의 것으로 받아들이고 주인으로서 자신의 충동을 다룰 수 있게 되어야 한다. 그러려면 내담자가 충동과 관련된 자신의 모습을 잘 인식하고 있어야 한다. 즉, 충동적으로 행동하는 자신의 모습, 충동을 참지 않는 자신의 모습을 관찰하고 그 모습을 판단하고 평가하면서 거리를 두고 객관적으로 바라볼 수 있어야 한다. 충동에 휘말리는 자신의 모습과 그것을 바라보고 평가하는 또 다른 자신의 모습이 분리되고 키워져야 한다. 이런 작업은 충동과 행동 사이를 매개하는 자아의 역량을 키우는 좋은 방법이다. 예를 들면 다음과 같은 질문들을 할 수 있다. "충동구매를 하는 것에 대해 어떻게 생각하나요?" "그런 자신의 행동을 어떻게 받아들이세요?" "그렇게 하길 원하나요?" "원하지 않으면서 그렇게 하는 심경은 어떤 건가요?" "그러면 달리 어떻게 해 볼 수 있을까요?" 이와 같이 질문함으로써 충동구매의 통제권이 내담자 자신에게 있으며, 사실은 내담자가 원해서 자신의 의도로 충동구매를 하고 있다는 사실을 인식시키는 것이 중요하다. 물건을 사고 안 사는 것은 전적으로 자신의 의지에 달린 일이며 자신이 조절할 수 있다는 것을 인식하는 방향으로 나아가야 한다. 상담이란 내담자의 내면에 있는 자연치유력을 가동시키고 건강한 부분을 키워 나가는 것이다. 여기서 건강한 부분이란 바로 자신의 모습을 관찰하고 평가하고 조절하는 자아의 역량을 키우는 것을 말한다.

구체적으로 자기탐색적 질문의 예를 살펴보자. 다음 예문은 대부분 이 책에서 인용된 사례의 상담자가 사용한 것 중에서 뽑은 것들이다.

(1) 감정, 생각, 소망 등에 대한 질문
    - 다른 사람의 시선에 집착하게 되는 흐름은 어떤 것인가요?
    - 거짓말을 하게 되는 심경을 말씀해 보세요.
    - 어떻게 되고 싶은가요? 되고 싶은 자신의 모습은 어떤 것인지요?
    - 어떻게 하고 싶은데요?
    - 뭔가 그러는 내면의 흐름이 있겠지요.
    - 그 사람의 말을 어떻게 받아들였기에 화가 났나요?

    내1: 선생님은 제가 상담자가 되는 걸 싫어하시는 것 같아요.
    상1: 좀 더 이야기해 보세요.
    상2: 어떻게 그런 생각을 하게 되었을까요?

(2) 자신에 대한 판단, 평가, 의견 등에 대한 질문
    - 안 된다는 것을 알면서도 자진해서 엄마에게 돈을 가져다드리는 심경은 무엇인가요?
    - 남에게 맞추어 거짓말을 하는 자신의 모습을 어떻게 받아들이시나요?
    - 혹시 부부간 대화가 안 되는 데 자신이 기여한 부분이 있다면 어떤 점들이 있을까요?
    - 그런 식으로 관계를 맺는 자신의 행동은 어떻게 보나요?
    - 스스로 모든 짐을 다 짊어지면서 살고 있는 자신의 모습을 어떻게 생각하나요?

(3) 구체화되지 않은 생각, 판단, 해결책을 끌어내도록 하는 질문
    - 그것에 대해서 좀 더 생각해 보세요.
    - ○○씨는 어떤 어른이 되고 싶은가요?
    - (갈등하는 상황에서) 어떻게 하면 만족할 수 있을까요?
    - 그러기 위해서 어떻게 해야 한다고 생각하세요?

상담자는 내담자가 이런 질문을 받고 자신의 내면을 관찰하는 작업을 하느라 침묵을

지키면 그 작업을 끝마칠 수 있도록 편안한 마음으로 충분히 기다려 주어야 한다. 내담자가 외적인 사건이나 구체적인 경험을 중심으로 이야기를 한다면 상담자는 자기탐색적 질문을 하여 내담자로 하여금 자신의 경험과 행동에 대해 스스로 관찰할 수 있도록 유도하고 자극해야 한다. 그리고 비현실적이거나 왜곡되어 있거나 효율적이지 않은 행동 또는 사고 방식이 있다면 내담자가 그에 대해 판단하고 평가해 보도록 자극한다. 이런 방법으로 내담자가 자신의 내면을 관찰하는 역량이 점점 커지고 자신에 대한 지식이 쌓여 가면 상담자는 내담자의 내면의 모습을 반영하고 공감하며 더 나아가 해석할 수 있게 된다.

2. 사용조건

자기탐색적 질문은 내담자의 적극적인 협조를 필요로 한다. 상담자의 모든 치료적 개입이 내담자의 협조를 필요로 하지만, 자기탐색적 질문은 특히 더 그러하다. 자기탐색적 질문은 바로 지금 이 순간 상담자가 내담자에게 부과하는 과제다. 상담자는 자기탐색적 질문을 함으로써 내담자에게 지금 이 순간의 자기탐색을 실천하도록 요구한다. 내담자는 그간 외면해 왔던 자신의 모습을 보도록 요구받기 때문에 그것은 힘들고 고통스러운 작업일 수 있다. 상담자의 자기탐색적 질문에 대해 내담자가 대답을 얻는 과정 또는 질문이라는 문제를 풀어 가는 과정은 불과 몇 초 만에 답이 나올 수 있는 쉬운 것도 있지만 때로는 여러 날이 걸리는 어려운 것일 수도 있다. 내담자가 협조적이라면 상담자의 질문을 가슴 깊이 새기면서 계속해서 자신의 내면을 관찰해 나갈 것이고, 그 효과는 즉시 드러날 수도 있지만 잠복해 있으면서 내담자를 지속적으로 자극하여 여러 시간 지나 보다 풍성한 결실로 이어질 수도 있다. 지연된 효과를 가져온다고 해서 내담자가 협조하지 않았다는 의미가 아니다. 상담자로부터 질문이 주어지는 바로 그 순간부터 내담자가 자신의 내면을 들여다보는 협조적인 실천을 적극적으로 하지 않는다면 지연된 효과가 발생할 수 없다. 내담자가 협조하여 자신의 내면을 관찰하는 과제를 수행하지 않는다면 자기탐색적 질문은 아무런 성과를 가져올 수가 없으며, 오히려 내담자를 방어적으로 만들거나 상담자에 대한 부정적인 감정을 갖게 하여 관계를 저해할 수 있다.

　　상담자가 자기탐색적 질문을 할 때는 내담자의 통찰 수준과 작업 동맹의 수준을 고려하여야 한다. 자기탐색적 질문은 자신의 심리적 문제를 받아들이고 그에 대한 통찰 수준이 보다 높은 내담자에게 사용하기가 용이하며 효과적이다. 제15장 '구체화 작업과 탐색'에서 제시된 통찰 수준이 높은 내담자와 낮은 내담자를 비교해 보면, 자기탐색적 질문은 통찰 수준이 높을 때 비로소 가능하다는 것이 더욱 확실히 드러난다. 자기탐색적 질문은 내담자가 내면의 심리적 갈등으로 고민을 한다거나, 대인관계의 어려움의 원인을 자신의 심리적 문제로 돌리는 경우에 보다 효과적이다. 자신의 문제를 다른 사람의 탓으로 돌린다거나, 불평불만을 늘어놓는다거나, 신체 증상을 호소하는 내담자의 경우에 자기탐색적 질문을 하면 자칫 내담자의 큰 저항에 부딪히거나 방어를 키울 수 있어 매우 조심해서 사용하여야 한다.

　　내담자가 아직 자신의 병리적인 모습에 대해 문제성을 인식하지 못하고 있거나 자신의 병리적인 모습을 자아동질적egosyntonic인 것으로 받아들인다면, 상담자는 섣불리 자기탐색적 질문을 하여 그것을 변화시키려는 시도를 하지 말아야 한다. 상담자는 상담에서 다룰 문제와 목표를 확인하는 과정에서도 그것에 대한 내담자의 의견과 생각을 사전에 반드시 확인해야 한다. 내담자가 그것을 자아동질적으로 보는지, 아니면 자아이질적egodystonic으로 보면서 그것에 불편함을 느끼고 고치고 싶어 하는지를 확인해야 한다. 자신의 어떤 부분에 대해서 자아이질적으로 받아들일수록 내담자는 그것을 고치고 싶은 마음이 강하게 일 것이다.

　　그러나 자아동질적으로 받아들이고 있는 부분은 내담자가 아직 통찰도 없을 뿐 아니라 그에 대한 불편함이나 문제의식을 느끼지 못하고 있기 때문에 상담자의 시각에서 그것이 아무리 병리적이고 부정적으로 보이더라도 그것을 문제시하여 고치려는 시도를 한다면 내담자의 강력한 저항에 부딪힐 것이다. 예컨대, 내담자가 동성애나 여장 남성 또는 남장 여성일 때, 내담자 자신이 그런 모습을 자신의 자아 속에 통합하여 자기의 한 부분으로 인식하고 있다면, 즉 자아동질적으로 받아들이고 있다면, 가톨릭 신자인 상담자로서 그런 행위가 자신의 종교관으로는 아무리 용납될 수 없는 것일지라도 그것을 문제시해서는 안 된다.

　　어떤 내담자는 자신의 진짜 문제를 막는 방어적인 겉 이야기나 땜질식의 이야기를 마치 자신의 문제인 양 이야기하기도 한다. 어느 날 내담자는 주의집중이 안 된다는 이야기를 하였고, 상담자는 그 내담자의 상태를 이해하기 위한 노력을 기울였다. 그러는 중에 내담자가 몇 회기 전에는 자신이 흥미를 느끼는 일에 집중해서 몰두했었다는 말을 한 기억이 상담자에게 떠올랐다. 그래서 상담자는 주의집중 안 되는 것이 얼마나 고통스러운지, 그것을 고치고 싶은지 질문하였다. 내담자는 그 문제로 별로 고민하지 않는다고 대답하였고, 이에 상담자는 맥이 빠졌다.

상담자의 자기탐색적 질문은 내담자의 적극적인 협조를 필요로 하며, 내담자의 통찰 수준이 높은 경우이거나 내담자가 자아이질적으로 느끼고 있는 자신의 모습 또는 문제의식을 갖는 영역에 대해서 사용함으로써 내담자의 해당 영역에서의 변화를 가져오기 위한 작업을 해 나가는 기초 토대를 마련하는 개입이라고 할 수 있다. 그러나 상담자의 자기탐색적 질문은 내담자가 문제의식을 느끼지 못하고 있는 영역이나 자아동질적으로 느끼는 부분에 대해서는 내담자의 협조를 얻기도 어려울 뿐 아니라 상담의 분위기도 어색하고 불편하게 만들 수 있으므로 사용을 자제하도록 한다.

3. 자기탐색적 질문의 치료적인 힘

자기탐색적 질문은 내담자로 하여금 흐릿하고 모호한 자신의 내적 경험을 관찰하여 그것들에 언어를 붙이도록 자극을 가하는 작업이다. 상담자가 부과한 이 작업을 내담자가 충실히 해 나가게 되면 내담자는 자아의 경계를 다져서 조금씩 자신의 자아를 단단하고 튼튼하게 만들어 나갈 수 있다. 상담자가 구체화 작업과 자기탐색적 질문을 통해서 내담자에게 부과하는 작업만 충실히 하여도 내담자는 자아가 튼튼하게 다져지고 상담에 가져온 여러 문제들이 상당 부분 극복될 수 있다.

1) 통찰 수준을 확인하여 개입의 수위를 조절한다

상담자는 내담자의 통찰 수준을 고려하면서 자기탐색적 질문을 해야 하지만, 역으로 자기탐색적 질문을 함으로써 자신의 문제나 상태에 대한 내담자의 통찰 수준을 확인할 수도 있다. 그리고 상담자는 파악된 내담자의 통찰 수준에 따라 탐색과 반영의 수위를 조절하여 내담자가 불필요하게 고통받거나 저항하고 방어벽을 쌓지 않도록 사전에 예방할 수 있다.

예컨대, 내담자가 언급한 생각이나 행동이 상담자에게는 상당히 병리적으로 보일 수 있다. 이럴 때 초보상담자에게는 그것을 빨리 고쳐 주고 싶은 욕구가 일 수 있다. 그러나 상담자가 자신의 욕구대로 행동하여 그 병리성을 지적하거나 고쳐 주려 하면 그것을 통찰하지 못하는 내담자는 저항하며 방어벽을 더 높게 쌓고 자신에게 평가적인 상담자에게 부정적인 감정을 쌓아갈 수 있다. 상담자는 고쳐 주고 싶은 자신의 욕구를 자제하고 인내할 수 있어야 한다. 그래서 내담자의 병리적인 모습을 교정하기 위한 어떤 치료적 개입을 진행시키기 이전에 상담자는 내담자가 자신의 그런 모습을 어떻게 받아들이는지 자기탐색적 질문을 함으로써 내담자의 통찰 수준을 확인하는 것이 중요하다.

2) 상담 중기의 문제를 파악한다

문제는 초기 상담에서만 이야기되는 것이 아니다. 초기 상담에서 문제를 합의한 것은 문제의 범위와 윤곽을 이야기한 것이며, 책으로 치면 개요나 목차에 해당되는 것이다. 중기 상담에서도 내담자는 매 회기에 자신이 생활 속에서 겪는 이런저런 문제를 새로이 가져온다. 매일의 생활 속에서 내담자의 문제는 반복된다. 내담자들이 매 회기에 가져오는 생활 경험들은 그 안에 내담자의 문제를 내포하고 있다. 그 문제들은 반복되는 어떤 공통 패턴을 지닐 수도 있다.

내담자가 매 시간 가져오는 문제이자 생활 경험들을 상담자는 상담시간 중에 그때그때 구체화시켜 생생하게 살아 있는 경험으로 되살려 낼 수 있도록 도와야 한다. 오직 그럴 때만이 그 안에 살아 움직이는 내담자의 경험과 문제의 정체를 정확하게 규명해 낼 수 있다. 경험이 생생하게 되살아났을 때, 상담자는 자기탐색적인 질문을 하여 내담자로 하여금 자신의 내면을 관찰하도록 자극하여야 한다. 그래야 경험할 당시의 내담자의 내면의 흐름을 보다 생생하게 관찰해 낼 수 있다. 그럼으로써 그 경험 속에서 작용하는 내담자의 문제의 본질이 보다 생생하게 드러날 것이다. 아울러 어떻게 변해야 할지, 그리고 변화를 위해 어떻게 방향을 틀어야 할지에 대한 아이디어도 끌어낼 수 있다.

3) 왜곡된 인지를 확인하고 수정한다

상담자의 자기탐색적 질문은 내담자로 하여금 자신의 논리에 어긋난 생각들, 지각적 왜곡이나 비합리적 신념들을 포착하고 인식하여 수정하도록 자극하는 효과를 지닌다. 내담자의 자동화된 신념이나 왜곡된 인지를 파악하는 치료자의 작업은 대부분 자기탐색적인 질문을 통해서 이루어진다고 해도 과언이 아니다. 예컨대, "그 사람의 반응을 어떻게 받아들였기에 자존심이 상했나요?"와 같은 상담자의 자기탐색적 질문은 내담자로 하여금 외부 현실을 보는 자신의 지각과 인지와 사고방식을 거리를 두고 객관화해 보도록 자극한다. 그리하여 그것이 비현실적이었거나 왜곡되었거나 논리에서 벗어난 것임을 돌아보는 기회를 제공한다. 상담자는 자기탐색적 질문으로 이끌려 나온 내담자의 지각과 사고를 내담자 스스로 평가하고 판단할 수 있도록 또다시 자기탐색적 질문을 할 수 있다. 이러한 과정을 통해서 내담자는 자신의 생각들을 객관적으로 평가할 수 있게 된다. 그리고 그 과정에서 얻어진 자료들을 토대로 내담자는 자신의 왜곡된 인지를 차츰 수정할 수 있게 된다.

4) 생각과 판단과 해결책을 이끌어 낸다

자기탐색적 질문은 내담자로 하여금 자신의 내면의 모습을 자기 감찰self-monitoring 하도록 자극할 뿐 아니라 아직 구체화되지 않은 자신의 생각과 판단과 해결책들을 끌어내어 검토하고 완결 짓도록 자극한다. 그렇기 때문에 자기탐색적 질문은 중요한 치료적 진척과 변화를 가져오도록 자극하는 치료자의 개입 중의 하나다.

자신은 '원치 않으면서 반복해서 부모님의 경제를 떠맡느라 자기 인생을 살지 못하고 있다.'는 내담자의 경우를 살펴보자. 이 내담자는 자신의 문제가 심리적인 것이고 그 해답이 자신의 내면에 있다는 것을 잘 알고 있다. 그러나 내담자는 고치고 싶다는 생각만 있지 그것을 어떻게 고치고 싶은지, 또 어떻게 고쳐야 할지 아직 작업이 안 된 상태다. 그렇다고 그 답을 상담자가 대신해 줄 수는 없다. 즉, 상담자는 내담자가 자신 속에서 해답을 끌어내도록 질문하고 자극하면서 도울 수는 있다. 즉, 어떻게 고치고 싶은지, 어떻게 되고 싶은지, 어쩌면 만족하겠는지 등 자기탐색적 질문을 하여 내담자로 하여금 자신이 진정 원하는 대안들을 자신 속에서 끌어내어 실천하게끔 도와야 할 것이다. 내담자가 이러한 질문에 답하는 것은 쉬운 일이 아니다. 어쩌면 몇 날 며 칠, 몇 주 혹은 몇 달이 걸릴 수도 있다. 상담자는 이러한 소중한 질문에 대해 내담자로 하여금 자신의 답을 끌어낼 수 있는 충분한 시간을 허용하고 내담자를 믿고 지켜보며 기다려 주어야 한다.

이 내담자는 자신의 내면을 살펴보다가 '자신이 동생을 소극적인 성격으로 만든 건 아닌가 하는 생각도 든다.'고 했다. 내담자는 자신의 행동에서 뭔가 짚이는 것이 있기 때문에 그렇게 말하는 것이다. 따라서 상담자는 내담자 속에서 짚이는 것이 무엇인지 구체적으로 분명하게 드러나도록 질문해서 그 생각을 점검할 수 있는 길을 열어 주어야 할 것이다. 즉, 그것이 무슨 의미인지 또는 왜 그렇게 생각하는지 이야기하게 하고 자신은 그것을 어떻게 보는지 질문하여 내담자의 생각을 이끌어 내고, 그런 연후에 그런 자신의 모습을 어떻게 보는지 판단하게 하여 원하는 방향과 일치하는 방향으로 행동해 나갈 수 있도록 도와야 할 것이다. 그리하여 더 이상 불필요한 갈등으로 고통 받지 않게끔 생각을 가다듬도록 이끌어야 할 것이다.

5) 집중력이 향상되고 에너지를 생산적으로 활용할 수 있다

자기탐색적 질문은 자신의 내면을 들여다보고 머릿속을 청소하듯 막연하던 생각들을 점검하고 정리하며 구체화하도록 돕는다. 해결책 없이 복잡한 생각과 감정에 쌓여 있는 내담자로 하여금 생각들을 정리하고 원하는 방안들을 끌어낼 수 있도록 자극한다. 이러한 정리 작업은 내담자가 불필요한 스트레스를 줄이도록 돕는다. 생각들이 정리됨으로써 내담자는 머리가 맑아지고 정신 에너지의 낭비를 줄일 수 있으며 자신의 에너지를 보다 건전하고 생산적인 작업에 집중할 수 있다.

한 예로, 자신의 성욕에 대해 수치심을 느끼는 내담자를 생각해 보자. 상담자는 자기탐색적 질문을 함으로써 내담자로 하여금 자신의 성욕을 충분히 설명하도록 자극한다. 그리고 그에 대한 내담자의 생각을 듣는다. 상담자는 내담자의 성적 수치심에 대해서도 설명하도록 하며 그에 대해 스스로 어떻게 받아들이는지를 관찰하고 점검하며 평가하도록 질문한다. 더 나아가 정상적인 이성교제를 하고 싶은데 안 되는 흐름, 좋아하는 아가씨에게 다가가지 못하는 심경 등 자신의 내면의 걸림돌들을 규명하게 한다. 정체를 알 수 없는 걸림돌들을 제거하는 것은 불가능하다. 그것은 형체 없는 귀신을 쫓는 것과 같다. 내면의 걸림돌들이 규명되면 그것을 제거하는 작업은 보다 수월해진다. 자기탐색적 질문을 통해 마음속의 걸림돌들을 규명해 내고 극복해 내는 과정에서 상담자는 내담자가 진정 원하는 것이 어떤 것이며 그것을 얻기 위해서 어떻게 해야 하는지에 대한 내담자의 생각을 이끌어 낸다. 그리고 내담자가 진정 원하는 것을 얻기 위해서 해야 할 것과 포기할 것을 판단하며, 포기하는 결단을 내리도록 내담자를 도울 수 있다. 자신의 내면을 들여다보면서 답을 찾는 가운데, 내담자의 내면세계는 정리되고 불필요한 갈등은 줄어들게 된다. 갈등이 정리되고 생각이 단순해지게 되면서 정신 에너지의 낭비가 줄고 집중력이 보다 향상되며 생산적인 일에 에너지를 활용하는 것이 가능해진다.

6) 내면세계가 분화되고 풍요로워진다

상담자의 자기탐색적 질문들은 내담자로 하여금 자신의 모호하고 미분화된 내면세계를 들여다보고 관찰하며 그에 대해 생각하도록 자극한다. 상담자는 내담자의 소화되지 않은 경험들에 대해서도 관찰하고 언어화해서 상담자에게 전달하게 함으로써 내담자가 경험들을 분화시키고 정교화시키며 활용 가능한 자원으로 내면에 비축시킬 수 있게 돕는다. 자기탐색적 질문은 내담자의 아직 정리되지 않은 생각들에 대해 여러 측면에 걸쳐 검토하도록 자극을 줌으로써 생각들을 정리하고 분화시키며 발전시켜 나가도록 돕는다. 상담자의 자기탐색적 질문은 내담자가 아직 해결책을 마련하지 못한 문제 상황들을 다

각도로 점검해 보도록 자극을 주어, 내담자가 생각을 이끌어 내고 발전시키며 원하는 방식의 해결책을 찾도록 돕는다.

내담자의 변화를 막는 내면의 걸림돌에 대해서도 상담자는 내담자로 하여금 스스로 판단하고 평가하며 그러한 걸림돌을 어떻게 대처하고 싶은지에 대한 생각을 끌어내도록 자극한다. 내담자는 극복되지 않은 내면의 갈등들을 명확하게 규명하고 그에 대한 해결책을 끌어내고 결단을 내리는 과정에서 삶에 대한 지혜를 터득하도록 자극된다.

이처럼 상담자로부터 주어지는 자기탐색적 질문은 내담자의 내면세계를 점점 더 분화시키고 정교하게 만든다. 그리고 그런 작업들이 누적되면서 내담자는 보다 풍성한 자신의 내면세계를 구축해 나갈 수 있다.

수동적이고 의존적으로 또는 남의 의견에 따라 남이 원하는 대로 삶을 살아오던 내담자가 상담자의 도움으로 자기 자신에 대해서 판단하고 평가하며 자신이 진정 원하는 삶에 대한 방식을 만들어 가는 자기탐색적 작업은 내담자로 하여금 자신감과 자존감을 키우도록 도와줄 뿐 아니라 인생의 주인으로서 자신의 삶을 살아가도록 돕는다.

7) 관찰하는 자아의 역량이 키워진다

내담자가 자신을 관찰하고, 자신의 상태를 발견하고, 자신의 모습을 깨닫고, 자신을 잘 알고 잘 조절하게 되는 것은 상담에서 도달해야 할 가장 중요한 궁극적 목적 가운데 하나라고 할 수 있다. 상담자가 상담 초기부터 내담자로 하여금 자신의 내면을 잘 관찰하도록 이끌고 그러한 역량을 터득해 나가도록 안내할 수 있다면 그 상담은 성공적이라고 할 만하다. 내성하는 능력이 잘 갖춰지면 내담자는 상담이 종결된 후에도 힘든 일이 있을 때 자기 자신의 내면을 잘 관찰하여 스스로 치료적 작업을 해 나갈 수 있게 된다.

적절한 시점에 주어지는 상담자의 자기탐색적 질문은 내담자로 하여금 관찰하는 자아 observing ego의 역량을 키워 가도록 돕는 가장 효과적인 방법 중의 하나다. 상담자는 내담자가 자신의 경험을 이야기할 때 중요한 시점에 자기 관찰적이고 자기탐색적인 질문을 하여 모호하거나 외면하고 있는 자신의 부분들을 관찰하도록 자극하여야 한다. 상담자의 자기탐색적 질문에 응답하려는 노력을 하는 과정에서 내담자는 자신의 모습을 거리를 두고 객관적으로 관찰하게 된다. 상담자와 함께 자신의 내면을 탐색하는 작업을 해 나가면서 내담자는 자신의 내면을 탐색하는 역량이 조금씩 키워지게 된다. 이런 작업이 누적되면 내담자는 차츰 상담자의 모습을 내면화하여 상담자가 굳이 자기탐색적 질문을 하지 않아도 자발적으로 자기탐색적이고 자기 관찰적인 방식으로 자신의 경험을 이야기하게 된다. 그리고 자기 스스로도 자기탐색적 질문을 할 수 있게 된다. 이런 과정을 통해서 내담자는 자신을 객관화해 볼 수 있는 역량을 키워 나가게 된다. 내담자가 자기 자신을 탐색해서 스스로에 대해서 잘 알게 되는 것, 그래서 자신을 잘 조절하고 자신의 진정한 주인이 되는 것, 이것이 바로 상담의 궁극적인 목적일 것이다. 그리고 이런 목적을 내담자가 자신의 노력으로 얻어 냈을 때 내담자는 진정한 성취감을 맛볼 수 있을 것이다.

4. 상담자의 자신을 향한 자기탐색적 질문

상담과정에서 상담자 역시 스스로에 대한 자기탐색적인 질문을 수시로 던져서 상담과정을 점검해 보아야 할 것이다. 상담자는 상담 중에 자신이 얼마나 자신의 욕구를 충족하려 하였는지, 내담자의 자율성을 얼마나 존중하였는지, 내담자의 발언을 얼마나 제지하고 발언의 흐름을 바꾸었는지, 주제를 얼마나 바꾸고 제시했는지 점검해 보아야 한다. 또한 내담자에 대한 상담자 자신의 감정은 어떤지, 매 시간에 내담자에 대한 상담자 자신의 감정 또는 감정의 변화는 어떠한지, 어떤 때 기분이 좋고 내담자에게 호의적이 되며 또 어떤 때 기분이 나쁘고 내담자에 대해 부정적인 감정을 갖게 되는지를 자문하여 자신의 역전이를 점검하여야 한다.

내담자는 상담자의 마음을 사기 위해서 자신의 내면 깊은 곳에서 작업된 답이 아니라 상담자가 원하리라고 생각되는, 또는 자신의 마음이 실리지 않은 답을 할 수도 있다. 그러한 내담자의 반응을 로저스는 '유도된 반응'이라 불렀다. 상담자는 자신이 내담자를 그렇게 하도록 유도하고 있지는 않은지, 자신도 모르게 내담자를 평가적으로 대하며 조건적 가치를 부여하고 있지는 않은지 경계해야 한다.

상담자는 자신도 모르는 사이에 역전이가 작용하여 상담이 방해받거나 치료적이지 않은 방향으로 나아갈 수 있다. 따라서 상담자는 수시로 스스로에게 자기탐색적인 질문을 하여 자신을 점검하여야 한다. 자신의 치료적 개입을 살펴 자신의 역전이가 개입되지 않았는지 자문해 보며, 내담자의 반응을 점검해 보아 치료적 개입에 자신의 가치관이나 개인적 욕구가 개입되지 않았는지 수시로 점검해야 한다. 때로는 내담자가 자신의 내면을 들여다보거나 스스로의 작업을 하느라 침묵을 하는 자연스럽게 마련된 침묵시간을 활용하여, 때로는 내담자의 이야기를 들으면서, 상담자는 수시로 자기탐색적 질문을 하여 자기 자신을 관찰하고 자신의 역전이를 소화하고 해소해 나가야 한다.

전문상담자로 성장해 나가기 위해서 초보상담자는 자신의 상담과정을 점검하고 평가하기 위해 자문할 질문의 목록을 마련하여 매 회기가 끝날 때마다 수시로 자신에게 질문을 던지는 습관을 들이는 것이 좋다. 이와 관련하여 제5장의 '상담의 중간 점검' 부분을 참조하면 도움이 될 것이다.

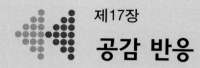

제17장

제17장
공감 반응

공감은 인간관계, 특히 상담관계에서 대단히 중요하다. 내담자는 자신의 경험과 깊은 마음속의 아픔을 이해해 줄 수 있는 이 세상의 단 한 사람을 찾아서 상담에 오는 것이라 해도 과언이 아니다. 자신의 상처가 그 누군가로부터 깊이 이해되고 공감받게 되면, 내담자는 이 세상에서 더 이상 혼자가 아님을 느끼면서 상처에 새살이 돋고 새로운 삶을 살 힘과 여유를 찾을 수 있을 것이다.

앞 장에서 기술한 자기탐색적 질문은 소크라테스의 산파술적인 대화방법과 유사하며, 상담자가 무엇인가를 제공한다기보다는 내담자의 내면에서 무엇인가를 이끌어 내는 작업이다. 자기탐색적 질문이 내담자 스스로 자신의 내면을 읽고 평가하고 원하는 것을 끌어내도록 자극하는 상담자의 개입이라고 한다면, 공감 반응은 내담자의 마음의 모습을 상담자가 읽어 주고 알아 주는 것이며 내담자의 심정을 함께 느끼고 공유하며 거울처럼 비춰 주는 개입이라고 할 수 있다.

1. 공감이란

공감이란 비판 없이 상대방의 시각과 입장에서 그 사람의 감정과 경험을 이해하고 수용하며 공유하는 것을 말한다. 즉, 윤리적 기준이나 개인의 취향에 따라 상대방을 비판하거나 평가하지 않고 상대방의 지금 현재의 심정을 있는 그대로 받아들여 알아주고 헤아려 주는 것이다.

그러나 공감은 상대방의 감정에 완전히 동화되어 하나가 되는 것을 의미하는 것은 아니다. 상담자가 자신의 중심을 잃고 내담자의 감정에 휘말려서 객관성을 잃는다면 상담을 진행해 나갈 수 없다. 상담자는 주체로서의 자신의 정체성과 중심을 지니면서도 그것을 잠시 배경으로 밀어내고 자기 입장에서의 평가의 잣대도 내려놓은 상태로 자신의 한 부분을 쪼개어 내담자의 마음속으로 들어가 내담자의 입장에서 그가 어떻게 느꼈을지를 있는 그대로 감지하고 이해할 수 있어야 한다.

상담자가 내담자의 입장에 서서 마치 내담자가 느끼듯 그 경험을 느껴 보는 것이 공감이지만, 그 공감한 바가 내담자에게 전달되지 않는다면 공감은 아무런 의미가 없다. 공감은 관계 속에서 서로를 연결해 주는 끈이다. 공감은 상대방에게 전달되어 공감적 이해의 분위기가 형성될 때 그 진가가 발휘될 수 있다. 그래서 상담자의 치료적 공감은 느끼는 부분과 전달하는 부분이 모두 포함되어야 한다. 그럴 때 비로소 상담자와 내담자 간에 진실된 만남이 가능하다.

내담자는 상담자가 자신을 공감하고 있다는 것을 전달받게 되면 이 세상에서 더 이상 고립되고 소외된 혼자가 아니며 이 세상과 자신이 연결되어 있음을 느낀다. 상담자의 공감을 통해 내담자는 자신이 다른 사람에게 이해될 수 없는 기형적이고 병적인 존재가 아님을 인식하게 된다. 있는 그대로의 모습으로 이해되고 수용되는 존재임을 체험하게 된다. 상담자의 공감은 내담자로 하여금 자신이 있는 그대로 가치 있는 존재로 존중받으며 수용된다고 느끼게 한다. 힘들고 어려운 상태에 있는 사람에게 공감적인 이해는 한 사람이 다른 사람에게 줄 수 있는 최고의 선물이다(Rogers, 1980).

자신의 내면의 모습이 기괴하고 추하다고 생각하면서 가슴 깊이 감추고 수치스러워하는 내담자에게 있는 그대로의 모습이 평가 없이 상담자에게 담담하게 받아들여지는 경험은 상당한 감동을 준다. 남들이 알면 경멸하고 흉볼 것이라고 여겨서 감히 드러내 보지도 못하고 가슴 깊이 감추며 살았던 자신의 내면의 모습에 대해 평가하지도 비난하지도 않으며 충격받거나 놀라지도 않는 상담자의 모습을 보면서 내담자는 크게 안심하고 위로를 받게 된다.

상담자로부터 공감받는 경험이 누적되면 내담자는 수치스러워하며 감추던 자신의 부분들을 더 이상 감추거나 방어하지 않고 있는 그대로 받아들일 수 있게 된다. 수용하지 못하던 자신의 부정적인 감정(미움, 분노, 적대감 등)도 인식하고 자신의 감정으로 수용할 수 있게 된다. 내담자는 상담자에 의해 이해되고 수용됨으로써 외면하던 자신의 감정과 경험들을 자기 것으로 인식하고 느끼며 용서하고 화해할 수 있게 된다. 감정이 정화되고 순화되며 조절될 수 있게 된다. 자신의 내면의 경험들, 자신의 마음속에서 일어나는 일들을 있는 그대로 수용할 수 있게 된다. 그럼으로써 자기 인식이 확대되고 그런 경험들을 자신의 한 부분으로 통합할 수 있게 된다. 자기가 확장되고 자신의 개성과 정체감을 인식하게 된다.

2. 공감적 탐색

공감이 중요하다고 하지만 첫 만남이나 초기 상담에서부터 공감을 하기에는 아직 이르며 또 별로 가능하지도 않다. 초기 상담에서 굳이 공감을 하려면 재언급을 하거나 내담자가 한 말을 요약해 주어 내담자가 분명하게 드러낸 정도의 수준에서 되돌려 주는 것이 적당하다.

상담자가 내담자를 공감하기까지는 내담자를 이해할 수 있을 만한 충분한 이야기와 비언어적 메시지를 전달받고 내담자의 시각이나 세상을 보는 특징적인 방식을 이해하는 과정이 필요하다. 상담자가 내담자의 사정을 제대로 알지 못한 채 잘 알고 있다는 듯이 공감하는 모양새를 갖추면 자칫 내담자의 경험과 일치하지 않을 수도 있으며, 상담자의 시각이 내담자에게 덧씌워질 수도 있으므로 성급한 공감 반응은 조심해야 한다.

초보상담자는 내담자도 당연히 자신처럼 생각하고 느낄 것이라 생각하여 내담자의 시각이나 생각이나 감정을 충분히 알아보지 않고서 내담자를 공감한 것처럼 표현하기도 한다. 그러나 그것은 그런 상황이라면 상담자 자신은 그렇게 느낄 것 같다는 의미이지 내담자의 입장에서 내담자를 공감한 것이라고 할 수 없다. 내담자는 상담자와는 전혀 다른 경험과 지각체계를 가진 전혀 다른 존재다. 상담자는 내담자가 같은 상황과 경험에 대해서 상담자와 전혀 달리 받아들이고 해석하며 전혀 다른 방식으로 느낄 수 있다는 것을 명심해야 한다.

자신과 다른 지각체계를 갖고 있는 내담자를 공감하려면 각 내담자의 독특한 지각체계를 탐색하고 확인하는 작업이 선행되어야 할 것이다. 즉, 상담자는 내담자의 지각세계로 탐색해 들어가서 내담자가 지각하는 방식을 전달받고 그 시각으로 내담자의 경험들을 바라보고 느껴야 비로소 공감이 가능하다고 할 수 있다. 그래서 상담자는 자신으로 존재하면서도 자신의 한 부분을 떼어내어 내담자 속으로 들어가서 내담자의 입장에서는 어떻게 느껴지고 경험될지 자신을 내담자의 입장에 세워 보아야 한다. 내담자의 입장에서 내담자의 지각 세계로 들어가 내담자의 지각체계로 세상을 볼 때 상담자는 내담자에 대한 진정한 이해가 가능하며, '아, 이래서 이랬구나.' 하는 깊은 인식 속에서 내담자의 고통과 문제가 공감적으로 이해될 수 있다. 그리고 상담자는 자신이 이해한 바의 내용을 내담자에게 전달해 주어 내담자로 하여금 상담자로부터 깊이 공감되었음을 체험토록 해야 한다.

그래서 상담자가 내담자를 정확하게 공감할 수 있으려면 내담자의 내면에서 어떤 일이 일어나는지 내담자의 경험을 충분히 전달받아야 한다. 그러기 위해서 상담자는 관심을 갖고 경청하면서 내담자가 자발적으로 하는 이야기를 따라가되 부족한 정보는 공감적으로 탐색해야 한다. 공감적으로 탐색한다는 것은 내담자가 자발적으로 표현하는 말들을 더 잘 이해하기 위해서 맥락에 맞는 질문을 하여 내담자의 표현을 촉진하는 것을 말한다. 그렇게 함으로써 상담자는 내담자를 보다 온전히 공감할 수 있는 자료를 수집하게 된다. 공감적 탐색이 가능하려면 상담자가 내담자의 메시지를 정확하게 알아듣는 것에서 더 나아가 그 메시지를 이해하는 데 부족한 부분에 대해 맥을 짚는 탐색을 해 나갈 수 있어야 한다.

내담자가 자신을 충분히 표현하지 않았는데도 상담자가 내담자의 깊은 곳을 정확하게 공감하게 되면 내담자는 이해받았다는 느낌을 받기보다 오히려 불안해지면서 방어적이 될 수 있다. 공감한 바를 전달하는 것도 중요하지만, 상담자는 그 전에 내담자의 심정을 충분히 이해하고 공감하고 있어야 하며, 내담자로부터 전달받은 것에 근거하여 이해한 바를 자신의 언어로 표현하여 내담자에게 되돌려 주는 것이 중요하다.

3. 공감의 과정

앞에서 설명했듯이 상담자가 내담자를 공감하는 것이 가능하기까지는 여러 단계의 과정을 거친다. 우선 내담자는 자신의 경험을 상담자에게 언어로 표현하여 전달한다. 상담자는 내담자의 발언에 집중하고 경청해서 알아들어야 하고, 내담자가 전하는 욕구, 감정, 경험들과 내담자의 시각을 전달받아야 한다. 상담자는 내담자로부터 전달받은 메시지를 나름의 개념 틀로 해석하고 자신이 이해한 바를 언어로 표현하여 내담자에게 되돌려 준다. 내담자는 상담자의 발언을 듣고 상담자가 자신을 제대로 이해하였다고 인식하면 상담자가 자신을 이해하려 노력하였으며 자신의 경험들을 잘 공감하고 있음을 체험하게 된다. 그렇게 해서 내담자의 마음과 상담자의 마음이 하나가 되는 만남이 이루어진

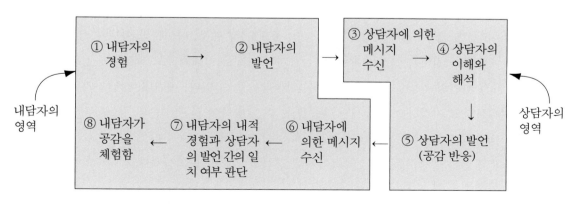

[그림 17-1] 공감의 과정

다. 공감은 이처럼 많은 단계를 거쳐서 이루어지는 복잡한 과정이다. [그림 17-1]은 공감의 과정을 도식화한 것이다.

1) 공감의 과정에 개입되는 변인

상담자가 내담자의 경험을 전달받아 공감하기까지의 의사소통 과정은 [그림 17-1]에 제시한 바와 같이 여러 단계로 구분 지어 볼 수 있다. 이 그림은 내담자가 자신의 경험을 상담자에게 설명하는 과정, 상담자가 내담자의 발언을 이해한 바를 다시 내담자에게 전달하는 과정, 그리고 내담자가 상담자로부터 전달받은 메시지가 원래 자신이 체험했던 경험과 일치하는지를 판단하는 과정으로 구성된다.

상담자가 내담자의 내적 경험에 도달하기까지 내담자는 자신의 내적 경험을 언어로 표현해야 하고, 상담자는 내담자의 발언을 수신하여 이해 또는 해석하는 과정을 거쳐 내담자의 내적 경험에 접근하게 된다. 그리고 이들 과정에는 정확한 의사 전달에 영향을 미치는 수많은 변인들이 작용을 한다.

우선 내담자가 자신의 경험을 언어로 표현할 때 작용할 수 있는 내담자 내면의 심리적 변인들에는 내담자 자신의 습관적인 방어, 긍정적·부정적 삶의 태도가 있다. 그리고 내담자의 언어 표현 능력과 표현 습관도 그에 영향을 미칠 수 있다. 경험의 일부를 생략하여 표현하거나 주어 또는 목적어나 사건의 발생 시점 등의 맥락을 생략하여 말하는 등 개인이 지니는 언어 표현 습관은 사실 자신의 자존감을 보호하기 위한 방어 방식이 굳어진 것이라고도 볼 수 있다. 상담자의 성별, 종교, 결혼여부, 나이뿐만 아니라 상담자에 대해 내담자가 지니는 인상이나 호감, 상담자가 자신을 이해한다고 지각하는 정도 역시 내담자가 자신의 경험을 언어로 표현하는 데 작용할 수 있다. 예컨대, 상담자가 자신을 잘 이해한다고 지각하는 내담자는 자신을 좀 더 개방하여 깊은 수준의 경험까지 자세하게 설명하려 할 것이다. 반면, 상담자가 자신을 잘 이해하지 못한다고 지각할 경우에는 자신의 경험을 설명하는 데 소극적이거나 경험의 일부만을 피상적으로 이야기할 수도 있을 것이다.

수신된 내담자의 발언을 상담자가 받아들여 해석하기까지 작용하는 변인들에는 상담자의 언어적, 심리적 이해력과 민감성뿐 아니라 정서 상태, 신체 조건 등이 작용할 수 있다. 아울러 상담자가 지니는 내담자에 대한 인상, 내담자가 속한 집단에 대한 편견과 선입견 등도 내담자의 발언을 해석하는 데 영향을 미칠 수 있다.

상담자가 내담자의 경험에 접근하는 데 이처럼 많은 변인이 작용할 수 있으므로, 상담자는 내담자가 자신의 경험을 언급하는 데 개입할 수 있는 개별 내담자가 지닌 변인의 영향력들을 민감하게 감지하는 것뿐만 아니라 내담자의 메시지를 수신하여 해석하는 데 개입할 수 있는 자신의 각종 선입견과 개념 틀들을 점검하고 그 영향력을 최대한 배제하도록 노력해야 할 것이다.

이러한 공감의 과정을 고려한다면 상담자는 자신이 이해한 내담자의 발언의 요지를 내담자에게 알리고 정확하게 이해했는지를 검토받음으로써 내담자와 말을 맞추어 언어를 일치시키는 데 신중을 기해야 할 것이다.

내담자가 한 말은 전혀 다른 뜻임에도 불구하고 상담자는 그 말을 자기식으로 해석하고서 그에 대한 점검을 하지 않게 되면 외관상으로는 같은 언어를 사용하고 있는 것 같이 보이더라도 두 사람은 서로 전혀 다른 이야기를 하는 것일 수도 있다. 그렇게 되면 상담자와 내담자 간의 의사소통의 간극이 누적되어 공감적 만남이 더욱더 어렵게 된다. 상담자는 자신이 오류를 범할 가능성을 늘 열어 놓고 자신이 이해한 바를 전달하는 동시에 내담자의 점검을 받음으로써 오해의 가능성을 최소화하는 노력을 게을리해서는 안 될 것이다.

2) 유도된 반응

사람들은 상대편의 반응을 고려하여 자신의 말을 조절하는 경향이 있다. 내담자도 자신의 이야기를 하면서 상담자의 반응을 고려한다. 그리고 상담자가 원하리라고 판단되는 내용에 맞추어서 이야기를 조절한다. 즉, 내담자의 반응은 상담자에 의해 실제와는 다르게 유도될 수 있다. 이 점에서 로저스(Rogers, 1942)는 상담자에게 내담자로부터 자신이 원하는 반응들을 유도하지 않도록 엄중하게 주의를 주고 있다. 실제가 아닌 유도된 반응으로는 공감이 가능할 수 없다. 상담자의 조건적 가치에 의해 강화된 내담자의 반응은 내담자의 진실된 경험이 아니며 상담자에 의해 조작된 것이기 때문이다.

예를 들어 보자. 내담자가 자신의 병리적인 속성을 이야기할 때, 상담자는 이를 내담자의 통찰이 증가한 것으로 받아들여서 기뻐할 수 있다. 그러면 내담자는 상담자를 기쁘게 하기 위해서 자신의 병리적 속성을 과장되게 표현할 수 있다. 우리는 연구자의 가치관에 의해 연구 결과가 얼마나 왜곡될 수 있는지를 여러 연구를 통해서 이미 알고 있다. 마찬가지로 상담자의 태도와 가치관, 선입견이나 편견 또는 그 자신의 풀리지 않은 심리적인 문제로 인해 내담자의 반응이 얼마나 많이 조작되고 왜곡될 수 있는지도 충분히 가늠할 수 있다.

상담자의 개인적 취향이나 가치관은 내담자의 모습에 조건적 가치를 부여함으로써 내담자의 반응이 내담자의 실제 모습과는 다르게 조작되거나 유도되도록 하는 압력으로 작용할 수 있다. 내담자로 하여금 있는 그대로의 자신을 진실되게 표현하도록 하기 위해서 상담자는 로저스가 권하듯이 주의 깊게 경청하고 편견 없이 이해하려는 진실된 태도로 임해야 하며, 부드럽고 친절하되 객관적이어야 한다. 그리고 상담자 자신의 가치관이나 개인적인 취향뿐만 아니라 인간적인 선호나 쾌불쾌의 감정을 내담자에게 드러내지 않아야 한다.

4. 공감 반응

마음속으로만 공감을 하는 것으로는 부족하다. 공감은 상대방에게 전달될 때 비로소 그 진가가 발휘된다. 상담자는 내담자가 전달한 경험들을 접수한 다음 그것을 나름의 방식으로 해석하여 개념화한다. 그리고 자신이 개념화한 내담자의 경험을 자신의 언어로 내담자에게 돌려줌으로써 자신이 내담자를 이해하고 공감했음을 전달한다. 필자는 상담자가 내담자를 이해하고 공감한 바를 내담자에게 전달하는 발언을 공감 반응이라고 부른다.

상담자는 자신이 공감한 내용을 내담자에게 전달해 줌으로 내담자로 하여금 상담자로부터 깊이 이해를 받았다는 것을 체험케 하며, 상담자 자신은 내담자를 정확하게 공감했는지를 내담자를 통해 확인받을 수 있다. 그럼으로써 지금 이 순간에 내담자와의 진정한 만남이 가능하게 된다. 그리고 상담자가 내담자를 잘못 이해했다면 내담자의 피드백에 따라 내담자를 정확하게 이해하기 위한 상호적인 언어 전달과정이 추가된다.

상담자에 의한 공감 반응의 가장 초보적인 형태는 아마도 공감적으로 이루어지는 구체화 탐색일 것이다. 내담자의 이야기를 듣는 가운데 맥락에 적절한 탐색적 질문을 하는 것은 지금까지 내담자가 언급하고 표현한 발언의 범위 내에서 내담자의 이야기를 충분히 이해하고 공감한다는 것을 이미 내포하고 있기 때문이다. 그러나 맥락에 적절한 탐색은 공감적인 요소를 내포하고 있는 상담자의 행위이기는 하지만 내담자가 표현한 것을 상담자의 언어 표현으로 다시 내담자에게 돌려주는 것은 아니다. 그러므로 이를 공감 반응에 포함시키는 것은 그리 적절해 보이지 않는다.

맥락에 알맞은 시기적절한 침묵도 내담자와의 깊은 공감을 포함할 수 있으며, 어쩌면 말보다 더 깊은 공감을 함께 체험하는 순간일 수도 있다. 그러나 침묵 역시 내담자에게 돌려주는 발언은 아니므로 공감 반응에 포함시키기는 어렵다.

상담자가 내담자를 이해하고 공감한 바를 내담자에게 전달해 주는 언어 표현에는 그 공감한 바의 깊이에 따라 재언급, 요약 또는 바꾸어 말하기, 반영, 명료화 그리고 해석을 들 수 있다.

재언급restatement은 상담자에 의한 공감 반응의 가장 초보적 형태라고 할 수 있다. 그러나 재언급은 내담자가 한 말의 단순한 반복이기 때문에 내담자를 이해하려는 상담자 측의 노력이 별로 들어 있다고 보기는 힘들며, 그런 만큼 내담자 측에서도 자신을 이해하기 위한 상담자 측의 노력을 별로 전달받지 못한다. 또한 재언급만으로는 상담자가 내담자의 말을 진정으로 이해했는지에 대한 확신을 하기도 어렵다. 따라서 재언급에는 공감적 이해의 요소가 들어 있다고 보기보다는 '지금 당신이 하는 말을 따라가면서 잘 경청하고 있다.'는 경청과 수용을 의미하는 상담자의 언어 표현으로 받아들이는 것이 더 타당해 보인다.

바꾸어 말하기와 요약은 내담자가 한 말의 내용을 요약하거나 표현을 바꾸어 다른 말로 설명하는 것을 말한다. 상담자가 내담자의 말을 요약하거나 바꾸어 말하는 것은 내담자의 말을 이해하였음을 전달하는 것인 동시에 정확하게 이해하였는지를 내담자를 통해 확인하기 위한 것이다. 내담자를 이해하려는 상담자의 노력이 전달되기는 하지만 그에 포함되어 있는 상담자의 공감적 이해의 수준은 매우 초보적이고 피상적이라 할 수 있다.

바꾸어 말하기paraphrasing는 내담자가 말한 전체 내용을 상담자의 언어로 표현을 바꾸어서 요약한 것이며, 감정에 초점을 두어 부각시킨 것이 아니란 점에서 반영과 다르다.

말을 바꾸어 말한다고 해서 심리학 용어를 사용하거나 현학적이거나 문학적으로 화려한 표현을 사용한다는 의미가 아니다. 상담자가 사용하는 말은 늘 쉽고 단순하며 간결한 것이 좋다. 이는 내담자의 말을 상담자가 바꾸어 말할 때도 마찬가지다. 상담자가 이해한 바를 상담자의 언어로 표현하는 것이므로 단순하고 간결한 구어체로 말을 바꾸어 말하거나 요약해 주어 내담자에게 효과적으로 전달되도록 한다.

반영reflection은 감정이나 욕구를 중심으로 내담자의 말의 요점을 파악하여 말로 돌려주는 것이다. 반영은 가장 흔히 사용되는 공감 반응으로 인정받고 있으며, 반영이 지닌 정서적 색조로 인하여 맥락에 따라서는 공감과 거의 같은 의미로 사용되기도 한다.

반영은 내담자의 말을 바꾸어 말하되, 반드시 내담자의 감정이나 욕구가 언급되거나 암시되어야 한다(Hill et al., 1981). 이는 내담자의 발언만이 아니라 비언어적 행동이나 전체 상황에서의 내담자의 체험을 언어로 정리하여 표현해 주는 것이며, 내담자가 경험하는 그 밑마음을 읽어 주는 것을 말한다.

다음의 예는 힐 등(Hill et al., 1981)의 『언어반응유목체계 매뉴얼』에 포함되어 있는 반영의 예문들이다.

내1: 저번에 치렀던 것보다 더 잘했어요.
상1: 시험 친 것에 대해 기뻐하고 만족해하고 있군요.

내2: 제가 데이트했던 친구와 제 단짝친구가 함께 나갔어요.
상2: 그 친구가 그런 일을 해서 마음이 상했군요.

내3: 수업시간에 그녀가 부탁한 것에 대해 말을 해 주지 못해 염려가 됐어요.
상3: 그것이 ○○씨를 불편하게 하는 것 같군요.

내담자가 스스로 정리를 잘한 부분도 상담자가 다시 한번 정리해서 반영해 주면 내담자는 상담자에게 비춰진 자신의 모습을 더욱 깊게 마음에 새길 수 있어서 더 좋다. 예컨대, 내담자가 착한 척하다가 마음에 분노가 더 쌓였던 것에 대해 말할 때, "자신 속에 분노를 억누르고 착하게만 살려고 하였지만 소용이 없다는 것을 알게 되었군요."라고 정리해서 반영해 주면 좋다.

명료화clarification는 내담자가 자신을 그대로 드러내기가 두렵거나 주저되고 꺼려져서 모호하고 불분명하게 표현할 때, 상담자가 내담자의 그 밑마음을 읽어 주는 것을 말한다. 상담자는 내담자가 전달하려는 핵심적인 의미를 파악해서 명료하고도 분명한 메시지로 내담자에게 다시 전달해 준다. 명료화는 상담자가 내담자를 대신하여 내담자의 마음을 읽어 주는 것이며, 내담자가 소화하지 못하고 있는 경험을 내담자를 도와 소화하게 하는 작업이라고도 할 수 있다. 이것이 가능하려면 상담자는 섬세한 감성과 함께 뛰어난 언어이해력을 지녀야 한다.

명료화는 내담자가 주저되고 감당되지 않아서 미처 그리고 차마 표현하지 못하는 것을 상담자가 읽어서 표현해 주는 것이므로 무의식을 건드리는 해석적 요소가 다분히 들어 있다고 보아야 할 것이다. 이러한 맥락에서 로저스는 명료화를 공감적인 반응으로 보고 있으나 이장호(1995)는 해석으로 분류하고 있다.

내담자는 자신이 얼버무린 내용이 상담자에 의해 간결하고도 명확하게 정리되고 소화되어 다시 자신에게 전달되는 것을 보면서 부끄럽고 당황스러울 수 있으나, 상담자가 온정적이고 수용적이며 배려하는 태도로 임한다면 상담자에 의해 자신이 이해된 것에 안심하면서 상담자에게 비춰진 객관화된 자신의 마음의 모습을 보고 자신의 내면을 더욱 분명하고 깊이 있게 관찰할 수 있게 된다. 이런 점에서 명료화는 감정의 반영보다 한 차원 높은 공감 반응이라고 할 수 있다. 그런 만큼 보다 안정된 작업 동맹이 형성되어 있는 바탕 위에서 사용하며 구체화 탐색, 내담자와의 언어의 일치 그리고 감정의 반영에 이르는 기초적인 작업들이 충실히 이루어지고 다져진 토대 위에서 사용하여야 할 것이다.

해석interpretation이 공감 반응에 포함되는지에 관해서는 학자 간에 의견이 일치되고 있지 않다. 공감과 해석은 전혀 별개라는 입장과 공통 요소가 있다는 입장으로 나뉘고 있다. 이장호(1990, 1995)는 로저스의 공감에 해석적인 요소가 있음을 지적하며, 필자 또한 가장 깊은 수준의 공감은 해석이라는 입장을 지지한다. 해석은 가장 깊은 수준의 공감일 수밖에 없다고 생각되지만 동시에 해석은 무의식을 지적한다는 점에서 공감과 다소 차이 나는 부분이 있음을 부인할 수 없다.

내담자가 한쪽 시각으로만 편향되어 있는 경우, 상담자는 내담자가 시야를 확대하여 다른 측면이나 다른 각도에서 상황을 점검해 보도록 자극을 주는 방식으로 요약하거나 반영을 할 수도 있다. 이런 자극은 내담자로 하여금 인식하지 못하던 측면을 보도록 하는 것인 만큼 단순히 공감이라고 하기에는 해석적인 요소가 상당히 포함되어 있는 상담자의 개입이다. 이런 방식의 요약은 내담자에게 심리적인 충격과 마음의 상처를 줄 수도 있기 때문에 자주 사용하는 것은 그리 바람직하지 않다. 그리고 사용한다 해도 내담자의 심적 상태를 배려하면서 공감적인 어조로 전달하여 충격을 완화하도록 주의해야 한다.

내담자가 반복해서 드러내는 어떤 패턴이나 반응 방식에 대한 언급은 상담자와 내담자가 협조하여 이룩한 누적된 작업의 결과로서만 가능하므로 상담의 전반부에서는 사용하기 어려운 개입이다. 패턴을 지적하고 연결하는 상담자의 언급은 상담 초기의 구체화 작업과 자기탐색적 작업을 거쳐 상담자의 재언급, 바꾸어 말하기, 반영, 그리고 여러 시간에 걸쳐 모호한 내용들을 명료화하고 불분명한 내용을 질문하여 분명하게 하는 등의 선행 작업이 누적되어 어느 정도 내담자의 자신에 대한 인식과 통찰이 이루어진 바탕 위에서만 가능한 해석이자 깊은 수준의 공감 반응이라 할 수 있다.

관계 패턴이나 반복된 반응 방식에 대한 언급은 과거 경험을 기억하고 그것을 현재의 경험과 연결시켜 이해함으로써 내담자의 경험의 의미를 보다 깊이 있게 꿰뚫어 볼 수 있도록 도우며, 여러 가지 경험들을 한데 묶어서 그들 사이의 구조적 유사성을 추적하고 확인하는 데 도움이 된다. 그러는 과정에서 내담자는 자신의 문제를 초래한, 적응을 가로막는 결정적인 패턴이나 구조에 대한 통찰에 다다를 수도 있다. 반복된 관계 패턴이나 반응 방식을 지적하는 해석은 내담자가 현재 순간에 어떻게 살아가고 있는지뿐만 아니라 그것을 뛰어넘어 그의 전체 존재 상황에서의 습관적인 경향성을 확인하고 그에 대한 통찰을 가능하게 한다.

반복되고 습관적인 정서 구조나 대인관계 패턴은 무의식 과정에서 이루어지던 것인 만큼 이에 대한 언급은 정신분석적인 입장에서 본다면 분석가의 해석에 해당하는 개입이다. 이러한 점에서 깊은 수준의 공감 반응은 정신분석의 해석과 크게 다르지 않다고 할 수 있다. 해석에 관한 자세한 사항은 다음 장 '해석'에서 보다 자세히 다룰 것이다.

5. 상담의 단계와 공감의 수준

공감은 내담자의 마음의 문을 여는 열쇠와도 같다. 상담 초기에 내담자의 말문을 열기 위해서 상담자가 내담자의 감정의 색조를 읽어서 반영해 주는 것은 자신이 내담자에게 관심을 갖고 집중하고 있으며 지금 당신의 마음을 알고 싶으니 보여 달라는 마음의 문을 두드리는 작업이라 할 수 있다. 이는 내담자를 배려하고 공감적으로 임하는 상담자의 태도를 드러내는 것이며, 본질적인 의미의 공감이라고 하기는 어렵다. 깊은 수준의 진정한 공감이 가능하기 위해서는 내담자에 대해서 차근차근 알아가면서 정보를 누적해 나가고 관계를 쌓아 가는 과정이 필요하다.

상담 초반에는 재언급이나 바꾸어 말하기와 같이 내담자의 발언에 대해 내용 요약적인 반응을 위주로 하다가 점차 정서 반영적인 형태의 공감 반응으로 나아가는 것이 좋다. 정서 반영적인 공감을 하더라도 상담 초반이라면 내담자가 분명하게 표현한 수준에서 감정을 반영해 주는 것이 좋다. 상담자가 속으로는 내담자에 대해 깊은 수준으로 공감적 이해를 하고 있다 하더라도 자신이 공감하고 있는 바를 내담자에게 전달할 때는 그것을 받아들일 수 있는지 내담자의 수준과 상태를 배려하는 것이 중요하다. 공감 반응이 항상 치료적인 것은 아니며 모든 내담자가 상담자의 공감 반응에 대해 깊이 이해받는 느낌을 갖고서 긍정적으로 반응하는 것도 아니다. 폐쇄적 성향의 내담자의 경우는 감정 반영과 같이 감정을 부각시키고 친밀감을 느끼게 하는 상담자의 반응을 접하게 되면 두려움을 느끼고 뒤로 물러날 수 있으며, 어떤 내담자의 경우 감정 반영은 때 이른 해석의 효과를 지닐 수도 있다.

무조건적으로 존중하며 진실되고 일관된 상담자와의 만남 속에서 내담자에 대한 이해가 쌓이고 누적되며, 모호한 것들이 명료해지고, 경험과 기억들이 연결 지어지며, 반복되는 주제가 드러나고, 내담자가 말한 내용들의 농축된 핵심 주제가 차츰 드러나게 되는데, 이때 상담자는 그것을 짚어서 반영해 줄 수 있다. 그러면 내담자는 자신이 진정으로 매우 깊이 공감되고 있음을 체험하게 되며 거리낌없이 자신의 마음을 열고 상담자와 진정으로 하나 되어 만나는 느낌을 받게 된다.

그러나 명료화를 비롯한 높은 수준의 공감 반응은 비록 상담자의 진실된 공감에서 비롯된 반응이라 하여도 상담 초기에는 내담자가 아직 수용할 만한 준비가 안 된 상태이므로 내담자에게 위협이 될 수도 있으며, 심할 경우에는 내담자가 방어 반응을 일으켜 마음의 문을 닫는 쪽으로 향하게 될 수 있다. 그러므로 상담자는 내담자가 준비가 될 때까지 인내하고 자제할 수 있어야 한다.

6. 공감 반응의 요령과 주의점

로저스는 치유를 위한 인간적 조건으로 무조건적 긍정적 존중unconditional positive regard, 진실성genuineness(또는, 일관성congruence), 공감empathy의 세 가지를 들었다. 그중에서 무조건적 존중과 진실성은 상담자가 갖추어야 할 기본적인 자세이자 태도에 속하므로 기법적인 요소가 들어 있는 공감의 중요성이 상대적으로 강조되어 왔다. 그런데 공감은 내담자에 대한 존중과 진실성이라는 기본적인 상담자의 자세가 전제되지 않고서는 그 효력이 발휘되기 어려운 기법이다. 상담자의 공감에 감동했던 내담자가 나중에 그 공감이 진실되지 않았다거나 상담자가 사실은 자신을 존중하지 않았었다는 것을 알게 되었다면 상담자와의 신뢰관계는 금이 가게 된다. 그리고 상담자가 아무리 공감을 잘하여도 한 번 신뢰를 잃은 상담자의 공감은 그 효력을 발휘하기 어렵게 된다.

(1) 공감은 진실되어야 한다

공감은 언어로 표현되기 이전에 이미 내담자에 대해 상담자의 내면에서 이루어진 정신적 · 정서적 상태를 전제로 한다. 상담자의 진정한 공감이 선행되지 않고서 내담자의 말 속에 드러난 감정에 초점을 두어 반영해 주는 것은 진정한 공감이라고 보기 어렵다. 공감은 언어적인 감정반영뿐 아니라 상담자의 전 존재, 여러 감각경로에서 뿜어져 나오는 비언어적인 표현들과도 일치되는 진실된 것이어야 한다.

초보자들은 내담자를 빨리 돕고 싶은 마음이 앞서서 내담자가 말하는 겉 이야기만을 듣고 너무 빨리 공감을 하려고 애쓸 수 있다. 때로는 공감을 말로 전달하려는 노력 속에서 내담자의 마지막 말을 기계적으로 반복하거나 감정을 돌려주는 언어적 기교로 공감을 흉내 내는 것과 같이 공감의 전달을 언어 기법적으로 연습하려 함으로써 진실된 공감 없이 공감을 흉내 내려는 부작용도 생길 수 있다.

내담자의 감정과 경험을 깊이 음미하고 느껴서 진실되게 공감한 바 없이 언어적으로만 세련되게 표현하는 것은 관계의 진실성을 해치게 마련이다. 진실성 없는 공감은 무의미하다. 진실되지 못한 공감은 내담자로 하여금 상담자의 진실성을 의심하게 하기 때문에 차라리 아무 말을 하지 않는 것보다도 반치료적이다. 상담자를 신뢰하지 않는 상담 관계는 상담자가 아무리 좋은 치료적 개입을 하였다 하여도 그 효과를 무효화시킨다.

(2) 이해한 내용만 전달하며 다른 내용은 추가하지 않는다

상담자는 내담자가 한 이야기를 듣고 자신이 이해한 바를 내담자에게 되돌려 주며, 다른 내용은 첨가하지 않는다. 상담자는 이해되지 않는 내담자의 이야기에 대해서는 질문을 하여 정확히 이해하려는 노력을 기울여야 한다. 그리고 제대로 이해하지 못한 내용을 마치 이해한 것처럼 공감하는 듯한 표현은 하지 않도록 한다.

그리고 내담자로부터 전달받은 내용을 정확하게 파악하여 요약하고 반영해 주어야 한다. 특히 상담 초기에 상담자의 눈에는 보인다고 하여 아직 내담자를 통해서 충분히 드러나지도 않았으며 내담자의 내면에서 충분히 소화되고 영글지도 않은 경험들에 대해 섣부르게 너무 깊게 이해해 주고 높은 수준의 공감 반응을 하는 것은 자칫 위험할 수도 있다. 이에 대해서는 '공감의 위험' 부분에서 자세히 다룰 것이다.

(3) 감정 중심의 핵심을 파악하여 전달한다

공감 반응은 구어체로 쉽고 간단하게 전달하면서도 내담자가 전달한 핵심적인 경험의 내용이 충분히 들어 있어야 한다. 상담자가 딱딱한 언어로 길게 말하거나 어려운 단어를 사용하여 공감을 전달하게 되면 전달이 잘 되지 않을 뿐더러 내담자도 별로 이해받았다는 느낌을 받지 못하게 되고 상담 분위기도 어색해질 수 있다.

내담자가 이야기하였다고 하여서 내담자가 드러낸 모든 측면을 다 공감해야 하는 것도 아니다. 내담자가 표현한 모든 말을 다 공감하려고 요약을 하게 되면 말이 너무 길고 복잡해지며 잘 전달되지도 않게 된다. 그래서 공감을 표현할 때는 중요한 핵심만을 짚어서 간결하게 전달해 주는 것이 효과적이다. 즉, 부분적이고 부수적인 내용을 언급하여 공감하기보다 내담자가 한 이야기 전체에 관심을 갖고 그것을 꿰뚫는 핵심 메시지를 파악해서 전달해 주어야 한다. 내담자의 이야기 전체에 관심을 갖고 내담자가 무엇을 가장 힘겨워하는지 그 핵심을 파악하여 돌려줌으로써 내담자의 말라 버린 감정에 피가 돌게끔 해 주어야 한다.

(4) 내담자의 모든 발언을 되돌려 줄 필요는 없다

공감 반응이 아무리 치료적이라 하여도 너무 자주 사용하게 되면 내담자의 말의 흐름을 방해하게 될 뿐 아니라 그 신선도도 상실된다. 내담자의 말투와 억양과 표정 등을 통해 내담자가 자신의 발언을 끝냈다거나 상담자에게 발언권을 넘긴다는 표시를 할 때 맥락을 살펴가며 그간 내담자가 표현한 바를 이따금씩 요약·정리하거나 반영하거나 명료화하여 공감을 전달한다.

초보상담자는 자신이 제대로 이해했는지 확신하지 못하여 내담자에게 자꾸 되묻는 질문의 형식으로 공감 반응을 하기도 하는데 그런 상담자에게 내담자가 믿음과 신뢰감을 갖기는 어렵다. 내담자가 한 이야기를 제대로 이해했는지 자신할 수 없으면 상담자 자신이 언어에 대한 이해력, 핵심 주제를 파악하는 능력부터 키워야 할 것이며, 충분히 이해가 되었을 때 돌려주는 것이 좋다.

(5) 내담자의 성격 특성과 정신병리를 고려한다

내담자가 폐쇄적이거나 회피적일 때, 또는 감정을 지나치게 억압하거나 경직된 윤리적인 틀을 지니고 있을 때, 상담자가 감정을 반영하거나 공감 반응을 하면 내담자는 이를 감당하기 어려울 수 있고 때로는 혼란과 위협감을 느낄 수도 있다. 지각적 왜곡이 심한 내담자의 경험을 상담자가 공감해 주면 내담자의 지각적 왜곡을 상담자가 정당화시켜 주는 형국이 되어 반치료적이다.

따라서 공감을 할 때는 내담자의 상태와 정신병리를 충분히 고려하는 것이 중요하다. 그리고 내담자가 받아들이기 어려운 성급한 공감을 하지 않도록 인내하여야 한다. 내담자가 드러낸 만큼, 내담자의 이야기를 통해서 아는 만큼 반영하고 공감하여야 한다. 표현하지 않은 깊은 속마음까지 읽어 주는 깊은 수준의 공감은 내담자에게 충분한 작업이 선행되어 있고 상담자에 대한 깊은 신뢰감이 형성되어 있을 때 가능하며, 초기 상담에서 내담자가 미처 표현하지도 않은 것을 넘겨짚어서 또는 상담자가 자의적이고 주관적으로 추측하여서 공감적인 반응을 하는 것은 치료적이라 할 수 없다.

(6) 내담자의 주관적인 견해와 객관적 사실을 구분한다

내담자가 자발적으로 하는 이야기들은 내담자의 주관적인 경험들이다. 많은 내담자들은 자신의 주관적 경험을 객관적 사실과 혼동한다. 상담자는 내담자의 경험을 수용하고 존중하며 이해하되 그것을 객관적 사실로 받아들여서는 곤란하다. 상담자는 구체화 탐색을 통해서 내담자의 주관적 경험과 객관적 사실을 구분하여 인식하고 있어야 하며, 내담자로 하여금 자신의 주관적인 지각적 세계가 외부의 객관적인 사실과 차이가 있을 수 있음을 인식하도록 도와야 한다. 의심이 많거나 편집증적 경향이 있는 내담자에게는 주관적인 경험과 객관적 사실의 구분이 특히 중요하다. 내담자가 주관적 경험과 객관적 사실을 구분할 수 있을 때 내담자의 지각적 왜곡에 대한 교정적 접근이 가능해질 수 있다. 그래서 그런 내담자를 공감할 때는 매우 주의해야 한다.

(7) 좌절이나 절망감은 성장 욕구와 함께 반영한다

내담자는 때로는 나약하고 힘겨워하는 모습을 보이기도 하며 우울하고 좌절하며 절망하는 모습을 드러내기도 한다. 이 경우 상담자가 내담자의 나약하고 절망하는 모습에만 초점을 두어 반영하고 공감하게 되면 내담자는 더욱 약하고 절망하고 좌절하여 헤어나기 어려운 감정 상태에 빠져들 수도 있다. 내담자의 이런 부정적인 감정을 공감할 때는 내담자의 힘과 강점이나 성장 욕구, 기저에 깔려 있는 희망 등 내담자의 건강한 측면과 함께 연결시켜 공감해 주어야 내담자가 좌절을 딛고 일어설 힘을 얻을 수 있다.

7. 공감의 치료적인 힘

공감 반응을 하면 상담자가 내담자의 메시지를 잘못 이해한 것에 대해 수정할 기회를 가질 수 있어 안전하게 치료과정을 다져 나갈 수 있다. 상담자는 자신이 잘못 이해한 바를 내담자로부터 점검받으면서 내담자를 더 정확하게 이해할 수 있게 된다. 그 과정에서 내담자는 자신이 존중되는 경험을 하게 되며, 상담 분위기는 더욱 촉진적이 되고 협력적인 관계는 더욱 공고해지게 된다.

(1) 내담자의 마음의 문을 열게 한다

감정은 내면의 길을 안내하는 단서이며, 내면의 흐름에 대한 핵심 요약이다. 감정 속에는 그에 도달하게 된 많은 사연과 함께 그 갈피마다 내담자의 마음의 흐름이 들어 있다. 감정을 반영한다는 것은 그 감정과 관련된 내면의 흐름을 드러내는 무대를 마련하는 것이다. 감정을 반영해 주면 내담자는 그런 감정을 가지게 된 배경이 되는 내면의 흐름을 탐색하도록 자극받는다. 예컨대, 상담자가 "죄책감이 이는군요."라고 내담자의 감정을 반영해 주면 내담자는 죄책감과 관련된 자신의 내면의 흐름들을 관찰하도록 유도된다.

감정이 반영됨으로써 자신의 감정이 상담자에게 받아들여졌다는 것을 전달받은 내담자는 마음의 문을 열고 그 감정의 흐름이 안내하는 여러 사연과 그 사이에 숨어 있는 자신의 마음의 흐름들을 전달하게 된다. 감정의 반영은 잠겨 있던 마음을 열쇠로 여는 것과도 같다. 그동안 풀 길 없었던 자신의 속마음을 비로소 풀어낼 수 있는 것이다.

(2) 다른 사람과 연결되어 있음을 느끼게 한다

공감은 경험을 공유하게 한다. 공감은 진실된 만남을 가능하게 한다. 자신을 공감적으로 이해하는 상담자와의 관계를 경험하면서 내담자는 자신이 이 세상에서 동떨어져 있는 고립되고 소외된 존재가 아님을 느끼게 된다. 상담자를 통해 자신의 경험이 수용되고 이해받게 되면 내담자는 자신이 이 세상의 일부이며 이 세상과 연결되어 있는 존재임을 느끼게 된다. 자신의 고유의 경험이 다른 사람에게 이해될 수 있으며, 자신이 있는 그대로의 모습으로 세상과 연결되어 살아갈 수 있음을 깨닫게 된다. 자신이 이 세상을 함께 살아가며 있는 그대로의 모습으로 이 세상에서 제 몫을 하며 살 수 있는 존재임을 알게 된다.

(3) 자신을 가치 있는 존재로 받아들이게 한다

평가되지 않고 있는 그대로 수용되며 정확하게 이해받고 있다고 느끼게 되면, 내담자는 자신의 경험의 흐름을 막는 장벽을 허물고 자신을 있는 그대로 느낄 수 있게 된다 (Rogers, 1980). 자신의 마음속에서 일어나는 일들을 조금씩 있는 그대로 받아들일 수 있게 된다.

상담자에 의해 자신의 경험이 비판 없이 수용되고 이해되며 존중되는 것을 보면서 내담자도 점차 자신을 소중히 여기고 가치 있는 존재로 받아들일 수 있게 된다.

(4) 자아를 확장하고 통합하도록 돕는다

상담자는 내담자가 전달한 바를 잘 이해하였음을 공감 반응을 통해 내담자에게 알려준다. 상담자에 의해 자신의 경험이 수용되고 이해되었음을 체험하게 되면 내담자는 더 깊은 자기 개방을 하도록 자연스럽게 마음이 열리게 된다. 상담자의 언어를 통해 자신이 비판됨 없이 수용되고 이해되는 것을 경험하게 되면 내담자는 자신의 경험에 대해 더욱 개방적이 되며 그전에는 감히 편안하게 충분히 느껴 보지 못하던 자신의 감정과 경험을 더욱 온전하게 체험하고 관찰할 수 있게 된다. 더 나아가 그것을 다시 상담자에게 전달할 수 있게 된다. 이런 과정을 통해서 상담자는 내담자의 내면세계를 더욱 깊게 공감하는 것이 가능하게 된다. 그리고 그 과정에서 내담자 역시도 자신의 억눌렸던 내면세계에 접근할 용기를 얻게 되어 스스로를 더 잘 이해할 수 있게 된다.

이러한 과정을 통해서 내담자는 자신이 단순히 수용되고 이해되었음을 경험하는 것에서 더 나아가 상담자와 마음이 만나 하나가 되는 경험을 하게 된다. 그리고 상담자에게 공감되고 비추어진 자신의 마음을 보고 소외된 자신의 모습을 자각할 수 있다. 더 나아가 감추고 외면하던 자신의 감정과 경험과 내면의 모습들을 수용하고 전체 자신의 모습에 통합시켜 자신을 확장해 나가게 된다.

(5) 자연치유력과 성장 동기를 활성화한다

내면을 관찰하는 능력은 자기탐색적 질문으로만 키워지는 것이 아니다. 자기탐색적 질문은 스스로 자신을 관찰해서 보도록 자극하는 측면이 강한 반면, 공감은 내담자의 모습을 상담자가 직접 비추어 거울처럼 반영해 준다. 내담자는 상담자를 통해 반영된 자신의 마음의 모습을 보고 스스로를 점검하고 가다듬는 자연 치유력이 가동되고 성장 잠재력이 자극된다. 때문에 상담자는 내담자의 마음의 모습이 투명하게 있는 그대로 비춰지고 드러날 수 있도록 자신의 편견, 선입견, 가치관, 기대, 정서 상태, 욕구 등이 내담자에게 영향을 미침으로써 내담자가 유도되거나 실제 모습을 왜곡하여 드러내지 않도록 주의해야 한다.

(6) 자기객관화 능력을 키워 준다

인간의 가장 위대한 고등 정신 기능은 자기객관화 능력이다. 자기객관화 능력이란 자신의 마음과 정신의 모습을 거울에 비춰 보는 것처럼 객관화해서 볼 수 있는 능력이다. 자기분석이 가능하려면 자기객관화 능력이 잘 발달되어 있어야 한다. 상담자의 공감 반응을 통해 내담자는 상담자에게 비춰진 자신의 모습을 내면화하고 또 비추고 다시 내면화하여 자기를 객관화하여 보는 능력을 크게 개발시킬 수 있다. 자기객관화 능력은 오직 인간만이 지니고 있는 최고의 정신 기능이다. 자신을 객관화해서 보는 능력이 키워지면 외면하고 소외시켰던 자신의 모습들을 인식, 자각, 통합하는 작업을 해 나갈 수 있다. 그리고 중요한 순간에 자신을 관찰하여 객관화할 수 있다면 그 순간에 원하는 방향으로 자기 조절을 할 수 있다. 아울러 이런 작업이 누적되면 자기조절을 할 수 있는 영역이 점점 더 확대되어 나갈 것이다. 그리고 자신의 진정한 참 주인으로 존재하는 것이 가능해질 것이다.

8. 공감의 위험

공감은 늘 치유적인가? 로저스(Rogers, 1942, 1961)는 인간중심치료에서 공감의 중요성을 강조하였다. 그는 우리가 자라난 인적 환경에서 부여된 조건적 가치에 억눌린 자아를 교정하는 인간적 조건의 하나로 공감을 꼽는다. 대개 사람들은 자신의 감정을 읽어 주고 알아 주면 마음의 문을 열고 속마음을 이야기하게 된다. 그러나 모든 경우 모든 내담자에게 그런 것은 아니다. 자신의 감정을 수용하기 어려워하는 내담자도 있다. 또 내담자가 호소하는 내용과 감정이 내담자의 왜곡된 시각에서 비롯된 것일 때나 내담자가 심한 좌절감에 빠져 있을 때 공감하는 것은 위험하고 반치료적일 수 있어 매우 조심해야 한다.

1) 공감은 감정을 수용하지 못하는 내담자에게 위험할 수 있다

내담자에 따라서는 비슷한 상황에서 사람들이 일반적으로 느끼는 감정과 다른 감정을 느끼는 내담자도 있으며, 자신의 감정을 받아들이기를 두려워하고 심지어 자신의 감정을 부정하고 거부하는 내담자도 있다. 예컨대, 어떤 내담자는 드러내는 모든 단서들이 지금 현재 분노와 적개심으로 가득 차 있다는 것을 나타내는데도 "그것에 대해 속이 상하는군요."라거나 "그것에 대해 화가 났군요."라고 하면, 재빨리 "저는 화가 나지 않습니다!"라거나 "저는 그런 것에 속상하지 않습니다!"라며 자신의 감정 상태를 부정하기도 한다. 이런 내담자들에게는 정서를 반영하는 것이 무의식을 해석해 주는 것과 같은 의미가 있으며, 아직은 자신의 감정을 수용할 만큼의 상태가 아니기 때문에 감정을 반영해 주는 것이 오히려 방어의 벽을 더 높이 쌓도록 작용할 수도 있다. 감정을 반영해 주는 방식의 공감이 제아무리 치료적이고 생산적이라고 하여도, 그것을 소화해 내지 못하는 내담자에게는 독으로 작용할 수도 있는 것이다. 내담자의 감정을 반영해 주기 위해서 상담자는 내담자가 자신의 감정에 대해 얼마나 열려 있고 얼마나 수용할 수 있는지를 섬세하게 파악하여 내담자의 수준에 맞게 반영의 수위를 조절할 수 있어야 한다.

분노나 화 등의 감정을 수용하지 못하는 내담자에게는 감정을 반영해 주는 것보다 내담자의 감정을 찾아주는 작업이 선행되어야 한다. "그러한 경우 사람들은 일반적으로 화가 나지요." "나라도 그런 일을 당하면 화가 났겠네요"와 같이 일반적으로 사람들에게 화가 나는 상황을 알려 주거나 분노 감정에서 느끼는 위험감을 줄이거나 소화시켜 주어 분노 감정이 그렇게 위협적인 것이 아님을 인식할 수 있도록 알려 준다. 그런 다음 반영의 수위를 미약한 것에서부터 높은 것으로 서서히 올려간다. "혹시 속상했던건가요?"와 같이 온건한 표현으로 추측식으로 부드럽게 반영해 주고 내담자가 아직은 받아들이기 힘들어하는 기색이 보이면 언제든지 쉽게 철회하도록 하는 것이 좋다. 분노의 감정을 표현하는 단어도 "마음이 불편했나요?" "속이 상했습니까?" "괘씸하게 여겨졌군요." "기분이 나빴군요." "조금 화가 났던 건가요?" "많이는 아니고 아주 조금 화가 났었군요."와 같이 미약하고 온건한 것에서 시작하여 서서히 강도 높은 것으로 사용하는 것이 좋다. 이러한 섬세한 개입을 하기 위해서 상담자는 다양하고 풍부하게 언어를 구사할 수 있어야 한다.

2) 공감은 지각적 왜곡을 정당화시켜 줄 수 있다

내담자의 지각적 왜곡이 심할수록 공감 반응은 매우 조심하여야 한다. 왜곡이 심한 내담자가 현실을 왜곡하여 지각한 결과로 느끼는 감정에 대해 공감해 주는 것은 내담자의 왜곡된 지각을 강화시켜 주어 내담자의 병리를 더 고착시키는 방향으로 나아가게 만들 수 있기 때문이다. 내담자의 왜곡된 해석에 기인한 감정을 그대로 반영해 주는 것은 그런 병리적 해석을 당연한 것으로 인정하고 넘어가는 것이 되기 때문에 의심이 많거나 망상이 의심되는 내담자에게는 특히 위험하다.

상담 초기에 구체적인 탐색이 아직 이루어지지 않은 때, 내담자의 시각이 얼마나 왜곡되어 있는지 미처 파악하지 못한 상태에서 내담자의 말만 듣고서 감정을 반영해 주는 공감을 하게 되면 자칫 내담자의 왜곡된 시각을 정당화시킬 수 있다. 그러므로 상담 초기의 감정 반영이나 깊은 수준의 공감 반응은 대단히 조심해야 하며, 의심이 많은 내담자에게는 특히 그 사용을 자제해야 한다.

내담자의 이야기에 대해 충분한 구체화 작업을 한 다음 실제의 사건과 그에 대한 내담자의 지각적 해석의 구분이 이루어졌을 때 반영을 하되, 반영 시에는 반드시 내담자가 사실과 해석과 감정을 분리하여 인지하도록 하는 방식으로 반영해 주어야 한다. "그가 손을 들었던 것을 때리는 것으로 받아들이면서 화가 났군요." "부인이 외출한 이유가 애인을 만나기 위해서였다고 생각하니 불같이 화가 일었군요."와 같은 식으로 해야 한다. 여기서 '그가 손을 든 것'과 '부인이 외출한 것'은 실제 있었던 객관적인 사실이다. 그러나 '때리는 것'이나 '애인을 만나기 위한 것'은 내담자의 해석이고 추측이다. 이런 해석과 추측은 사실이 아니다. 화가 난 것은 내담자가 자신의 추측을 사실로 받아들이면서 화가 난 것이다. 그렇기 때문에 "그가 때려서 화가 났군요." "부인이 바람이 나서 화가 났군요." 와 같이 내담자의 지각을 사실처럼 인정하는 반영은 내담자의 망상을 더욱 강화시키고 정당화시켜 주는 결과를 가져오게 되므로 절대 사용해서는 안 된다. 초보상담자는 내담자가 사실처럼 말하는 내용에서 사실과 해석을 분리시켜 파악할 수 있는 역량을 터득하여야 한다.

3) 심한 좌절과 절망감을 공감하는 것은 위험하다

　내담자가 우울하고 비관적이며 낙담하고 절망감에 빠져 있을 때 그 부정적인 정서에만 초점을 두어 반영하거나 공감을 하게 되면 내담자가 부정적 정서로 가득 차게 되어 헤어 나오기 힘든 심한 비관과 좌절 상태에 빠질 수 있다. 특히 심한 절망과 좌절에 빠진 내담자의 좌절감과 절망감을 반영하고 공감하게 되면 상처에 새살이 돋게 하기보다는 상처를 헤집고 절망과 좌절감을 더 깊게 느끼도록 하는 효과가 있으므로 삼가야 한다. 이런 내담자에게 공감적인 반영을 할 때는 내담자가 지닌 긍정적인 것, 희망적인 것, 의욕 등의 건강한 부분에 비중을 실어 함께 대비시켜 반영해 주어야 효과적이다.
　예컨대, "그런 절망감 속에서도 이러이러한 희망을 갖고 있군요." "이제는 더 이상 그렇게 살고 싶지 않군요." "그렇게 살고 있는 자신에 대해 마음 속에서는 조금씩 화가 이는 것 같기도 하군요." 와 같이 내담자의 희망과 성장 욕구나 분노 감정을 함께 반영하여 헤쳐 나올 힘을 실어 주는 것이 중요하다. 좌절과 절망에 빠져 있는 사람의 마음 깊이 깔려 있는 분노는 적절히 자극되면 생산적인 에너지로 활용될 수 있으므로 그것을 반영해 주는 것도 치료적일 수 있다. 잠재해 있는 내담자의 희망과 성장 동기를 반영해 주면 내담자에게 긍정적이고 생산적인 변화가 자극되는 것이다.
　다음 사례를 살펴보자. 이 사례의 내담자는 희망을 갖고 시작한 대학생활에서 등록금으로 모아 둔 돈을 부모님이 생활비 등으로 모두 써서 등록을 못하여 제적을 통고받은 상태다. 내담자는 자신의 꿈을 이루기 위해 새롭게 시작한 학교생활을 포기해야 하는 입장에 몰려 있다.

〈17-1〉 건강한 욕구의 반영

상9: ○○씨는 직장을 안 구하고 계속 부모님께 의지하고 싶은 건가요?

내9: 안 그러고 싶은데 뭐랄까, 직장 구하는 걸 되게 적극적으로 말리는 거 있죠. 다른 길로 제시를 해 주는 게 아니라, 자식을 품안에 넣고 싶은, 다 컸다고 저 혼자 하는 게 서운한 거 같아요. 그래서 나를 붙잡고 있지는 않은가 생각을 하는데, 예전에는 엄마가 고생을 많이 하셨으니, 얼른얼른 자립을 해서 이렇게 이렇게 해야지. 그런데 아무리 열심히 일을 해도 돈이 안 모여요. (7초) 엄마 몸도 안 좋고, 아버지 일은 계속 안 되고, 제가 회사를 다녀서 벌어 온 걸 생활비로 쓰는 거예요. 이대로는 안 되겠다는 생각이 들잖아요. 번듯한 직장이 있다 해도 언제 잘릴지 모르고, 정규직으로 들어가는 것도 힘들고, 지금은 젊은데 10년 뒤에 마흔이에요. 이대로는 안 되겠다 싶어서 대학공부를 시작했던 건데, 지금 아니면 못한다는 생각에 나름 과감하게 행동을 했는데 일이 이렇게 됐죠. 하하하하.

상11: 나의 미래를 위한 꿈을 키워 가려 했는데 어머니를 돕다가 제적이 되어 버렸군요.

내11: 많이 도와드린 건 아닌데- 월급 얼마나 남았냐고 물어보세요. 그 돈 줄 수 없겠냐고 되게 미안하게 물어보세요. 얼마나 힘들면 나한테 이야기를 하나 싶으니깐 드리게 되는 거죠. 근데 장기적으로 봤을 때 안 모이더라구요. 하하하. 뭘 새로 하

기에도 힘들고.

상14: 엄마의 입장이 이해되어 도와드리기는 했지만 학비를 모을 수가 없고.

내14: 네. 금전적으로 안 되는 건 어쩔 수 없는데, 어렸을 적 불만은 돈을 안 챙겨 주어도 좋으니깐 정서적으로 보듬어 주었음 하는. 어머니는 자식 배는 안 곯게 하려 열심히 일했지만 피곤하고 그러니깐 나한테 짜증을 내고 그랬던 거고, 근데-.

상16: 이해는 되면서도 정서적으로 해 주지 못한 부분에서 섭섭하고 화도 나고.

내17: 이해는 하는데 화를 낼 수는 없고. 하하하. (6초) 엊그저께 엄마와 이야기를 했어요. 엄마는 만나는 사람 없냐는데, 저는 결혼하라는 말은 하지 말라고. "내가 연애 안 한 지 5년이에요." 그놈이 그놈이고, 싫고, 귀찮고, 결혼하고 싶은 생각도 없고. 결혼은 그냥 가냐고. 결혼도 돈이 있어야 가는 거라고. 하하하. 근데 아버지는 시집을 보내고 싶은가 봐요. 하하하.

상19: 결혼하는 게 내키지 않는군요.

내19: 왜 그런 거 있죠. 부모님한테 기댄다는 건 조금 낫거든요. 근데 도피처로 남자한테는 싫어요. 차라리 내가 민폐를 끼쳐도 부모님한테 끼치지.

상20: 독립적으로 능력을 키우며 살고 싶지 남자에게 의존해서 살고 싶지는 않군요.

〈하략〉

---

* 고딕체 부분은 내담자의 건강한 욕구를 반영하기 위해 필자가 만든 대안적인 상담자 반응임.

내담자는 어머니에게서 벗어나 자신의 인생을 살길 원하면서도 자신을 붙들고 있는 나약한 어머니로 인해 힘들어하고 있다. 내담자가 전달하는 핵심 메시지를 경청해서 잘 파악하고, 특히 내담자의 갈등 속에 들어 있는 긍정적인 힘과 성장 욕구를 발견하여 반영해 주는 것은 좌절하고 있는 내담자로 하여금 자신의 좌절을 딛고 일어서도록 힘을 실어 주는 데 특히 중요하다.

내담자는 자신을 품안에 넣고 의존하게 하는 어머니와 독립하고 능력을 키우고 싶은 마음 사이에서 자신의 뜻이 번번이 꺾여 왔다. 그리고 지금 희망을 갖고 새로 시작한 대학에서 제적을 당하는 결과가 온 것에 대해 좌절과 무력감을 표하면서 부모를 돕는 것과 자신의 꿈을 추구하는 것 사이에서 갈등하고 있다

내담자는 지금껏 해 오던 것과는 달리 부모의 뜻에 반하여 자기 뜻대로 취직을 하려 하면서도 한편으로는 머뭇거리고 있다. 상담자는 이러한 내담자의 의존과 독립의 갈등을 대비시켜 반영해 주면서(상11, 상14) 내담자의 독립하고 성장하려는 욕구에 힘을 실어 주고 있다(상20).

제18장
해 석

    상담자는 내담자를 대신해서 판단하고 고칠 수 없다. 상담자는 내담자의 인생을 대신 살아 주는 사람이 아니다. 상담자는 다만 내담자를 비춰 주고 자극하고 지적하고 안내하고 동반할 수 있을 뿐이다. 상담자는 내담자의 마음의 모습을 보도록 거울 역할을 하며 내담자는 상담자라는 거울에 비춰진 마음의 검정을 보고 자신의 마음의 모습을 다듬어 나간다. 상담자에 의해 비춰지고 지적된 모습을 바꾸고 마음에 맞게 갈고 닦는 것은 내담자의 몫이며 오직 내담자만이 할 수 있는 일이다. 마음의 거울에 비춰진 자신의 얼굴의 검정을 보고도 제거하지 않는 내담자는 상담에 적합한 내담자가 아니다. 초기에는 상담자가 지적해 주지만, 내담자는 자신을 보도록 지적하는 상담자의 모습을 내면화하여 종국에는 스스로 자신을 볼 수 있게 되어야 한다.

    자기탐색적 질문이 내담자로 하여금 자신의 내면의 것들을 이끌어 내도록 자극하는 개입이라면, 공감 반응은 상담자가 내담자의 모습을 읽어 주고 알아주며 비춰 주는 작업이다. 이에 비해 해석은 내담자가 잘 인식하지 못하는 자신의 모습을 인식하도록 지적하고 연결시키고 통합시키도록 돕는 상담자의 개입이라고 할 수 있다. 이들 기법은 내담자의 자기 자각을 촉진한다는 공통된 목표를 지향하면서도 각각 그 나름의 기능과 특징과 가치를 지니고 있으며, 그와 함께 위험요소도 내포하고 있다. 따라서 적재적소에 잘 사용된다면 좋은 효과를 가져올 수 있지만 잘못 사용하면 독이 될 수도 있다. 전문상담자들은 이러한 기법들을 잘 숙지해서 효과적으로 활용할 수 있는 역량을 잘 터득하고 있어야 한다.

상담자는 내담자로부터 전달되는 메시지 하나하나에 대해서 매 순간 가능한 치료적 개입과 그 가능한 결과를 충분히 숙고하여야 한다. 그리고 모든 지식과 역량을 동원해서 그 순간에 최선의 성과를 가져올 수 있는 개입을 끌어내야 한다.

1. 해석이란

해석이란 내담자가 피하고 있거나 부분적 또는 전체적으로 인식하지 못하고 있는 자신의 어떤 모습을 인식하도록 도와주는 상담자의 언어 개입이다(Colby, 1951). 문제나 증상을 가져오도록 작용한 자신의 부분에 대해, 자신이 받아들이거나 인식하지 못하고 있는 무의식 영역에 있는 자신의 모습에 대해 의식 수준에서 인식할 수 있도록 지적하는 상담자의 언어적 개입을 의미한다. 달리 말하면, 해석이란 자신이 왜 그렇게 말하고 행동하는지에 대한 분명한 내면의 원인을 자각하도록 돕기 위한 상담자의 발언이다. 해석은 무엇을 새롭게 창조해 내는 것이 아니며 내담자의 내면에 원래 있었던 것이었으나 있는 줄 모르고 있었던 것을 알도록 도와주는 상담자의 작업이다. 내담자가 진정으로 자신을 만나고 받아들이도록 돕는 작업이다. 해석이란 분석가나 상담자의 시각으로 새롭게 만들어 제시해 주는 것이 아니라 원래 내담자 속에 있는 것을 내담자와의 협동 작업으로 함께 발견해 나가는 과정이다. 해석이란 내담자와 협력하여 내담자가 직면하기 고통스러워 외면하고 회피하던 내면의 진실을 찾아서 만나고 화해하고 자기의 것으로 통합하도록 이끄는 상담자의 치료 행위다.

해석interpretation/deutung이란 정신분석에서 비롯된 용어다. 정신분석을 창시한 프로이트는 원래 interpretation이라는 말 대신에 독일어인 deutung을 사용하였는데, deutung은 '지적하다' 또는 '가르키다'라는 의미의 구어체에서 유래된 용어다. 이 용어가 영어의 interpretation으로 번역되면서 이 치료적 개입은 더 난해하고 사용하기 어

려운 기법이라는 느낌으로 채색된 듯하다. 구어체인 '가르키다' 라는 의미의 독일어에
서 유래된 deutung은 평이하고 쉬워서 보다 친근하게 다가오는 느낌을 준다. 이러한 맥
락을 고려할 때 해석deutung의 원래 의미는 '내담자가 모르는 자신의 부분을 가르키고
지적하여 방향을 알려 주는 치료적 개입' 을 의미하는 것으로 보아야 할 것이다. 증상을
가져오게 된 심리 내적인 흐름(역동)을 깨달아 알게 되는 것이 정신분석의 목적이라면,
그 역동을 깨달아 알도록 내담자의 준비도를 고려하여 시의적절하게 조금씩 하나하나
지적해 나가는 것을 해석이라 할 수 있다.

　　정신분석적 방법을 사용하지 않는 상담자나 초보상담자에게 정신분석 고유의 치료 개
입인 해석은 멀고도 어렵게만 느껴질 수 있다. 그러나 정신분석적 입장에 있지 않은 상
담자들도 자신이 해석을 한다는 인식 없이 해석적 개입을 하는 경우를 종종 볼 수 있다.
해석을 내담자가 미처 보지 못하는 자신의 내면의 모습을 지적해 주는 상담자의 발언이
라고 단순하게 생각한다면, 상담자는 해석이라는 치료적 개입방법을 조금 더 마음 편하
게 사용할 수 있을 것이다. 내담자는 자신이 미처 자각하지 못하고 있던 자신의 측면이
상담자에 의해 지적되면, 즉 해석되면 그것을 통해 자신에 대한 인식과 자각을 넓혀 나
가도록 자극되고 안내될 수 있다.

　　예를 들어서 살펴보자. 20대의 한 여성 내담자는 그간 사귀었던 여러 남자친구들로부
터 구타를 당했다. 내담자는 왜 남자친구들이 자신을 때리는지 도무지 이해할 수가 없었
다. 내담자의 이야기와 가족 및 성장 배경을 들으면서 내담자는 어머니가 아버지로부터
자주 구타당하는 것을 보며 자라왔다는 것을 알게 되었다. 그리고 그 과정에서 상담자
는 구타당하는 데 내담자가 기여하는 부분이 있다는 것을 알 수 있었다. 그러나 내담자
가 진정 치유가 되려면 그것을 상담자만 알고 있어서는 안 된다. 궁극적으로는 구타당하
는 데 자신이 기여하는 부분이 있다는 것을 내담자가 인식하게 되어야 하고 그 기여 부
분이 어떤 것인지를 명확하게 알게 되어야 할 것이며, 더 나아가 구타당하는 데 기여하
는 자신의 부분을 수정하여 더 이상 구타당하지 않게 되어야 할 것이다. 이 점을 상담자
만 추측하고 넘어가는 것이 아니라 내담자도 인식하고 깨닫도록 자극해야 한다. 그러나
그 과정에서 내담자는 폭력적인 성향의 남자를 선택하는 것에서부터 자신이 구타당하게
되기까지의 과정에 작용하는 내면의 흐름을 자각하는 것이 몹시도 가슴 아픈 일일 것이

다. 즉, 자신이 남자친구로 하여금 자신을 때리게끔 유도하는 부분이 있으며 스스로 맞게끔 분위기를 조성하고 행동하는 것이 몸에 깊숙이 배어 있었다는 사실을 깨닫는 과정은 어린 시절의 괴로웠던 사건들을 떠올리는 것을 포함하여 내담자에게 크나큰 아픔과 고통을 안겨 주는 일일 것이다.

이 내담자가 구타당하게 되는 흐름을 알기 위해서 상담자는 다음과 같은 질문을 할 수 있다. "어떻게 해서 구타당하게 되었나요?" "구타당하게 되는 과정을 설명해 주세요." "다른 남자의 경우는 어떻습니까?" "그 남자를 어떻게 선택하게(또는 사귀게) 되었나요?" 구타당하게 된 정황을 파악하는 이런 질문은 겉보기에는 탐색적인 성향을 띠고 있지만 내담자로 하여금 남자친구들로부터 구타당하게 되는 것과 관련된 측면에서 내면을 관찰하도록 압력을 행사한다는 점에서 상당 수준 해석적 요소를 포함하고 있다. 이런 질문에 대답하려 할 때 내담자는 지금껏 외면하고 또 미처 의식하지 못했던 자신의 모습을 보도록 자극되고 안내된다. 내담자가 질문에 대해 답하는 것을 보아 가면서, 상담자는 구타당하게끔 내담자가 유도하는 요소를 찾아내는 동시에 자신의 행동에 대한 내담자의 통찰 수준을 점검하고 키워 나가게 한다. 그리고 상담자는 내담자로 하여금 더 이상 맞지 않도록 언행을 조절하고 관계를 맺는 방식을 변화시키도록 내담자와 함께 협력해 나가야 할 것이다. 구타당하는 데 기여하는 자신의 모습을 보도록 하는 과정은 내담자에게 몹시 고통스러운 일이므로 상담자는 내담자의 상태를 살펴서 공감적인 태도로 매우 점진적으로 진도를 나가야 한다. 상담자는 그 질문에 대한 내담자의 반응과 답변 내용을 잘 정리해서 반영해 주어 내담자를 십분 공감하고 있음을 전해 주어야 한다.

2. 해석의 과정

내담자의 무의식 영역에 대한 통찰은 한 번의 해석으로 이루어지는 것이 아니다. 해석을 할 때는 즉각적으로 예리하게 지적하지 않고, 조금씩 점진적으로 접근하며 내담자가 받아들이는 정도에 따라 그 수위를 조절한다. 해석은 내담자가 이제껏 외면하고 회피해 온 고통스러운 자신의 모습을 직면해서 받아들일 수 있게 되기까지의 점진적이고도 연속적인 일련의 작업과정이다.

자신이 외면해 온 자신의 마음의 모습인 심리 역동을 깨닫는 것으로 인해 내담자에게 가해질 충격을 최소화하기 위해서 해석은 점진적이고 부분적이며 단편적으로 해 나간다. 표면적이고 주변적인 것에서 시작하여 서서히 중심적인 것으로, 명백하게 인식하고 있는 의식화된 내용에서 시작하여 무의식의 내용으로, 부분적이고 단편적인 것에서 복합적이고 보다 통합된 형태로 나아간다(Colby, 1951).

그러나 중요한 것은 단편적으로 조금씩 주어지는 해석이 부수적인 것에 머무르는 것이 아니라 종국에 가서는 하나의 전체를 이루는 통합된 형태로 연결되어야 한다는 점이다. 내담자가 자아가 튼튼해지고 보다 많은 것들이 드러나면서 충분히 무르익어 준비가 다 되었을 때, 즉 거의 의식 수준에 다달아 조금만 자극을 주어도 내담자가 알아차릴 수 있는 수준까지 오게 되었을 때, 상담자는 그 모든 내용을 최종적으로 통합해서 전달해 준다. 해석은 최종적으로 완결된 해석을 할 수 있기까지 많은 준비 작업과 시간이 걸리는 일련의 작업과정이라고 할 수 있다. 해석은 퍼즐을 맞추는 과정과 같다. 무엇이 드러날지 모르는 채 한 조각씩 더듬으며 맞추어 가다가 보면 차츰 윤곽이 드러나게 되고 어느 순간 그것이 무엇인지 확연히 드러나 알게 되는 것이다.

따라서 초기의 해석은 자기탐색적 질문이나 재언급, 요약 또는 반영의 형태로 이루어질 수 있다. 그러나 해석이 단순한 재언급, 요약, 반영 등과 다른 점은, 해석은 내담자가 모르는 부분을 통찰하도록 지적해 준다는 점과 일회적이고 단편적으로 이루어지는 것이 아니라 내담자의 전체 역동 속에서 맥이 꿰어져 최종적으로 통합에 이르는 일련의 과정으로 이루어진다는 점이다. 해석은 합쳐져서 전체를 이루는 일련의 과정인 것이다.

3. 해석의 제시방법

상담자가 사용하는 모든 언어는 내담자에게 부담을 적게 주면서도 전달이 잘되어야 한다. 해석도 예외가 아니다. 비전문적이고 간결한 일상적인 언어를 사용하되 표현을 다양하게 구사하는 것이 좋다. 심리학적인 용어는 사용하지 않는다. 해석은 한 번으로 끝나는 것이 아니며 작업의 진행에 따라 유사한 내용을 반복적으로 해 주어야 하므로 똑같은 표현을 사용하는 것보다 표현을 다양하게 구사하는 것이 좋다(Colby, 1951). 그러나 다양한 표현을 사용한다 해도 해석을 너무 자주하는 것은 해석의 신선도를 반감시키고 그 효력을 떨어뜨릴 수 있어 좋지 않다.

해석은 질문, 암시, 제안 혹은 추측의 형태나 가볍게 자극을 가하는 방식으로 제시하며, 그에 대해 내담자에게 자유로운 선택권이 있음을 느끼도록 분위기를 조성하는 것이 중요하다. 결코 단정적이고 확신하는 태도로 제시하지 않아야 한다.

내담자가 해석에 저항하거나 거부하면 상담자는 내담자의 그 의견을 존중해야 한다. 상담자가 아무리 확신하는 해석이라고 하여도 내담자와 토론하고 논쟁을 하는 것은 바람직하지 않다. 토론과 논쟁은 내담자의 방어를 더 강하게 하여 이후의 치료 작업을 어렵게 할 수 있다. 그보다는 언제든지 철회할 수 있다는 태도로 해석을 제시하는 것이 좋다. 내담자가 해석을 거부하면 상담자는 인내하여 내담자가 좀 더 진척된 나중의 더 안전하고 적절한 시기를 기다린다. 만일 내담자의 거부로 인해 상담자에게 여타의 감정의 찌꺼기가 남았다면, 그로 인해 상담이 영향을 받지 않도록 상담자는 자신의 감정을 반드시 개인적으로 처리하고 넘어가도록 한다.

해석을 전달하는 상담자의 언어 범주는 매우 다양하다. 해석은 가장 단순하게는 자기탐색을 유도하는 질문의 형식을 빌려서 전달될 수도 있으며, 요약과 반영의 형식으로 전달되기도 한다. 심지어는 역설적이게도 폐쇄형 질문의 형식으로 전달될 수도 있다. 예컨대, "화가 났나요?"라든가 "죄책감이 일었던 건가요?"와 같은 상담자의 발언은 힐 등(Hill el al., 1981)의 언어 유목에 의하면 폐쇄형 질문으로 코딩되겠지만, 그것의 진정한 의미는 '화가 났다.'거나 '죄책감이 일었다.'는 의미를 추측식으로 표현한 것이고 내담자가 표현하지 못하는 밑마음을 읽어서 표현한 것이므로 해석적인 의미가 강하게 들어 있다고 보아야 할 것이다.

가장 흔히 사용하는 해석의 언어 범주는 반영의 형태를 띠는 것으로 보인다. 그러나 해석의 수준이 높아지게 되면 반영과는 다른 좀 더 복잡한 언어 표현을 사용하여 해석을 할 수밖에 없다. 여러 번에 걸친 내담자의 발언을 연결 지어 줌으로써, 수회 전에 한 내담자의 이야기를 지금의 이야기와 연결 지어 줌으로써, 반복적으로 발생하는 내담자의 습관화된 패턴을 지적해 줌으로써, 여기저기서 이야기한 내담자의 갈등을 대비시킴으로써, 그리고 현재의 어려움을 어린 시절의 경험과 연결 지어 줌으로써 해석을 해야 하기 때문이다.

4. 해석의 시기와 강도

해석은 내담자의 통찰 수준과 학습 상태를 고려하여 사용한다. 현재 내담자가 자기 자신에 대해서 알고 있는 바를 고려하여야 한다. 상담자는 해석이 의미하는 바를 내담자가 이해하고 수용할 수 있는지를 고려해야 한다. 가장 시기적절한 해석은 내담자가 스스로 문제에 이미 접근되어 있어 지금까지 보지 못했던 점을 볼 수 있도록 슬쩍 밀어 주기만 하면 되는 것이며, 이보다 더 좋은 해석은 "아하! 그래서 그랬던 것이군요."라며 내담자가 스스로 자신의 상태를 통찰하여 해석을 내리는 것이다(Colby, 1951).

내담자에게 충분히 준비가 되어 있지 않은 때 이른 해석을 하는 것은 위험할 수 있다. 내담자와 작업을 해서 내담자로부터 "아하!" 하는 깊은 통찰을 이끌어 낼 수 있는 시점, 즉 충분한 사전 작업을 통해서 내담자가 어느 정도 그에 대한 내용을 감지하고 있음이 분명한 시점이 되기 전에 주어진 빠른 해석은 내담자에게 큰 충격을 줄 수 있으며, 내담자로 하여금 방어벽을 더욱 견고하게 쌓도록 하는 결과를 가져올 수도 있기 때문이다.

따라서 해석은 내담자의 고통스러운 감정이 크게 건드려지거나 자존심의 손상을 입지 않을 정도의 적은 분량이 안전하다. 해석 작업을 하기 전에 상담자는 미약한 강도의 해석적 요소를 포함한 언급을 하여 내담자의 인식이나 통찰의 정도를 평가한 다음에 그 강도를 정하는 것이 안전하다.

다음은 필자가 상담했던 사례다. 필자는 두통, 가위 눌림 등의 신체 증상을 호소하는 내담자의 증상이 내담자의 내면의 분노 및 죄책감과 깊은 관련이 있다는 것을 이미 파악하고 있었다. 그러나 내담자는 몹시 화가 나는 상황들을 이야기하면서도 여러 시간이 지나도록 자신의 감정에 대해서는 일체의 언급이 없었다. 그래서 필자는 증상에 대한 내담자의 통찰을 이끄는 첫 단계로 내담자의 감정을 끌어내려고 시도하였다. 이 내담자는 자신의 증상에 대한 통찰 수준이 낮았으므로 필자는 조심스럽게 추측식의 질문으로 해석 작업을 시작하였다.

상19: 그때의 기분은 어땠나요?
내20: 그리 썩 좋은 건 아니었지만– 참을 만했습니다.
상20: 화가 났던 건가요?
내21: 아, 아닙니다! 화가 나다니요. 저는 화 같은 것은 안 납니다.
상21: 아, 화가 안 났군요. 그러면 기분이 좀 상했던 건가요?
내22: 아니요! 저는 그런 걸로 기분이 상하지 않습니다.
상22: 아, 그런 걸로는 기분이 상하지 않고 다만 그리 기분이 좋은 건 아니군요. 나라면 그런 상황에서 화가 났을 것 같은데.
내23: 아, 네에.

이런 식으로 미약한 해석을 던져 보고(상20, 상21) 그에 대한 내담자의 반응을 살펴 내담자에게 적절한 해석의 강도와 시기를 가늠할 수 있다. '화가 났느냐?' 는 필자의 추측식 질문에 자신의 감정을 들킨 내담자는 몹시 당황하여 얼굴이 새빨개졌으며 그것을 부인하기에 급급하였다. 내담자가 필자의 미약한 해석조차 적극적으로 거부했으므로(내21, 내22), 이 내담자는 자신이 화가 났다거나 기분이 상한다는 사실을 아직은 받아들이지 못하고 있다는 것이 분명해졌다. 따라서 필자는 내담자의 거부 의사를 전폭적으로 받아들여서 내담자가 수용하고 있는 만큼의 선에서 내담자의 감정을 반영하였다(상22). 그리고 내담자가 지니는 '화' 에 대한 문턱을 낮추어 이후의 해석 작업의 길을 닦기 위해서 '상담자라면 그때 화가 났겠다.' 고 알려 주었다.

다음은 콜비(Colby, 1951)가 제시한 예다. 관계를 회피하는 사람에게는 처음에 다음과 같은 완고한 방식의 해석을 한다.

"당신의 행동은 관계를 깨는 쪽으로 작용한 것 같군요."
"관계가 멀어지는 데 당신이 기여한 부분은 없는지 생각해 봐야겠군요."

그러나 이런 해석을 내담자가 잘 받아들이면 좀 더 수위를 높여 해석할 수 있다.

"그와 친해지는 걸 두려워하시는 건 아닌지요?"
"그와 가까워질 때 어떤 점을 염려하시는 건지요?"

이장호(1995)는 상담 초기에는 감정을 반영하는 방식으로 해석하고, 상담 중기에는 명료화와 직면의 방식으로 해석하며, 상담 후기에 가서 비로소 구체적인 해석을 할 수 있음을 지적한다. 최종적인 구체적 해석은 자기탐색적 질문, 요약, 반영 등의 방식으로 사전 작업을 충분히 하여 내담자가 해당 영역에서 자신에 대한 지식이 탄탄히 쌓여 있는 토대 위에서만 가능하다. 이에 대한 이해를 보다 깊게 하기 위해서 뒤의 '해석과 공감' 부분에 인용된 〈사례 18-1〉이 도움될 것이다.

5. 심리상담에서 활용 가능한 해석

정신분석가가 아닌 상담자로서 내담자의 정신 역동을 진단할 수 있을 만큼의 훈련과 지식을 습득하지 못하고 있는 상담자가 상담에서 해석적 개입을 한다는 것은 상당히 부담스러운 일이다. 그리고 해석이라는 용어 자체에서 풍기는 무게감으로 인해 상담자들은 해석을 사용하는 데 문턱이 높다고 느끼기도 한다. 그러나 상담자들의 축어록을 보면 자신도 모르게 생각 외로 해석을 많이 사용하고 있는 것을 발견하게 된다. 다만 상담자들이 사용하는 해석은 정신분석가의 것처럼 정신 역동에 근거한 무의식적인 의미 종합에 이르는 높은 수준까지는 나아가지 못하는 것으로 보인다. 이는 일반적인 심리상담의 목표와 정신분석의 목표의 차이에 기인하는 것으로 생각된다.

정신분석은 성격 구조의 변화를 동반하는 깊은 통찰을 목적으로 하는 반면, 심리상담은 내담자가 자신의 내면을 들여다보면서 문제와 증상을 가져오는 데 기여한 자신의 부분을 깨닫고 그것을 조절함으로써 문제와 증상을 해결하는 작업이라고 할 수 있다. 이렇게 본다면 심리상담에서 성격 구조의 변화까지는 아니더라도 내면의 탐색과 문제의 원인에 대한 통찰에 이르는 데 효과적인 개입인 해석 기법을 터득하여 상담에 활용하는 것은 상담자로서 매우 중요하고도 필요한 일이라 아니할 수 없다.

상담에서 내담자가 자신의 문제에 대한 심리적 원인을 파악하도록 돕는 첫 단계는 내담자로 하여금 문제의 원인을 내부 귀인하도록 이끄는 것이며, 그다음 단계는 자기탐색적 태도를 습득하도록 돕는 것이다. 내담자가 자기탐색적 태도를 지니도록 돕기 위해서 상담자는 자기탐색적 질문을 하며, 때로는 내담자가 표현한 자신의 내면의 모습을 요약하고 반영해 준다. 자기탐색적 질문은 내담자가 문제 및 증상의 발생과 관계되는 자신의 부분들을 탐색하는 것인 만큼 상당한 해석적 요소를 포함하고 있다고 할 수 있다. 그런 점에서 자기탐색적 질문은 앞으로 상담자가 해석 개입을 해 나가기 위한 기초를 다지는 준비 작업이라 할 수 있다. 자기탐색적 질문에 대한 보다 자세한 내용은 제16장 '자기탐색적 질문'을 참조하기 바란다.

그다음 단계로 상담자는 문제 영역에 있어서 내담자의 행동과 그로 인한 결과와 파급 효과를 연결 지어 준다. 예컨대, 남자 대학생인 내담자는 자신에게 접근하는 여학생을 거절했다. 얼마 후 내담자는 그 여학생이 교정에서 다른 남학생과 데이트하는 것을 보고는 '자신에게 접근했던 여자가 어떻게 다른 남자를 사귈 수 있냐?' 며 분개했으며 '심하게 자존심이 상했다.'고 말하였다. '그것을 어떻게 받아들이길래 자존심이 상하는지?' 상담자가 물으니, '다른 남자를 사귄다는 것은 자신을 거절한다는 의미가 아니겠느냐.' 고 했다. 이 경우 상담자는 자신이 여학생을 거절한 것과 여학생이 다른 남학생을 사귀는 것 사이의 인과관계를 인식하지 못하고 있는 내담자에게 그 연결성을 인식하도록 도와줄 수 있다. 만일 연결 지어 주었음에도 내담자가 이해하지 못하거나 수용하기 어려워한다면, 상담자는 내담자와 함께 내담자의 내면의 흐름을 더 탐색하고 들여다보아야 할 것이다.

상담자는 내담자의 문제와 증상을 초래하는 데 기여하는 내담자의 여러 특성들을 연결 지어 줌으로써 해석을 할 수도 있다. 또는 상황을 악화시키는 내담자 자신의 문제 행동을 보도록 하기 위해서 행동과 그 결과를 연결시켜 주는 언급을 할 수도 있다. 내담자의 모순된 행동, 불일치하는 언행, 비합리적인 추론 방식 등을 보도록 하며, 불만스러운 결과가 그러한 것들과 무관하지 않은 것임을 인식할 수 있도록 연결시켜 주면서 해석할 수도 있다.

갈등이 있는 내담자에게는 갈등을 명료화해 주는 해석을 할 수도 있으며, 변화하고 싶으면서도 한편으로는 변화를 막고 있는 내담자의 마음속에 있는 걸림돌을 지적하고 더 나아가 변화에의 욕구와 마음속의 걸림돌을 연결시켜 줄 수도 있다.

내담자의 문제는 일회적으로 발생하는 사건이 아니며 수없이 반복해서 일어난다. 초기 상담에서는 미처 파악이 안 되지만, 상담의 횟수가 늘고 내담자에 대한 정보가 더 많이 쌓여감에 따라 내담자가 불편을 겪는 사건들은 대상이 바뀌고 상황이 달라도 그 안에 들어 있는 반복되는 어떤 유사한 패턴이 점차 드러나게 된다. 반복되는 패턴이 충분히 드러났을 때, 상담자는 내담자가 그것을 인식하도록 자극해 줄 수 있다. "지금 B교수님과도 지난번 A교수님과의 사이에 있었던 일과 비슷한 상황이 벌어졌군요. 그 점에 대해서 ○○씨는 어떻게 받아들이시나요?" 상담자는 이에 대한 내담자의 답변을 듣고 내담자의 통찰 수준을 가늠하고 다음 작업을 진행한다. "주로 남자 어른과의 사이에 그런 일이 있군요. 아버지와는 어떤가요?" 이런 식으로 상담자는 점차 내담자의 문제가 발생한 더 근원적인 곳으로 다가갈 수 있다. 그리고 남자 교수님들과의 갈등이 아버지와의 갈등에서도 비슷하게 일어나고 있음을 연결시키도록 개입할 수 있다.

상담자는 내담자의 현재 일어난 일을 내담자의 과거의 사건들과 연결 지어 줄 수도 있다. 예컨대, "지금 남편과의 관계에 대한 이야기를 들으니 전에 아버지에 대해 말씀하신 내용이 떠오르는군요."라고 해석할 수 있다. 간질발작 증상을 모방하는 내담자에게 가족력을 확인해 보니 오빠가 간질이라고 하였다. 오빠의 간질에 대한 이야기를 물으니, 내담자는 어려서 오빠가 간질발작을 하면 엄마가 달려가 정성스럽게 간호했고 자신은 가족의 사랑과 관심을 받는 오빠를 먼발치에서 바라보며 부러워했던 심경을 회상한다. 상담자는 "○○씨도 오빠처럼 부모님의 사랑과 관심을 받고 싶었겠군요."라고 해석할 수 있다.

콜비(Colby, 1951)는 해석을 세 종류, 즉 명료화 해석, 비교 해석, 그리고 소망-방어 해석으로 분류하였다. 명료화 해석이란 특정 주제에 대한 내담자의 생각과 감정을 구체화시키고 앞으로의 탐색과 해석이 요구되는 어떤 점에 내담자의 관심을 집중시키며, 복잡하게 얽혀 있는 잡다한 자료에서 주제를 가려내거나 더 잘 이해하도록 요약해 주는 상담자의 진술이다. 비교 해석은 두 가지 이상의 사건, 생각, 감정들을 대비시켜 주는 진술을 일컫는다. 비교 해석은 반복되는 유사성이나 패턴들을 강조하거나 반복되는 모순점을 지적하는 진술이다. 비교되는 공통 주제들은 현재의 행동과 과거의 행동, 공상과 현실, 자신과 타인, 아동기와 성인기, 부모·친구·배우자·상담자에 대한 태도 등이 비교된다. 소망-방어 해석은 내담자의 신경증적 갈등 속에 들어 있는 소망과 그에 대한 방어체계를 지적하는 진술을 일컫는다. 소망과 방어체계 중에서도 가급적이면 내담자가 덜 수치스러워하는 방어의 요소를 먼저 해석하는 것이 내담자에게 가하는 충격이 적으므로 안전하다. 자신의 소망과 동경을 감추기 위해 어떤 방어를 어떻게 사용하였는지가 밝혀지면, 내담자는 그동안 감히 드러내지 못하고 깊이 감추어 두었던 자신의 소망과 동경에 접근하는 것이 가능해진다. 이런 세 가지 해석은 자기탐색적 질문, 요약 작업 및 감정의 반영과 같은 초보적인 해석 작업을 풍성하게 하여 내담자의 자기에 대한 지식이 충분히 형성되어 있는 바탕 위에서 가능한 보다 심도 깊은 기법들이다.

6. 초보상담자가 범하기 쉬운 오류

초보상담자는 객관적인 시각을 지니기보다는 공감하려는 마음이 앞서 내담자에게 동조하는 식의 공감적인 반응을 하기 쉽다. 내담자의 이야기를 듣다 보면 초보상담자는 자신에게 중심을 두기보다는 내담자에게 중심을 두고 내담자의 이야기를 따라가게 되어 자칫 객관성을 잃을 수 있다. 상담자가 자신의 중심을 지키지 않고 자신의 전부를 투자하여 내담자의 주관적인 내용에만 초점을 두어 이해하고 공감하려는 방향으로 나아가게 되면 객관성을 잃기 쉽다. 그렇게 되면 내담자의 병리적 행동과 불평불만 속에 들어 있는 내담자의 문제점을 객관적으로 폭넓게 파악하지 못할 수가 있다. 이러한 상담자의 개입은 내담자를 변화시키기보다는 오히려 내담자의 문제를 고착시키도록 작용할 수 있어 좋지 않다.

초보상담자들은 내담자의 불평불만을 공감하는 방식으로 상담을 진행하다가 뒤늦게 객관성을 회복하여 내담자의 문제 행동들을 지적할 수 있다. 그렇게 되면 본의 아니게 취해진 상담자의 일관되지 않은 태도로 인하여 내담자는 혼란스러워질 수 있다. 더구나 상담자의 일관되지 않은 태도는 내담자로 하여금 상담자를 향해 복잡한 감정을 유발하게 할 수도 있다.

초보상담자들은 또한 내담자가 상처 받거나 싫어하거나 더 심하게는 상담에 오지 않게 될까 두려워 수회가 지나도록 내담자의 분명한 문제 행동에 접근하여 다루지 못하는 경우도 있다. 상담자의 나이가 내담자의 나이보다 적을 때는 어른의 잘못을 지적하는 것이 우리나라의 예법에 맞지 않는 것이라 생각되어 더 어려울 수도 있다.

이와 반대의 경우도 일어날 수 있는데, 초보상담자들은 아직은 내담자의 무의식에 있는 내용임에도 불구하고 자신에게 분명하게 보이는 것들을 인내하지 못하고 내담자에게 빨리 알려 주고 싶어 할 수 있다. 내담자가 준비되어 있지 않은 때 이른 지적은 여러 부작용을 낳을 수 있으므로 내담자의 상태와 상황을 보아 가며 조심스럽게 접근하여야 한다. 상담자는 내담자의 말을 따라가면서 내담자가 자신의 부정적인 모습을 인식하도록 자극하려면 작업 동맹이 잘 형성되어 있어야 함은 물론이려니와 기회를 잘 포착해야 하고, 어느 정도의 용기도 필요하며, 내담자의 감정을 크게 상하지 않게 하면서 부드럽고 완곡하게 지적하는 지혜도 터득하고 있어야 한다. 지적을 하되 처음에는 내담자의 말을 잘 정리해서 돌려주는 정도로 내담자가 인식하고 있는 범위 내에서 지적하다가, 내담자의 통찰 수준을 보아 가며 조금씩 강도를 높여 지적해 나간다. 그러다 보면 내담자의 변화에의 동기가 강해지고 행동력이 증진되게 된다.

상담자는 내담자의 이야기를 따라가면서도 자신의 중심을 지키고 자기 자신으로 존재할 수 있어야 한다. 자기 자신으로 그리고 전문적인 역량을 갖춘 전문가로 존재하면서 동시에 자신의 한 부분을 쪼개어 내담자의 마음 속으로 들어가 내담자를 따라가고 수용하며 내담자의 입장에 서서 세상을 바라볼 수 있어야 한다. 그리고 건강한 전문가로서의 자신의 부분과 내담자의 내면으로 들어가서 내담자를 따라가고 이해한 자신의 부분이 협력하여 통합적으로 치료적 작업을 수행할 수 있어야 한다.

7. 해석에 대한 반응과 효과

해석은 내담자의 내면을 자극하여 통찰을 향하는 방향으로 나아가게 한다. 적절한 시기에 주어진 정확한 해석에 대해 내담자는 씩 웃거나 놀라는 반응을 보이며 심하게 더 듬기도 한다. 그리고 그 점에 대해서 스스로 보다 깊이 생각하고 과거와 현재에서 그것을 확증할 수 있는 증거를 찾아내게 된다. 해석은 직면시키는 목적과 환기시키는 목적을 동시에 지닌다. 적절한 해석은 지금까지 보이지 않던 보다 큰 단면을 벗겨내어 보여 주는 데 함께 작용한다(Colby, 1951).

그러나 해석이 내담자에게 미치는 영향력과 효과를 검증한다는 것은 대단히 어려운 일이다. 해석을 하고 얼마 지난 후의 내담자의 언행을 해석에 대한 반응이라고 볼 수 있는지를 정하는 것도 어렵다. 해석에 대한 반응은 지연되어 나타날 수도 있으며 해석의 영향력에서 파급되어 나온 효과도 있을 수 있기 때문이다. 앞서 제시한 간단한 예에서와 같이 상담자가 해석 개입을 한 직후에 내담자가 뒤이어 그에 대해 반응을 하는 경우도 많다. 이런 경우는 내담자에게 가해지는 충격이 그리 크지 않았거나 내담자가 충분히 준비되어 있었거나 해석의 강도가 별로 크지 않았던 경우일 것이다.

해석에 대해 내담자가 가장 흔하게 보이는 반응은 침묵이다(Greenson, 1961). 필자의 연구(신경진, 2007b; 2009)에 의하면 내담자가 5초 이상 침묵한 경우 상담자의 언어적 개입의 31.4%는 해석이었다. 내담자에게 생각할 거리를 많이 주고, 내면을 깊이 자극하는 해석에 대해서 내담자는 보통 즉시 반응하기가 어렵다. 따라서 상담자는 해석이 가해진 후에 내담자로 하여금 충분히 생각할 시간을 허용하여야 한다. 해석 다음에 내담자가 침묵을 지키면 상담자는 내담자로 하여금 해석을 음미하고 편안하게 자신의 내면을 보는 작업에 몰입할 수 있도록 함께 있어 주면서도 묵묵히 그리고 충분히 기다려 줄 수 있어야 한다.

해석은 내담자에게 지금까지 생각해 보지 못했던 자신의 모습들을 들여다보도록 자극을 가한다. 상담자의 해석에 접하여 내담자는 자신의 내면을 들여다보고 여러 상황 속에서 드러나는 자신의 모습들과 과거의 기억들과 대인관계들을 검토하고 연결지어 볼 뿐 아니라 자신이 외면하고 방어하던 부끄러운 자신의 모습도 들여다보도록 압력을 받게 된다. 해석이 가하는 이러한 심적 충격으로 인해 해석에 접한 내담자는 침묵과 더불어 말을 더듬거나 말에 조리가 없어지기도 한다. 제19장의 〈사례 19-1〉 '침묵을 활용한 사례'에서 상담자는 내담자가 '과도하게 책임을 지는 행동'을 반복하는 것에 대해 통찰을 하도록 이끄는 일련의 해석을 가한다. 특히 상40과 상41의 해석은 내담자에게 자신을 통찰하도록 요구하는 강도가 비교적 강하였던 만큼 내담자는 내41과 내42에서 말을 많이 더듬고 긴 침묵도 여러 차례 하고 있는 것을 볼 수 있다.

　해석의 효과는 지연되어 나타날 수도 있다. 내담자가 해석에 대해 즉시 반응을 보였다 해도 다음 시간이나 몇 시간 지나 그 해석이 내담자의 내면에 잠복해 있으면서 지속적으로 작업되었다가 나타나기도 한다. 심지어는 해석 직후에 내담자가 그것을 적극적으로 부인하고 거부한 경우에도 내담자는 그에 대해서 생각하고 뜯들이다가 몇 시간 후에 보다 발전된 통찰을 드러내는 자신의 생각을 이야기하기도 한다.

　그러나 해석의 강도가 크면 지나친 충격의 결과 내담자의 생각이 막히거나 내담자의 병리적 방어가 강화될 수도 있다. 그린슨(Greenson, 1961)은 잠재적인 동성애 성향을 간간이 드러내는 내담자에게 그것을 때 이르게 해석해 준 자신의 사례를 소개하였다. '잠재적인 동성애 성향'을 지적받은 내담자는 이후 자신의 이야기를 할 수 없었으며, 그 후 5개월간 말없는 환자silent patient[3]가 되었다고 한다.

　그러면 정확한 해석만이 효과가 있는가? 상담자의 해석은 정확하지 않을 수도 있다. 엄밀하게 말해 해석도 일종의 가설이다. 정확히 말하면, 해석이란 상담자가 형성한 사례에 대한 개념이나 역동적 공식화 내용의 일부분이다. 상담자의 해석은 내담자의 반응을 통해서 그리고 상담과정을 통해서 검증되면서 바르고 정확한 길을 찾아 나간다. 해석을 가정과 추측식으로 제공하는 것은 충격을 완화하고 내담자가 쉽게 거부하도록 하기 위한 이유도 있지만 해석이 틀렸을 경우에 교정을 용이하게 하기 위한 이유도 있다. 그러나 정확하지 않은 비껴간 해석도 내담자에게 자극을 주어 통찰의 길로 한 발 다가서게 하는 작용을 할 수도 있다. 작업 동맹이 잘 형성되어 있으면 내담자는 상담자의 잘못된 해석이 자신 속에 미치는 진솔한 반향을 읽어서 상담자에게 다시 전달해 줌으로써 바른 길을 찾고 정확한 통찰로 나아갈 길을 열 수 있기 때문이다.

---

3) 말없는 환자란 침묵의 길이가 전체 시간의 1/3~1/5에 달하는 내담자를 일컫는다. 이러한 현상은 장애의 소재가 언어 습득 이전의 시기(대략 2세 이전)에 있어 내담자가 자신의 심리 내적 경험을 언어화할 수 없어서 나타나는 현상으로, 대개는 정신분석적 방법으로 상담할 때 주로 드러난다.

8. 해석과 공감

로저스는 해석을 반대하였는가? 또는 내담자중심 상담에서는 해석을 하지 않는가? 공감과 해석의 관계에 대해 학자들 사이에는 많은 논란이 있다. 공감과 해석이 별개라는 입장에 있는 학자들은 공감이 내담자의 경험으로부터 도출되어 나오며 무의식을 지적하는 측면이 포함되지 않는다는 점에서 해석과 구분한다. 어떤 내담자는 자신의 감정을 수용하기 힘들어하며 분리시키고 소외시키기도 한다. 즉, 자신의 감정을 무의식 영역에 꼭꼭 눌러 감추어 두는 내담자도 있다. 이런 내담자에게는 감정을 지적하고 반영하는 것도 해석일 수 있으며, 감정이 반영되면 위협감을 느낄 수 있다. 또한 내담자에 대한 깊은 이해가 선행되고 내담자가 처음에는 받아들이지 못하던 자신의 부분들을 차츰 받아들일 수 있게 되면서 깊은 수준의 공감이 가능하게 되며, 내담자에 대한 공감이 선행되지 않고서는 해석이 불가능한 만큼, 공감은 해석과 불가분의 관계라 하지 않을 수 없다.

이장호(1990, 1995)도 로저스의 공감 반응에 해석의 뚜렷한 특징이 포함되어 있음을 지적한다. 로저스가 해석을 반대하였다면 그것은 내담자를 따라가지 않는 해석이거나 내담자에게 토대를 두기보다 이론에 근거하여 내린 해석에 대한 반대일 것이다.

인간중심치료 이론을 확립하기 전까지만 해도 로저스는 해석을 상담자의 효과적인 개입 도구로 꼽았었다(Rogers, 1940). 해석을 하되 내담자의 입장을 충분히 수용하고 배려하며 존중하는 입장에서 공감적으로 한다면 내담자에게 가해지는 충격이 완화될 수 있으며, 내담자는 자신의 모습을 직면하는 데서 오는 고통을 이겨낼 힘을 얻을 수 있을 것이다.

정확한 해석은 깊은 공감을 포함할 수밖에 없다. 공감은 자신에 대한 인식을 확대시키는 해석적 요소를 포함하고 있을 때, 그리고 해석은 공감적으로 주어질 때 그 진가를 최대로 발휘할 수 있을 것이다.

다음의 사례는 멘초스(Mentzos, 1982)가 소개한 자신의 사례다. 이 사례는 해석이 이론에서 나오는 것이 아니며 철저하게 내담자를 따라갈 때만이 가능하다는 것을 잘 보여 주고 있다. 또한 분석가에 의해 최종적으로 주어진 완결된 해석은 내담자에 대한 가장 깊은 수준의 공감임을 잘 보여 준다.

사례 〈18-1〉 멘초스의 해석 사례

3년간의 심리치료를 종결한 내담자는 '자신을 좋아하는 사람에게 왜 아무 이유도 없이 나쁘게 대해서 점점 더 멀어지게 하고 스스로를 고립시키는지 알기 위하여' 분석을 신청하였다. 어느 날 내담자는 "지난 회기 헤어질 때 선생님이 어느 때보다 더 따뜻하고 친절하게 느껴지면서 다음 시간에는 더 잘 이해받을 것 같은 느낌이 들었어요. 그런데 이상하게도 동시에 제 심정이 점점 더 불편해지면서 선생님이 앞으로는 저에게 잘해 주지 않았으면 좋겠다는 느낌이 들었어요."라고 말하였다. 그 의문을 풀기 위해서 나(Mentzos)는 내담자에게 지난 시간 헤어질 때의 장면을 집중하여 회상하도록 요청하였고, 내담자는 그렇게 했다.

그러던 중 평소 활발하던 내담자가 갑자기 처음으로 격렬한 울음을 터트렸다. 그러고는 "저는 그것이 우리 부모님 관계 같아요. 나는 누군가가 나를 사랑하고 이해해서는 안 된다는 그런 생각이 갑자기 들어요. 아무 관계도 없던 선생님이 우리 부모님보다 저를 더 사랑하고 더 잘 이해했다는 것은 사실이 아닐 겁니다! 선생님이 베푼 친절과 이해의 가치를 인정할 수 없

다는 느낌이 계속 들어요." 나는 "**당신은 당신의 부모를 구하기 위해서 당신이 잘 이해받고 있다고 느끼도록 하는 사람을 거절하는군요. 당신은 모든 것에도 불구하고 부모님을 그렇게 사랑합니다. 당신은 그들을 나쁘게 할 의도가 없습니다. 그보다는 당신 자신을 나쁘게 하고 무가치하게 하는군요. 당신은 훌륭한 당신 부모의 상을 유지하고자 그 상이 진실로 결코 현실과 맞지 않는다는 것을 받아들일 수가 없군요. 왜냐하면 상대적으로 낯선 사람이 당신을 더 잘 이해하고 더 사랑하게 된다면 당신의 부모가 나빠야만 하니까요. 그래서 당신을 각별히 잘 이해하고 공감적으로 대하는 사람들의 감정을 상하게 하고 그들을 거절해야만 했군요.**"라고 말하였다.

이 해석이 그녀에게 큰 고통을 주었음에도 불구하고 그녀는 그에 동의했으며 방어하지 않았다. 그리고 그녀는 자신의 대인관계 장애에 대한 가장 중요한 원인을 이해하였다는 느낌을 가졌다. 고통 없이는 어떠한 새 출발도 있을 수 없지만, 사람들은 그런 두려운 고통을 회피하고 가능한 한 오래 지연시키고자 하는 경향이 있다. 그러나 값비싼 대가를 치러야만 한다.

위의 사례에서 굵은 글씨로 쓰인 상담자의 해석은 내담자의 대인관계 장애에 대한 최종적인 해석이다. 더 이상의 해석은 필요 없다. 내담자의 대인관계 장애에 대한 모든 것이 의식화되고 분명하게 드러났다. 이 최종적인 해석이 가능한 시점에 도달하기까지 상담자는 내담자와 협조하여 내담자의 대인관계 장애를 이해하기 위한 많은 노력을 기울였고, 내담자는 자신의 내면의 미세하면서도 이해하기 어려운 흐름들을 상담자에게 솔직하게 표현하였다. 그리고 상담자는 내담자가 인도하는 대로 따라갔으며, 어떠한 판단

이나 평가 없이 내담자의 보고를 진실되게 수용하였고 그 토대 위에서 작업을 하였다. 상담자와 내담자가 해낸 작업은 내담자 자신의 심리적인 흐름을 정확하게 이해하기 위한 협조적인 노력이었고, 해석은 그들의 협동적인 노력이 이끌어 낸 결실이었다.

그러나 모든 내담자에게 정신분석적인 해석방법이 이처럼 효과적인 것은 아니다. 이 내담자의 경우와 같이 자신의 이해되지 않는 부분에 대해 좀 더 알고 싶어 하고 통찰 수준이 높은 내담자가 상담자에 대한 깊은 신뢰의 마음으로 자신의 마음을 개방하고 협조할 때 가장 성과가 좋다. 이 사례에서 해석이 얼마나 평이한 일상적인 언어로 전달되었는지를 감상해 보시라.

9. 초보상담자의 해석 사례

다음의 예는 초보상담자임에도 불구하고 인생의 지혜를 발휘하여 내담자의 유아적인 행동이 그의 현실 상황에 맞지 않는 행동임을 적절하게 지적하고 있다. 40대 초반의 미혼 남성인 내담자는 현재 자신의 문제가 어머니의 잘못된 양육 때문이라고 생각해 왔다. 어린 시절, 어머니는 따뜻한 사랑을 주기보다는 늘 피곤해하며 짜증을 냈는데, 당시 어머니는 아버지를 대신해서 돈을 벌어 생계를 책임져야만 했다. 내담자는 어머니에 대한 보복으로 나쁜 짓도 했고 소년원도 수차례 드나들었다. 그러나 몇 년 전부터는 오랜 방황에서 돌아와 좋지 않은 습관들을 버리고 건전하고 생산적인 삶을 살고자 노력하고 있으며, 자신의 문제를 해결하고자 책도 읽고 자발적으로 상담도 받고 있다. 그리고 이제 80세 중반의 어머니와 대화를 통하여 문제를 해결하고자 오래된 자신의 감정을 호소하기도 한다. 그럼에도 불구하고 내담자는 자신의 현재의 모든 어려움이 어릴 때 자신을 잘 보살펴 주지 못한 어머니의 탓이라는 습관적인 생각에서 벗어나지 못하고 있다. 다음은 이 내담자와의 7회 상담의 첫부분이다.

사 례　〈18-2〉 초보상담자의 해석

내1: 어머니 방에 들어갔는데 어머니가 TV만 보시면서 저에게 신경을 별로 쓰지 않자 화가 나고 서운했어요. 혼자 나와서 밥상을 차리려니 그제서야 어머니가 나와서 도우려고 하는데, 의무적으로 다가오는 것 같아 거부감이 들어서 싫다고 했어요. 감정이 상하면 서로 말을 안 했는데 요새는 어머니가 먼저 말을 붙이려고 해요. 어머니와 나름대로 애를 쓰며 대화하는데 지치고 벽에 부딪히는 느낌이에요. 꾸준히 표현을 하는데 어머니는 잘못 알아들으시거나 무반응으로 무시하시고, 때로는 역정도 내시고. 종합적으로 생각해 보면 공감받고 수용받지 못한다는 그런 느낌인데 어머니를 바꿀 수 없는 것에 무력감을 느껴 우울했던 것 같아요. 그렇지만 어떤 자세로 어머닐 대하느냐에 따라 편하기도 하고 힘들기도 합니다.

상1: ○○씨가 이제 40이 넘었는데 연로하신 어머니에게 너무 많이 기대하는 게 아닌가 싶기도 해요. 그 나이에는 결혼을 해서 부인과 서로 주고받아야 할 감정들을 어머니한테만 기대한다는 느낌이 드는군요. 감정을 나누고 마음을 주고받을 아내나 여자친구가 있으면 좋을 것 같군요.

상2: 어머니에게 공감받고 수용받지 못했지만 ○○씨가 어떻게 하느냐에 따라 어머니와 편한 관계가 되기도 하는군요.

* 고딕체 부분은 필자가 만든 대안적인 상담자 반응임.

　　초보상담자들은 공감을 하기 위해서 나약하고 힘겨워하며 불만스러워하는 내담자의 심정을 그대로 수용해 주는 경향이 있다. 그렇게 되면 나약한 내담자의 현 상태가 정당한 것처럼 판단되어 그것을 그대로 유지하도록 강화시키는 효과가 있다.

　　내담자의 연령에 맞지 않는 의존적인 어린애 같은 행동에 대해서도 초보상담자는 자칫 내담자의 입장에서 공감해 주려는 심적 경향이 작용할 수 있다. 그러나 40세가 넘은 나이의 내담자가 팔순의 노모에게 초등학생처럼 치마폭에 매달려 있는 심정으로 엄마가 해 줄 것을 해 주지 않았으며 지금도 해 주지 않는다고 계속 불평을 늘어놓으며 거기서 벗어나지 못하고 있는 내담자를 공감하는 것은 별로 치료적인 개입이라 할 수 없다. 상담자는 내담자에게 이제는 어린아이의 의존성을 버리고 성인으로서 자신의 배필을 찾아서 가정을 꾸릴 때가 되었음을 지적함으로써 현실적인 내담자의 위치를 알려 주었는데, 이는 매우 적절한 치료적 개입이라고 할 것이다. 내담자는 이제 어머니로부터 분리되어 독립된 성인으로서 자신의 삶을 살아야 하며 그러기 위해 결단을 내려야 한다. 상담자는 경험이 충분하지 않은 초심자이지만 중장년의 주부로서 자식을 키워 독립시키기까지의 과정에서 획득한 지혜를 발휘하여 내담자에게 유아적인 집착을 포기하고 성인 세계의 관계로 나아가도록 지적할 수 있었다.

상담자의 지적에 내담자는 한 대 얻어맞은 느낌을 받았지만, 일주일이 지나 다음 시간에 자신이 '받지 못했다는 생각'에만 빠져서 헤어 나오지 못했던 자신의 모습을 객관적으로 보려고 애썼노라고 하였다. 즉, 지난 시간 상담자의 이야기를 듣고 자신을 객관적으로 보도록 자극받았으며, 한 주 내내 그에 대해 생각하였노라고 하였다. 그러면서 내담자는 지난 일주일간 몇몇 상황에서 자신을 객관적으로 관찰하면서 자신에 대해 알게 된 내용들을 상담자에게 버벅거리며 이야기하였다.

제19장

침 묵

    침묵은 말없는 시간으로서 상담자와 내담자 모두가 말을 하지 않을 때 성립된다. 상담자가 발언을 할 때는 그에 대한 나름의 합당한 치료적인 이유와 목적이 있어야 한다. 침묵에 대한 불안으로, 침묵에 못 이겨서, 침묵시간을 메우기 위해 발언을 하는 것은 올바른 치료적 개입이라고 할 수 없다. 침묵을 기법이라고 하기에는 다소 무리가 있지만, 상담자는 침묵을 조절하고 치료적으로 활용할 수 있어야 한다.

    일상생활에서 대화는 양방향적이다. 한 사람이 이야기를 하고 나서 대화의 발언권을 상대편에게 넘긴다는 표시를 하면 상대편은 그 말을 받아서 이야기를 이어간다. 그러나 상담에서의 대화는 일방향적이다. 내담자는 말하고 상담자는 듣는다. 상담이 진행되어 내담자가 자신의 내면을 탐색하는 데 익숙하게 되면 상담자는 내담자의 대리 자아나 보조 자아와 같은 존재로서의 역할을 부분적으로 부여받게 된다. 내담자의 발언은 상담자를 향한 발언이라기보다는 내담자가 자신의 보조 자아에게 하는 독백과 같은 의미를 지니기도 한다. 그래서 내담자는 자신의 말을 끝내고도 상담자에게 말을 넘긴다는 표시를 분명하게 하지 않는 경우도 많다. 그리고 발언권을 넘긴다는 표시를 하는 경우라도 보조 자아의 역할을 하는 상담자가 말을 이어받지 않고서 침묵하고 있으면, 내담자는 그에 대해 별다른 이의를 제기하지 않으며 침묵에서 오는 압력으로 인한 다소간의 불편을 감내하면서 자신의 내면을 탐색하는 작업을 지속하게 되는 것 같다.

내담자가 침묵을 시작하는 경우는 크게 두 가지로 나눌 수 있다. 첫째는 말을 하는 도중에 생각을 정리하기 위한 경우다. 이런 경우는 계속 이어서 말할 것이므로 내담자는 보통 마지막 단어를 길게 끌어서 발음하여 말을 계속하겠다는 의사를 표시한다. 이런 경우 대체로 상담자는 말을 계속하겠다는 내담자의 비언어적 메시지를 받아들여 내담자로 하여금 자신의 작업에 몰입할 수 있도록 침묵을 허용하며 기다린다.

내담자가 침묵을 시작하는 두 번째 경우는 말을 다 하였을 경우다. 이에는 내담자가 머릿속에 떠오른 말들을 다 하여 할 말이 없는 경우, 그 이야기를 끝으로 자신은 탐색하여 보고하는 일을 다 했으니 이제 상담자의 이야기를 듣고 싶다는 의미로 상담자에게 발언권을 넘기는 경우, 드러내기 부담스러운 내용은 남겨 놓은 상태로 그때 그 순간에 드러내도 괜찮은 내용이라고 판단되는 선에서 자신의 이야기를 다 하고 말을 중단하는 경우 등이 포함된다. 이때 상담자가 내담자의 말을 받지 않고 침묵을 유지한다면 침묵이 가하는 압력으로 인해서 내담자는 드러내기 힘든 내용을 더 이야기하거나 중단한 내면 탐색 작업을 더 진행하여 좀 더 깊은 내용의 이야기를 하도록 유도되는 경향이 있다.

상담자가 발언을 하지 않으면 내담자의 침묵이 지나치게 길어지는 수도 있다. 이 경우 상담자는 내담자로 하여금 직전의 작업에 집중하도록 촉구하는 동시에 침묵한 동안 생각한 내용을 듣고 싶다는 의미로 말을 이어서 계속하도록 격려하는 간단한 자극을 줄 수도 있다.

1. 침묵의 여러 현상

상담이나 심리치료에서 침묵에 관한 연구는 마타라조와 그의 동료들(Matarazzo et al., 1962)에 의해서 본격적으로 시작되었다. 그들은 대화 중에 존재하는 모든 침묵의 길이를 측정하여 그 빈도를 계산하였고 95%의 침묵이 4.3초 이내라는 결과를 얻었다. 그들의 연구 결과를 고려할 때, 5초 이상 지속되는 침묵은 통상적인 언어적 관례를 깨는 매우 드물게 발생하는 긴 침묵이며, 어떤 과정적 요소가 작용하는 것을 암시할 수도 있으므로 예의 주시해 보아야 한다(신경진, 1997b).

상담 축어록을 작성할 때는 침묵의 의미를 가급적 정확하게 전달하기 위해서 침묵을 '…' 으로 표시하거나 '(침묵)' 이라고 쓰지 않고 그 시간 길이까지 재어서 침묵이 일어난 정확한 위치에 '(5초)' 라든지 '(19초)' 와 같이 적는다. 이 장의 말미에 인용한 〈사례 19-1〉 '침묵을 활용한 사례' 에 이와 같은 방식으로 침묵이 표기되어 있다.

1) 침묵의 종류와 소유자

상담자와 내담자 사이의 대화 도중에 침묵이 있을 때 이 침묵이 누구의 소유인가를 결정하는 것은 매우 어려운 문제다. 내담자가 말을 한 다음 5초의 침묵이 있은 후에 상담자가 말을 하였을 경우, 이 5초간의 침묵을 내담자가 시작하였으므로 내담자의 침묵이라고 할 수 있는가? 아니면 상담자가 침묵을 끝냈기 때문에, 또는 상담자가 말을 할 차례인데 말하지 않고 침묵하였으므로 상담자의 침묵이라고 할 수 있는가? 또는, 침묵이 가능하려면 내담자가 침묵을 시작했을 때 상담자가 이를 허용하여야만 가능하므로 상담자와 내담자가 공유하는 침묵이라고 하겠는가?

힐(Hill, 1978)과 힐 등(Hill et al., 1981)은 상담자언어반응유목체계를 만들면서 최초로 침묵을 언어반응유목에 포함시켰다. 이들은 침묵의 시작에 초점을 두어서, 그 침묵을 시작한 사람의 대화 상대자의 소유로 침묵을 귀속시켰다. 그래서 이들은 상담자의 침묵을 "내담자의 말과 상담자의 말 사이 또는 내담자의 말과 말 사이의 5초간의 말멈춤pause" (1978, p. 467; 1981, p. 5)이라고 정의하였다. 반면, 내담자의 침묵은 "상담자의 말과 내담자의 말 사이 또는 상담자의 말과 말 사이의 5초간의 말멈춤"(Hill et al., 1981, p. 16)으로 정의하였다. 힐은 왜 이러한 방식으로 침묵의 소유를 규정하였는지 그 근거를 밝히지 않았다. 그리고 이러한 침묵 소유의 정의는 언뜻 보기에 상식 밖의 정의 같은 느낌도 준다. 그러나 이 정의를 깊이 음미해 보면 나름대로의 설득력을 지닌다. 먼저 상담자의 침묵을 살펴보면, 내담자가 말을 끝내고 침묵을 시작하면 다음에 말을 할 사람은 상담자인데 상담자가 말을 하지 않고 침묵을 하고 있기 때문에, 즉 상담자의 영향력에 의해서 형성된 침묵이므로 이 침묵은 상담자의 침묵이라는 입장이 성립한다고 볼 수 있다. 내담자의 침묵도 마찬가지다. 상담자가 말을 마치면 내담자가 말을 할 차례인데 말을 안 하여 성립된 침묵이기 때문에 이 침묵은 내담자의 영향력이 작용하여 형성된 만큼 내담자의 침묵으로 정의하였다고 볼 수 있다. 상담자의 말과 말 사이의 5초 간격을 내담자의 침묵으로 규정하는 것도 같은 맥락에서 이해할 수 있다. 즉, 상담자가 말을 멈추고 침묵하면 이번에 말할 사람은 내담자인데, 내담자가 말을 하지 않았으므로 이를 내담자가 지킨 침묵이라고 보는 입장인데, 이 경우 상당한 시간이 지나도록 내담자가 계속 침묵을 지키기 때문에 상담자가 다시 발언을 하게 된 것이라고 볼 수 있다.

마타라조 등(Matarazzo et al., 1962, 1968)은 힐(Hill, 1978)과 힐 등(Hill et al., 1981)과는 다른 입장을 취한다. 이들은 침묵을 그것을 종식한 사람의 소유로 보았다. 그러니까 그 침묵을 누가 시작하였는가에 관계없이 그 침묵을 상담자가 말을 시작함으로써 끝마쳤으면 상담자의 침묵으로, 내담자가 말을 시작함으로써 끝마쳤으면 내담자의 침묵으로 보았다. 그러나 이들은 힐 등(Hill et al., 1981)처럼 침묵의 소유를 엄격하게 구분하지는 않았다. 이들은 침묵의 소유자보다는 발생맥락을 더 중시하여 침묵을 구분하였다. 즉, 이들은 화자전환을 할 때 발생한 침묵은 잠재반응시간(reaction time latency)이라고 불렀고, 한 사람의 말 중간에 발생한 침묵은 잠재주도시간(initiative time latency)이라고 이름 붙였다. 화자가 누구인가에 따라서 이들 침묵을 각각 내담자의 잠재반응시간, 상담자의 잠재반응시간, 내담자의 잠재주도시간, 상담자의 잠재주도시간이라 이름 붙였다.

〈표 19-1〉에 힐(Hill, 1978) 및 힐 등(Hill et al., 1981)과 마타라조 등(Matarazzo et al., 1967, 1968)에 의한 침묵 소유자의 정의를 비교하여 제시하였다. 〈표 19-1〉은 이해와 전

〈표 19-1〉 침묵의 소유자: 힐 등과 마타라조 등의 정의 비교

침묵 종식 / 침묵 시작	상담자	내담자
상담자	힐 등: 내담자의 침묵 마타라조 등: 상담자의 잠재주도시간	힐 등: 내담자의 침묵 마타라조 등: 내담자의 잠재반응시간
내담자	힐 등: 상담자의 침묵 마타라조 등: 상담자의 잠재반응시간	힐 등: 상담자의 침묵 마타라조 등: 내담자의 잠재주도시간

출처: 신경진(1997b)에서 인용.

달을 편하게 하기 위해 침묵을 누가 시작하고 누가 끝내는가에 따라 네 가지로 구분을
하고, 각각의 침묵에 대해 힐 등(1978, 1981)과 마타라조 등(1967, 1968)이 누구의 침묵으
로 소유를 귀속시켰는지를 명시하였다.

　〈표 19-2〉는 침묵이 발생한 위치에 따라 침묵을 구분한 마타라조 등(Matarazzo et al.,
1962)의 침묵을 이해하기 쉽도록 필자가 정리한 것이다.

〈표 19-2〉 발생 맥락에 따라 구분한 마타라조 등의 침묵의 종류

	발언 순서	축어록상의 표기
내담자 잠재주도시간 client initiative time latency	내담자 발언-(침묵)-내담자 발언	내: 발언 (5초) 발언
내담자 잠재반응시간 client reaction time latency	상담자 발언-(침묵)-내담자 발언	상: 발언 내: (5초) 발언
상담자 잠재주도시간 counselor initiative time latency	상담자 발언-(침묵)-상담자 발언	상: 발언 (5초) 발언
상담자 잠재반응시간 counselor reaction time latency	내담자 발언-(침묵)-상담자 발언	내: 발언 상: (5초) 발언

출처: 신경진(1997b)에서 인용.

　상담에서 마타라조 등(Matarazzo et al., 1967, 1968)이 구분한 침묵의 종류별 발생 빈도
는 내담자 잠재주도시간, 내담자 잠재반응시간, 상담자 잠재반응시간, 상담자 잠재주도
시간의 순이었고 이는 여러 연구(신경진, 1997b; Cook, 1964; Sharpley & Harris, 1995)에서
반복 조사되었다. 연구에 따라 내담자 잠재주도시간은 40～49%, 내담자 잠재반응시간
은 24～30%, 상담자 잠재반응시간은 15～20%, 상담자 잠재주도시간은 7～14%이었
다. 마타라조 등(Matarazzo et al., 1967, 1968)의 침묵 소유자별로 분류를 한다면 평균적으
로 70%가량이 내담자의 침묵(내담자 잠재주도시간과 내담자 잠재반응시간)이었고 상담자의
침묵(상담자 잠재주도시간과 상담자 잠재반응시간)은 약 30%이었다.

　상담에서 이루어지는 대부분의 침묵인 내담자의 잠재주도시간과 내담자의 잠재반응
시간은 상담자가 침묵함으로써 성립 가능한 침묵인 동시에 내담자에 의해 깨어지는(즉,
종식되는) 침묵이라는 점을 고려한다면, 상담자가 자신의 침묵을 조절함으로써 내담자

에게 영향력을 미칠 수 있다는 사실을 명백하게 보여 주는 결과라고 할만하다. 달리 말하면, 상담자의 침묵은 내담자에게 발언을 하도록 압력을 가하는 측면이 있다고 할 수 있다.

2) 침묵의 속성

모든 침묵은 대화 쌍방의 묵시적인 허용하에서만 성립될 수 있다. 마타라조 등(Matarazzo et al., 1962)이 내담자의 침묵으로 규정한 침묵도 상담자가 허용하지 않으면, 즉 침묵을 깨고 발언을 한다면 침묵은 성립될 수 없다. 마찬가지로 상담자의 침묵도 내담자가 허용하지 않고 발언을 한다면 침묵이 성립될 수 없다. 즉, 침묵은 대화 쌍방이 상대방의 침묵에 대해 어느 정도 허용하고 조절할 수 있는 여지가 있다.

침묵은 상담자의 침묵이건 내담자의 침묵이건 상담자가 그 길이와 발생 맥락을 어느 정도 조절하는 것이 가능하며, 치료적 목적을 달성하기 위해 활용할 수 있는 일종의 상담자의 처치 중의 하나라고 볼 수도 있다. 예컨대, 내담자가 발언을 끝낸 다음에 상담자가 5초 이상 침묵을 지키고 내담자가 다시 발언을 했다면, 이는 내담자가 말과 말 사이에 침묵을 한 것으로 처리되어 '내담자: 발언 (5초) 발언'과 같이 표기되며 내담자 잠재주도시간으로 분류될 것이다. 그러나 내담자가 발언을 끝낸 다음에 상담자가 5초 이상 침묵을 지속하다가 내담자가 발언을 하기 전에 발언을 하였다면 '내담자: 발언, 상담자: (5초) 발언'으로 표기되며 상담자 잠재반응시간으로 분류될 것이다. 이처럼 상담자는 내담자가 다시 발언을 할 때까지 침묵을 지킬 수도 있으며, 도중에 개입함으로써 내담자의 침묵을 종식시킬 수도 있다. 이러한 방식으로 상담자는 침묵을 지킴으로써 내담자로 하여금 자신의 내면을 보는 작업을 좀 더 하도록 압력을 가할 수도 있다.

침묵은 대화 쌍방간에 반응시간일치현상synchrony을 보인다. 반응시간일치현상이란 피면접자가 면접자의 반응시간에 상응하여 자신의 반응시간을 변화시키는 현상을 의미한다(Matarazzo & Wiens, 1967). 상담자가 자신의 반응을 빨리하면 내담자가 상담자의 말을 가로채는 경우interruption가 증가하였으며(Matarazzo et al., 1968), 면접자가 자신의 반응시간을 1초에서 5초와 15초로 늘릴 때 후속 반응 중에서 내담자의 잠재주도시간이 발생하는 비율은 0%에서 각각 25%와 65%로 증가하였다(Matarazzo et al., 1967, 1968). 이러한 현상은 실제 심리치료 다섯 사례 중 세 사례(Matarazzo et al., 1968)에서, 어린 아동간의 대화(Welkowitz, Cariffe, & Feldstein, 1976)에서, 그리고 부모와 어린 자녀 간의 대화(Jasnow & Feldstein, 1986; Welkowitz, Bond, Feldman, & Tota, 1990)에서도 일관되게 나타났다. 또한, 낯선 성인(실험자)과 아동 간의 대화(Newman & Smit, 1989; Newman & Pratt, 1990)에서뿐 아니라 비구조화된(사회적) 대화와 구조화된(과제활동) 대화(Welkowitz et al., 1990)와 일본어를 사용한 경우(Miura, 1993)에도 반복 검증되어 상당히 보편적인 언어적 상호작용기제인 것으로 밝혀졌다(신경진, 2009).

상담자가 침묵을 지키지 못하고 매 순간을 말로 채우면 내담자 역시 그렇게 한다. 상담자가 천천히 반응할 때 내담자는 스스로 생각하는 시간, 즉 자신의 말과 말 사이에 침묵시간(즉, 잠재주도시간)을 많이 가졌는데, 이는 상담자가 침묵을 허용한 측면도 있지만 내담자도 상담자가 허용한 침묵시간을 활용하여 자신의 생각을 발전시키는 작업을 하는 것으로 보인다. 신경진(1997b)의 연구에 의하면, 네 종류의 침묵 중 내담자 잠재주도시간은 성공사례와 실패사례 모두에서 직후 체험 수준을 의미 있게 증가시켰다. 즉, 상담자가 충분한 시간적 여유를 갖고 내담자에게 침묵을 허용하면서 상담을 진행하는 방식은 내담자로 하여금 시간적 여유를 갖고서 자신의 내면을 들여다보는 작업을 하도록 영향을 미치며 진일보된 상담 성과를 가져오는 데 기여하는 것으로 보인다.

2. 침묵의 의미와 기능

침묵은 단순히 비어 있는 시간이 아니다. 침묵은 겉으로 드러난 말과는 달리 채워져 있지 않은 시간적 공간을 매개로 하는 바로 그 특성으로 인해 여러 가지 매우 중요한 기능이 수행될 수 있다.

사람들은 자신의 경험과 외부 자극에 대한 정보를 처리하고, 생각을 정리하며, 자신의 내면을 관찰하기 위해서 침묵 시간을 필요로 한다. 깊은 정서를 체험하거나 다른 사람과 정서를 공유하거나 다른 사람으로부터 자신을 보호하고 방어하기 위해서도 침묵을 활용한다.

1) 정보를 처리하는 시간적 공간

침묵은 정보처리를 하는 데 필요한 시간을 제공한다. 침묵을 허용할 때 수행이 향상되고 질 좋은 반응이 산출되었으며(Rowe, 1974a, 1974b; Tobin, 1980; Tobin, 1984; Ruhl, Hughes, & Gajar, 1990), 메시지가 포함하는 정보가 많거나 복잡할 때 더 많은 처리시간(침묵시간)을 사용하였다(Greene & Lindsey, 1989; Greene, McDaniel, Buksa, & Ravizza, 1993). 심리상담이나 심리치료도 일종의 정보처리 과정이며, 상담자의 발언들은 내담자에게 정보처리를 요구한다. 상담자의 언어 반응들은 내담자에게 부여하는 정보처리의 부하량에 차이가 있을 것이며, 정보 부하량에 따라 내담자의 반응시간에 차별적인 영향을 줄 수 있을 것이다. 한마디로 처리할 메시지의 양이 많으면 내담자에게 더 많은 시간이 필요할 것이다. 재언급이나 가벼운 격려와 같은 상담자의 개입은 내담자에게 단일한 정보를 처리하게 하는 반면, 해석은 보다 복잡한 여러 가지의 정보나 이제껏 양립 불가능하다고 지각해 온 자신에 대한 개념을 탐색하고 처리하도록 요구하므로 정보 부하량이 큰 개입이라고 할 수 있다(신경진, 2009). 이렇게 볼 때 분석가의 해석 다음에 피분석자가 가장 자주 나타내는 반응이 침묵이라는 그린슨(Greenson, 1961)의 주장은 해석의 정보 부하량이 그만큼 크다는 사실과 맥을 같이한다.

상담자는 치료적 목적으로 침묵을 조절할 수 있고, 또 그렇게 함으로써 내담자의 행동상에 어떤 변화를 유발할 수도 있다. 내담자에게 요구된 정보들을 처리하는 데 필요한 충분한 시간이 허용되지 못한다면 내담자의 언어 반응은 질적 수준이 낮을 것이다. 상담자가 내담자에게 충분한 시간을 허용하는 것에서 더 나아가 보다 긴 침묵을 지킴으로써 정보처리를 더 하도록 촉구하는 압력을 가한다면, 내담자는 보다 향상된 수행과 반응을 산출함으로써 변화가 촉진될 수 있을 것이다. 내담자의 변화는 체험 수준의 변화일 수도 있고, 통찰의 증진일 수도 있으며, 통찰의 통합일 수도 있다. 상담자가 내담자의 통찰을 자극하는 해석과 같이 정보 부하량이 큰 개입을 할 때는 그것을 처리하도록 내담자에게 충분한 침묵을 허용해야 할 것이다(신경진, 2009).

2) 내면을 관찰하는 시간

상담은 자신의 내면을 관찰하여 통찰을 함으로써 문제를 극복해 나가는 일련의 과정이며, 내면의 관찰은 침묵 속에서 진행된다. 알로우(Arlow, 1961)는 분석가의 침묵이 외적 자극원을 최소화시켜 피분석가의 내부 자원을 가능한 한 완벽히 전달하도록 촉진하는 가장 중요한 상황 조건이라고 보았다. 이를 상담에 적용한다면 상담자가 침묵을 할 때 상담자는 내담자에게 처리할 자료를 제공하지 않음으로써 내담자는 주의를 온전히 자신의 내면에 집중하여 관찰하게 된다는 의미로 받아들일 수 있을 것이다.

최근 들어 심리학에서는 위파사나 명상에 대한 관심이 높아지고 있다. 위파사나 명상은 현재의 내적 경험을 세밀하게 관찰하는 불교의 수행법을 말한다. 심리상담이 상담자의 도움으로 자기 탐색과 통찰에 이르는 것이라고 한다면, 위파사나 명상은 심리상담과 많은 공통 분모를 지니고 있다고 할 수 있다. 권석만(2006)은 위파사나 명상의 심리치유적 기능을 다음의 여러 가지로 지적하고 있는데, 그 핵심은 현재의 자기 경험의 관찰이다. 자기 관찰을 통하여 개인은 체험하는 존재로서의 자아와 관찰하는 존재로서의 자아를 구별할 수 있다. 침묵 속에서 자기 관찰을 함으로써 내담자는 관찰하는 자아의 역량을 키워 나갈 수 있다. 현재의 자기 경험에 대한 세밀한 관찰은 자기 이해를 깊게 만들고 자신에 대한 통찰을 초래하며 과거의 부적응적 습관을 약화시킨다. 또한 현재의 자기 경험에 주의를 집중하여 자기 관찰을 하게 되면 정서적 동요가 감소하며 심리적 평정을 얻게 된다. 그리고 우리가 지속적으로 실재하는 것이라고 인식하고 있던 내면적 현상들인 우리의 감각, 감정, 생각, 욕망이 시시각각 변화하고 있다는 것을 알아차리게 되어 그에 대한 집착이 줄어들게 되며, 매 순간의 경험이 항상 새롭고 신선하게 느껴진다.

명상은 지도자가 있기는 하나 결국은 혼자 하는 수행이란 점에서 상담과 차이가 있다. 상담에서는 내담자가 상담자에 의해 끊임없이 자신의 내면을 보도록 자극받음으로써 자기 관찰을 하게 된다. 상담자는 내담자에게 자기 관찰을 유도하는 질문과 개입을 하고, 내담자가 자기 관찰 작업을 하는 중에는 침묵 속에서 관심을 갖고 함께 동반하고 경청함으로써 내담자로 하여금 자신을 관찰하도록, 그리고 자신을 관찰하는 역량을 키우도록 돕는다.

3) 정서 체험으로서의 침묵[4]

젤리그(Zeligs, 1961)는 침묵의 여러 의미와 현상에 대해서 서술하였다. 첫째, 침묵은 매우 다양한 정서적 의미를 지닌다. 두 사람 이상의 사이에 존재하는 침묵의 상태는 동의, 반대, 즐거움, 불쾌, 두려움, 분노, 평정 상태의 증거이기도 하며, 만족, 상호적 이해, 동정의 표시가 될 수도 있다. 또는 공허나 정동의 완전한 결핍을 나타내기도 한다. 인간의 침묵은 온정을 방사할 수도 있고 냉기를 던질 수도 있다. 그것은 한순간 찬미와 수용일 수도 있고, 다음 순간에는 비꼼과 경멸일 수도 있다. 둘째, 삶에서 가장 통렬한 정서 경험은 반성적인 침묵 속에서 맛보거나 유지된다. 정서에 압도되어 있는 사람은 통상적으로 말보다 침묵으로 반응한다. 이 경우 침묵은 말보다 경제적으로 정서를 체험하고 전달하게 한다. 셋째, 침묵은 개인의 내적 사고와 감정을 감추며 외부 자극의 지각을 차단한다. 이는 모든 위협으로부터의 무의식적인 보호과정이기도 하다. 넷째, 신체적 혹은 심리적 외상의 충격 상태에서 자아는 침묵을 통해 외상적 사건을 의식하거나 기억하지 못하도록 신체조직을 자동적으로 보호하여 에너지의 지출을 최소화하도록 돕는다. 다섯째, 침묵은 온정을 제공하는 보호막이거나 여러 가지 다른 기능적 수준과 상징적 수준 및 승화된 수준을 지닌다. 예컨대, 상담자는 침묵 속에서 자신의 역전이 감정을 작업하고 중화시킬 수 있다. 또한, 명상meditation은 오직 침묵 속에서만 가능하다. 이처럼 젤리그(Zeligs, 1961)는 침묵의 다의성을 강조하였지만, 그의 주장은 한마디로 침묵은 말보다 더 경제적인 방식으로 정서를 체험하고 전달하는 의미가 있다는 것이다.

스트레이혼(Strayhorn, 1979)은 내담자의 침묵의 여러 가지 의미를 정확히 이해하는 것이 치료의 관건이라고 주장하면서, 의사소통을 막는 장벽으로서의 침묵의 종류를 구분하였다. 첫째는 도구적 행동으로서의 침묵으로, 분노 표현으로서의 침묵과 돌봄에의 소망 wish을 전달하는 의미의 침묵이 해당된다. 둘째는 회피 행동으로서의 침묵으로, 감정 자체에 대한 두려움, 충동 통제의 상실에 대한 현실적·비현실적 두려움, 타인의 반응에 대한 비현실적인 기대와 현실적 공포, 타인의 반응을 정확하게 예측하지만 그에 대한 비현

---

4) 이 부분은 필자의 박사학위논문(1997b)에 동일한 제목으로 수록된 부분을 일부 수정하여 실은 것이다.

실적인 취약성, 관계에서 친밀해지는 것에 대한 비현실적인 공포, 다른 사람과 친밀해지지 않겠다는 현실적 결단, 경험 부족에 기인한 사회적 어색함에 대한 공포 등이 포함된다.

젤리그(Zeligs, 1961)는 정서를 깊게 체험하고 효율적으로 전달하는 의사소통의 한 방식으로 침묵을 받아들인 반면, 스트레이혼(Strayhorn, 1979)은 언어로 표현하기 어려운 정서 체험으로 인해 의사소통이 방해받는다는 시각에서 침묵을 파악하였다. 스트레이혼(Strayhorn, 1979)은 내담자가 침묵이라는 방식으로 상담에 대한 저항을 드러낼 때 그 침묵 속에 담겨 있을 수 있는 정서의 내용을 상세히 열거한 것이라 할 수 있다. 침묵이 의사소통의 한 방식이건 의사를 방해하건, 중요한 것은 침묵이 언어로 표현하기 어려운 어떤 감정들을 체험할 때 사람들이 취하는 방식이라는 점이다. 내담자가 길게 침묵할 때 상담자가 그 침묵의 의미를 잘 이해하여 적절히 대처하는 것은 치료를 성공적으로 이끄는 데 매우 중요할 것이다.

3. 침묵의 치료적 활용

의사소통은 언어로만 전달되는 것이 아니다. 침묵도 의사소통의 한 형태이며 그 의미의 파악이 가능한 현상이고, 긍정적인 효과와 부정적인 효과를 모두 지닐 수 있는 강력한 치료적 힘을 지닌다(Blos, 1972). 침묵은 정서체험과 인지적 정보처리의 과정이며 내면을 관찰하는 시간이다. 또한, 침묵은 건강한 치료 동맹의 필수적인 선행조건(Ladany, Hill, Thompson, & O'Brien, 2004; Hill, Thompson, & Ladany, 2003)이기도 하다. 더 나아가 침묵은 분석(상담) 과정을 방해하는 저항(Zeligs, 1961)으로 작용하기도 한다. 이처럼 침묵은 그 의미와 기능이 매우 다양하므로 상담자는 침묵이 발생하는 맥락과 상황 및 그에 따른 기능과 의미를 분명히 파악하여 치료과정에서 침묵을 치료적으로 잘 활용할 수 있어야 할 것이다.

1) 침묵 시간의 활용

상담자는 매 순간 내담자에게 집중하고 경청하며 내담자의 말을 듣고 이해하고 정리한다. 첫 회기에서 지금에 이르기까지의 누적된 내담자의 이야기와 내담자와의 상호작용 내용을 통합적으로 이해하는 바탕 위에서 현재의 이야기를 경청하며, 어떤 치료적 개입을 할 것인지 그리고 그 치료적 개입의 가능한 효과는 어떤 것인지를 예측하고 점검하며 최종적인 치료 개입을 선택하고 결정하는 등 작업할 내용이 대단히 많다.

따라서 상담자는 상담을 진행하는 순간순간에 스스로 자신의 작업 시간을 충분히 갖는 것이 중요하다. 상담자는 많은 것들을 생각하면서도 현재의 내담자에게 충실히 집중하면서 하나하나 맥을 짚어 나가야 하므로 상담자의 말은 빠를 수가 없으며 내담자에게 몰입하며 자신의 작업을 해 나갈 수 있는 충분한 작업시간인 침묵시간이 필요하다.

내담자가 침묵하는 시간 중에 상담자에게는 여러 가지 생각들이 떠오를 수 있다. 그러나 떠오르는 생각들을 그대로 내담자에게 말하는 것은 치료적 태도가 아니다. 그 침묵 시간을 활용하여 상담자는 내담자의 이야기를 들으며 자신에게 떠오른 생각들과 자신에게 자극된 감정들을 점검하고, 지금까지 내담자가 언급한 내용들을 정리하며, 적절하다고 판단되는 치료적 개입과 예상되는 결과들을 검토한다. 그리고 내담자가 충분한 작업을 하고 그 결과를 자발적으로 언급할 때까지 차분하고 여유 있게 기다릴 것인지 아니면 침묵을 중단시키고 어떤 개입을 할 것인지를 결정한다.

특히 상담 중에 자연스럽게 생겨나는 침묵시간을 활용하여 상담자는 자신의 역전이 countertransference가 내담자와의 상호작용에서 반치료적으로 영향을 미치지 않도록 충분히 작업하고 해소시켜야 한다. 역전이는 상당부분 무의식 과정에서 이루어지므로 상담자는 내담자에 대한 자신의 감정이 어떤지 점검하고, 자신의 표정이나 말투 등 자신의 의도와는 다른 비언어적 행동들이 드러나고 있지는 않은지 검토하여 이에 대해 나름의 작업을 하도록 한다.

2) 내담자에게 허용하는 침묵 시간

상담자는 내담자가 자신을 잘 설명하도록 촉진하고, 내면을 관찰하도록 자기탐색적인 질문을 하며, 내담자에 대해서 자신이 이해한 바를 요약하고 반영하여 내담자로 하여금 자신을 잘 알아가도록 거울반영해 주고, 내담자에게 거의 감지 가능한 정도로 작업된 심적 내용들을 알려 주는 것(즉, 해석하는 것) 이외에 다른 말을 할 필요가 거의 없다. 내담자가 상담자의 이러한 개입의 도움을 받아 소외된 자신의 부분들을 인식하고 잘 통합하며 진정 자신이 원하는 삶을 선택하여 이를 실천할 깊은 각성의 마음을 다지는 것은 상담자가 동반하는 침묵 시간 속에서 내담자가 스스로 터득하는 것이다. 상담자는 내담자가 자신의 작업을 잘 할 수 있도록 침묵 속에서 여유를 갖고 지켜볼 수 있어야 한다.

상담자가 내담자에게 자신을 들여다보도록 하는 질문이나 통찰을 자극하는 개입을 했을 때 내담자가 침묵하거나 대답하기 어려워하며 머뭇거릴 때는 내담자가 자신을 관찰하는 나름의 작업을 하고 있는 것이므로 상담자는 내담자로 하여금 충분히 자기관찰 작업을 하도록 시간적 여유를 주면서 기다려 주는 것이 좋다. 이 장의 '침묵을 활용한 사례' 부분에 인용된 〈사례 19-1〉에서 내담자는 상담자의 자기탐색적 질문(상25)과 해석(상40과 상41)에 접하여 말을 더듬고 머뭇거리며 길게 침묵을 하기도 하였다. 이때 상담자는 내담자로 하여금 자신의 내면을 탐색하고 생각을 정리하여 자발적으로 이야기를 할 때까지 충분히 기다려 주고 있다(내27, 내41, 내42 등).

상담에서 내담자가 자신을 들여다보면서 하는 작업들은 외면해 왔던 자신의 모습들을 관찰하고 직면하는 것일 수도 있고, 한 번도 들여다보거나 나누어 보지 않았던 것들일 수도 있으며 이제껏 한 번도 생각해 본 적이 없는 것을 생각해서 끌어내고 통합하는 작업을 하는 것일 수도 있다. 상담자는 내담자가 그것들을 충분히 음미할 수 있도록 분위기를 조성하며 시간적 여유를 제공할 수 있어야 한다. 내담자를 재촉하거나 다른 주제의 이야기를 하여 주의를 분산시키지 않아야 한다. 상담자의 이러한 태도는 매우 중요하다. 내담자가 상담자와 함께 있으면서도 방해받지 않고 자신의 내면을 보는 작업을 충실히 할 수 있다면 내담자는 생활 속의 다른 사람들 속에서도 휘말리지 않고 자기에게 집중하고 자신을 지키며 자기로서 존재하는 것이 가능할 수 있을 것이기 때문이다.

상담자는 내담자에게 침묵을 허용할 뿐 아니라 내면을 좀 더 깊이 들여다보도록 침묵을 통해 압력을 가할 수도 있다. 상담자의 침묵을 통한 압력이 효력을 발휘하려면 내담자와의 굳건한 작업 동맹이 형성되어 있는 토대 위에서 공감적인 이해의 분위기가 조성되어 있어야 한다. 공감적이고 집중하며 경청하는 가운데 이루어지는 상담자의 침묵은 내담자로 하여금 상담자의 침묵이나 상담 장면의 모호함을 인내할 수 있도록 도와줄 뿐 아니라 내담자로 하여금 자신의 내면을 좀 더 탐색하도록 자극한다. 그러나 상담자가 이 공감적 태도를 철회하면 상담 과정은 빗나가거나 난국에 빠지게 된다(Zeligs, 1961). 또다시 〈사례 19-1〉을 살펴보자. 내41의 내담자 발언 중에는 (15초), (16초), (23초), (22초)의 네 개의 침묵이 들어 있다. 이들 침묵이 성립된 것은 단순히 내담자가 침묵을 해서라기보다는 상담자가 침묵을 허용한 것에서 더 나아가 상담자가 적극적으로 침묵을 함으로써 침묵의 압력을 가한 측면이 있다고 보아야 한다. 달리 말하면, 내담자는 잘 정돈되지 않는 자신의 생각들을 말하다가 침묵을 하면서 상담자가 뭔가 이야기해 주기를 기대하고 있을 수 있다. 그러나 상담자는 내담자와 함께 침묵을 지켰고, 이는 내담자에게 내면을 더 들여다보도록 자극하였으며, 작업 동맹이 잘 형성되어 있는 이 내담자는 상담자의 침묵의 압력을 받고 상당히 높은 수준의 통찰을 보여 주는 발언을 하였다. 내담자는 (23초)의 침묵 다음에 '엄마 노릇을 하려는 자신의 모습'을 자각하여 표현하였고, 이어지는 (22초)의 침묵 다음에는 '챙겨줘야 한다'는 자신의 내적인 흐름을 읽어서 전달하였다.

4. 내담자의 침묵에 대한 개입

초보상담자는 내담자의 침묵을 부담스러워하며 견디기 힘들어 한다. 3초나 5초에 불과한 침묵도 길게 느낄 수 있다. 그래서 침묵시간을 말로 메우려 하기도 한다. 그러나 상담자가 말을 많이 하는 것은 그리 바람직하지 않다. 상담자는 내담자와의 만남에서 내담자에게 충분한 침묵을 허용할 수 있어야 하며 내담자로 하여금 침묵을 치료적으로 활용할 수 있도록 행동으로 안내할 수 있어야 한다. 상담자와 함께하면서도 내담자는 상담자의 재촉이나 압력 없이 편안하고도 여유 있게 자기를 가질 수 있고 자기로서 존재하며 스스로 생각을 정리할 시간이 허용되어야 한다. 인간을 이해하는 폭이 커지고 풍부한 상담 경험과 인생경험을 하며 문제해결 능력이 커지면 초보상담자들은 차츰 내담자의 침묵을 견디고 받쳐 주기가 용이해지며, 더 나아가 자신의 작업을 하는 데 침묵을 치료적으로 활용할 수 있게 된다.

내담자가 자신을 들여다보는 작업을 하느라 침묵하고 있는 것을 상담자가 기다리지 못하고 내담자의 상태를 자기 식으로 짐작해서 설명하거나 궁금한 것을 질문하거나 주제를 제시하는 등으로 개입을 한다면 내담자는 자신을 들여다보는 작업을 충분히 하지 못하고 설익은 채로 작업을 중단하거나 하던 작업에서 빠져나와 원치 않는 다른 이야기를 하게 될 수 있다.

상담자가 내담자의 침묵에 못 이겨 불필요한 개입을 얼마나 하였는지를 점검하는 한 가지 방법은 자신의 상담 축어록을 푼 다음 상담자의 발언 하나하나마다 그것이 진정 얼마나 필요한 개입이었는지를 자문해 보는 것이다. 녹음을 듣고 할 수도 있으나 녹음은 시간이 지남에 따라 흘러가므로 상담자가 개입했던 당시의 자신의 내면을 충분한 시간을 가지고 음미해 보기가 어렵다.

모든 침묵이 치료적으로만 활용되는 것은 아니다. 침묵이 어색하게 느껴질 때 이 어색한 분위기를 지연시키는 것은 불필요한 일이다. 특히 상담 초기에 어색한 침묵을 방치하는 것은 작업 동맹의 형성을 방해하는 쪽으로 작용하므로 좋지 않다. 상담 초기에는 정보 탐색과 구조화를 적절히 하여 어색한 침묵이 길게 이어지지 않도록 한다.

제14장의 〈표 14-1〉에서 내담자가 침묵을 길게 할 때 그 침묵을 다루는 방법에 대해 울버그(Wolberg, 1994)가 제시한 방법을 소개하였다. 그 방법들은 주로 본 상담인 중기 이후에 발생하는 침묵에 대한 것이다. 그 방법들을 사용하면 내담자의 대부분의 침묵을 무리 없이 다룰 수 있을 것이다.

침묵은 상담이나 상담자에 대한 내담자의 부정적인 감정이나 저항의식의 표현일 수도 있다. 이런 경우에는 마지막에 한 내담자의 이야기를 받아서 반영을 하거나 내담자의 침묵의 의미가 밝혀지도록 촉진하는 개입을 하는 것이 좋다. 그러나 내담자가 그래도 침묵을 지키면 상담자도 내담자와 함께 침묵을 공유하도록 한다. 침묵 속에서 상담자는 내담자의 마음에 귀를 기울이면서 자신 속에 떠오르는 내담자에 대한 느낌들을 느껴보도록 한다.

드물기는 하지만 상담자의 개입으로 깨어지지 않는 내담자의 침묵도 있다. 이러한 침묵은 상담에 대한 저항이기도 하지만 동시에 내담자 나름의 독특한 의사표현 방식이라는 점을 명심해야 한다. 상담자는 내담자가 침묵을 지킬 수밖에 없는, 또는 침묵으로 저항을 할 수밖에 없는 마음의 흐름에 접근하여 그 심정을 전달받으려는 노력을 끊임없이 해야 한다. 상담자는 내담자의 곁에서 내담자와 함께 있으면서 그동안 진행되어 온 내담자의 모든 이야기와 상호작용들을 통합적으로 이해하는 맥락 속에서 현재 내담자가 침묵하는 그 심정을 공감적으로 이해하려고 노력하는 것이 중요하다.

제18장의 '해석에 대한 반응과 효과' 부분에서 설명한 '말없는 내담자silent patient'와 같이 어떤 내담자는 자신의 내면의 상태를 전달하기가 어려울 수 있다. 이런 내담자를 대할 때 상담자는 내담자와 공유하는 침묵의 순간들 속에서 내담자의 언어적 비언어적 표현들에 집중하여 뭔가 심정적으로 짚이는 것들을 민감하게 포착할 수 있어야 한다. 그리고 그것들을 토대로 조심스럽게 내담자의 심정을 읽어 주면서 내담자에게 접근을 시도해 볼 수도 있다. 물론 말하지 않는 내담자에게서 상담자가 느끼는 내용들은 불분명하고 모호하므로 그것들을 말로 돌려줄 때는 추정하고 추측하는 식으로 전달하여야 한다. 때로는 이들에게는 일반적으로는 바람직하지 않다고 알려진 선다형의 폐쇄형 질문이 유용하기도 하다. 예컨대, "지금 무슨 생각을 하시는지요?"라고 질문을 하였는데, 내담자가 대답을 하지 않고 여전히 침묵을 지키고 있다면 "혹시 하고 싶은 말이 떠오르지 않는 건가요? 아니면 떠오르기는 하는데 전달하기가 어려운 것인가요?"와 같이 질문할 수 있다. 자발적으로 상담에 온 내담자라면 상담자가 이런 정도의 질문을 하면 그에 대해 긍정 또는 부정의 대답 정도는 하게 마련이다. 내담자는 '떠오르는 말이 없다.'든가 '뭔가 떠오르기는 하는데 그것을 말로 표현할 수가 없다.'고 말할 수도 있다. 그러면 이제껏 누적된 비언어적 상호작용과 이 말을 하는 내담자의 억양과 표정 등을 통해서 상담자는 또다시 추정적인 이지선다형의 폐쇄형 질문을 던질 수 있다. "뭔가 떠오르기는 하는데 말로 표현할 수 없다는 것은 혹시 내(상담자) 반응이 염려되어 그런 건가요? 아니면 다른 이유가 있는 건가요?" 이런 식의 이지선다형의 폐쇄형 질문은 대답하기 쉽고 편하므로 침묵을 길게 하며 말을 하기 어려워하는 내담자들도 단답식으로나마 쉽게 대답을

해 주곤 한다. 만일 내담자가 "선생님이 신경 쓰이는 것도 있지만 떠오르는 것이 잘 잡히지 않아서 말로 할 수가 없는 것도 있어요."라고 말했다면 상담자는 "뭐라도 조금이라도 말을 해서 나와 함께 말을 붙여 나가 볼까요?"라고 내담자의 협력을 유도하면서 표현을 격려할 수도 있다. 만일 내담자가 "선생님의 반응이 염려가 되는 측면도 있는 것 같아요."라고 대답했다면 상담자는 "뭔가 용기가 필요한 내용인가 보군요."라거나 "좀 더 용기를 내볼 수는 없을까요?"라고 말함으로써 내담자에게 표현해 보도록 격려할 수도 있다. 내담자와 충분히 길게 침묵을 공유하였음에도 내담자가 여전히 침묵을 지키면 상담자는 속내를 드러낼 용기를 낼 결단을 촉구하는 발언을 다음과 같이 할 수도 있다. "그만용기를 좀 내보지요. 이렇게 용기를 못 내고 계속 침묵만 지키고 있을 건가요?" 그러나 내담자가 침묵을 지키는 것은 의도적으로 그러는 것이라기보다는 자신도 어쩌지 못하고서 그렇게 하는 것이므로 상담자는 그 어떤 경우에도 내담자에게 화를 내거나 비난을 해서는 안 된다. 이 모든 말들은 친절하면서도 부드럽고 따뜻하게 격려하는 말투와 태도로 하도록 한다.

5. 침묵을 활용한 사례

침묵을 치료적으로 활용한 사례를 소개하면서 이 장을 마무리하려 한다. 이 사례에서 상담자는 내담자가 자신의 내면을 들여다볼 수 있도록 충분히 침묵을 허용하였고, 작업 동맹이 잘 형성되어 있는 내담자는 침묵시간 동안 충실하게 작업을 하여 자신에 대한 통찰을 키워 나가고 있다. 다음은 23회 축어록이다.

〈사례 19-1〉 침묵을 활용한 사례

〈내담자는 상담 당일에 전화를 하여 다음 날로 상담시간을 변경하였는데, 자원봉사하기로 한 후배가 약속을 안 지켜서 자신이 대타로 뛰느라 그랬다 함.〉

상5: ○○씨가 소개시켜 준 후배가 자기 몫을 안 한 걸 ○○씨가 대신 해 주느라 갑자기 상담을 바꿨군요.

내5: 네. 아, 근데 아직도 제가 화나는 거에 대해서 어떻게 해야 될지 모른다는 걸 어제 알았어요. 그러니까 제가 화를 낼 수 있는 상황이잖아요. 근데 제가 기분이 더 나빴던 게 얘가 전혀 미안해하지 않는 거예요. 그래가지구 속으로 인제 '야, 니가 돈 받고 하는 일이면 이런 식으로 할거 같애?'라고 해 주고 싶은데 차마 말은 못하구? 쯧 '그래 알았다.' 그러면서 '어쨌건 언닌 그쪽이랑 연락해서 지금 나가 볼 테니까 이따 저녁에 통화하던지 그러자.'

상6: 왜 그런 걸 대신 해 주죠? 일단 소개해 줬으면 그쪽에서 알아서 할 일 아닌가요? 왜 그런 책임을- (얘기를) ○○씨가 져야 하는지 나는 잘 이해가 안 되네요.

내9: (길게 상황을 설명하며) 300명이 오는데, 나눠서 맡아가지고 인솔하고 통역하고 해야 되는 건데- 제가 너무 무리하게 막 그렇게 하는 거같이 보이세요? 선생님 입장에서?

상9: 음- 자기 몫의 책임만 지면 될 텐데 기관의 담당자처럼 책임의식을 갖는 거 같이 그렇게 보이네요.

내10: 그런지도 모르겠어요. 아무튼 제가 가니까 거기서 되게 기뻐했는데, 좀 놀` 놀래하는거 같았거든요? 그러니까. 제가 미안해하니까 오히려 그쪽에서 어휴! 왜 미안해하냐구 그러면서- 근데 저는 되게 막 미안하더라고요. 모르겠어요, 약간 그런 마음이.

상10: ○○씨가 미안해하는 것이 그곳 사람도 이해가 안 되고 나도 이해가 안 되네요. 자원봉사자 관리의 책임은 그곳 사람들에게 있는 것 아닌가요? ○○씨가 자원봉사자를 구해 준 것만 해도 고마운 거지요. 자기네가 관리를 할 텐데 그중에 한 명이 펑크가 났는데 그걸 자원봉사자인 ○○씨가 왜 때우나요? 상식적으로 이해하기 어려운 일이지요.

내12: 그런가요? 저는 그냥 그런 생각이 안 들구- 아휴, 흐흐흐. 그- 저두 잘 모르겠네요. 갑자기 음- 그렇구나. (23초) 음, 그러니까 이런 걸 잘 모르겠어요. 전에두 제가 원래 타이핑 안 해 줘두 되는데 타이핑해 주구, 제가 가서 편집하는 거 도와주구 그랬거든요? 그런 식으로 하니까 그쪽에서는 저를 굉장히 잘 보구 고마워하긴 하는데- (4초) 그냥 나는 당연히 그래야 되겠거니 하구 생각해서 한건데- 어- 그러니까 (4초) 한계를 넘어서 막 하는 건가 하는 생각이 지금 드네요.

상12: 평소 그런 태도를 보였으면 후배는 미안함도 없이 아마 당연히 ○○씨가 할 거라고 (아아!) 그렇게 생각을 할 수도 있지요.

내13: 그럴지도 모르겠네요. (11초) 그러니까

그런- 마음이 좀 있어요. 아이, 내가 좀 불편하고 말지 괜히- 물론 내가 책임져 주지 않아도 되는 일이긴 하지만 내가 좀 손해 보고 말지 하는 생각이 킥히히 좀 있어요. 안 그러면 또 막 양쪽에서 다 당황하구 책임을 서로 막 묻구 그럴 거 같아서.

상14: (4초) 그들의 영역인데, 그럴지 안 그럴지는 모르죠. 그들이 알아서 할 일이지요.

내15: 근데 집에서두 그런 게 많거든요? 그러니까 집안에서 무슨 일이 딱 생기면 그게 다 막 내 탓인 거 같구, 그리구 내가 속해 있는 조직 안에서 무슨 일이 생기면은 내가 이렇게 했으면은 막을 수 있지 않았을까라는 그런 식의 마음이 되게 많이 들어요. (동생 중학교 때 학교에서 말썽 부리고 가출한 것에 대해 어머니가 '네가 동생을 잘 돌봤으면 그런 일이 생기지 않았을 것 아니냐.' 며 늘 자신이 야단을 맞았던 몇몇 사건을 길게 이야기함) 그게 좀 습관처럼 돼 가지구 나도 모르게 음- (3초) 아이, 내가 오늘 아침에 이렇게 했으면 저렇게까지는 안 됐을 텐데, 내가 좀 참구 애를 돌봐 주고 그래야 되는데, 막 이런 생각 있잖아요. (6초) 음- (6초) 그런 생각이 많이 들어요.

상16: (4초) 급기야는 이제 다른 상황, 다른 장면에서도 그러네요. 행사 주최 측에서 책임을 져야 할 거를 일개 자원봉사자가 책임을 지려 한단 말이죠. (음) 그 (4초) 그- 엄마의 그런 태도는 어떻게 받아들이나요. 동생이 그렇게 된 건 네가 잘못해서 그렇다고 하는 거.

내18: 그 말 딱 들으면 그니까 반발할 수도 있는데, 근데 반발심은 들은 적이 거의 없고 맞다는 느낌이 일단 들면서 (음) '아, 진짜 내가 이렇게 했어야 되는데.' 그런식으로 후회하게 되구. 음- (4초) 그냥 그 말을 다 믿어요, 저는. 물론 요즘에는- 아니, 아니야, 막 이런 생각이- 이런 생각하게 되지만 거의 항상 믿었어요. 그러니까 엄마가 그렇게 얘기하는 거에 대해서 맞 맞다고 생각했어요.

상18: 그럼 요즘은 어떻게 바꼈는데요?

내19: 요즘은요? (음) 그게 왜 내 탓이야, 막 이런 킥 생각이 들` 이런- 네, 이런 식으로 반발하게 되죠. 흐

상19: 좀 더 얘기해 보지요 (네.) '그게 왜 내 탓이야.' 그거.

내20: 뭐 누구 탓이- 누구 탓인진 잘 모르겠지만, 그니깐 아무튼 '내 몫은 아니야.' 라는 느낌- 그러니까, 음- (3초) '나도 한계가 있는 인간인데 내가 음- (3초) 어- (3초) 내 힘이 닿는 데까지만 짐을 지는 거지 내가 뭐 힘이 닿지도 않는 거에 대해서 내가 다 짐을 져야 돼?' 그런 생각 있잖아요. 그러니까 집안에 대해서 짐을 내려놓게 된 게 그- 작년에 외국 갔다와서부터에요. 그전 같았으면은 엄마가 김치만 담근다 그래두 집 밖에 못 나갔어요. 학교에서 급하게 진짜 무슨 일이 있어서 갔다고 그러면 가서두 마음이 안 편하구 갔다와서도 마음이 안 편해요.

상20: 엄마 보호자 노릇한 거 같으네요.

내21: 그래서 옛날 남자친구랑도 그것 때문에 되게 많이 싸웠어요. 그러니까 집안에 뭐 하다못해 김치 담그는 일까지두 왜 니가

그래야 되냐구 그러면서 이해를 잘 못하죠. 그니까 둘이서 만나기로 약속을 했는데 엄마가 뭐 아프다거나 뭐 '김치 담아야 돼.' 그러면서 못 나가겠다고 얘기하면은 그쪽에선 당연히 이해를 못하죠. 그러니까 그 사람이랑 저랑 싸운 거의, 거의 80프로는 집안 문제 때문이었어요.

상21: 음– 그런 식으로 관계를 맺는 그런 자신의 행동은 어떻게 보나요, ○○씨 스스로는?

내22: 제가 집안에 대해서 그렇게 생각하는 (음) 거요?

상22: 그렇게 모든 짐을 다 짊어지고 이러는 자신의 모습에 대해서는 스스로 어떻게 받아들이는지요?

내24: 전에는 그거에 대해서 그러니까 그냥 당연하게 생각했어요. (음) 내가 당연히 져야 될 짐이라고 생각하구, 그리구 (3초) 아이, 좀 물론 벗어나고 싶다 그런 생각은 하지만 거기에 대해서 그러니까, 음– (3초) 음– (3초) 내가 지금 감당할 힘은 없지만 마땅히 그래야 된다– 당연하다고 생각했는데, 어– (4초) 그래서 인제 '아, 돈도 좀 많이 벌어서 이렇게 부모님도 세워 드리고, 집안도 좀 웬만큼 세워 놓구, 동생들 잘되는 것 보고, 그러구선 시집 가야지.' 그런 생각을 킥 되게 많이 했는데, 최근에는 내가 그럴 힘이 없다는 걸 알게 됐어요. '아, 내가 뭐 사실 그럴 만한 능력이 없는데, 어쩔 수 없는 거에 대해서 좀 굴복하고 그냥 인정하자.' 라는 그런 생각을 했어요. 외국에 나가서 식구들하고 떨어져 있으면서 사람들이 굉장히 그

립고 그렇지만, 음– 나름대로 그냥 살 만하다는거를 차츰 알게 된 거예요, 1년 동안 있으면서. 처음에는 진짜 고문같이 괴로웠지만, 음– (5초) 어차피 내가 능력도 없구, 그리고 떨어져 있으니까 또 떨어져 있을 만하고. 내가 없어두 누군가 그 몫을 메꾸고 있다는 걸 알게 됐어요. 그러면서 '왜 내가 나한테 이런 짐을 지워서 나 스스로도 괴롭게 하고, 내가 이렇게 기쁘지 않게 살면은 그게 무슨 유익이 있겠어.' 그렇게 생각을 조금씩 교정하기 시작했어요. 그런데 사실 돌아와서두 아직도 좀 그런 게 있어요. 지난 학기에 논문을 못 쓰게 된 이유 중에 하나두, 음– 조카 보느라고 그런 게 좀 있었어요. 외국에서 돌아오면서 '나는 애 못 봐 준다 애 못 봐 주구, (음) 그리고 이제는 집 밖에 나가서 살려 한다. 그리고 내가 배운 거를 최대한 활용하고 싶으니까 그런 부분에 대해서 터치하지 말아 달라.' 구 편지에다두 계속 쓰구, 돌아와서두 그런 식으루 선언을 했어요. 전에는 항상 집에 일찍 들어가서 집안일 살피구– 그랬는데, 요즘은 밖에서 많이 일을 하구 맨날 늦게 오구. 그리구 매일 학교를 가야 한다고 생각하구 그런 식으루 제가 행동을 하니까 식구들도 저에 대해서 바뀌는 거예요. 엄마두 자기가 아프거나 무슨 일이 있거나 그럴 때 되게 조심스럽게 물어봐요. '너 목요일날 뭐하니?' 그러면 인제 저는 뭐 약간 타협할 수 있는 거면 타협하구 안 그러면, 음– '안 된다' 구 '가야 된다' 구 그렇게 얘기하거든요? 그러니까 그런 식

으로 바꿨는데 아직도 물론 있죠. 그니까 예전의 그런 습관들이- (3초) 좀 있지만은 아무튼 관점은 많이 바꼈어요. 그러니깐 예전에는 엄마가 그렇게 사는 거에 대해서두 막 내가 뭔가 막 이렇게 간섭해서 해야 될 일이 있을 거 같구 그랬었는데, 요즘에는 쯧 사람들 저마다 다 자기가 져야 될 몫이 있는 거지. 나두 쯧 내 생활, 내 논문이나 그런 것들만 생각해두 버거운데. (한숨) 이런 식으루 제가 많이 내려놨어요.

상24: 내가 질 수 없는 짐들을 그렇게 져왔었군요.

내25: 네, 진짜! 그래요.

상25: 당연한 듯이 그래 왔고 지금 이 자원봉사 후배한테도 비슷한 맥락에서 그렇게 한 거고. 하여튼 내가 질 수 없는 짐들을 지도록 강요되었고 그걸 당위처럼 받아들였는데, 왜 그렇게 해야만 했을까요?

내27: (16초) 〈연상되는 가족의 역동을 길게 이야기함.〉 근데 진짜루 아빠가 나한테 그렇게 부정적으로 영향을 미쳤는지는 진짜로 몰랐어요. 그니까 (3초) 이런 식으루 이렇게 고통 주고 이렇게 될지 몰랐는데- (3초) 나는 모든 부정적인 것들은 다 엄마한테서 왔다고 생각했는데, 음- (13초) 근데- 맨날 드는 궁금함이지만은 다른 사람들은 그렇게 생각- 안 하나요? 아니, 거의 그러지 않나? 않는지 어떤진 모르겠는데.

상27: 무슨 생각을?

내29: (3초) 그니까 저는 되게 그런 두려움이 많거든요. 제가 정상이 아니라는 그런-

거에 대해서.

상29: (4초) 다른 사람들이 다 그렇게 하면 (흐흐흐) 그러면 그게- 정상이 되는 건가요?

내30: 글쎄 아무래도 좀, 킥히히 그러니까

상31: 다른 100사람이 그렇게 살면 그게 정상이고 나도 그렇게 살아야 되나요?

내32: 아뇨. 그런 건 아니죠.

상32: 그러면 다른 사람과 관계 없이 내가 원하는 삶, 이렇게 살 수는 없다, 이런 거지요? (네) 음. 전에는 엄마는 나쁘고 아빠는 무조건 좋다고 생각했었는데, 보니까 내가 이렇게 된 데는 아버지의 영향도 있는 걸 알겠고. 내가 짊어질 수 없는 짐을 지고 헉헉거리고 지금까지 힘들게 살아왔지요. 지금은 안 그래야지. 내 한계를 지키면서 내가 짊어질 수 있는 만큼 지고, 엄마는 엄마의 몫을 하고, 자원봉사면 그 자원봉사의 몫만 책임지면 되지요. 그런데 ○○씨는 집에서 엄마의 몫을 하고, 체전에서 책임자의 의식을 갖고 임하고 그런 식으로 살고 있는-

내33: 근데요 그럼 그걸 어떻게 해야 될지 잘 모르겠어요, 그러니까-

상33: 스며 있어. (예.) 그렇게 전체의 나의 삶 하나하나에. 인간관계 하나하나에. (그 친구한테에-) 그러니까 너무너무 힘들지.

내34: 그 후배한테 말을 해야 될까요? '네가 이렇게 해서 기분 나빴다.'고. 어저께 전화를 해서 얘길할까 어쩔까 막 그러다가 말았는데.

상34: (4초) 어떡하면 제일 마음이 편안하고 알맞을 거 같애요?

내35: (4초) 으음- (4초) 개도 이제 제가 기분 나빠한다는 거를 눈치를 챘으니까 차라리 그냥 솔직하게 털어놓는 게 나을 거 같애요. 그래서 좀 마음이 상했다구.

상35: (3초) '싫으면 가지 말지 누가 가랬나? 이러면 뭐라고 할 건가요?

내36: 싫으면 가지 말` 킥

상36: '근데 왜 했나요?' 그러면?

내37: 아아 걔는 저한테 그렇게는 얘기 못할 거예요. (14초) 음– 분명히 내가 처음에 그 기간 동안 내내 일하는 건 아니지만 그 기간만큼은 스케줄을 다 비워 놔야 된다고 말을 했는데, (3초) 숙지를 안 하고 있다가 막 엉뚱하게 딴 행동하구 그러면은 되게 신경질 나는데. 어제두 그것 땜에 더 신경질이 났어요. '어 난 그런 줄 몰랐어요.' 라고 말을 하는 거예요. 내가 여러 번 얘기했는데. (24초) 근데 아까 선생님 제가 그걸 왜 '다른 사람은 안 그럴까?' 라고 물어본 게 어떤 거냐면, 지금 그러니깐 나는 그냥 당연히 가야 될 거라고 생각해서 어저께 간 건데– 거기서 의외라는 듯이 좀 약간 놀, 놀래하구, 선생님두 이해가 안된다고 그러셨잖아요. (음) 근데–

상37: 나 같으면 안 가지요. 내가 맡은 몫만 책임을 지겠지요.

내38: 예에, 물론 히히히 그렇지요. 어– (3초) 정상, 아까 정상이 아닐까 봐 걱정이 된다 그런 얘기 했는데, 이런 상황에서 그니까 저는 판단이– 그러니까 당연히 그쪽으로 기울어서 하는 거예요. 근데 다른 사람들이 나랑 다르게 생각하고 있다는 거를 알면 어– (4초) '다른 사람들은 그냥 이렇게 생각하는 걸 왜 나는 이렇게 생

각할까?' 라구 하면서 되게에 좀– 뭐라 그러지? 이렇게 불안한 거죠, 그러니까 말 그대루.

상39: 뭔가 그러는 흐름이 있겠지요. 마음을 얻을 수 있다고 생각하면서 자기 스케줄을 희생을 한다던가, (음) 내 생활은 언제든지 다른 사람에 의해서 펑크 나고 희생되도 괜찮고 ((아주 작은 소리로) 그러면 안 되는데.) 그러면서 산 거지요. (음) (4초) 후배는 자기를 위해서 펑크 냈는데 그 펑크 낸 거를 때우기 위해서 ○○씨는 자신의 스케줄을 완전히 희생시켰잖아요?

내40: 으음– (9초) 그니까 문제가 그거예요. (3초) 그냥 그러냐 그러면서 심상하게 받아들일 수 있는데 그렇게 안 되구, 음– 내가 가야 된다구 생각하구, 가지 않으면 마음이 불편하구 막 그런 거죠.

상40: (5초) 안 가면 그 사람들이 싫어할 거 같고 뭐 ○○씨를 이렇게 제껴놀 거 같고, 뭐 (음) 그런가? 그 사람들 마음을 얻기 위해선 그렇게 자길 다 희생하면서 그걸 따라야 하고 이런 흐름이 있었나요?

내41: 글쎄요, 흐흐흐. 그 흐름이라는 말이 무서운 말인데, 흐 그니깐 겉, 그 뭐라 그러죠? 그 겉 구조에서는 책임이나 당위라 해서 그렇게 해서 받아들인건데 내 깊이에서는 마음을 얻어야 된다아. (음) (15초) 그렇 그렇 그런 거 같네요, 지금 생각해 보니까. 음– (16초) 음 (23초) 으 그런– 그런 마음도 많이 있었어요, 그러니까. 소개시켜 준 애들이 물론 연배로두 나보다 어린애들이기도 하지만은 정신적으로 좀 엄마라든지 그런 안주인 노릇 할려는 그

런 거 있잖아요. 저번에 수련회 가서도 좀 그랬는데 (22초) 챙겨 줘야 돼 막 이런 생각이 되게 많아요.

상41: (10초) 그게 아까 그 마음을 얻고 싶은 거와 뭔가 통하는 그런 느낌인가요?

내42: (4초) 으- 명확하겐 모르겠지만은, 음- (3초) 그거야 항상 같이 일어나는 생각, 같이 일어나는 느낌이니까 관계가 있을 거 같거든요? (9초) 음- 그런 건가- (3초) 그니까- (5초) '어차피 내가 사랑을 받고 챙김을 받고 누구한테 돌봄을 받고 그러- 지 못할 바에는 내가 차라리 다른 사람 돌봐 주자.' 이런, 엄마가 나를 사랑해 주지 않는 거에 대해서, 쯧! '에이, 엄마 사랑 같은 거 필요하지도 않아!' 이러면서 엄마랑 나랑 관계에서 내가 오히려 엄마가 될려 그러구 딸을 돌보듯이 엄마를 막 돌보고. (음)

상42: (7초) 내가 받고 싶은- 대로 내가 베푸는 건가?

내43: 예. 그러니까 뭐 사랑이나 관심이라든지 뭐 그런 건 못 받을지라도 이렇게 내가 돌봐 주면 최소한 뭐 존경이라든지 그런 식의 인정은 받을 거 같다는 그런 계산이 좀- (4초) 그러니까- (3초) 있기도 하구- (7초) 그러니까 지금까지 관계가 항상 그래요. 음 동생들두 부모님이나 친구한테 얘기 안 하는 거 저한테 얘기하고 막 그런 거 있잖아요, 그러구 엄마두 인제 은근히 나한테 많이 의논할려구 하구 친구들도 그렇구. 그러면서 그런 얘기를 들으면서 우쭐해 막 우쭐해하는 그런-

상43: 아, 내가 마음을 얻었다, (네.) 내 희생의

대가로 내 스케줄이나 내 삶이 희생되고 내가 감당할 수 없는 짐을 그렇게 짊어지면서 그 대가로 마음을 얻었다, (3초) 이런 거의 증거- 랄까 좀-

내44: (7초) 근데 그러면서도 참- 그 마음이 이렇게 텅빈 거 같은 느낌이 들어요. 그런 느낌이 항상 있었어요. 그러니까 이건 좀 아닌 거 같은데- 그러면서도 또 안 그러면 막 되게 불안해요. 그러니까 만약에 어떤 사람이랑 내가 새로운 관계를 맺었는데 그 사람이 나한테 막 자기 고민을 얘기하거나 그러지 않으면 막 또 불안-한- 거 있죠. (3초) (음) 불안하고 그러면서 막상 또 나한테 고민 얘기하구 그러면은 또 '아휴, 아무튼 뭔가 좀 아니야.' 이런- (3초) 그런 느낌이 들고. (10초) 그리구 진짜루 그런- (3초) 으- 어떤 뭐 좌절감이나 그런 공허한 거 느끼게 될 때는 내가 인제 정작 괴로웠을 때 음- 털어놓을 사람이 없다는 거 (음)

상44: (18초) 너무 힘겹고 외롭게 살아왔어요. (8초) 싫으면서두 자꾸 그 반복, 그 패턴의 반복 반복 하면서 그렇게 살 수밖에 없는 거처럼 거의 강요되어서, 휩말려서 그러고 있는 줄도 모르고 그렇게 살아왔네요. (3초) 이제 거기서 빠져나와서 내가 어떻게 살고 있나 이렇게 보는 거예요. (네에.) 보니까 생활 곳곳에서 그렇게 살고 있어. 인제 빠져나와서 내가 왜 그랬나, 어떤 흐름에서 그렇게 할 수밖에 없었나 이렇게 지금 보는 거예요. (음) (29초) 그만하지요. (네)

〈끝〉

이 사례에서 내담자는 속으로 분을 삭이면서 후배가 펑크 낸 일을 자신이 대신 짊어지는 수고를 하였으며, 그러느라 상담시간을 변경하였다. 상담자는 이 사건을 계기로 내담자가 '스스로 과도한 책임을 짊어지는 반복되는 패턴'을 자각하도록 자극하는 자기탐색적 질문(상16, 상21, 상22, 상25, 상39)과 일련의 해석(상20, 상40, 상41, 상42, 상43)을 가하였다. 상담자의 개입에 대해 내담자는 자신의 내면을 관찰하는 작업을 충실히 하였으며 때로는 길게 침묵 시간을 가지면서 자신의 생각을 가다듬고 정리하였다(내27, 내37). 그리고 상담자는 내담자로 하여금 내면을 더 깊이 들여다보도록 내담자의 침묵을 함께 공유하면서 침묵의 압력을 가하였으며(내41 중간 부분), 긴 침묵에 이어서 내담자는 자신에 대한 더 큰 통찰을 해 나가고 있다(내41 후반부).

참고문헌

권석만(2006). 위빠사나 명상의 심리치유적 기능. 서울불교대학원대학교 불교와 심리 심포지엄 발표자료.

김계현(1995). 카운슬링의 실제(증보판). 서울: 학지사.

김환, 이장호(2006). 상담면접의 기초: 마음을 변화시키는 대화. 서울: 학지사.

신경진(1997a). 심리치료에서의 침묵: 개관. 한국심리학회지: 상담과 심리치료, 9(1), 227-257.

신경진(1997b). 상담과정에서의 침묵과 상담성과의 관계. 성균관대학교 박사학위청구논문.

신경진(2007a). 침묵으로서의 주도시간의 언어적 특성. 한국심리학회 연차학술대회논문집, 302-303.

신경진(2007b). 상담자언어반응유목별 상담자의 반응산출시간과 내담자의 반응시간. 한국상담심리학회 대외심포지엄 및 학술/사례발표 대회 논문집, 324-325.

신경진(2009). 상담자언어반응유목별 상담자와 내담자의 반응시간. 한국심리학회지: 상담 및 심리치료, 21(4), 843-860.

이장호(1982). 상담면접의 기초. 서울: 중앙적성출판사.

이장호(1990). 칼 로저스에서의 공감. 한국정신치료학회지: 정신치료, 4, 30-38.

이장호(1995). 상담심리학(제3판). 서울: 박영사.

조대경, 이관용, 김기중(1994). 정신위생(6판). 서울: 중앙적성출판사.

American Psychiatric Association. (1994). *Diagnostic and Statistical Manual of Mental Disorders, Fourth Edition* (DSM-IV). Washington, DC: Author.

American Psychiatric Association (2000). *Diagnostic and Statistical Manual of Mental Disorders, 4th ed.-Text Revision* (*DSM-IV-TR*). Washington, DC: Author.

Arlow, J. A. (1961). Silence and the theory of technique. *Journal of American Psychoanalytic Association, 9,* 44-55.

Beck, A. T. (1988; 제석봉 역, 2001). 사랑만으로는 살 수 없다. 서울: 학지사.

Bettelheim, B. (1950). *Love is never enough.* The Free Press.

Blanck, G., & Blanck, R. (1974). *Ego psychology: Theory and practice.* New York & London: Columbia Univ. Press.

Blos, P., Jr. (1972). Silence: a clinical exploration. *Psychoanalytic Quarterly, 41,* 348-363.

Breuer, J., & Freud, S. (1953) *Studies on hysteria.* In Standard edition (Vol. II). London: Hogarth Press. (First German edition, 1895)

Choca, J. (1980). *Manual for clinical psychology practicums.* New York: Brunner/Masel, Inc.

Colby, K. M. (1951; 이근후 역, 1979). 정신치료 어떻게 하는 것인가? 서울: 하나의학사.

Cook, J. J. (1964). Silence in psychotherapy. *Journal of Consulting Psychology, 11,* 42-46.

Frank, J. D. (1975). *Persuasion and healing: Comparative study of psychotherapy* (revised ed.). New York: Schocken.

Freud, S. (1912). Dynamics of the transference. *Standard Edition, 12,* 97-118.

Green, G. (1998; 조경숙 역, 2003). 끝없는 사랑. 아름드리미디어.

Green, S. A., Goldberg, R. L., Goldstein, D. M., & Leibenluft, E. (1988). *Limit setting in clinical practice.* New York: American Psychiatric Press Inc.

Greene, J. O., & Lindsey, A. E. (1989). Encoding processes in the production of multiple-goal messages. *Journal of Communication Research, 16,* 120-140.

Greene, J. O., McDaniel, T. L., Buksa, K., & Ravizza, S. M. (1993). Cognitive processes in the production of multiple goal messages: Evidence from the temporal characteristics of speech. *Western Journal of Communication, 57,* 65-86.

Greenson, R. R. (1961). On the silence and sounds of the analytic hour. *Journal of American Psychoanalytic Association, 9,* 79-84.

Heiden, L. A., & Hersen, M. (1995; 이영호 역, 2001). 임상심리학 입문. 서울: 학지사.

Hill, C. E. (1978). Development of a counselor verbal response category system. *Journal of Counseling Psychology, 25,* 461-468.

Hill, C. E., Greenwald, C., Reed, K. R., Charles, D., O'Farrell, M. K., & Carter, J. A. (1981). *Manual for counselor and client verbal response category systems.* Columbus, Ohio: Marathon Consulting and Press.

Hill, C. E., Thompson, B. J., & Ladany, N. (2003). Therapist use of silence in therapy: A survey. *Journal of Clinical Psychology, 59*(4), 513–524.

Jasnow, M., & Feldstein, S. (1986). Adult-like temporal characteristics of mother-infant interactions. *Child Development, 57,* 754–761.

Kanfer, F. H., & Saslow, G. (1965). Behavioral analysis. *Archaic General Psychiatry, 12,* 529–538.

Ladany, N., Hill, C. E., Thompson, B. J., & O'Brien, K. M. (2004). Therapist perspectives on using silence in therapy: A qualitative study. *Counseling and Psychotherapy Research, 4*(1), 80–89.

Lazarus, A. A. (1981). *The practice of multimodal therapy: Systematic, comprehensive, and effective psychotherapy.* McGraw-Hill Book Company.

Mahler, M. S., Pine, F., & Bergman, A. (1975). *The psychological birth of the human infant: Symbiosis and individuation.* New York: Basic Books.

Mann, J. (1973). *Time-limited psychotherapy.* Cambridge: Harvard University Press.

Matarazzo, J. D., & Wiens, A. N. (1967). Interviewer influence on duration of interviewee silence. *Journal of Experimental Research on Personality, 2,* 56–69.

Matarazzo, J. D., Hess, H. F., & Saslow, G. (1962). Frequency and duration characteristic of speech and silence behavior during interviews. *Journal of Clinical Psychology, 18,* 416–426.

Matarazzo, J. D., Wiens, A. N., Matarazzo, R. G., & Saslow, G. (1968). Speech and silence behavior in clinical psychotherapy and its laboratory correlates. In J. M. Shlien (Ed.), *Research in psychotherapy* (Vol. 3, pp. 346–394). Washington, DC: American Psychological Association.

Mentzos, S. (1982). *Neurotische Konfliktverarbeitung. Einführung in die psychoanalytische Neurosenlehre unter Berücksichtigung neuer Perspektiven.* Munich: Kindler.

Mertens, W. (1990). *Einführung in die psychoanalytische Therapie. Bd. I.* Stuttgart: Kohlhammer.

Miura, I. (1993). Switching pauses in adult-adult and child-child turn takings: An initial study. *Journal of Psycholinguistic Research, 22,* 383–395.

Mucchielli, R. (1972; 설기문 역, 1988). 내담자중심 상담면접 기술훈련의 이론과 실제-상담실습지침서. 서울: 중앙적성출판사.

Newman, L. L., & Pratt, S. R. (1990). Adaptive self-stabilization in adult-child interactions: Temporal congruence with varied switch-pause durations. *Discourse Processes, 13,* 363-374.

Newman, L. L., & Smit, A. B. (1989). Some effects of variations in response time latency on speech rate, interruptions, and fluency in children's speech. *Journal of Speech and Hearing Research, 32,* 635-644.

Rogers, C. R. (1942; 김기석 역, 1996). 상담과 심리치료. 서울: 중앙적성출판사.

Rogers, C. R. (1961). *On becoming a person.* Boston: Houghton Mifflin.

Rogers, C. R. (1980; 오제은 역, 2007). 칼 로저스의 사람-중심 상담. 서울: 학지사.

Rogers, C. R. (1992). The process of therapy. *Journal of Consulting and Clinical Psychology, 60,* 163-164. (Originally published 1940 in *Journal of Consulting Psychology, 4,* 161-164.)

Rowe, M. B. (1974a). Wait-time and rewards as instructional variables: Their influence on language, logic, and fate control. *Journal of research in Science Teaching, 11,* 81-94.

Rowe, M. B. (1974b). Reflections on wait-time: Some methodological questions. *Journal of research in Science Teaching, 11,* 263-279.

Ruhl, K. L., Hughes, C. A., & Gajar, A. H. (1990). Efficacy of the pause procedure for enhancing learning disabled and nondisabled college students' long-and short-term recall of facts presented through lecture. *Learning Disability Quarterly, 13,* 55-64.

Sharpley, C. F., & Harris, M. A. (1995). Antecedents, consequents, and effects of silence during cognitive behavioral therapy interviews. *Scandinavian Journal of Behaviour Therapy 24,* 3-15.

Spencer, S. (1999). *Endless Love.* Harper Perennial.

Strayhorn, J. M. (1979). Differential diagnosis and therapeutic handling of communication barriers. *American Journal of Psychotherapy, 33,* 572-582.

Tobin, K. G. (1980). Effects of an extended wait time on science achievement. *Journal of Research in Science Teaching, 17,* 469-475.

Tobin, K. G. (1984). Effects of extended wait time on discourse characteristics and achievement in middle school grades. *Journal of Research in Science Teaching, 21,* 779-791.

Welkowitz, J., Bond, R. N., Feldman, L., & Tota, M. E. (1990). Conversational time patterns and mutual influence in parent-child interactions: A time series approach. *Journal of*

Psycholinguistic Research, 19, 221–243.

Welkowitz, J., Cariffe, G., & Feldstein, S. (1976). Conversational congruence as a criterion of socialization in children. *Child Development, 47,* 269–272.

Wenar C. (1994). *Developmental psychopathology from infancy through adolescence* (3rd ed.). Singapore; McGraw–Hill, Inc.

Wolberg, L. R. (1994). *The technique of psychotherapy.* New York: Grane & Stratton.

Yalom, I, D. (1996; 이혜성 역, 2007). 카우치에 누워서. 서울: 시그마프레스.

Zeligs, M. A. (1961). The psychology of silence. *Journal of American Psychoanalytic Association, 9,* 7–43.

찾아보기

| 인 명 |

| 내 용 |

· 저자 소개

신경진

이화여자대학교 문리대학 사회학과 졸업
서울대학교 사회과학대학 심리학석사(임상심리학 전공)
성균관대학교 대학원 상담심리학박사(교육심리학 전공)
임상심리전문가(한국심리학회)
상담심리전문가(한국심리학회)
정신보건임상심리사 1급(보건복지부)
한국외국어대학교 학생생활상담연구소 상담교수 역임
성균관대학교, 한국외국어대학교 등에서 강의
서울디지털대학교 상담지도감독
현 한솔심리상담연구소 소장
　한국상담심리학회 이사

E-mail: nanumye@naver.com

상담의 과정과 대화 기법

2010년　1월　30일　1판　1쇄　발행
2023년　1월　20일　1판　11쇄　발행

지은이 • 신 경 진
펴낸이 • 김 진 환
펴낸곳 • (주) 학 지 사
　　　　　04031 서울특별시 마포구 양화로 15길 20 마인드월드빌딩 5층
대표전화 • 02) 330-5114　　팩스 • 02) 324-2345
등록번호 • 제313-2006-000265호
홈페이지 • http://www.hakjisa.co.kr
페이스북 • https://www.facebook.com/hakjisabook

ISBN 978-89-6330-287-4 93180

정가 18,000원

저자와의 협약으로 인지는 생략합니다.
파본은 구입처에서 교환하여 드립니다.

이 책을 무단으로 전재하거나 복제할 경우 저작권법에 따라 처벌을 받게 됩니다.

인터넷 학술논문원문서비스 **뉴논문** www.newnonmun.com